Auf ihrer ganzen Lebensreise, vom Kindesalter in Nordkorea über das Erwachsenwerden in Südkorea und später in Amerika, war es immer die Mission von Dr. Hak Ja Han Moon, allen Menschen Frieden und Einheit zu bringen. Nachdem Sie ihre Lebensgeschichte gelesen haben, werden Sie zustimmen, dass Dr. Moon die Mutter des Friedens ist. — **Pastor Dr. Mark Abernathy**, *Connect Point Christian Center, Nationaler Co-Präsident der American Clergy Leadership Conference (ACLC), USA*

Ich möchte der Gründerin, Dr. Hak Ja Han Moon, meine Anerkennung dafür aussprechen, dass sie den Sunhak-Friedenspreis ins Leben gerufen hat, um Leistungen auszuzeichnen, die die Welt verbessern. Die Ideale, für die sie steht – eine Welt, in der wir in Frieden miteinander leben –, sind nicht nur ehrbar, sie sind moralisch zwingend. — **Dr. Akinwumi A. Adesina**, *Präsident der Afrikanischen Entwicklungsbank, Nigeria*

Mutter Moon ist eine Frau von unbeugsamem Geist, tiefer Liebe und unglaublicher Demut. Sie hat sich in die Geschichte als visionäre Leiterin eingetragen mit ihren Beiträgen für eine bessere, friedlichere Welt. — **Hon. Margarett R. Best**, *Mitglied des Provinzparlaments, Ontario, Kanada (2007-2013)*

Mutter Moon bringt Gottes Botschaft in die Welt, unterstützt Ehen und Familien in diesen schwierigen Zeiten und führt Nationen und Religionen zusammen, um Weltfrieden zu verwirklichen. Wir kennen niemanden, der in der Vergangenheit oder der Gegenwart härter gearbeitet hat als Mutter Moon, um diese Ziele zu erreichen. — **Hon. Dan Burton**, *US-Repräsentantenhaus (1983-2013); Internationaler Co-Vorsitzender der International Association of Parliamentarians for Peace (IAPP)* & **Dr. Samia Burton M.D.**, *American Board certified in Internal Medicine, USA*

Dr. Moon beeindruckt uns, wie sie die Bemühungen ihres Mannes fortsetzt, den Nationen der Welt die Botschaft des Friedens und die Ehesegnung zu bringen. — **Dr. Willem van Eekelen**, *ehemaliger Verteidigungsminister* & **Frau Hanneke van Eekelen**, *Niederlande*

Ich bin überzeugt, dass diese Memoiren, die die beispiellose Lebensgeschichte von Dr. Hak Ja Han Moon schildern, allen zeitgenössischen Leserinnen und Lesern eine Fülle an wertvollen und tiefen Weisheiten vermitteln werden. — **S.E. Botschafter Tetsuya Endo**, *ehemaliger Botschafter Japans bei den internationalen Organisationen in Wien und Neuseeland, Japan*

Die ganze Welt blickt jetzt nach Nord- und Südkorea, wo Mutter Moon die Ambitionen hat, neue Wege zur Förderung des Friedens zu gehen. — **Dr. Werner Fasslabend,** *Verteidigungsminister (1990-2000); Mitglied des Parlaments (1987-1990, 2000-2007); Präsident des Austria Institut für Europa und Sicherheitspolitik, Österreich*

Ich möchte Ihnen versichern, dass meine Gebete für den Erfolg des Werkes, das Ihr verstorbener Ehemann begann und das Sie in edler Weise übernommen haben, mit Ihnen sind. Möge Gott mit Ihnen sein und das Werk Ihrer Hände blühen lassen. — **Kardinal Kelvin E. Felix,** *Dominica*

Die unermüdliche Friedensarbeit von Mutter Moon ist ein Beispiel, dem man folgen sollte, insbesondere ihrem beständigen Engagement für den Erhalt der traditionellen Familieneinheit, für die Vermittlung moralischer und spiritueller Werte an unsere Kinder und dafür, Gott, die Liebe und den Frieden in den Mittelpunkt unseres Alltags zu stellen. — **Hon. Maria Fernanda Flores,** *First Lady, Nicaragua (1999–2002)*

Dr. Hak Ja Han Moon ist die Verkünderin des Friedens für die ganze Menschheit. — **Professor Eliezer Glaubach-Gal,** *Präsident des Jerusalemer Friedens- und Sicherheitsforums; ehemaliger Stadtrat von Jerusalem, Israel*

Uns Politikern gelingt es nicht immer, unsere Verpflichtungen zu erfüllen. Dr. Moon ist keine Politikerin. Sie ist eine Privatperson. So hätte sie ein sehr bequemes Leben wählen können. Sie entschied sich jedoch zu handeln. — **I.E. Dalia Itzik,** *Parlamentspräsidentin der Knesset (2006-2009), Interim-Präsidentin Israels (2007)*

Zusammen mit Ihrem Ehemann, Rev. Dr. Sun Myung Moon, dienten Sie 21 Jahre lang jedes Jahr den Menschen in Sri Lanka durch die Aktivitäten des Religious Youth Service, eines Projekts der UPF. Im Namen der Friedensbotschafter von Sri Lanka möchte ich Ihnen ganz herzlich zur Veröffentlichung Ihrer Memoiren gratulieren. — **S.E. D.M. Jayaratne,** *Premierminister von Sri Lanka (2010-2015*)

Die Geschichte von Dr. Hak Ja Han Moon beschreibt ein Leben der völligen Hingabe an Gott und die Menschheit. Sie kommt zu einer Zeit, in der unsere zersplitterte Welt dringend eine umfassende Sicht des Weltfriedens braucht. Das Buch ist eine Pflichtlektüre für alle, die sich für eine friedliche Welt einsetzen. — **S.E. Dr. Goodluck Jonathan,** *Präsident von Nigeria (2009-2015); Vorsitzender des International Summit Council for Peace (ISCP) in Afrika*

Der Himmlische Vater hat in den dunkelsten Zeiten unseres Lebens immer für Erleuchtung gesorgt. Deshalb danken wir Ihm, dass Er diese von Mutter Moon, der Mutter des Friedens, verfassten Memoiren wie einen hellen Stern scheinen lässt. Die Lektüre dieses Buches der Hoffnung ist ein Muss in diesen unruhigen Zeiten! — **Bischof Noel Jones,** *Senior Pastor der City of Refuge Church, Los Angeles, CA, USA*

Vater und Mutter Moon zeigen, dass man über die Realitäten des Lebens nur etwas lernen kann, wenn man sie persönlich durchlebt. Ihre Lehren, sich um leidende Menschen zu kümmern, die Armen, Alten und Kranken zu lieben und zu trösten – Menschen, die im Allgemeinen von der Gesellschaft gemieden und verabscheut werden –, haben einen großen Einfluss auf das Leben der Menschen. — **Hon. Bhubaneswar Kalita,** *Abgeordneter; Vorsitzender der IAPP in Indien*

Das Leben und die Leistungen von Frau Moon brachten ihr außerordentlichen Respekt und Achtung ein. Die Schwierigkeiten und Prüfungen, die diese erstaunliche Frau durchmachen musste, sind schwer vorstellbar. Trotz allem bleibt ihr Herz unverändert in ihrer Freundlichkeit, Aufrichtigkeit und ihrem Wunsch, die Welt zum Besseren zu verändern. — **S.E. Leonid Kravchuk,** *Erster Präsident der Ukraine (1991-1994); Vorsitzender des ukrainischen Friedensrates*

Mein Wissen über die liebenswürdige Lady Hak Ja Han Moon verdanke ich meinem Großvater, dem Großmufti Sheikh Ahmad Kuftaro. Ich glaube, sie hat die Fähigkeit, ihre große Botschaft zu vermitteln und dafür zu kämpfen sowie den Frauen der Welt zu helfen, ihre Situation zu verbessern und Armut, Unwissenheit und Leid zu beseitigen. — **Frau Asmaa Kuftaro,** *Women's Advisory Board, UN-Sonderbeauftragte, Syrien*

Die Gründer der UPF sind sich dessen bewusst, dass ein Leben für andere und für das öffentliche Interesse die Grundlage für die Entwicklung in einer Welt der Interdependenz ist. Niger verändert sich, weil wir Werte und Ideale schätzen, die mit denen der UPF übereinstimmen. — **S.E. Issoufou Mahamadou,** *Präsident und Staatsoberhaupt der Republik Niger*

Mögen die Memoiren von Dr. Hak Ja Han Moon dazu beitragen, dass sie zu Recht als eine der wichtigsten und inspirierendsten weiblichen Führungspersönlichkeiten unserer Zeit anerkannt wird. — **Hon. Patricia Lalonde,** *ehemaliges Mitglied des Europäischen Parlaments, Frankreich*

Rev. Sun Myung Moon und seine Frau verdienen unsere ewige Dankbarkeit und Wertschätzung. Warum? In den 1980er Jahren waren diejenigen, die dem Traum von der Wiedervereinigung Deutschlands treu blieben, starker Opposition und Feindseligkeiten ausgesetzt. Es kam zu einem Punkt, an dem Deutsche es kaum noch wagten, lautstark zu Protesten gegen die Mauer aufzurufen, bis Rev. Moon und Dr. Hak Ja Han Moon aus Korea zu uns kamen. Umso lobenswerter sind ihre anhaltenden Bemühungen, die Sache des Friedens und der Freiheit in ihrem geteilten Land Korea und auf der ganzen Welt voranzutreiben. — **Prof. Dr. Konrad Löw,** *Professor emeritus, Universität Bayreuth*

Dr. Hak Ja Han Moon ist eine höchst bemerkenswerte Frau. Ich hoffe und bete, dass ihr die Kraft gegeben wird, ihre Arbeit für den Weltfrieden noch viele Jahre fortzusetzen. Ihre Stimme muss gehört werden. Die Welt braucht sie. — **Rev. Dr. William McComish,** *Dean emeritus, Kathedrale St. Peter, Genf, Schweiz*

Die Arbeit der UPF bei der Förderung des Friedens wird in der heutigen Welt so dringend gebraucht, nicht zuletzt in der Balkanregion, in der ich lebe. Ich habe keinen Zweifel daran, dass die Memoiren von Mutter Moon denen, die sie lesen, Licht und Hoffnung bringen und ihnen tiefe Einsicht und Inspiration vermitteln werden. — **S.E. Alfred Moisiu,** *Präsident von Albanien (2002-2007)*

Mutter Moon arbeitet daran, eine Welt der Interdependenz, des gemeinsamen Wohlstands und der universell geteilten Werte zu schaffen, eine Welt, in der alle Menschen zusammenleben und einander als Brüder und Schwestern lieben und respektieren: eine Menschheitsfamilie unter Gott! Schließen wir uns ihr an bei diesem göttlichen Unterfangen! Unterstützen wir diese edle Sache! — **Prophet Dr. Samuel Mbiza Radebe,** *Gründer der Revelation Church of God, Südafrika*

Die Initiativen von Dr. Moon bringen alle Akteure der internationalen Gemeinschaft sowie des gesellschaftlichen Lebens und des Familienbereichs zusammen, um die Ideale von Frieden, Harmonie und gemeinsamem Wohlstand zu verwirklichen. Sie ist wahrlich als Mutter des Friedens anerkannt. — **S.E. Brigi Rafini,** *Premierminister und Regierungschef von Niger*

In diesen außergewöhnlichen Zeiten, in denen Spaltung, Hass und ein Klima der Angst die globale Einheit und den internationalen Diskurs bedrohen, ist Dr. Hak Ja Han Moon ein Leuchtfeuer der Hoffnung für diejenigen, die weiterhin glauben, dass dauerhafter Frieden ein erreichbares Ziel ist und nicht nur ein Traum. — **I. E. Leni Robredo,** *Vizepräsidentin der Philippinen*

Die unermüdlichen Bemühungen von Mutter Moon, Frieden in diese aufgewühlte Welt zu bringen, haben Millionen von Frauen jeden Alters auf der ganzen Welt inspiriert. Es ist der richtige Zeitpunkt für uns alle, uns zu erheben und sie für ihre Mission des Friedens, der sozialen Gerechtigkeit und der Hoffnung zu ehren. — **Dr. Rima Salah,** *ehemalige stellvertretende Generalsekretärin der Vereinten Nationen; Faculty, Child Study Center, School of Medicine, Yale University, USA*

Dr. Hak Ja Han Moon ist seit vielen Jahren von einem tiefen Herzen und einem wunderbaren Impuls der Großzügigkeit motiviert und hat viel Zeit und Mühe aufgewendet, um den Frieden und das Wohl der Menschheit zu fördern. Sie hat die einzigartige Fähigkeit, sich um Menschen zu kümmern und ihnen Trost zu spenden, um eine Gemeinschaft der Liebe und Solidarität aufzubauen. — **S.E. Präsident Macky Sall**, *Präsident der Republik Senegal*

Einzigartig an Dr. Moons Vision ist ihre Wertschätzung für den Beitrag, den religiöse Leiter und göttliche Prinzipien als Eckpfeiler für die Grundlagen des Friedens leisten. Das Besondere an dieser Arbeit über die Jahre hinweg ist das bewusste Bemühen, Staatsoberhäupter und Abgeordnete mit religiösen Leitern zusammenzubringen und ethnische und kulturelle Barrieren zu durchbrechen, um mögliche Lösungen zu finden. — **Hon. Matt Salmon**, *Vice President of Government Relations, Arizona State University; US-Repräsentantenhaus (1995-2001 und 2013-2017)*

Dr. Moon ist ein Vorbild für Frauen auf der ganzen Welt, da sie sich für den Weltfrieden einsetzt. Ihr Engagement für die Wiederherstellung der Familie als dem wichtigsten Baustein starker und friedlicher Gesellschaften ist vielleicht ihr bedeutendstes, dauerhaftes Vermächtnis. — **Hon. Ellen Sauerbrey**, *Assistant Secretary of US State Department's Bureau of Population, Refugees and Migration*

Wir gratulieren Dr. Hak Ja Han Moon zur Vertiefung und Ausweitung des nachhaltigen Engagements und der unermüdlichen Bemühungen des verstorbenen Reverend Moon zur Förderung von Frieden, Versöhnung und Einheit, interreligiösem Dialog, Stärkung von Ehe und Familie und zu vielen anderen dringend benötigten Initiativen in Asien und in der Weltgemeinschaft. — **Hon. Jose de Venecia,** *ehemaliger Sprecher des Parlaments, Philippinen; Gründungsvorsitzender und Vorsitzender des Standing Committee, International Conference of Asian Political Parties (ICAPP); Internationaler Co-Vorsitzender der IAPP*

In den 50 Jahren ihrer öffentlichen Mission widmete Hak Ja Han Moon, bekannt als „Mutter des Friedens", ihr Leben Gott und der Verwirklichung des Friedens.

Mit dem Herzen von wahren Eltern riefen sie und ihr Ehemann eine globale Glaubensgemeinschaft, gemeinnützige Organisationen, Unternehmen, Konferenzen und Auszeichnungen ins Leben. Dieses Werk befasst sich mit einer Vielzahl von Facetten der Gesellschaft und des kulturellen Lebens und hat das Ziel, historische Wunden zu heilen und Lösungen für die entscheidenden Herausforderungen der Welt zu finden.

Ausgangspunkt all ihrer Initiativen ist die Ehesegnungs-Bewegung als Weg zur Stärkung der Familien und zur Verhinderung des Zusammenbruchs der Gesellschaft.

Als die einzige geistliche Leiterin auf der Weltebene hat sie mit ihrer kraftvollen Botschaft, ihrem Mitgefühl und ihrer Empathie Millionen dazu inspiriert, nationale, ethnische und ideologische Grenzen zu überschreiten.

Bleiben Sie auf dem neuesten Stand der Aktivitäten von Mutter Moon und verfolgen Sie die Weiterentwicklung der weltweiten Friedensbewegung unter

www.motherofpeace.com

www.thelegacyoflove.org

MUTTER DES FRIEDENS

MUTTER DES FRIEDENS

„Und Gott wird alle Tränen von euren Augen abwischen."
(Offb. 21,4)

Memoiren von

Hak Ja Han Moon

Bibliografische Information der Deutschen Nationalbibliothek
Die Deutsche Nationalbibliothek verzeichnet diese Publikation in der deutschen Nationalbibliografie; detaillierte bibliografische Daten sind im Internet über **http://dnb.ddb.de/** abrufbar.

Copyright © 2021
Kando Verlag GmbH
70188 Stuttgart, Hornbergstr. 94, Tel. 0711 46 87 158
www.kando-verlag.de
1.Auflage Jan. 2021

Alle Rechte vorbehalten. Kein Teil dieses Buches darf in irgendeiner Form (elektronisch, mechanisch, per Fotokopie, Mikrofilm, Audioaufnahme o.a.) ohne schriftliche Genehmigung des Verlags reproduziert oder unter Verwendung elektronischer Systeme gespeichert, verarbeitet oder verbreitet werden, außer im Fall von kurzen Zitaten innerhalb von Artikeln oder Rezensionen.

Dies ist die deutsche Ausgabe der Memoiren von Dr. Hak Ja Han Moon, die ursprünglich in koreanischer Sprache verfasst wurden. Mit ausdrücklicher Genehmigung von Dr. Moon wurden für die englische Ausgabe einige Passagen umgeschrieben, um sie für Leser verständlicher zu machen, die mit der koreanischen Sprache, Geschichte und Kultur oder mit der Vereinigungsbewegung und ihren Lehren nicht vertraut sind.

Originalausgabe auf Koreanisch von Gimmyoung Publishing Co., Republik Korea, 2020

Die 1. Auflage der amerikanischen Ausgabe erschien 2020 unter dem Titel:
„Mother of Peace – And God Shall Wipe Away All Tears from Their Eyes"
Copyright © 2020
Washington Times Global Media Group
3600 New York Avenue, NE, Washington, DC 20002, USA, +1 (202) 636-4840

Übersetzung vom Englischen ins Deutsche:
Robert & Annette Bentele, Johann Hinterleitner, Ulrich & Hilke Ganz,
Erich Groell, Wolf & Brigitte Osterheld
Redaktion: Gregor & Margit Sattler, Claus Dubisz, Hildegard Piepenburg
Umschlaggestaltung: Jonathan Gullery Design (Original), Achim Pock (deutsch)
Satz: Clarissa Schmitt
Gedruckt in der Tschechischen Republik

ISBN 978-3-922947-65-3

INHALT

Vorwort……………………………………………… xix

1. Kapitel
Mein lebenslanger Herzenswunsch………………… 1
    Eine Frau ruft „Mansei!" für die Unabhängigkeit ………… 1
    Vielen Dank! Mutter, bitte kümmere dich um alles! ……… 7
    Wildblumen lächeln auf einem Bergpfad …………………… 13
    Die Sunhak-Friedenskultur ……………………………… 15
    Die Ozeane sind eine wertvolle Ressource ……………… 19
    Helden des Alltags ……………………………………… 21
    Unser tägliches Brot gib uns heute……………………… 24

2. Kapitel
Ich kam als die eingeborene Tochter in diese Welt ……… 29
    Ein Baum mit tiefen Wurzeln ……………………………… 29
    Wie eine Henne, die ihre Brut unter die Flügel nimmt …… 33
    Die Legende von der Dallae-Brücke ……………………… 35
    Gott ist dein Vater ………………………………………… 38
    Mein Vater spielte eine wesentliche Rolle ……………… 42
    Gott ruft diejenigen, die er auserwählt …………………… 48
    Das Christentum und die eingeborene Tochter ………… 51
    Getrennte Welten am 38. Breitengrad …………………… 59
    Ein blauer Todesblitz ……………………………………… 66
    Der Weg des Willens Gottes……………………………… 71

3. Kapitel
Das Hochzeitsmahl des Lammes 81
   Die wahre Bedeutung des Opferns.................... 81
   Gott ist mein Vater 83
   Himmlische und irdische Phönixe...................... 88
   Die himmlische Braut 92
   Unsere Heilige Hochzeitszeremonie 101
   Ein kleines Boot auf stürmischer See 108
   Sieg durch Beharrlichkeit 114
   Sieben Söhne und sieben Töchter 118

4. Kapitel
Gottes Licht scheint auf einen dornigen Pfad 121
   Regen und kalte Winde lösen sich auf
   und machen dem Frieden Platz.........................121
   „Mein letzter Augenblick auf der Erde rückt näher" 129
   Eine tränenreiche Vortragsreise 138
   Narzissen 147
   Als ein Sommerregen auf den Rasen fiel 154
   Ein Siegeslied ertönte aus Danbury 165
   Ich werde euch nicht als Waisen zurücklassen 181

5. Kapitel
Merkmale des Himmelreichs....................................191
   Die schönsten Blumen Koreas 191
   Herzen berühren Herzen..................................196
   Kunst, die die Welt bereichert 200
   Medien, die universelle Werte ausdrücken 202
   Nach Tränen folgt Gerechtigkeit 206
   Geben schafft Wohlstand.................................210

Die Wissenschaft ist ein Sprungbrett 213

6. Kapitel
Der Weg zu einer vereinten Welt 219
    Eine Straße, ein globales Dorf 219
    Mutige Liebe zerreißt einen eisernen Vorhang............224
    Ein Feind wird zu einem Freund 234
    Ein Friedensgarten der Vereinten Nationen 247
    Frieden in die Praxis umsetzen 252

7. Kapitel
**Die Wachstumsschmerzen von heute bringen
den Sonnenschein von morgen** 259
    Widmet eure Jugend aufregenden Zielen 259
    Leidenschaft in Ziele verwandeln, Ziele in Prinzipien 262
    Das beste Training bietet das Meer 264
    Liebe für Gott, Liebe für die Menschen
    und Liebe für das Land 268
    Eine Universität, die die Welt verändert 272
    Samen der Liebe 276
    Die zukünftigen Josuas und Kalebs 280

8. Kapitel
Die Familie ist die wichtigste Institution der Welt 285
    Seine Familie zu lieben bedeutet, sein Leben zu geben 285
    Eine Blume namens Opfer 288
    Eine Vision von wahrer Weiblichkeit 295
    Das neue Zeitalter der Weiblichkeit 298
    Die mütterliche Hand lindert Bauchschmerzen 301
    Frauen vereinen Religionen im Nahen Osten 305

9. Kapitel
Das Reich Gottes in unserer Mitte …… …… …… …… …311
    Die wichtigste Lehre …… …… …… …… …… …311
    Die Rettung eines Gefängniswärters …… …… …… …314
    Zum Licht der Welt werden durch
    ein treues Herz für den Himmel …… …… …… …… 318
    Tischgespräch - Essen ist Liebe…… …… …… …… …325
    Der Weg des gemeinsamen Wohlstands…… …… …… 328
    Der Weg der Neugeburt und Auferstehung… …… …… 332
    Der wahre Kompass für das Leben …… …… …… …336

10. Kapitel
Die Herausforderung, eine himmlische Welt
zu verwirklichen …… …… …… …… …… …… …… …339
    Parlamentarier der Welt vereinen sich …… …… …… 339
    Der strahlende Kontinent …… …… …… …… …… 346
    Das Kap der Guten Hoffnung
    und das Hyojeong der Berufenen …… …… …… … 347
    Gottes Umarmung trocknet alle Tränen …… …… …… 352
    Die Mutternation …… …… …… …… …… …… 364
    Liebe und Dienst in Südamerika …… …… …… …… 368
    Die ursprüngliche Schönheit von Mutter Natur …… …… 370
    São Tomé und Príncipe, das Modell für
    die nationale Wiederherstellung …… …… …… …… 377
    Energie und Optimismus in Europa …… …… …… …381

11. Kapitel
Die Wiederherstellung Kanaans im Himmel
und auf der Erde …… …… …… …… …… …… … 385

Das Land des Todes ist das Land des Lebens,
und das Land des Lebens ist das himmlische Land 385
Neue Hoffnung für China 389
Die Mutter des Friedens in der muslimischen Welt 394
Sintflutartiger Regen, Tränen der Freude 400
Die Himmlische Vereinte Welt in Ozeanien 406
Das Himmlische Lateinamerika trägt Blüten der Hoffnung 410
Der Weg zu einer Himmlischen Vereinten Welt 412
Die Geburt der Himmlischen Welt 420

VORWORT

São Tomé und Príncipe, ein afrikanischer Inselstaat direkt am Äquator, ist für Gott und für mich etwas ganz Besonderes. Es ist die erste himmlische Nation, eine Nation, in der Gott als Himmlische Eltern den Präsidenten und das Volk darauf vorbereitet hat, den Heiligen Ehesegen zu empfangen, und die Jugend darauf, das „Versprechen der reinen Liebe" zu geben. Nachdem ich diese beiden Veranstaltungen durchgeführt hatte, legte ich eine kleine Pause auf dem winzigen Inselstaat der Seychellen ein.

Rauschende Wellen –
Erfrischende Brise –

Ich ging am Ufer eines smaragdgrünen Meeres entlang, dessen tanzende Wellen mir zulächelten und mich begrüßten. Der weiße Sand zwischen meinen Zehen war weich und warm. Ich empfand wahrhaft Frieden, eingehüllt in einen wolkenlosen Himmel, berührt von einer kühlen, rhythmischen Brise und warmem Sonnenschein. Ich sah die Schönheit, die Gott am Anfang für uns geschaffen hat, intakt und unberührt. Ich kommunizierte mit Gott, dem Einen, der diesen Segen gibt.

Mutter des Friedens

Du hast uns, Deinen Kindern, die Schöpfung frei gegeben und Du hast gehofft, mit uns in Freude und Frieden zu leben. Du hast Dir nichts sehnlicher gewünscht, als die Himmlischen Eltern zu sein und die Schönheit der Schöpfung mit Deinem Sohn und Deiner Tochter zu teilen. Du hast sie erschaffen, damit sie zur Reife heranwachsen, mit Deinem Segen heiraten und Wahre Eltern ihrer eigenen Kinder werden. Als sie von Dir abfielen, hast Du und haben wir alles verloren.

Allgemein sagen wir: Wenn wir ein Kind verlieren, begraben wir ein Stück unseres Herzens. Der plötzliche Verlust eines geliebten Kindes, für das wir bereitwillig unser eigenes Leben geben würden, bringt Schmerzen und Qualen mit sich, die jenseits aller Vorstellungskraft liegen. Unser Gott, Du hast die Menschheit verloren, Deine Familie. Während Du Dir Deinen Weg durch die Geschichte bahntest, musst Du Dich wie traumatisierte Eltern gefühlt haben, die ihren Verstand verloren haben und deren ganzes Sein ein Scherbenhaufen war. Du warst kein Gott der Freude und Herrlichkeit; als Eltern warst Du tief betrübt und voller Trauer und Kummer über Deine verlorenen Kinder.

Dennoch konntest Du, wie Jesus im Gleichnis vom verlorenen Schaf sagte, kein einziges Deiner Kinder im Stich lassen. Als der Gott der Liebe gabst Du nicht auf, uns eines Tages zu finden, uns in Deine Arme zu nehmen und mit uns die Welt des Friedens zu verwirklichen, die Du Dir von Anfang an vorgestellt hast.

Du möchtest, dass wir Dich als unsere Himmlischen Eltern erkennen, als den Einen, der die Liebe des Himmlischen Vaters und der Himmlischen Mutter ist. Du möchtest, dass wir als himmlische Einzelpersonen, himmlische Familien, himmlische Stämme, himmlische Völker und himmlische Nationen in einer himmlischen Welt leben. Die gefallene Welt verlor Dein Ideal der Einheit von Mann und Frau und verehrte ein unvollständiges Bild des Himmlischen Vaters, anstatt Ihn als Himmlische Eltern willkommen zu heißen und Ihm zu dienen. Männer nahmen die dominierende Stellung ein und prägten die westliche Zivilisation durch die hellenistische und hebräische Tradition. Weder Männer noch Frauen verstanden das weibliche Herz der Himmlischen Mutter und die vollkommene ewige Liebe der Himmlischen Eltern. In Ermangelung dieses existenziellen Bewusstseins konnte die feministische Bewegung, die sich im Westen ausbreitete, nur zu einer einseitigen Bewegung abgleiten, die Männer für alle Probleme verantwortlich machte.

Aus diesem Grund setze ich alles daran, Dir Deine ursprüngliche Position als unsere Himmlischen Eltern zurückzugeben. Ich reise in den Norden, Süden, Osten und Westen, um die Wahrheit der himmlischen Vorsehung denen zu lehren, die zwar Ohren haben, aber nicht hören, und denen, die Augen haben, aber nicht sehen. Ich verkünde die Wahrheit der himmlischen Vorsehung mit dem Gefühl größter Dringlichkeit – wie jemand, der mitten in einem Sandsturm eine Nadel sucht, ohne einen Fingerbreit weit sehen zu können.

Wie ein Mensch, der vor Verzweiflung außer sich ist, umarme ich die Welt immer wieder und liebe alle Deine Kinder als meine eigenen. Von ganzem Herzen umarme ich auch jene unter Deinen Kindern, die mich, ohne die Wahrheit zu kennen, missverstanden und sogar verfolgt haben. Während ich das tue, heilst Du die von ihnen verursachten Wunden.

In den letzten 40 Tagen des Jahres 2019 bin ich trotz gesundheitlicher Herausforderungen und zeitweiser körperlicher Erschöpfung ständig weltweit unterwegs gewesen. Ich habe Dir versprochen, diesen Weg noch zu meinen Lebzeiten zu vollenden, und ich habe mein Versprechen nicht gebrochen. Politische und religiöse Führer gaben ihre Zurückhaltung auf, fühlten sich angesprochen und umarmten sich gegenseitig. Man begann, mich als die Mutter des Friedens zu bezeichnen.

———

Jetzt erscheinen Deine wahren Söhne und Töchter, die meine Leidenschaft teilen. Unsere Hautfarben sind irrelevant. Ich habe treue Kinder mit schwarzer, gelber und weißer Hautfarbe, Söhne, die muslimische Führer sind, und Töchter, die große christliche Kirchen leiten. Ich habe Söhne und Töchter, die Nationen führen. Alle diese Mutter-Kind-Bindungen sind in Deinem Namen entstanden. Meine Kinder bitten mich, ihre Nationen und Religionen zu segnen. Vor ihnen und ihren Völkern spreche ich über Dich, unsere Himmlischen Eltern. Ich spreche über die Himmlische Mutter, die hinter dem Himmlischen Vater verborgen ist, und erkläre: Wenn es einen eingeborenen Sohn gibt, gibt es auch eine eingeborene Tochter.

Ohne Eltern kann es keine Harmonie in der Familie geben. Das liegt daran, dass Eltern das Zentrum und der Ursprung der Familie sind. Ebenso kann es ohne Dich, die Eltern der Menschheit, keinen wahren Frieden auf dieser Welt geben.

Dieser Sache habe ich mein Leben gewidmet. Darin spielt Korea eine zentrale Rolle, die Nation, die den eingeborenen Sohn und die eingeborene Tochter zur Welt gebracht hat. Du hast das koreanische Volk gesegnet und auserwählt. Das ist Dein Werk, dessen sich die Welt jetzt bewusst wird. Unsere pazifische Zivilisation muss aus den Fehlern der atlantischen Zivilisation lernen. Die atlantische Zivilisation konnte ihre eigenen christlichen Ideale nicht verwirklichen. Sie degenerierte immer wieder, was zu Eroberungen und Ausbeutung führte. Im Gegensatz dazu muss die pazifische Zivilisation ein mütterliches Herz zeigen. Sie muss als eine altruistische Kultur wachsen, die auf wahrer Liebe beruht, als die Heilige Gemeinschaft der Himmlischen

Eltern, die ein Leben zum Wohl anderer als den Standard setzt, der alle Völker emporhebt. Dies ist Dein Wunsch und ich biete Dir den Rest meines Lebens an, um ihn vollständig zu verwirklichen.

Ich webe die goldenen Fäden Deiner Liebe in eine Geschichte des geteilten historischen Leidens. Ich blicke auf mein Leben zurück als eine unablässige Mission, Gott als unseren Eltern aus der Position Seiner eingeborenen Tochter zu dienen. Da ich nicht alles in einem Band beschreiben kann, werde ich in Zukunft mehr davon berichten.

Während ich dieses Buch fertigstelle, vermisse ich von ganzem Herzen meinen geliebten Ehemann, Vater Sun Myung Moon. Wir haben unser Leben zusammen verbracht, um Gottes Willen zu übermitteln und zu erfüllen; er und ich haben dabei gemeinsam viel mehr erlebt, als ich dieses Mal mit Ihnen teilen kann. Im September 2012 ist er in den Himmel aufgestiegen. Wäre er hier, um die Veröffentlichung dieses Buches mitzuerleben, würde die Freude in seinem Gesicht die aller anderen überstrahlen. Das Funkeln in seinen Augen tanzt heute in meinem Herzen. Ich hoffe, dass Ihnen dieses Buch einen Eindruck von unserem Leben vermitteln wird, das wir für den Willen Gottes zusammen verbracht haben.

Abschließend möchte ich all jenen aufrichtig danken, die ihre Zeit und ihre Expertise zur Verfügung gestellt haben, um die Veröffentlichung dieses Buches zu realisieren.

Hak Ja Han Moon
Februar 2020
Hyojeong Cheonwon
Seorak, Südkorea

1. KAPITEL

MEIN LEBENSLANGER HERZENSWUNSCH

Eine Frau ruft „Mansei!" für die Unabhängigkeit

Es war der erste Tag im März des Jahres 1919, der Frühlingsanfang nach dem Mondkalender. Die Temperaturen blieben unter dem Gefrierpunkt und die Menschen in Anju, einem Dorf in der Provinz Pyong-an im heutigen Nordkorea, litten unter beißendem Frost. Eine Frau trotzte der Kälte und bereitete das Frühstück für ihre Familie vor. Sie zündete das Holzfeuer an und stellte Reis auf den Herd. Dann wandte sie ihre Aufmerksamkeit von der morgendlichen routinemäßigen Arbeit ab. Sie hob ihre Arme und holte vorsichtig hinten aus einem Schrank einen Gegenstand heraus, der in ein einfaches Baumwolltuch gewickelt war.

Im Licht des Feuers und eines Sonnenstrahls, der durch einen Spalt unter der Tür hindurchschien, knotete die Frau das Tuch auf und enthüllte ein weiteres, größeres und festeres Tuch, eines mit einem roten und blauen Yin-Yang-Symbol auf weißem Grund. Als sie es auf den Tisch legte, wurde das Muster auf dem größeren Tuch deutlich sichtbar. Es war eine koreanische Flagge. Dieses Emblem ihres Volkes war immer in den Gedanken dieser Frau und erschien sogar in ihren Träumen. Tiefe Emotionen und ein Gefühl von Traurigkeit strömten in ihr Herz. Als sie das leise Rufen ihrer Tochter hörte, die gerade erwachte, rollte sie die Flagge ein, verpackte sie wieder und legte sie zurück in den hinteren Teil des Schranks.

Mit ihrer fünfjährigen Tochter auf dem Schoß frühstückte diese Bauersfrau mit ihrem Ehemann, der von seiner frühmorgendlichen Arbeit auf den Feldern zurückgekehrt war. Dann beschäftigte sie sich mit dem Putzen der Küche, des Wohnzimmers, der Veranda und des Hofes. Kurz nach Mittag verließ sie das Haus mit einem erwartungsvollen Herzen. Mit ihrer Tochter auf dem Rücken und der Flagge an ihrer Brust versuchte sie ganz gelassen zu wirken.

Ein schmaler Schotterweg schlängelte sich durch ihr Dorf zum Markt von Anju. Er mündete in eine größere Straße, auf der sie andere traf, die auch unterwegs waren – einen Bauern, der eine Kuh führte, einen jungen Mann, der eine schwere Last auf einer traditionellen Rückentrage trug, eine Mutter mit einem Bündel auf dem Kopf. Einige gingen gemächlich, andere schnell, alle waren auf dem Weg zum Markt.

Als die Frau an ihrem Ziel ankam, blieb sie vor einem Gemüsestand stehen, der zentral in einem der am stärksten frequentierten Bereiche des Marktes gelegen war. Ihre Tochter erwachte von ihrem Mittagsschläfchen auf dem Rücken ihrer Mutter. Die Mutter drehte ihren Kopf, sah ruhig ihre geliebte Tochter an und lächelte. Für diese Tochter war das Lächeln ihrer Mutter der schönste Anblick der Welt.

Plötzlich durchbrach ein lauter Schrei die Stille des Marktes: „Unabhängigkeit für Korea! Mansei!" Als wäre sie eine Läuferin, die den Startschuss vernahm, zog die Frau schnell die koreanische Flagge aus ihrer Bluse hervor. Sie schwenkte sie energisch, schloss sich der Menge an und rief: „Mansei, Sieg für zehntausend Jahre!" Mit all ihrer Kraft rief sie: „Unabhängigkeit für Korea! Mansei!"

Der erste Schrei war ein Signal, auf das hin viele Leute auf dem Markt koreanische Flaggen hervorholten und sie heftig hoch über ihren Köpfen schwenkten. Aus jeder Ecke des offenen Marktes erschallten die Rufe: „Unabhängigkeit für Korea! Mansei!" Die Stimme dieser Frau war die lauteste von allen. Geschockt von dem plötzlichen Tumult und dem Auftauchen zahlreicher koreanischer Flaggen mussten Marktbesucher, die nicht auf diesen Aufstand vorbereitet waren, entscheiden, was sie tun sollten. Einige flohen aus Angst vor möglichen Konsequenzen. Andere, die an die Unabhängigkeit ihrer Nation glaubten, schlossen sich den Reihen der Demonstranten an.

Die Frau hatte diesen Tag sehnlichst erwartet. Sie war nächtelang mit ihrer Tochter wach geblieben und hatte mit zitternden Händen die Flagge ihrer Nation genäht. Sie saß dabei unter einer Petroleumlampe und sprach mit ihrer Tochter über Korea, seine Menschen, seinen Glauben, seine zeitlosen Traditionen und die Bedeutung der Mansei-Unabhängigkeitsbewegung. Das kleine Mädchen hörte seiner Mutter zu, nickte mit dem Kopf und nahm alles auf. Jetzt klammerte es sich an den Rücken seiner Mutter und hörte die Mansei-Rufe. Es spürte die Unschuld und Rechtschaffenheit seiner weiß gekleideten Landsleute, die dazu bereit waren, ihr Leben für das Existenzrecht ihrer Nation zu geben.

Die Unabhängigkeitsdemonstrationen des 1. März fanden nicht nur in Anju, sondern gleichzeitig in Seoul und im ganzen Land statt. An den meisten Orten wurde auch die koreanische Unabhängigkeitserklärung öffentlich verlesen. Dieser öffentliche Aufschrei war keine vergebliche Symbolik. Es war ein Akt des friedlichen, gewaltfreien Protests, ein Ruf, den das koreanische Volk für immer in Ehren halten wird.

Innerhalb weniger Augenblicke drangen Pfiffe und das Getrampel von Stiefeln in die Ohren der Demonstranten. Dutzende Polizisten liefen mit Schlagstöcken und Gewehren auf den Markt. Gnadenlos schlugen sie auf alle ein, die ihnen in den Weg kamen. Rechts und links wurden Menschen blutig zu Boden geschlagen. Die Polizisten unterschieden nicht zwischen Männern und Frauen, Jung oder Alt. Verzweifelt versuchte diese Mutter ihre Tochter zu beschützen. Sie hatte aber keine andere Wahl, als ihre Tränen zurückzuhalten und sich zurückzuziehen. Obwohl sie aufs äußerste entschlossen war, bis zuletzt durchzuhalten, wusste sie, dass weiteres Blutvergießen den Schmerz im Herzen Gottes nur noch vergrößern würde, weil Er sich gute Gemeinschaft unter den Menschen wünscht.

Und da war noch etwas anderes. Irgendetwas sagte dieser Mutter, dass die Zeit für ihre Nation noch nicht gekommen war, sich zu erheben. Es sagte ihr, dass in der Zukunft in Korea eine Frau mit einer noch nie dagewesenen Bestimmung geboren werden würde, eine Frau, die die Schablonen dieser gefallenen Welt sprengen würde. Mit diesem Hoffnungsschimmer im Herzen ertrug sie die Demütigung dieses Nachmittags.

In Übereinstimmung mit Gottes Vorsehung und dem absoluten Glauben und der Liebe gläubiger Christen seit biblischen Zeiten traf das, was diese Frau im Glauben empfing, 24 Jahre später ein. In ihre Abstammungslinie wurde die eingeborene Tochter Gottes geboren, die dazu berufen ist, die Träume dieser Frau zu erfüllen.

Anju, mein Geburtsort, war ein Zentrum des koreanischen Patriotismus und es ist kein Zufall, dass das Christentum in Korea zuerst in diesem Gebiet Fuß fasste. Diese Frau war meine Großmutter Jo Won-mo. Sie setzte ihre Unterstützung der Unabhängigkeitsbewegung fort und beteiligte ihre Tochter – meine Mutter – und später auch mich an ihren Aktivitäten.

Ich war gerade zwei Jahre alt, als die Geschichte meines Landes ihre nächste Wendung nahm: die Befreiung von der japanischen Besetzung. An diesem Tag, dem 15. August 1945, hatte meine Großmutter Jo Won-mo wieder ein Kind auf dem Rücken, während sie „Mansei!" rief. Aber diesmal war ich das Kind. Und diesmal rief und schwenkte meine Großmutter unsere Nationalflagge voller Freude und Begeisterung für die neu gewonnene Freiheit unserer Nation.

Gott erwählte unsere Familie, eine Familie von drei Generationen mit jeweils nur einer Tochter. Jo Won-mo, meine Großmutter, eine Frau, die sich mit ganzem Herzen der Unabhängigkeitsbewegung verschrieb, war die einzige Tochter ihrer Eltern. Hong Soon-ae, meine Mutter, war ihre einzige Tochter, eine Frau, die sich mit Fleisch und Blut zielstrebig für ihren Glauben einsetzte, Christus bei seiner Wiederkunft zu begegnen. Ich war ihr einziges Kind, die einzige Tochter in der dritten Generation. Unter den unterdrückten Menschen der koreanischen Halbinsel wurde Gottes eingeborene Tochter geboren.

Hak Ja Han als Mittelschülerin mit ihrer Großmutter, Jo Won-mo, die sich im Jahr 1919 den Demonstrationen für die Unabhängigkeit Koreas anschloss

Während ich diese Worte im Jahr 2019, dem hundertsten Jahrestag der Unabhängigkeitsbewegung vom 1. März, niederschreibe, strebe ich danach, den Traum meiner Vorfahren, den Traum aller Generationen, die Vollendung von Gottes Vorsehung der Erlösung auf der ganzen Erde, zu erfüllen.

Vielen Dank! Mutter, bitte kümmere dich um alles!

Mond, Mond, heller Mond,
der Mond, mit dem Lee Tae-baek immer spielte.
Weit entfernt auf diesem Mond
gibt es einen Zimtbaum.
Ich fällte ihn mit einer Jadeaxt
und bearbeitete ihn mit einer goldenen Axt,
um eine kleine Hütte zu bauen,
wo ich meiner Mutter und meinem Vater diene.
Ich möchte für immer mit ihnen leben.
Ich möchte für immer mit ihnen leben.

Traurigkeit klingt in diesem koreanischen Volkslied, aber es bewegt und erhebt auch das Herz. Der Wunsch, für immer mit der Mutter und dem Vater zu leben, drückt das Herz von kindlicher Treue aus. Wir sind Waisenkinder, weit entfernt von den Himmlischen Eltern, die wir verloren haben, und müssen unsere Wahren Eltern und unsere ursprüngliche Heimat wiederfinden. Nichts führt zu größerem Glück, als den geliebten Eltern, nach denen wir uns sehnen, dienen zu können, gleichgültig ob in einem Palast oder in einer kleinen Hütte.

Alles und alle lieben die Sonne. Nur mit der Sonne kann Leben gedeihen. Der Mond hingegen schenkt uns etwas anderes. Die Sonne steht für Pracht, der Mond für Beschaulichkeit. Wenn Menschen weit weg sind von zuhause, neigen sie dazu, an ihre Heimat zu denken und sich nach ihren Eltern zu sehnen, während sie den Mond betrachten, nicht die Sonne. Ich habe schöne Erinnerungen daran, wie ich zusammen mit meinem Ehemann den Mond betrachtete. Mit vielen Mitgliedern schauten wir während des koreanischen Chuseok-Erntedankfests und beim ersten Vollmond des neuen Jahres zu ihm hinauf. Diese Momente waren aber rar. Mein Ehemann und ich konnten selten in eine solche Beschaulichkeit eintauchen.

Mein Mann verwies immer auf später: „Nachdem diese Arbeit getan ist ...", und auch ich sagte: „Nachdem diese Arbeit beendet ist und wir ein wenig Freizeit haben, können wir eine Pause einlegen." Man mag denken, dass es in den Jahren unserer Mission kurze Momente gab, um sich nach Erledigung einer dringenden Aufgabe zu entspannen. Aber für uns gab es nie Freizeit. Angespornt durch die Gedanken meiner Großmutter Jo, die „Mansei!" für die Unabhängigkeit und das Heil unserer Nation gerufen hatte, brannte ich mit jugendlicher Leidenschaft für die Rettung der Menschheit und die Errichtung einer friedlichen Welt.

Ich habe immer das Banner des Friedens hochgehalten und den edlen Geist der Gewaltlosigkeit und des Selbstbestimmungsrechts der Unabhängigkeitsbewegung vom 1. März bewahrt. Weil ich mit diesem Gefühl der Dringlichkeit lebte, habe ich erreicht, was ich niemals für möglich gehalten hätte. Während meines ganzen Lebens habe ich mein Bestes getan, um alle Aufgaben zu erfüllen, die auf mich zukamen. Ich habe mich bemüht, mich mit ganzem Herzen und Entschlossenheit einem Leben zum Wohl anderer zu widmen. Nie gab ich meinem Körper die Ruhe, die er gebraucht hätte. Viele Male vergaß ich zu essen oder zu schlafen.

Mein Ehemann Rev. Dr. Sun Myung Moon, der oft auch Vater Moon genannt wird, verhielt sich genauso. Er wurde mit einer starken Physis geboren. Hätte er mehr auf seine Gesundheit geachtet, hätte er möglicherweise noch einige Zeit gehabt, für eine bessere Welt zu arbeiten. Aber auch er folgte dem Willen Gottes mit unerschütterlicher Hingabe und das belastete seine Gesundheit. Letztendlich kam er an den Punkt, an dem es kein Zurück mehr gab. Bis vier oder fünf Jahre vor seinem Heimgang im Jahr 2012 war er ständig unterwegs und lebte jeden Tag, als ob es tausend Jahre wären. Seine Arbeit war anstrengend, sowohl körperlich als auch geistig. Zum Beispiel verbrachte er oft ganze Nächte in einem kleinen Fischerboot auf rauer See. Er tat das zum Wohl anderer und gab unseren Mitgliedern der *Ocean Church* sowie den Leitern, die ihn begleiteten, ein Beispiel. Er wollte ihnen dabei helfen, Geduld zu lernen und den für die Überwindung von Schwierigkeiten notwendigen Geist zu entwickeln.

Vater Moon reiste ständig von Kontinent zu Kontinent, und zwar in der Regel zwischen Ost und West, was einen viel höheren Tribut fordert als das Reisen zwischen Nord und Süd. Angesichts seines Alters reiste er viel zu oft zwischen Korea und den Vereinigten Staaten hin und her. Er hätte solche Reisen höchstens alle zwei bis drei Jahre unternehmen sollen, aber das zog er nicht in Betracht. Im Jahr vor seinem Tod, im Alter von 92 Jahren, machte er mindestens acht Mal die Reise zwischen Korea und Amerika. Das war eine völlige Selbstaufopferung für Gott und die Menschheit.

Der Tagesablauf von Vater Moon war sehr strapaziös. Jeden Morgen stand er um 3.00 Uhr auf, machte Gymnastik, betete und studierte. Um 5.00 Uhr morgens leitete er das „Hoondokhae", was so viel bedeutet wie „Zusammenkunft zum Lesen und Lernen", an dem seine Nachfolger teilnahmen. Es war eine Zeit des Lesens von heiligen Schriften, des Betens und des Unterweisens. Während des Hoondokhae hatte mein Mann so viel mitzuteilen, dass es nicht ungewöhnlich war, dass es manchmal bis zu 10 Stunden andauerte und auf Frühstück und Mittagessen verzichtet wurde. Kaum hatte er das Treffen beendet, aß er schnell einen Snack und machte sich auf den Weg, um ein Projekt unserer Bewegung zu besuchen. In den letzten Jahren flog er während seines Aufenthalts in Korea oft mit dem Hubschrauber zur Insel Geomun oder nach Yeosu, wo wir Fischerei-, Freizeit- und Bildungseinrichtungen entwickelten.

Bis in seine Siebziger konnte Vater Moon physisch gut damit umgehen, aber in seinem letzten Jahrzehnt erschöpfte es ihn immer mehr und er holte sich manchmal eine Erkältung oder Schlimmeres. Natürlich ignorierte er die Symptome. Und dann, im Sommer 2012, bekam er eine schwere Bronchitis, die besonders alarmierend war. Wir hätten sofort ins Krankenhaus fahren sollen, aber er verschob es mehrmals und sagte immer wieder: „Wir können gehen, wenn ich dies hier erledigt habe."

Schließlich konnte man über die Entscheidung nicht mehr diskutieren. Er musste ins Krankenhaus. Sein Körper war bereits in einem sehr schwachen Zustand. Er war eine kurze Zeit im Krankenhaus, aber sobald seine medizinischen Untersuchungen abgeschlossen waren, bestand er hartnäckig darauf, entlassen zu werden. Wir versuchten ihn davon zu überzeugen, länger zu bleiben, aber er wollte nicht auf unseren Rat hören.

„Ich habe noch viel zu tun. Ich kann nicht einfach hier im Krankenhaus sitzen!", sagte er und schimpfte mit den Leuten, die ihm rieten zu bleiben. Es blieb keine andere Wahl, als ihn zu entlassen. Das war am 12. August 2012. Wir kamen zuhause an und plötzlich sagte er: „Ich möchte frühstücken und dir dabei gegenübersitzen, *Omma*." Die Mitglieder, die das hörten, waren sich nicht sicher, ob sie richtig verstanden hatten, weil ich damals bei den Mahlzeiten neben meinem Mann saß und nicht ihm gegenüber. Als dann das Essen serviert wurde, schien mein Mann nicht am Essen interessiert zu sein. Er blickte mich nur an, als wollte er mein Gesicht in sein Herz eingravieren. Ich lächelte und legte einen Löffel in seine Hand und etwas von den

Beilagen auf seinen Teller. „Dieses Gemüse ist köstlich, nimm dir also Zeit zum Essen", sagte ich.

Vater und Mutter Moon in East Garden, Irvington, New York

Am nächsten Tag brannte die Sonne selbst für den Hochsommer ungewöhnlich stark vom Himmel. In der drückenden Hitze besichtigte Vater Moon Teile unseres Cheonwon-Komplexes am Ufer des Cheongpyeong-Sees, wobei ein Sauerstofftank mitgeführt wurde, der größer war als er selbst. Nach seiner Rückkehr nach Hause, dem Cheon Jeong Gung, bat er mich, ein Diktiergerät zu bringen. Mit dem Rekorder in der Hand vertiefte er sich 10 Minuten lang in seine Gedanken; dann begann er nach und nach, seine Gedanken aufzuzeichnen.

Er erklärte, dass wir uns in Richtung des Reiches Gottes bewegen können, wenn wir die Geschichte des Sündenfalls hinter uns lassen, in den ursprünglichen Garten Eden zurückkehren und nur Gott folgen. Er verkündete auch, dass wir Nationen wiederherstellen können, indem wir die Mission, unsere Stämme zu führen, erfüllen. Es war ein Monolog und ein Gebet, das den Anfang und das Ende, das Alpha und das Omega umfasste. „Alles ist erfüllt! Ich bringe alles dem Himmel dar", sagte er abschließend. „Alles wurde zu seiner Vollendung, zu seiner Erfüllung und zum Abschluss gebracht."

Es stellte sich heraus, dass dies das letzte Gebet des Wahren Vaters war. Damit brachte er sein Leben zum Abschluss. Einen Moment lang atmete er schwer und drückte meine Hand fest. „Mutter, ich danke dir! Mutter, bitte kümmere dich um alles. Es tut mir so leid und ich bin wirklich dankbar", sagte er und tat sich schwer, die Worte herauszubringen. Immer wieder sagte er die gleichen Worte. Ich hielt seine Hand immer fester und musste meine Tränen zurückhalten. Aus tiefstem Herzen und mit liebevollem Blick versicherte ich ihm, dass alles gut sein würde. „Mach dir um nichts Sorgen."

Am 3. September 2012 wurde mein Ehemann Rev. Dr. Sun Myung Moon in die Arme Gottes aufgenommen. Er wurde nach koreanischer Zählweise 93 Jahre alt und im Bonhyangwon, was Garten der ursprünglichen Heimatstadt bedeutet, neben einem Teich am Berg Cheonseong zur letzten Ruhe gebettet. Oft bin ich tief in Gedanken versunken und betrachte den Mond, wie er über dem Berg Cheonseong aufgeht. *„Ich fällte ihn mit einer Jadeaxt und bearbeitete ihn mit einer goldenen Axt, um eine kleine Hütte zu bauen, wo ich meiner Mutter und meinem Vater diene. Ich möchte für immer mit ihnen leben."* Dieses Gedicht wiederhole ich für mich immer und immer wieder.

Wildblumen lächeln auf einem Bergpfad

„Es hat viel geregnet und der Weg wird rutschig sein", informierte mich meine Assistentin. „Warum ruhen Sie sich heute nicht einfach aus?" Natürlich war sie um meine Sicherheit besorgt und ich dankte ihr, setzte aber meine Vorbereitungen fort. Im Herbst haben wir starke Regenstürme und im Winter fällt Schnee. Es gibt unzählige Gründe und Ausreden, im Haus zu bleiben. Dessen ungeachtet verließ ich nach dem Heimgang meines Ehemannes jeden Tag im Morgengrauen mein Zimmer, um an seinem Grab zu beten. Wenn ich danach zurückkam, bereitete ich sein Frühstück und später sein Abendessen vor.

Während ich den hügeligen Weg zum Bonhyangwon hinauf- und wieder zurückging, führten er und ich viele Gespräche von Herz zu Herz. Die Gedanken meines Mannes wurden zu meinen Gedanken und meine Gedanken wurden zu den seinen.

Koreanische Bonsai-Kiefern, unter denen im Frühjahr Wildblumen blühen, säumen den Pfad zum Bonhyangwon. Im Winter verschwinden Wildblumen, aber im Frühling blühen sie üppig, als würden sie miteinander konkurrieren. Auf dem steilen Weg hinauf blieb ich stehen, um mir die Gräser und Blumen genauer anzusehen. Sie stellten wunderschön ihre Farben in der strahlenden Morgensonne des Frühlings zur Schau, ob ich da war, sie zu bewundern, oder nicht. Ich ließ mich von ihrer Schönheit berauschen und streichelte die Wildblumen, bevor ich meinen Aufstieg fortsetzte. Der Weg war schwierig, aber mein Herz war ausgeglichen, ähnlich wie die Blumen.

Wenn ich am Grab meines Mannes ankam, schaute ich sorgfältig nach, ob Unkraut zwischen den Grashalmen gewachsen war oder ob Tiere Spuren hinterlassen hatten. Der Rasen auf dem Grabhügel wurde mit der Zeit immer grüner. Wenn ich allein vor seinem Grab saß, betete ich, dass alle Menschen auf der Welt so schön wie Wildblumen werden, einen so starken Geist wie Kiefern haben und immer ein erfolgreiches Leben führen mögen, so grün wie ein Sommerrasen. Auf dem Weg nach unten verabschiedete ich mich von den Blumen und Kiefern: „Meine Freunde der Natur, morgen werde ich euch wiedersehen."

Der Weg, den ich ging, war an jedem Tag derselbe, aber das Wetter war nie gleich. Es gab Tage, an denen ich die warmen Sonnenstrahlen spürte. Es gab windige Tage oder auch regnerische Tage, an denen es donnerte und blitzte, und Tage, an denen es schneite und alles in Weiß gehüllt war.

Während dieser dreijährigen Zeit des Betens und der Andacht unternahm ich auch die gleichen Reisen durch die Vereinigten Staaten, die früher mein Ehemann gemacht hatte. Dabei legte ich über 6.000 Kilometer zurück, wie er es 1965 getan hatte. Außerdem suchte ich die zwölf Berggipfel auf, die wir gemeinsam in den Schweizer Alpen besucht hatten, um dort zu beten und zu meditieren. Durch diese Gebete und Hingabe vertiefte sich unser spirituelles Einssein bis in die Ewigkeit.

Im traditionellen Korea erwartete man eine solche Zeit der kindlichen Hingabe zum Gedenken an die verstorbenen Eltern. Als Repräsentant der Familie baute der erste Sohn westlich des Grabes seines Vaters oder seiner Mutter eine kleine Hütte und lebte drei Jahre lang darin, unabhängig vom Wetter, selbst wenn er in dieser Zeit nicht richtig essen oder seinen Lebensunterhalt bestreiten konnte. Diese drei Jahre repräsentieren die drei Jahre nach unserer Geburt, die wir ohne die volle Liebe und Fürsorge unseres Vaters und insbesondere unserer Mutter nicht überlebt hätten. Diese Zeit der Hingabe ist eine Zeit, dies anzuerkennen, Dankbarkeit zu zeigen und jene Liebe und Güte zurückzugeben.

In der heutigen Zeit gibt es zu viele Menschen, die die Güte ihres Vaters und ihrer Mutter vergessen. Von denjenigen, denen es an kindlicher Treue gegenüber ihren eigenen Eltern mangelt, ist kein Verständnis für die Himmlischen Eltern und die Wahren Eltern zu erwarten, die Tränen über das Leid der Menschheit vergossen haben. Die Menschen von heute leben ohne Verbindung zu den Wahren Eltern, da sie nicht wissen, dass sie hier auf der Erde sind.

Um Menschen zu erwecken, die Augen haben, aber nicht sehen können, brachte ich als Ehefrau meines Ehegatten zum Gedenken an den Wahren Vater im Namen aller Menschen drei Jahre lang jeden Tag Gebete dar. Mit dieser tiefen Entschlossenheit versprach ich meinem Ehemann und allen Mitgliedern unserer weltweiten Bewegung: *Ich werde uns zum Geist der frühen Tage unserer Kirche zurückbringen und durch Geist und Wahrheit eine Erweckung hervorrufen.*

Ich träume von einer Gemeinschaft, die sich wie die herzliche Umarmung einer Mutter anfühlt, von einer Kirche, die wie ein Zuhause ist, wo Menschen immer hinkommen und bleiben wollen. Das ist auch der Traum meines Ehemannes. Ihm zu Ehren beschloss ich, mich noch mehr als zuvor Gott und der ganzen Menschheit zu widmen. Seit jener Stunde habe ich mich nie mehr richtig ausgeruht.

Bewegt von dem unveränderlichen Herzen meines Ehemannes bereitete ich dann im Jahr 2015 sein Geschenk für die Menschheit vor – den Sunhak-Friedenspreis. Möge dieser Preis für immer Ausdruck seines ewigen Engagements für den Frieden sein.

Die Sunhak-Friedenskultur

Ich schaute in den dunstigen Sommerhimmel und fragte mich, wie das Wetter am nächsten Tag sein würde. „Am Morgen wird es Schauer geben und sehr bewölkt sein", wurde mir gesagt. Mit einem Lächeln akzeptierte ich, dass es so sein würde. Bei einer Reihe von Veranstaltungen unserer Vereinigungskirche hat es in Strömen geregnet. Vor mehr als 40 Jahren fegten heftige Schauer und starke Winde kurz vor Beginn unserer Veranstaltung durch das Yankee Stadium in New York. Starker Regen fiel auch den ganzen Tag über während der Internationalen Segnung der 360.000 Paare sowie während der Gründung der Frauenföderation für Weltfrieden im Olympiastadion von Seoul. Inzwischen nehme ich Regen in solchen Zeiten mit Dankbarkeit als ein Geschenk an.

Auch am 28. August 2015, dem Tag der ersten Verleihung des Sunhak-Friedenspreises, regnete es. Unter strömendem Regen, dem letzten reinigenden Geschenk des Sommers, trafen hunderte von Gästen in unserem Hotel in Seoul ein. Zum Glück klarte der Himmel auf, als sich die Veranstaltungstüren öffneten. Es fühlte sich an, als ob Gott unsere Gäste freudig willkommen heißen würde. Dies waren besondere Menschen, Führungspersönlichkeiten aus allen Bereichen, die um des Friedens willen aus dem gesamten globalen Dorf zusammengekommen waren und dafür oft lange Strecken zurückgelegt hatten.

Jeder sehnt sich nach Frieden, aber Frieden kommt nicht von selbst. Wenn er so alltäglich wäre wie Steine am Rand einer Landstraße oder Bäume an einem Berghang, hätten wir niemals die schrecklichen Kriege und Konflikte erlebt, die die menschliche Welt plagen. Aber um Frieden zu schaffen, müssen wir alle Schweiß, Tränen und manchmal Blut vergießen. Deshalb erreichen wir ihn nur selten, obwohl wir uns nach Frieden sehnen. Um wahren Frieden zu erleben, müssen wir zuerst wahre Liebe praktizieren, ohne dafür eine Belohnung zu erwarten. Mein Ehemann und ich gingen diesen Weg und in Fortsetzung dieses Wegs rief ich den Sunhak-Friedenspreis ins Leben.

*28. August 2015: Die ersten Sunhak-Friedenspreisträger –
Präsident Anote Tong aus Kiribati und Dr. Modadugu Vijay Gupta
aus Indien, Leiter der „Blauen Revolution"*

Trotz des Regens an diesem ersten Tag der Preisverleihung konnten die Gäste ihre Aufregung nicht unterdrücken. Sie waren wie kleine Kinder, die im Begriff waren, ein besonderes Geschenk zu erhalten. Viele waren erstaunt, als sie die Personen neben sich begrüßten. „Es gibt so viele verschiedene Leute hier! Ich war noch nie auf einer so breitgefächerten Veranstaltung mit so unterschiedlichen Teilnehmerinnen und Teilnehmern", sagte der eine. Und ein anderer meinte: „Es ist unglaublich! Ich frage mich, aus welchem Land die Art von Kleidung kommt, die jene Person trägt."

Die Veranstaltung war wie eine Ausstellung der Völker der Welt. Die Halle war voller Leben mit dem rauschenden Fluss verschiedener Sprachen. Alle Augen zeigten Dankbarkeit im Namen der gesamten Menschheitsfamilie. Die Leute, die mich zum ersten Mal sahen, konzentrierten sich auf die Bühne, um einen guten Blick darauf zu bekommen, und dachten sich: „Wer ist diese Frau Dr. Hak Ja Han Moon?" Manche bewegten fragend den Kopf. Möglicherweise dachten sie, meine Kleidung sei nicht schicker als die ihre und ich sähe aus wie eine typische Mutter.

Als ich das Sunhak-Friedenspreis-Projekt vorbereitete, war mein größtes Anliegen, dass die Menschen seinen tiefsten Ursprung verstehen. Um die Zukunft zu meistern, müssen wir den Umfang der Berufsfelder erweitern, die das Kommen des Friedens ankündigen können. Auch wenn wir unseren künftigen Nachkommen vielleicht niemals auf der Erde begegnen werden, müssen wir sicherstellen, dass all ihr Handeln in friedlichen Gesellschaften und Nationen miteinander harmonieren wird. Nach ernsthaften Überlegungen und Diskussionen legte die Sunhak-Stiftung ihre übergeordnete Ausrichtung fest: Frieden, der über die Gegenwart hinausgeht und die Zukunft gestaltet.

Wahrer Frieden erfordert sicherlich, dass wir die gegenwärtigen Konflikte zwischen Religionen, Ethnien und Nationen lösen. Zu den noch größeren Herausforderungen, vor denen wir stehen, gehören jedoch die Zerstörung der Umwelt und die demographische Entwicklung. Die weltweit führenden Friedenspreise konzentrieren sich auf die Lösung der Probleme der heutigen Generation. Wir müssen jedoch die Probleme der Gegenwart auf eine Weise lösen, die mit einer praktischen Vision für eine glückliche Zukunft verbunden ist. Ich habe den Sunhak-Friedenspreis als eine Brücke gegründet, die uns aus dem Strudel der Konflikte dieser Welt herausführt, und als Kompass, der auf eine zukünftige Heimat des Friedens hinweist.

Die Ozeane sind eine wertvolle Ressource

In jeder Epoche der aufgezeichneten Geschichte hat die Menschheit unglaubliche Schmerzen erfahren. Die jüngste Periode, das 20. Jahrhundert, war die tragischste. Kriege tobten unaufhörlich im globalen Dorf und unzählige gute Menschen kamen bei diesen Grausamkeiten ums Leben. Ich wurde während der japanischen Besetzung Koreas geboren und erlebte die Folgen des Zweiten Weltkriegs und des Koreakriegs. Noch immer kann ich die schrecklichen Dinge, die ich als kleines Kind mit ansehen musste, nicht vergessen.

Jene Zeiten sind vergangen. Jetzt kämpfen wir gegen einen vielschichtigen Feind, gegen die Versuchung, unsere Verantwortung gegenüber unseren Familien und der Umwelt zu vergessen und nur persönlichen Komfort und Bequemlichkeit zu suchen. Glücklicherweise haben wir einen tiefen Sinn für Moral und Weisheit und kennen praktische Methoden, wie wir zusammenarbeiten können, um das Ideal Gottes zu erreichen.

Alle Menschen hoffen, dass wir die Ozeane wiederherstellen und bewahren können, wie sie die Himmlischen Eltern erschaffen haben. Die Ozeane bedecken 70 Prozent der Erde und enthalten immense Ressourcen. Wie verborgene Schätze halten sie Lösungen für die grundlegenden Probleme bereit, mit denen die Menschheit konfrontiert ist. Ich habe bei vielen Gelegenheiten die Bedeutung der Ozeane betont und zusammen mit meinem Mann verschiedene Ansätze vorgeschlagen, die wir verfolgen können. Dementsprechend wurde „Der Ozean" als Thema für den ersten Sunhak-Friedenspreis ausgewählt. In einem strengen Auswahlprozess suchte das Friedenspreiskomitee nach rechtschaffenen Führungskräften, die entsprechende erfolgreiche Projekte und Initiativen vorzuweisen hatten. Die ausgewählten Preisträger in diesem Jahr waren Dr. M. Vijay Gupta aus Indien und

Präsident Anote Tong aus Kiribati, einem kleinen Inselstaat im Südpazifik.

Dr. Gupta ist ein Wissenschaftler, der aus Sorge über die anhaltende Nahrungsmittelknappheit die „Blaue Revolution" durch die Entwicklung von Fischzuchttechnologien ins Leben rief. Er trug wesentlich zur Linderung des Hungers unter den Armen bei, indem er diese Technologien in Südostasien und Afrika verbreitete.

Präsident Anote Tong ist ein weltweit führender Verfechter der intelligenten Erhaltung und des Managements des Ökosystems der Meere. Es wird prognostiziert, dass ein Großteil seiner Nation, Kiribati, aufgrund des steigenden Meeresspiegels in weniger als 30 Jahren überschwemmt sein könnte. Angesichts einer solchen Gefahr übernahm Präsident Tong die Führung zum Schutz des Ökosystems, indem er den größten Meeresschutzpark der Welt schuf.

Jahrzehntelang übernahmen mein Mann und ich die Aufgabe, dafür zu sorgen, dass sich die Menschheit eine Zukunft erschließt, in der es reichlich Nahrung und eine angenehme, gesunde Umwelt gibt. Wir plädierten für den freien Technologieaustausch über nationale Grenzen hinweg und verkündeten unsere Vision, dass die Ozeane ein Geschenk Gottes und die ultimative Quelle der weltweiten Ernährung sind. Stabile Nahrungsquellen und die Reinheit von Luft, Land und Wasser sind für den Weltfrieden und die Rettung der Menschheit von entscheidender Bedeutung.

Wir beschränkten uns nicht auf theoretische Erklärungen, sondern setzten erhebliche Ressourcen ein für praktische Projekte in der realen Welt. Ein halbes Jahrhundert lang war Lateinamerika ein wichtiger Standort für diese Investition von wahrer Liebe und Humanressourcen.

Mitte der 1990er Jahre reisten Vater Moon und ich mit besorgten Herzen in die Pantanal-Region. Das Pantanal ist ein riesiges Feuchtgebiet, das sich über das Grenzgebiet von Paraguay und Brasilien erstreckt. Von unserem Heimatland Korea aus betrachtet befindet es sich genau auf der gegenüberliegenden Seite des Globus. Dort arbeiteten wir Hand in Hand mit Bauern und Fischern. Will man der Nahrungsmittelknappheit ein Ende setzen, muss man bereit sein, sich die Hände schmutzig zu machen. Anstatt Predigten von einer klimatisierten Kanzel zu halten, arbeiteten wir unter der sengenden Sonne und vernachlässigten Essen und Erholung. Ich erinnere mich lebhaft daran, wie ich mir Schweißperlen vom Gesicht wischte, während ich über Umweltprobleme nachdachte.

Mein Naturell drängt mich dazu, alles, was ich habe, für das Glück anderer zu geben, ohne dabei nach Anerkennung zu streben. Ich weiß, wer ich bin, und meine Mission ist es, so zu leben. Um den Kummer der Himmlischen Eltern zu beenden, habe ich die Tränen von Fremden in Not getrocknet, im Bewusstsein, dass dies durch Schicksalsfäden mit der Erlösung der Menschheit verbunden ist.

Helden des Alltags

Die letzten Tage des Winters können bitterkalt sein. Doch ganz gleich, wie kalt es ist, wenn der Frühling kommt und seine Wärme die Erde umhüllt, vergessen wir schnell, dass es jemals einen Winter gab. Die bittere Kälte des Winters der Menschheit schwindet und wird vergessen sein, wenn die Wärme der Himmlischen Eltern die Erde umhüllt. Wir spüren diese Wärme bei unseren üblicherweise alle zwei Jahre stattfindenden Sunhak-Friedenspreis-Veranstaltungen, wie bei der zweiten Tagung, die am 3. Februar 2017 in Seoul abgehalten wurde.

Jener sehr geschäftige Tag begann damit, dass ich hunderte von Gästen persönlich begrüßte. Diese Männer und Frauen stammten aus 80 Ländern, repräsentierten verschiedene Ethnien, sprachen viele Sprachen und folgten unterschiedlichen Glaubensrichtungen. Ich versuchte, für sie ein Umfeld zu schaffen, in dem jeder die Fremden um sich herum frei begrüßen und mit ihnen schnell Freundschaften schließen konnte.

Die Wärme des Frühlings bildete den Rahmen, in dem ich meine Gäste daran erinnerte, dass viele Menschen auf der Welt keine Freunde haben und in Hunger leben. Viele Familien wurden aus ihren Heimatländern vertrieben. Als ein Flüchtlingskind weiß ich selbst, dass es keine Worte gibt, um das Elend zu beschreiben, wenn man aufgrund der verheerenden Auswirkungen eines Kriegs aus seiner Heimat fliehen muss. Der Sunhak-Friedenspreis ist eine Initiative, durch die ich dazu aufrufen kann, Lösungen für die schmerzhafte Notlage von Flüchtlingen zu finden, um so zu verhindern, dass Lebensgrundlagen zerstört werden. Ich suche nach rechtschaffenen, möglicherweise auch weniger bekannten Pionieren des Friedens, ehre sie und ermutige sie nachdrücklich in ihren Bemühungen. Die zweiten Sunhak-Friedenspreise, die 2017 verliehen wurden, gingen an solche Menschen. Dr. Sakena Yacoobi und Dr. Gino Strada sehen nicht unbedingt wie Berühmtheiten aus, sondern eher wie gewöhnliche Menschen.

Dr. Gino Strada, ein europäischer Gentleman mit zerzausten Haaren, stammt aus Italien. Er ist ein hervorragender Chirurg und Gründer einer internationalen medizinischen Hilfsorganisation. In den vergangenen 28 Jahren ermöglichte seine Arbeit mehr als neun Millionen Flüchtlingen und Kriegsopfern im Nahen Osten und in Afrika eine medizinische Notfallversorgung.

Dr. Sakena Yacoobi aus Afghanistan, eine mütterliche Frau mit einem sonnengegerbten Gesicht, umrahmt von einem schwarzen Hijab, hat tausenden jungen Frauen Hoffnung gegeben. Sie ist eine Pädagogin, die als „afghanische Mutter der Bildung" bezeichnet wird. Sie arbeitet seit mehr als 20 Jahren in afghanischen Flüchtlingslagern und hilft Flüchtlingen und Vertriebenen bei der Wiedereingliederung. Sie riskiert ihr Leben, um zu unterrichten, und ermutigt die Menschen, auf eine bessere Zukunft zu hoffen, selbst angesichts enormer Hindernisse. Als Antwort auf ihre Auszeichnung schrieb mir Dr. Yacoobi in ihrer klaren Handschrift und drückte ihre tief empfundene Dankbarkeit folgendermaßen aus:

Es ist wirklich, wirklich wunderbar! Die Auszeichnung selbst ist wirklich groß, sie ist vergleichbar mit dem Friedensnobelpreis ... Mein Leben ist ständig in Gefahr. Wenn ich morgens aufstehe, weiß ich nicht, ob ich am Abend noch am Leben oder tot sein werde ... Wenn man weiß, dass jemand dich in deiner Arbeit schätzt, hilft das sehr. Außerdem möchte ich Mutter Hak Ja Han Moon sagen, dass ich ihr wirklich dankbar bin, weil sie mir Anerkennung für das gibt, was ich tue ... Das bedeutet mir sehr viel.

Korea ist ein Land, das ich bewundere. Denn die Koreaner befanden sich im Krieg, haben gelitten, aber mit ihrer Entschlossenheit, harten Arbeit, Aufrichtigkeit und Weisheit haben sie in sehr kurzer Zeit viel erreicht. Ich hoffe und bete, dass mein Land sich eines Tages Ihr Land zum Vorbild nehmen kann.

Dr. Yacoobi riskiert ihr eigenes Leben und kämpft weiterhin für Frauen und Kinder. Während wir bequem zuhause sind und warme Mahlzeiten zu uns nehmen, werden viele aus ihrem Zuhause vertrieben. Entwurzelt leben sie in Schmerz und Angst, ihr Leben ist völlig zerstört. Es ist an der Zeit, diese traurigen Tragödien zu beenden.

Unser tägliches Brot gib uns heute

Als die Jünger Jesu ihn darum baten, sie das Beten zu lehren, war seine Antwort klar: „Unser tägliches Brot gib uns heute." 2.000 Jahre sind vergangen, seit Jesus uns dieses Gebet gelehrt hat. Es gibt jedoch noch immer so viele Menschen, mehr als wir uns vorstellen können, die kein tägliches Brot haben.

Afrika ist die Wiege der Menschheit. Manche Afrikaner leben jedoch in so armen Verhältnissen, dass ihr Hauptziel darin besteht, genug zu essen zu haben. Dieses grundlegende menschliche Bedürfnis wird oft nicht befriedigt und die Möglichkeiten für eine Grundbildung sind ebenfalls begrenzt. Viele sind mit dieser Situation konfrontiert. Jedes Mal, wenn ich nach Afrika komme, suche ich nach Lösungen für diese Probleme, die ich sehr persönlich nehme. Als das Sunhak-Friedenspreiskomitee das Thema „Menschenrechte und menschliche Entwicklung in Afrika" für 2019 ankündigte, war ich begeistert, weil es die Aufgabe ansprach, die ich mir selbst gestellt habe.

Akinwumi Ayodeji Adesina, Präsident der African Development Bank (AFDB), und Waris Dirie, eine Frauenrechtsaktivistin, unsere Preisträger von 2019, sind Beispiele für das, was ich immer als „rechtschaffene Menschen der Tat" angesehen habe.

Dr. Adesina wurde in einer armen Bauernfamilie in Nigeria geboren. Schon in jungen Jahren erforschte er Methoden zur Modernisierung der Landwirtschaft und hegte den Traum, Afrika zu einem Kontinent der Fülle zu machen. Nach seiner Promotion in Agrarökonomie an der Purdue University in den USA kehrte er nach Afrika zurück. In den letzten 30 Jahren arbeitete er an landwirtschaftlichen Innovationen und half Millionen von Menschen dabei, das Problem des Hungers zu überwinden.

Mein lebenslanger Herzenswunsch

9. Februar 2019: Die Preisträger des dritten Sunhak-Friedenspreises – Waris Dirie (Gründerin der Desert Flower Foundation) und Akinwumi A. Adesina (Präsident der African Development Bank)

Im Februar 2019 sagte Dr. Adesina bei seinem Besuch in Korea anlässlich der Entgegennahme des Sunhak-Friedenspreises, dass es für ihn noch viel zu tun gäbe, um die Welt zu verbessern. „Nichts ist wichtiger", erklärte er, „als Hunger und Unterernährung zu beseitigen. Hunger ist eine Anklage gegen die Menschheit. Jede Wirtschaft, die Wachstum verkündet, ohne ihre Bevölkerung zu ernähren, ist eine gescheiterte Wirtschaft. Niemand muss hungern, ob er nun weiß, schwarz, pink, orange oder andersfarbig ist. Deshalb widme ich die gesamte Auszeichnung des Sunhak-Friedenspreises in Höhe von 500.000 US-Dollar meiner Stiftung, der *World Hunger Fighters Foundation*." Dr. Adesinas Traum vom Frieden ist es, die erforderlichen Mittel für seine Realisierung zu finden. Ich ermutigte ihn, seine edle Arbeit niemals aufzugeben.

Mutter des Friedens

Die andere Preisträgerin des Sunhak-Friedenspreises von 2019 war Frau Waris Dirie, eine Afrikanerin mit bemerkenswerter Willenskraft, die viele schier unbezwingbare Hindernisse überwunden hat. Frau Dirie wurde in einer somalischen Nomadenfamilie geboren. In ihrer Kindheit herrschten Bürgerkrieg, Hunger und Unterdrückung. Sie aber hatte große Träume und forderte sich und ihre Lebensumstände heraus. Schließlich wurde sie ein gefeiertes Supermodel.

1997 machte sie ihre eigene Erfahrung mit Genitalverstümmelung (Female Genital Mutilation, FGM) öffentlich und ihr Leben veränderte sich. Im Namen von Millionen afrikanischer Frauen setzte sie sich für die Beseitigung der Praxis der weiblichen Genitalverstümmelung ein. Die Vereinten Nationen ernannten sie zur Sonderbotschafterin für die Abschaffung der weiblichen Genitalverstümmelung. Sie unterstützte das Maputo-Protokoll, das FGM verbietet und von 15 afrikanischen Ländern ratifiziert wurde. Außerdem spielte sie 2012 eine bedeutsame Rolle bei der Einbringung einer UN-Resolution zum Verbot von FGM, die von der Generalversammlung einstimmig angenommen wurde. Das war aber noch nicht das Ende von Frau Diries Bemühungen. Sie gründete die *Desert Flower Foundation*, die Ärzte in Frankreich, Deutschland, Schweden und den Niederlanden mobilisiert, um Opfer der FGM zu behandeln. An mehreren Standorten in Afrika betreibt sie Bildungseinrichtungen, die Frauen dabei unterstützen, auf eigenen Beinen zu stehen.

Weibliche Genitalverstümmelung ist weder eine religiöse noch eine ethnische Tradition. Es ist nichts anderes als eine gewaltsame Misshandlung von Mädchen. Diese Misshandlung, einen Teil der äußeren Genitalien junger Mädchen zu entfernen, ist nicht nur ein Mittel zur Unterdrückung von Frauen, sondern auch lebensbedrohlich. Waris Dirie widmet ihr Leben der Ausrottung dieses abscheulichen Brauchs und globale Organisationen reagieren auf ihre

Bemühungen. Man kann nur erahnen, wie schwierig der Weg war, den sie gegangen ist.

Waris Diries Ziel ist es auch, Frauen in Afrika zu helfen und sie zu stärken. In Afrika stehen Frauen im Überlebenskampf an vorderster Front, wenn es darum geht, ihre Familien zu schützen. Sie spielen auch eine zentrale Rolle in der Wirtschaft ihres jeweiligen Landes. Wir sollten uns daher darüber im Klaren sein, dass diese Gewalt junge afrikanische Mädchen körperlich verletzt und oft emotional verkrüppelt.

Die Menschen Afrikas sind ausgesprochen freundlich. Sie lieben ihre Familien, respektieren ihre Nachbarn und leben im Einklang mit der Natur. Gleichwohl brachte die westliche Modernisierung, wie überall auf der Welt, dem Kontinent gemischten Segen. Sein Wohlstand entsteht auf Kosten der Zerstörung von Familien- und Stammestraditionen. Ich glaube, dass die Liebe der Himmlischen Eltern die indigenen afrikanischen Werte stärken wird, welche die Interdependenz und den gemeinsamen Wohlstand fördern, und dass sie die Tränen Afrikas abwischen wird.

Der Sunhak-Friedenspreis malt ein schönes Bild des neuen Jahrhunderts, indem er Männer und Frauen ehrt, die das Beste darstellen, was wir sein können. Er betrachtet alle Menschen als eine menschliche Familie. Der Preis ist ein Sprungbrett in eine bessere Zukunft. Er ist ein Freund von rechtschaffenen Menschen, die mit einem aufrichtigen Herzen arbeiten. Er pflanzt Samen des Friedens, die in diesem Zuhause, das wir Erde nennen, zu schönen Bäumen des Lebens und des Wissens heranwachsen und nahrhafte Früchte bringen.

In diesem Kapitel habe ich Ihnen, meinen Leserinnen und Lesern, den großen Rahmen meines Lebens vorgestellt, vom Kampf meiner Großmutter für die Befreiung eines kolonialisierten Volkes über die letzten Tage des glorreichen Lebens meines von Gott gesandten Ehemannes und meine Jahre der Trauer bis zu den neuen globalen Horizonten, die er und ich heute erschließen. Jetzt lade ich Sie ein, sich auf den Weg durch diese sich entfaltende Geschichte zu begeben, ihre Luft mit mir zu atmen, das Bittere und das Süße zu kosten, die Nadeln in den Sandstürmen zu finden und mit mir in jedem Moment die Hand unserer Himmlischen Eltern zu entdecken.

2. KAPITEL

ICH KAM ALS DIE EINGEBORENE TOCHTER IN DIESE WELT

Ein Baum mit tiefen Wurzeln

Als ich sanft meine Augen schloss und dem rauen Wind lauschte, der durch das Maisfeld wehte, klang es, wie wenn tausende Pferde in der Wildnis rannten. Es erinnerte an den dynamischen Geist der Goguryo-Ritter, die kraftvoll über den Kontinent galoppierten. Zu anderen Zeiten vernahm ich, wenn ich in der Stille hinhörte, eine andere Art von Klang, das liebevolle „Hu! Hu!" von Zwergohreulen in den hohen Ästen der Bäume tief in den Bergen. Ich erinnere mich an jene Sommernächte, in denen ich die Hand meiner Mutter haltend einschlief und der Ruf der Eulen in meinen Ohren hallte.

Mehr als 70 Jahre sind vergangen, aber die wunderschöne Landschaft und die beruhigenden Klänge von Anju leben noch immer in meinem Herzen. An meine Heimatstadt habe ich viele schöne Erinnerungen. Ich sehne mich nach ihr und ich möchte dorthin zurückgehen. Eines Tages werde ich sicherlich nach Hause zurückkehren.

Als ich geboren wurde, hatte mein Vater, Han Seung-un, eine traumähnliche Vision. Er sah helles Sonnenlicht in einen dichten Pinienwald hineinstrahlen. Das Licht fiel auf zwei Kraniche, die in harmonischer Zuneigung miteinander tanzten. Daraufhin beschloss er, mich „Hak Ja" zu nennen, was „Kranichkind" bedeutet.

Ich gehöre zum Han-Clan von Cheongju in der Provinz Nord-Chungcheong, dem historischen Geburtsort des Clans. „Chungcheong" bedeutet „Zentrum des Herzens, das rein und klar ist", und Cheongju bedeutet „Klares Dorf". Wenn das Wasser in einem Fluss oder im Meer klar ist, kann man bis zum tiefen Grund die schwimmenden Fische sehen. In vergleichbarer Weise war das Herz meiner Vorfahren, die in der Stadt Cheongju lebten, durch und durch rein und demütig.

Das chinesische Zeichen für meinen Familiennamen, „Han" (韓), hat mehrere Bedeutungen. Es kann „eins" bedeuten, was Gott symbolisiert, oder auch „groß", wie in groß genug, um alle geschaffenen Dinge im Universum zu umschließen; und es kann „voll" bedeuten, im Sinne von überfließender Fülle. Der Gründungsvater des Han-Clans, Han Lan, wurde als loyaler Patriot des Königreichs Goryeo geehrt. Der König von Korea zeichnete Personen mit patriotischen Tugenden aus und belohnte sie mit Land und einem unbefristeten Sold. Der Hof trug ihre Namen in ein Ehrenbuch ein, und für Han Lan gibt es einen solchen Eintrag.

Die Geschichte von Han Lan ist folgende: Er errichtete eine Dienststelle für die Landwirtschaftsverwaltung in einem Bezirk von Cheongju namens Bangseo-dong und wandelte eine große Landfläche in produktives Ackerland um. Als ein Krieg zwischen den koreanischen Herrschern ausbrach, kam Wang Geon – ein Adliger und Armeegeneral – auf seinem Weg zur Schlacht gegen Gyeon Hweon, den König von Hu-baekje, nach Cheongju. Han Lan begrüßte Wang Geon, versorgte seine Armee von 100.000 Soldaten und schloss sich ihm auf dem Schlachtfeld an. Als Wang Geon König wurde, erklärte er Han Lan zu einem loyalen Patrioten. Han Lans Ruf als „Mitbegründer" des Königreichs hatte über die Jahrhunderte hinweg Bestand.

33 Generationen nach Han Lan wurde ich in seiner Abstammungslinie geboren. Die Zahlen 3 und 33 sind von Bedeutung. Jesus bat drei Jünger, mit ihm in Gethsemane zu beten. Er prophezeite, dass Petrus ihn dreimal verleugnen würde, bevor der Hahn krähte. Von den Menschen abgelehnt, wurde Jesus im Alter von 33 Jahren gekreuzigt – er versprach jedoch, wiederzukommen. Er war einer von drei an jenem Tag Gekreuzigten und zu einem von ihnen sagte er: „Heute noch wirst du mit mir im Paradies sein." Am dritten Tag stand Jesus aus dem Grab auf. Die Zahl Drei steht für Himmel, Erde und Menschheit. Sie symbolisiert die vollkommene Erfüllung des himmlischen Gesetzes und auch des Naturgesetzes.

Das koreanische Volk stammt von den Dong-yi ab, einem weisen Volk, das die Sterne studierte und das himmlische Schicksal vorhersagen konnte. Es entwickelte eine blühende, auf Landwirtschaft basierende Kultur, verehrte Gott und liebte den Frieden schon seit vorchristlichen Zeiten. Das Volk der Dong-yi errichtete Königreiche, die auf dem Namen „Han" basierten. Manche Menschen, darunter mein Ehemann, verweisen auf Aufzeichnungen, die zeigen, dass es das Volk der Han schon vor der Gojo-seon-Ära gab, die als das erste koreanische Königreich gilt. Die Gründungslegende Koreas, die so genannte Dangun-Legende, besagt, dass wir nach dem tiefgründigen Willen Gottes als Nachkommen des Himmels auserwählt wurden.

Unser Volk wird auch das Baedal-Volk genannt. Die chinesischen Schriftzeichen für „bae" und „dal" stehen für Helligkeit und Brillanz. Diese Zuschreibung weist auf unsere Ehrfurcht vor Gott und unsere Liebe für Frieden und Gelassenheit hin. Bis heute ist Korea als „das Land der Morgenstille" bekannt.

Dennoch ist die 5.000-jährige Geschichte des koreanischen Volkes von tiefer Wehmut erfüllt. Ständig marschierten fremde Mächte durch Korea, zertrampelten uns wie wildes Gras und ließen uns wie die kahlen Äste eines Baumes im kältesten Winter entblößt zurück. Trotzdem verloren wir nie unsere Wurzeln. Invasionen fremder Mächte überwanden wir mit Weisheit und Geduld und überlebten als Nation. Darauf sind wir stolz.

Man kommt nicht umhin sich zu fragen, warum Gott es zuließ, dass dieses Volk so große Härten erlitt. Ich glaube, es ging darum, ein Volk vorzubereiten, dem Er eine große Mission anvertrauen konnte. Aus der Bibel lernen wir, dass Gottes auserwähltes Volk immer große Widrigkeiten zu ertragen hat. Auf der Grundlage von Noach, Abraham und anderen zentralen Figuren der Vorsehung bereitete Gott Israel als das Volk vor, zu dem Er den Messias, Jesus Christus, senden konnte. Da dieser abgelehnt wurde, musste Gott es zulassen, dass Jesus große Prüfungen und Leiden erduldete und schließlich sein Leben am Kreuz opferte.

2.000 Jahre später vertraute Gott dem auserwählten koreanischen Volk Seinen eingeborenen Sohn und Seine eingeborene Tochter an, diejenigen, die Gottes erste Liebe empfangen können. Gott brauchte einen Mann und eine Frau, die Leid und Ablehnung ertragen und dabei immer wieder den Menschen vergeben und sie lieben konnten, um so Gottes Herz der elterlichen Liebe zu offenbaren. Gott brauchte auch eine Nation, die fähig ist, Leid um aller Nationen willen zu ertragen. Darauf bereitete Gott das koreanische Volk vor. Viele Völker haben gelitten und verschwanden schließlich aus der Geschichte, aber die Koreaner hielten durch. Deshalb vertraute Gott diesem Volk eine edle Mission an.

Wie eine Henne, die ihre Brut unter ihre Flügel nimmt

Als ich geboren wurde, stöhnte die Erde vor Schmerzen wie ein Schlachtfeld, auf dem Menschen gegenseitig ihr Blut vergießen. Die Menschen lebten in großer Verwirrung und Dunkelheit und nutzten sich gegenseitig herzlos aus. Ein Teil dieses schrecklichen Mosaiks waren die unbeschreiblichen Qualen der koreanische Halbinsel während der japanischen Besatzungszeit, die 40 Jahre dauerte – vom Abschluss des Protektoratsvertrags (Eul Sa Neung Yak) zwischen Korea und Japan im Jahre 1905 bis zu unserer Befreiung 1945. Während dieser Zeit der Unterdrückung wurde ich geboren.

Im Jahr 1943 kam ich am 10. Februar des Sonnenkalenders, was dem sechsten Tag des ersten Mondmonats des Jahres entsprach, um 4.30 Uhr in Anju, Provinz Süd-Pyong-an, im heutigen Nordkorea zur Welt. Ich erinnere mich genau an die Adresse unseres Hauses, 26, Sineui-ri Anju-eup, das in Chilseong-dong umbenannt wurde. Es liegt in der heutigen Stadt Anju. Mein Zuhause war nicht weit vom Zentrum des Dorfes entfernt und die umliegende Nachbarschaft vermittelte ein warmes und behagliches Gefühl, so als wären wir Küken, die sich unter einer Glucke kuscheln.

Im Gegensatz zu den strohgedeckten Häusern in der Nähe hatte unser Haus ein Ziegeldach und eine große Veranda. Dahinter erhob sich ein kleiner, grüner Hügel, der mit Kastanien- und Pinienbäumen bedeckt war. Wunderschöne Blumen blühten und bunte Blätter fielen im Rhythmus der Jahreszeiten und ich hörte alle Arten von Vögeln singen und zwitschern. Wenn der Frühling die Erde erwärmte, lächelten gelbe Forsythien hell zwischen den Zäunen und rote Azaleen blühten am Hügel. Ein kleiner Bach floss durch unseren Ort. Man konnte immer das plätschernde, lachende Geräusch seines Wassers hören, außer wenn er mitten im Winter fest zufror. Ich wuchs heran und genoss das fröhliche Zwitschern der Vögel und die Geräusche des Baches, als wären sie ein Chor der Natur. Wenn ich an das Leben in meinem Heimatort denke, empfinde ich sogar heute noch, als würde ich mich in die kuschelige und herzliche Umarmung meiner Mutter schmiegen. Diese Erinnerungen treiben mir Tränen in die Augen.

Zwischen unserem Haus und dem Hügel lag ein kleines Maisfeld, das uns gehörte. Wenn der Mais reif war, brachen die Schalen auf und gelbe Maiskörner kamen zwischen den langen, seidigen Haaren zum Vorschein. Meine Mutter kochte den reifen Mais, legte eine große Anzahl Kolben in einen Bambuskorb und lud unsere Nachbarn zum Essen ein. Sie kamen durch das aus Pfählen gebaute Tor in unser Haus, saßen in einem Kreis auf unserer Veranda und aßen mit uns Maiskolben. Ich erinnere mich, dass ich mich fragte, warum ihre Gesichter nicht sehr froh aussahen, obwohl sie dankbar ein köstliches Essen zu sich nahmen. Als ich Jahre später darüber nachdachte, wurde mir klar, dass diese Menschen aufgrund der schweren Ausbeutung durch die Besatzungsmacht verarmt waren.

Ich setzte mich zwischen die Erwachsenen und versuchte, die Kerne von einem kleinen Maiskolben zu essen, aber da ich ein kleines Kind war, gelang es mir nie. Wenn meine Mutter dies bemerkte, lächelte sie sanft, brach einige gelbe Kerne von ihrem Maiskolben ab und steckte sie mir in den Mund. Ich erinnere mich an die süßen Maiskörner in meinem Mund, als wäre es gestern gewesen.

Die Legende von der Dallae-Brücke

„Mutter, warum heißt unsere Gegend Pyong-an-Provinz?" Ich war voller Neugierde und wann immer mich eine Frage beschäftigte, rannte ich zu meiner Mutter und fragte sie. Jedes Mal antwortete meine Mutter freundlich. „Nun, meine Liebe", sagte sie, „es heißt so, weil der Pyong-Teil das erste Schriftzeichen von Pjöngjang und der An-Teil das erste Schriftzeichen von Anju ist."

„Warum nehmen sie aus jedem Namen ein Schriftzeichen?", fragte ich. „Das liegt daran, dass beide große Bezirke sind", sagte sie. Mit der Zeit war Anju zu einer großen Stadt geworden. Sie war von ausgedehnten Ebenen umgeben, die sich sehr gut für die Landwirtschaft eigneten, und normalerweise gab es dort reichlich zu essen.

Mein Vater, Han Seung-un, wurde am 20. Januar 1909 geboren. Er war das älteste von fünf Kindern von Han Byeong-gon und Choi Gi-byeong aus dem Cheongju Han-Clan im Dorf Yongheung, nahe der Stadt Anju. Mein Vater besuchte ab 1919, als er 10 Jahre alt war, die öffentliche Mansong-Grundschule. Nach der vierten Klasse musste er die Schule verlassen, aber sein Wunsch, mehr zu lernen, führte ihn 1923 in eine Privatschule, die Yukyong-Schule, die er 1925 im Alter von 16 Jahren erfolgreich abschloss. Danach war er zehn Jahre lang Lehrer an dieser Schule. Während der chaotischen Zeit von der Befreiung Koreas bis 1946 fungierte er als stellvertretender Direktor seiner früheren Schule, der Mansong-Grundschule.

Ich habe nur kurze Zeit mit meinem Vater zusammengelebt, aber seine sanfte Art und seine Gesichtszüge sind in mein Gedächtnis eingeprägt. Er war äußerst genau, sparsam und körperlich sehr stark. Bei einem Spaziergang auf einer Landstraße sah er eines Tages, wie einige Leute sich damit abmühten, einen großen Stein von einem Reisfeld wegzurollen. Er ging zu ihnen hinüber, hob den Stein auf und räumte ihn aus dem Weg. Mein Vater war ein frommer Christ und ein Anhänger von Rev. Lee Yong-do, dem Pastor der Neuen Jesus-Kirche. Aufgrund der Arbeit als Lehrer und seines aktiven Glaubenslebens war mein Vater selten zuhause. Er lebte ein Leben im Dienst für Gott, auch wenn die Regierung Christen aus unabhängigen Kirchen wie der seinen ausspähte und verfolgte.

Meine Mutter, Hong Soon-ae, wurde am 18. März 1914 in Jeongju, Provinz Nord-Pyong-an, geboren, dem Ort, wo auch mein Ehemann, Vater Moon, zur Welt kam. Sie und ihr jüngerer Bruder (mein Onkel) waren die Kinder eines gottesfürchtigen christlichen Ehepaares, Hong Yu-il und Jo Won-mo.

Meine Großmutter mütterlicherseits, Jo Won-mo, war eine direkte Nachfahrin von Jo Han-jun, einem wohlhabenden Gelehrten der Joseon-Dynastie. Jo Han-jun lebte in einem Dorf mit Ziegeldachhäusern in Jeongju, einer Gemeinschaft von Menschen, die Regierungsämter innehatten. Nicht weit von seinem Haus entfernt befand sich eine Brücke über den Fluss Dallae. Sie war einst eine stabile Brücke aus sauber aufgeschichteten großen Steinen, aber mit der Zeit war sie so sehr verfallen, dass man sie nicht mehr überqueren konnte. Niemand hatte die Zeit oder die Mittel, die Brücke zu reparieren. Eines Tages schwemmte eine Flut sie hinweg und begrub die Steine im Flussbett.

Wie alle anderen kannte auch Jo Han-jun die Prophezeiung, die seit Generationen überliefert worden war:

Wenn ein wie ein Totempfahl gehauener Fels, der neben der Brücke über den Fluss Dallae steht, begraben wird, wird die Nation Korea fallen; wenn dieser Fels aber für die Menschen deutlich sichtbar ist, wird sich ein neuer Himmel und eine neue Erde in Korea entfalten.

Die Dallae-Brücke war auch aus einem anderen Grund wichtig. Die chinesischen Gesandten mussten auf ihrer jährlichen Reise zum Sitz der koreanischen Regierung in Seoul (damals Hanyang genannt) diese Brücke überqueren. Nun war sie verschwunden und die Regierung hatte kein Geld, um sie wieder aufzubauen. In ihrer Verzweiflung veröffentlichten Beamte eine amtliche Bekanntmachung, in der sie die Bürger zum Wiederaufbau der Brücke aufriefen. Großvater Jo Han-jun folgte dem Aufruf und baute die Brücke mit seinem persönlichen Vermögen wieder auf. Die robuste neue Steinbrücke war nun hoch genug, so dass auch Boote unter ihr hindurchfahren konnten.

Mein Vorfahre Jo Han-jun gab sein gesamtes Vermögen für diese Aufgabe aus. Als die Brücke schließlich fertig war, waren ihm nur noch drei Messingmünzen geblieben. Diese reichten gerade aus, um die neuen Strohsandalen zu bezahlen, die er benötigte, um ordentlich an der Einweihungsfeier der Brücke am nächsten Tag teilnehmen zu können. In dieser Nacht hatte er einen Traum von einem Großvater in weißen Kleidern, der zu ihm kam und sagte: „Han-jun, Han-jun! Deine aufrichtige Opferbereitschaft hat den Himmel bewegt. Ich hatte geplant, einen Sohn des Himmels zu deiner Familie zu schicken. Da du die Sandalen gekauft hast, werde ich jedoch die Prinzessin des Himmels zu deiner Familie schicken."

Vorfahre Jo Han-jun erwachte aus diesem Traum und stellte fest, dass in der Nähe der Brücke plötzlich eine Steinstatue des Maitreya Buddha aufgetaucht war. Im Laufe der Jahre schuf dieses Wunder eine besondere Atmosphäre, so dass alle, die an diesem Buddha vorbeikamen, von ihren Pferden abstiegen und eine Verbeugung machten, bevor sie ihren Weg fortsetzten. Die Dorfbewohner staunten über dieses Zeichen Gottes und überdachten die Statue, um sie vor Regen und Wind zu schützen.

Auf dieser Grundlage von Hingabe und Loyalität sandte Gott Generationen später in der Familienlinie von Jo Han-jun meine Großmutter mütterlicherseits, Jo Won-mo. Wir drei Frauen – Großmutter Jo Won-mo, ihre Tochter (meine Mutter) und ich – hatten alle einen sehr tiefen christlichen Glauben. Wir waren auch jeweils die einzigen Töchter, die über drei Generationen in unsere Familien hineingeboren wurden.

Die Vorsehung, die Geburt von Gottes eingeborener Tochter auf der koreanischen Halbinsel herbeizuführen, beruhte auf unzähligen Bedingungen der Hingabe, die vor langer Zeit mit meinen Vorfahren Han Lan und Jo Han-jun begannen und sich über die Generationen bis in die heutige Zeit fortsetzten.

Gott ist dein Vater

„Mein liebes Kind, wollen wir zur Kirche gehen?"

Wenn ich diese Worte hörte, rannte ich zu meiner Mutter. Sie nahm meine Hand und wir gingen gemeinsam zur Kirche. Ich glaube, der lange Spaziergang mit meiner Mutter war der Grund, warum ich so gern zur Kirche ging. Eines Sonntags, als wir nach der Kirche wieder in unserem Dorf ankamen, blieb meine Mutter auf dem Weg stehen. Sie pflückte eine am Straßenrand scheu blühende Wildblume und steckte sie mir direkt hinter dem Ohr ins Haar. Sie küsste meine Wange und flüsterte mir mit einer zarten, liebevollen Stimme zu: „Wie hübsch du aussiehst, meine einzige, kostbare Tochter des Herrn!"

Die Augen meiner Mutter sahen immer gleich aus. Sie waren klar und tief, fast als ob ihre Iris eins mit dem blauen Himmel wäre. Als ich ihren Blick erwiderte, konnte ich Spuren von Tränen in ihren Augen sehen. Da ich aber ihr tiefes Herz nicht kannte, war ich nur aufgeregt und erfreut über die Worte „einzige, kostbare Tochter des Herrn". Mutter nannte mich oft „kostbare Tochter des Herrn" mit einer Betonung, als ob sie beten würde. Das war ihr ganzes Leben lang der Ausdruck, den sie benutzte, wenn sie für mich, ihre einzige Tochter, betete.

Auf diese Weise wuchs ich mit dem Gefühl auf, dass es eine Ehre war, die Tochter Gottes, die Tochter des Herrn zu sein. Auch meine Großmutter mütterlicherseits, Jo Won-mo, schaute mir in die Augen und sagte mit klarer Stimme: „Gott ist dein Vater." Deshalb zersprang mir jedes Mal fast das Herz in der Brust, wenn ich das Wort „Vater" hörte. Beim Wort „Vater" dachte ich nicht so sehr an meinen eigenen Vater, sondern an unseren Himmlischen Vater. Wegen dieser Liebe in meinem Zuhause habe ich mir nie Sorgen um mein Leben gemacht. Trotz unserer Armut und obwohl mein Vater nicht bei uns war, war ich immer zufrieden. Denn ich wusste, dass Gott mein Vater und der Grund meines Lebens ist und dass Er immer an meiner Seite steht und für mich sorgt. Von Geburt an spürte ich, dass Gott meine wirklichen Eltern ist.

Heute ist mir klar, dass mir eine sensible spirituelle Intuition geschenkt worden ist, die auch mein Ehemann sehr schätzte. In seinen Ansprachen zu den Mitgliedern hob er des Öfteren meine Einsichten zu den Geschehnissen um uns herum hervor.

Meine Großmutter und meine Mutter lehrten mich, stets die Pflichten der himmlischen Liebe zu beachten und mich nicht in das hineinzusteigern, was ich persönlich durchmachte. Sie gaben mir ein Beispiel, indem sie Gott absolut und von ganzem Herzen gehorchten. Es machte ihnen nichts aus, für Ihn Anstrengungen bis zur Erschöpfung auf sich zu nehmen, selbst wenn dabei ihr eigenes Knochenmark zu schmelzen schien. Sie brachten ihre Gebetsanliegen sehr ernsthaft und gewissenhaft dar, fast als würden sie einen hohen Turm aus Steinen bauen. Sie legten auch andere außergewöhnliche Bedingungen, die ich nicht ganz verstehen konnte. Sie verbeugten sich im Verlauf eines Tages hunderte und sogar tausende Mal vor Jesus. Sie kochten Mahlzeiten für Jesus und nähten Kleider für ihn, als ob er mit uns in unserem Haus leben würde; und dann taten sie dasselbe für den Herrn, von dem sie erwarteten, dass er in Korea wiederkommen würde. Sie teilten ihren Glauben mit allen, die sie trafen, und ihre spärlichen Lebensmittel und Ressourcen mit jedem, der sie brauchte. Ihr großzügiger und mit Freude erfüllter Geist bewegte mich und prägte meinen Charakter, während ich aufwuchs.

Mehrmals am Tag stand ich am Rand unserer Veranda und blickte in den klaren Himmel. Es war erstaunlich, wie oft ich drei oder vier wunderschöne Kraniche im Flug sah. Auch nachdem die Kraniche außer Sichtweite waren, richtete ich meinen Blick gen Himmel, meine Arme eng um meine Brust geschlungen, um mein Herz festzuhalten. Ich hatte nämlich das Gefühl, dass es sich sonst aus mir herauslösen würde, um sich den Kranichen am Himmel anzuschließen.

Eines Tages fragte mich meine Mutter aus heiterem Himmel: „Weißt du, wie du geweint hast, als du geboren wurdest?"

„Ich war ein kleines Baby", antwortete ich, „also muss ich wohl ‚Wäh' geweint haben."

„Nein, das hast du nicht", sagte sie. „Du hast ‚La-la-la-la-la' geweint, als ob du singen würdest! Deine Großmutter sagte: ‚Vielleicht wird dieses

Kind später einmal Musikerin werden'." Ich bewahrte ihre Worte in meinem Herzen, denn ich dachte, sie könnten meine Zukunft symbolisieren. Meine Mutter war aber noch nicht fertig damit, mir von meiner Kindheit zu erzählen.

Sie sagte, sie habe mich in ihren Armen gewiegt und sei eingeschlafen, nachdem sie ihre erste Schüssel Seetang-Suppe gegessen hatte, die traditionelle Mahlzeit für eine Mutter nach der Entbindung. Während sie träumte, sah sie Satan, einen monströsen Dämon, vor sich erscheinen. Er schrie so laut, dass seine furchterregende Stimme sogar von den Bergen und Flüssen dröhnte. „Wenn ich deine Tochter am Leben lasse, ist die Welt in Gefahr", schrie er. „Ich muss sie auf der Stelle beseitigen." Plötzlich tat er so, als wolle er zuschlagen. Meine Mutter hielt mich fest und richtete ihre gesamte Energie auf ihn, um ihn zu besiegen.

„Satan, verschwinde sofort!", rief sie mit kämpferischer Stimme. „Wie kannst du es wagen, ihr wehzutun, wo sie doch das kostbarste Kind des Himmels ist! Ich verstoße dich im Namen des Herrn! Verschwinde aus meiner Gegenwart! Du hast kein Recht, hier zu sein! Der Himmel hat dieses Kind beansprucht, die Tage deiner Macht sind zu Ende!"

Mutter schrie so laut, dass Großmutter ins Zimmer stürmte und sie schüttelte. Sie sammelte sich, blickte tief in mein Gesicht und suchte in ihrem Herzen nach dem Grund, warum Satan versuchte, mich anzugreifen. Sie verstand dieses Erlebnis als einen Hinweis darauf, dass ich dazu bestimmt war, den Kopf der Schlange zu zertreten. Und dies war die Antwort auf ihre Gebete und die meiner Großmutter. „Ich muss meine Tochter mit größter Hingabe erziehen", schwor sich meine Mutter. „Ich werde sie zu einem reinen und schönen Mädchen für den Herrn erziehen und sie vor dem Schmutz der säkularen Welt schützen."

Etwa einen Monat später hatte sie einen weiteren Traum. Diesmal kam ein himmlischer, in schimmerndes Weiß gekleideter Engel auf einer sonnenbeschienenen Wolke zu ihr. „Soon-ae", sagte der Engel, „du wirst dich vielleicht außer Stande fühlen, dieses Kind für den Dienst vorzubereiten, den unser Himmlischer Vater im Sinn hat, aber sei nicht besorgt. Dieses Baby ist die Tochter des Herrn, und du bist ihr Kindermädchen. Verwende bitte all deine Energien darauf, das Kind in absolutem Glauben, absoluter Liebe und absolutem Gehorsam zu erziehen."

Satan gab jedoch nicht auf. Bis wir Nordkorea verließen, erschien er meiner Mutter in Träumen, sah dabei schrecklich aus und stieß sowohl wilde wie auch unterschwellige Drohungen aus. Meine Mutter kämpfte mehrere Jahre lang hart darum, mich zu beschützen. Als sie mir von diesen Träumen erzählte, wurde ich sehr ernst: „Warum versucht Satan, mir wehzutun? Und warum verfolgt er mich immer wieder?", fragte ich mich.

Mein Vater spielte eine wesentliche Rolle

„Also von jetzt an solltest du die hier tragen, wenn du ausgehst", sagte mir mein Großvater mütterlicherseits. Ich betrachtete das seltsame Schuhwerk und fragte: „Was ist das?" „Man nennt sie Stöckelschuhe", sagte er.

Während der japanischen Kolonialherrschaft in Korea waren westliche Moden wie Stöckelschuhe auf dem Land fast nie zu sehen. Mein Großvater, Hong Yu-il, war jedoch ein aufgeklärter Gentleman, der moderne Dinge begrüßte. Er war persönlich in die Stadt gegangen und hatte für alle Frauen in seiner Familie Stöckelschuhe gekauft. Er war groß, freundlich und gutaussehend und alle respektierten seine fortschrittliche Denkweise. Obwohl er in einem Haushalt mit strenger konfuzianischer Tradition aufgewachsen war, war er seiner Zeit voraus.

Ich kam als die eingeborene Tochter in diese Welt

Hak Ja Han mit ihrer Mutter Hong Soon-ae, eine fromme Christin, die Vorbereitungen für die Wiederkunft des Herrn traf

Mutter des Friedens

Als ich Vater Moon zum ersten Mal traf, dachte ich interessanterweise in meinem Herzen, dass er meinem Großvater ähnlich war. Das war ein Grund dafür, dass ich mich bereits bei der ersten Begegnung mit Vater Moon in seiner Gegenwart wohl fühlte, obwohl ich erst 13 Jahre alt war. Für mich war er kein Fremder.

Meine Großmutter mütterlicherseits, Jo Won-mo, war eine zierliche Frau mit schönen Gesichtszügen. Sie war eine gläubige Christin und außerdem fleißig und aktiv. Sie verdiente ihren Lebensunterhalt mit einem kleinen Geschäft, dem so genannten Pyong-an-Laden, in dem sie Nähmaschinen verkaufte und reparierte. Damals waren Nähmaschinen teuer und galten als der wichtigste Teil der Aussteuer einer Braut. Die Stadtbewohner bewunderten meine Großmutter dafür, dass sie den Familien der neuen Bräute große Rabatte gewährte und Zahlungspläne aufstellte, was damals noch unbekannt war. Großmutter ging von Dorf zu Dorf, um die monatlichen Zahlungen einzusammeln, und trug mich dabei auf ihrem Rücken. Auf diesen Ausflügen erlebte ich zum ersten Mal die weite Welt.

Die Familie meines Großvaters zog von Jeongju, der Heimatstadt meines Mannes, über den Fluss Cheongcheon in die Stadt Anju – genauer gesagt nach Shineui, einem Dorf in der Stadt Anju. Meine Mutter erbte den frommen Glauben von Großmutter Jo Won-mo. Bis zu ihrem 19. Lebensjahr besuchten sie die presbyterianische Kirche in Anju. Tatsächlich gab der Pastor dieser Kirche meiner Mutter ihren Namen, Hong Soon-ae. Sie besuchte die Anju-Grundschule und machte 1936 ihren Abschluss an einer christlichen Missionsschule namens Pyongyang Saints Academy.

Meine Eltern heirateten am 5. März 1934 in der Neuen Jesus-Kirche, und ich, ihr erstes und einziges Kind, wurde 1943, neun Jahre später, geboren. Diese ungewöhnlich lange Zeitspanne verstrich nicht, weil meine Eltern unfruchtbar waren, sondern weil sie getrennt lebten, jeder in sein Glaubensleben vertieft. Dazu widmete sich mein Vater seiner Karriere als Lehrer. Er unterrichtete im Bezirk Yeon-baek in der Provinz Hwanghae, in einiger Entfernung von meinem mütterlichen Zuhause, und meine Mutter wollte nicht dorthin übersiedeln. Die intensive Hinwendung meiner Mutter zu Jesus führte dazu, dass sie ihre ganze Zeit und Aufmerksamkeit ihrer Kirchenarbeit widmete. Außerdem gab es noch einen anderen Grund. Meine Großeltern mütterlicherseits, die Hongs, wollten meinen Vater, Han Seung-un, zu ihrem Erben machen, was er aber nicht akzeptierte. Als dem ältesten Sohn der Familie Han erlaubten ihm seine Eltern nicht, seine Wurzeln im Haus seiner Ehefrau zu schlagen. Deshalb wollte sie nicht zu ihm ziehen und er nicht zu ihr. Aber Gott wollte, dass ich geboren werde, und so kam ich im Haus meiner Großeltern in Shineui-ri, Anju, zur Welt. Ich wuchs dort auf und nahm Gott ganz natürlich an.

Als Korea 1945 seine Unabhängigkeit wiedererlangte, teilten die Großmächte unsere Halbinsel am 38. Breitengrad in zwei Teile. Bald darauf verwandelte sich die Freude darüber, dass wir unser Land zurückerhalten hatten, in Verzweiflung. Die Sowjets übertrugen der Kommunistischen Partei Koreas die Macht und diese praktizierte eine Politik der brutalen Unterdrückung. Ich war vier Jahre alt, als mein Vater plötzlich bei uns zuhause auftauchte und verkündete: „Die Bedingungen werden sich hier nicht bessern. Ich kann nicht zulassen, dass meine Familie in Nordkorea lebt. Lasst uns in den Süden gehen."

Meine Mutter kam nicht umhin, über die unerwartete Bitte meines Vaters gründlich nachzudenken. Während sie für den einzigen Zweck gelebt hatte, den Herrn bei seiner Wiederkunft zu treffen, wusste sie nicht, was sie tun würde, wenn sie ihn tatsächlich träfe. Die Bitte ihres Mannes zerriss sie innerlich: „Wäre es besser, hier zu bleiben und den unbekannten Weg des Willens Gottes zu gehen? Oder soll ich mich dafür entscheiden, als gewöhnliche Hausfrau zu leben?" Sie dachte über diese Dinge nach und fasste dann einen Entschluss: „Ich werde der kommunistischen Verfolgung nicht nachgeben. Ich werde hier bleiben und weiterhin den Weg des Glaubens gehen, um den Herrn zu empfangen." Mein Vater war sprachlos, aber er reiste ab, wie er es sich vorgenommen hatte.

Meine Mutter war nicht die einzige Person, die aus dem Glauben heraus, dass Jesus dort erscheinen würde, im Norden blieb. Pjöngjang wurde das „Jerusalem des Ostens" genannt, denn das Christentum stand dort in voller Blüte. Es war ein heiliger Ort, an dem die Kirchen Vorbereitungen trafen, um den Messias bei seiner Wiederkunft zu empfangen. Während die etablierten Christen sagten, er würde auf den Wolken kommen, glaubten die vom Geist geführten Gruppen in Pjöngjang, dass er im Fleisch erscheinen würde. Auch meine Mutter und meine Großmutter waren vollständig davon überzeugt. Sie besuchten nun die Neue Jesus-Kirche, eine der leidenschaftlichsten Kirchen der Stadt. Meine Mutter beschloss, in Pjöngjang zu bleiben und ihre Mission als treues Mitglied einer Gemeinschaft, die sich auf den Empfang des Messias vorbereitete, fortzusetzen.

Obwohl mein Vater sein Bestes tat, um seine Pflichten als Ehemann und Vater zu erfüllen, kam es wegen Gottes Vorsehung schließlich zum Bruch unserer Familie. Als ich ihn beobachtete, wie er durch das Tor ging, dachte ich: „Das ist nicht das letzte Mal, dass ich meinen Vater sehe." Doch da irrte ich mich. Es war das letzte Mal, dass ich ihn sah.

Abgesehen von der Zeit, als ich noch sehr jung war, lebte ich mein Leben ohne meinen Vater, Han Seung-un. Manchmal fragte ich mich, wo er war und was er tat, aber ich machte mich nie auf die Suche nach ihm. Das lag an den Worten, die ich von meiner Großmutter und meiner Mutter gehört hatte, seit ich ein kleines Mädchen war: „Dein Vater ist Gott." Ich wuchs in dem Wissen auf, dass diese Worte die unveränderliche Wahrheit sind. Da ich als Gottes Tochter geboren wurde, glaubte ich fest daran, dass Er mein wahrer Vater ist. Deshalb empfand ich keinen Schmerz über die Abreise meines Vaters.

Ich wurde seit meiner Empfängnis dahingehend geformt, die Wahre Mutter zu sein, die ihr Leben den Plänen Gottes widmet. Ich sehe alles aus dieser Perspektive – die japanische Kolonialherrschaft und den Koreakrieg, meine Kindheit voller Entbehrungen, meine Familie, bestehend aus meiner Großmutter mütterlicherseits und meiner Mutter, sowie die christliche Liebe, die uns Tag und Nacht umgab. Ich schätze diese Zeit als eine vom Himmel vorgesehene Periode des Wachstums. Letztendlich spielte mein Vater aber auch eine wesentliche Rolle.

Später erfuhr ich, dass mein Vater sein Leben in Südkorea der Bildung widmete, indem er über einen Zeitraum von 40 Jahren an mehr als 16 Schulen unterrichtete, bis er als Schuldirektor in den Ruhestand ging. Im Frühling 1978 wurde er friedlich in die Arme Gottes aufgenommen. Jahre später, als unsere Vereinigungsbewegung ihr internationales Hauptquartier am Cheongpyeong-See errichtete, erfuhr ich, dass mein Vater an der Miwon-Grundschule im Dorf Seorak, nur wenige Kilometer von unserem Komplex entfernt, unterrichtet hatte. Da ich jetzt an diesem Ort wohne, gehe ich davon aus, dass es Gottes Plan war, meinen Vater und mich am Ende zu vereinen.

Gott ruft diejenigen, die Er auserwählt

Auf der Grundlage von 6.000 wechselvollen Jahren der Vorsehungsgeschichte Gottes kam die eingeborene Tochter auf diese Erde. Unzählige Menschen warteten ungeduldig, ohne genau zu wissen, worauf sie warteten. Die Lehren der Weltreligionen vermittelten ihnen keine Vorstellung davon.

Es war mein Ehemann, der entdeckte, dass Gott, um Seine eingeborene Tochter in die Welt zu bringen, eine vorbereitete Nation finden musste, die über 5.000 Jahre lang Ungerechtigkeiten erduldet hatte und nun von gläubigen Christen geprägt war. Diese Nation ist Korea. Von alters her liebten die Koreaner den Frieden und trugen aus Ehrfurcht vor Gott und ihren Vorfahren weiße Kleidung.

Der Geist der kindlichen Liebe, Treue und Reinheit, die die grundlegenden Tugenden des menschlichen Lebens sind, lebt und atmet in der Geschichte Koreas. Darüber hinaus ist Korea historisch gesehen ein Ort, an dem die Religionen der Welt Früchte getragen haben. Vater Moon erkannte, dass Gott durch eine Familie wirken würde, in der die Herzen von drei Generationen mit jeweils nur einer Tochter in aufopferungsvollem Glauben verbunden waren. Der Heilige Geist leitete Vater Moon, dies zu entdecken – niemand sonst erkannte es. Erst als diese Bedingungen erfüllt waren, konnte die Mutter des Friedens, die dazu bestimmt ist, eine Welt des Friedens zu schaffen, auf dieser Erde empfangen werden.

Jeder von uns muss zutiefst dankbar dafür sein, dass er geboren wurde. Es gibt keinen einzigen Menschen, dessen Geburt bedeutungslos ist. Darüber hinaus ist das Leben keines Menschen allein sein oder ihr Leben. Himmel, Erde und alle Dinge im Universum sind wie durch

Ich kam als die eingeborene Tochter in diese Welt

Längen- und Breitengrade miteinander verbunden. Frieden bedeutet, dass sich alle Energien in der ganzen Welt und im ganzen Universum in Harmonie befinden. Deshalb sollte niemand das eigene Leben herabwürdigen. Wir sollten uns zutiefst bewusst machen, dass jeder Mensch ein kostbares Wesen ist, das durch das heilige Wirken des Universums geboren wurde.

Was mich betrifft, so wurde ich inmitten einer vom Chaos beherrschten Welt geboren, in der kein Licht der Hoffnung zu sehen war. Der Zweite Weltkrieg, der im Herbst 1939 ausgebrochen war, wurde immer intensiver. Der deutsche Nationalsozialismus und der japanische Imperialismus befleckten Europa und Asien mit Blut. Die meisten Nationen Europas wurden von Hitler niedergetrampelt. Selbst Großbritannien litt unter den ständigen Luftangriffen von Nazi-Deutschland.

Die Not Koreas als japanischer Kolonie war ebenso schrecklich. Auch wenn ich selbst schöne Kindheitserfahrungen machen konnte, befanden sich die Koreaner doch in einem furchtbaren Überlebenskampf um Nahrung zum Essen und Kleidung zum Anziehen. Als sich das Ende des Krieges abzeichnete, überfielen japanische Soldaten koreanische Häuser und beschlagnahmten alle Gegenstände aus Metall, um daraus Waffen herzustellen, sogar die Messingwaren, die bei den Ritualen für die Vorfahren verwendet wurden. Der gesamte Reis wurde zur Ernährung der japanischen Soldaten verwendet, während das koreanische Volk hungern musste. Bauern, die den Reis mit ihren eigenen Händen ernteten, bekamen nicht einmal eine Handvoll davon zu essen.

Japan ging sogar so weit, den Gebrauch des koreanischen Alphabets Hangul, das den Geist seines Volkes zum Ausdruck bringt, zu verbieten und uns zu zwingen, auf unsere koreanischen Namen zu verzichten und japanische Namen anzunehmen. Alle jungen korea-

Mutter des Friedens

nischen Männer wurden zum Militärdienst eingezogen, entweder um auf Schlachtfeldern weit weg von zu Hause zu kämpfen oder um viele Stunden in Kohlebergwerken und Fabriken zu arbeiten.

Selbst inmitten solcher Not arbeitete unser Volk darauf hin, unsere Nation zurückzugewinnen. Im Jahre 1940 richteten Koreaner in Chongqing (China) Büros der Provisorischen Regierung der Republik Korea ein und gründeten die Unabhängigkeitsarmee. Diese Patrioten waren überzeugt, dass die Annexion Koreas nur vorübergehend sei, und waren fest entschlossen, ihr Vaterland zu befreien.

Während der Krieg weiter wütete, versammelten sich im April 1941 Organisationen der koreanischen Unabhängigkeitsbewegung im Ausland an der Christlichen Akademie in Kalihi in Honolulu, Hawaii. Bei einer Kundgebung für das koreanische Volk schworen Vertreter von neun Organisationen, darunter die Koreanische Nationale Vereinigung in Nordamerika, die Koreanische Nationale Vereinigung in Hawaii und die Koreanische Nationale Unabhängigkeitsliga, mit vereinten Herzen gegen das japanische Militär und für die Befreiung ihres Heimatlandes zu kämpfen.

Am 1. Januar 1942, ein Jahr vor meiner Geburt, versammelten sich Vertreter von 26 alliierten Nationen in Washington DC. Sie unterzeichneten eine Erklärung, in der sie sich verpflichteten, den Krieg zu beenden und dann gemeinsam auf den Frieden hinzuarbeiten. Dies schuf für Korea, das von Japan überfallen und kolonisiert worden war, die Möglichkeit, seine Unabhängigkeit wiederzuerlangen. Aus der Sicht Gottes, dessen Hand die Geschichte lenkt, war dies Seine Vorbereitung, um sicherzustellen, dass Seine eingeborene Tochter in einer Nation mit eigener Souveränität heranwachsen würde.

Jahrzehnte zuvor, im März 1919, ging Großmutter Jo Won-mo mit meiner Mutter Hong Soon-ae, die damals fünf Jahre alt war, auf die Straße und rief verzweifelt nach der Unabhängigkeit. Sie tat dies, weil sie aus ihrem Glauben heraus wusste, dass dies für Gottes Plan notwendig war. Aus dem gleichen Grund ertrugen die Welt und ihre Bewohner im Jahr 1942 großes Leid. In einer späten Frühlingswoche jenes Jahres verbrachten mein Vater und meine Mutter schließlich einige Zeit miteinander, und während dieser Zeit wurde ich gezeugt.

Das Christentum und die eingeborene Tochter

Vom Augenblick des Sündenfalls an arbeitete Gott an Seiner Vorsehung, Seinen geliebten Sohn und Seine geliebte Tochter zu den Menschen zu senden. Nachdem viele Fundamente gelegt worden waren – einige trugen Früchte, andere wurden von Satan beansprucht –, entwickelte sich Gottes Plan in Korea dramatisch. Seit Beginn des 20. Jahrhunderts flammten unter den koreanischen Pfingstchristen, die Einblick in Gottes Vorsehung erhielten, geistliche Feuer auf. Viele der Gruppen glaubten, dass der wiederkehrende Herr in Pjöngjang erscheinen würde. Exemplarisch dafür war eine bestimmte lineare Aufeinanderfolge von Kirchen: die Neue Jesus-Kirche unter der Leitung von Rev. Lee Yong-do; die Kirche des Heiligen Herrn unter der Leitung von Rev. Kim Seong-do und die von Rev. Heo Ho-bin geleitete Wiederkunft-im-Mutterleib-Kirche, die diesen Namen erhielt, um zu betonen, dass der wiederkehrende Herr von einer Frau geboren werden würde. Alle drei überwanden die Verfolgung durch die nichtchristliche Regierung und durch die etablierten Konfessionen. Auf diese Weise vollendeten diese Kirchen trotz Bedrängnis das christliche Fundament, auf dem der eingeborene Sohn und die eingeborene Tochter empfangen werden konnten.

Der östliche Teil der koreanischen Halbinsel, wo die Sonne zuerst aufgeht, ist eine Region mit Gebirgszügen, und der westliche Teil, wo die Sonne untergeht, ist eine Region mit weiten Talebenen. Nach den

Prinzipien der Geomantie entfalteten sich in den Bergen des Ostens, bei Wonsan in der Provinz Hamgyong, spirituelle Aktivitäten unter der Leitung von Männern, und in den Ebenen des Westens, in Cholsan in der Provinz Pyong-an, spirituelle Aktivitäten unter der Leitung von Frauen. Vertreterinnen dieser Frauen waren Kim Seong-do von der Kirche des Heiligen Herrn und Heo Ho-bin von der Wiederkunft-im-Mutterleib-Kirche. Vertreter der Männer, die spirituelle Aktivitäten initiierten, waren der Evangelist Hwang Gook-ju, Rev. Baek Nam-ju sowie Rev. Lee Yong-do von der Neuen Jesus-Kirche.

Meine Mutter wuchs in der presbyterianischen Mainstream-Kirche auf. Meine Großmutter hatte dagegen Verbindungen zu verschiedenen vom Geist geführten Gruppen und stellte, sobald die Zeit dafür reif war, ihr spirituelles Leben meiner Mutter vor. Lange vor der Befreiung Koreas 1945 führten meine Großmutter und meine Mutter ein Leben der völligen Hingabe und Selbstaufopferung und dienten anderen mit Beharrlichkeit, wobei sie sich einzig und allein darauf konzentrierten, den Herrn bei seiner Wiederkunft zu empfangen.

Damals brach Hwang Gook-ju mit etwa 50 Anhängern von Jindao im Nordosten Chinas zu einer Pilgerreise durch die koreanische Halbinsel auf. Sie bezeugten ihren Glauben, aßen nichts als mit Wasser vermischtes Mehl und vollbrachten Wunder bei Erweckungsversammlungen. Der Heilige Geist kam oft zu der Schwester des Evangelisten, Hwang Eun-ja. Sowohl sie als auch Pastor Lee Yong-do, ein örtlicher Pastor, den sie bei einer ihrer Erweckungsversammlungen kennen gelernt hatte, beeindruckten meine Mutter zutiefst, so dass sie sich dieser Pilgerreise anschloss. Mutter begleitete sie auf ihrer Missionsreise von Anju bis nach Shineuiju nahe der Grenze zu China. Auf ihrem Weg predigten sie das Wort Gottes. Politisch gesehen war es eine beängstigende Zeit, denn jeder, der auch nur auf die Existenz des „koreanischen Volkes" anspielte, konnte von der japanischen

Polizei verhaftet werden. Aber die Gottesdienste der Gruppe waren so beeindruckend, dass sogar Polizeibeamte, die geschickt wurden, um die Treffen auszuspionieren, tief berührt waren.

Die Missionsreise war kein Vergnügungsausflug, vielmehr ein Weg voller Entbehrungen. Sie hatten nichts als die Kleidung am Körper und die Bewohner der Dörfer waren genauso mittelos. Dennoch legten diese Gläubigen Tag für Tag bis zu 40 Kilometer zurück und entzündeten in jedem Dorf, das sie besuchten, das Feuer des Heiligen Geistes. Meine Mutter machte die Reise durch Shineuiju und weiter nach Ganggye, wo sie am 100. Tag der Pilgerreise ankamen. Von dort versuchte das Missionsteam, über die chinesische Grenze in die Mandschurei zu gehen. Dies erwies sich aber als unmöglich und so kehrten sie nach Hause zurück.

Als sie nach Anju zurückkamen, hatte Rev. Lee Yong-do eine Gemeinde gegründet, die sich Neue Jesus-Kirche nannte. Meine Mutter beschloss, dieser Kirche beizutreten und in ihr neu belebtes Glaubensleben zu investieren. Rev. Lee Yong-do, der früher der Methodistenkirche angehörte hatte, war ein kranker Mann. Manchmal erbrach er Blut und kollabierte während der Erweckungsversammlungen. Er rief den Gründungsrat der Neuen Jesus-Kirche in Pjöngjang ins Leben, aber bevor er mehr tun konnte, verstarb er im jungen Alter von 33 Jahren in Wonsan. Nach seinem Begräbnis übernahm Rev. Lee Ho-bin die Leitung der Neuen Jesus-Kirche.

Ab 1933 praktizierten meine Großmutter und meine Mutter drei Jahre lang ihren Glauben in der Neuen Jesus-Kirche in Anju. In dem Glauben, dass sie rein sein müsse, um den wiederkehrenden Herrn zu empfangen, vergoss meine Mutter jeden Tag Tränen der Reue. Dann erhielt sie eines Tages eine Offenbarung vom Himmel: „Freue dich! Wenn dein Baby ein Junge ist, wird er der König des Universums, und wenn es ein Mädchen ist, wird es die Königin des Universums."

Sie saß unter einem vom Mondlicht erhellten Himmel, im Frühling 1934, gerade einmal 21 Jahre alt. Obwohl es sich um eine Offenbarung des Himmels handelte, waren ihre tatsächlichen Umstände nicht so, dass sie solche Worte leicht annehmen konnte. Dennoch beruhigte sie ihr Herz und nahm die Worte gelassen an. „Ob Du mir einen Sohn oder eine Tochter schenkst", antwortete sie Gott, „ich werde das Kind für so groß wie das Universum halten und es mit Sorgfalt als einen Prinzen oder eine Prinzessin des Himmels aufziehen. Ich werde mein Leben ganz Deinem Willen widmen." Einige Tage später brachte Rev. Lee Ho-bin meine Mutter mit Han Seung-un, einem anderen Mitglied seiner Kirche, einem jungen Mann von 26 Jahren, zusammen. Am 5. März wurden sie von Rev. Lee getraut. Nach der Eheschließung arbeitete Han Seung-un weiterhin als Lehrer und meine Mutter machte den Haushalt und widmete sich hingebungsvoll der Kirchenarbeit.

Meine Mutter bewahrte Gottes Offenbarung über das Kind, das sie gebären würde, in ihrem Herzen. Sie erkannte, dass das Baby, obwohl es durch ihren Körper zur Welt gebracht werden würde, mehr Gottes Kind war als ihres. Sie glaubte, so wie Mutter Maria ein Kind geschenkt wurde, würde auch ihr ein Kind geboren werden. Meine Mutter studierte die Evangelien von diesem Gesichtspunkt aus und beschloss, dass sie, anders als Maria, die himmlische Mission ihres Kindes mit Leib und Seele unterstützen würde.

Meine Großmutter und meine Mutter erwarteten, dass in ihrer Kirche bald etwas Großes geschehen würde, aber es vergingen drei Jahre und nichts änderte sich. Zu jener Zeit reiste meine Großmutter nach Cholsan in der Provinz Nord-Pyong-an und nahm an einem Treffen teil, das von einer spirituellen Schwesternschaft unter der Leitung von Frau Kim Seong-do abgehalten wurde. Dort empfing sie viel Gnade. Sie erfuhr auch, dass Kim Seong-do den geistlichen Dienst leistete, obwohl ihr Mann sie jedes Mal schlug, wenn sie in die Kirche ging. Die Anhänger von Frau Kim, die in ihren Häusern Versammlungen abhielten, erhielten den Namen Kirche des Heiligen Herrn. Um das Jahr 1936 begleitete meine Mutter zum ersten Mal meine Großmutter auf ihrer Reise nach Cholsan. Als sie Kim Seong-do traf, wusste sie, dass Gott das nächste Kapitel in ihrem Glaubensleben aufschlug.

An dieser Stelle möchte ich meinen Onkel mütterlicherseits, Hong Soon-jeong, vorstellen. Er war nicht Teil meines Lebens in Nordkorea, aber er spielte später eine wichtige Rolle für das Schicksal meiner Familie. Er war der jüngere Bruder meiner Mutter, war sehr lernbegierig und besuchte die Pjöngjang-Lehrerakademie. Jedes Jahr reiste er eine weite Strecke, um unsere Familie in den Ferien zu besuchen. Er fuhr mit dem Zug der Gyeongui-Linie zum Bahnhof Charyeong-wan, von wo aus er einen halben Tag zu Fuß gehen musste. Meine Mutter war immer überglücklich, ihren Bruder zu treffen. Allerdings konnte sie wegen ihrer Missionsarbeit nicht viel Zeit für Gespräche mit ihm aufbringen.

Dank des aktiven Missionierens ihrer Anhänger expandierte die Kirche des Heiligen Herrn von Cholsan aus nach Jeongju, Pjöngjang, Haeju, Wonsan und sogar nach Seoul und eröffnete mehr als 20 Kirchen. 1943 verhaftete die japanische Polizei Kim Seong-do und etwa zehn ihrer Anhänger. Sie wurden drei Monate später freigelassen, aber Kim Seong-do verstarb 1944 im Alter von 61 Jahren.

Meine Mutter und meine Großmutter, die acht Jahre lang ihre Kirche in Cholsan besucht hatten und glaubten, dass sie dabei waren, den Garten Eden wiederherzustellen, waren ratlos. Zusammen mit allen Kirchenmitgliedern fragten sie Gott: „Wem sollen wir jetzt nachfolgen?" Diese Frage lastete auf den Herzen aller. Als Antwort auf die Gebete dieser Herde, die einen Hirten suchte, wählte der Heilige Geist aus ihrer Mitte Frau Heo Ho-bin.

Frau Heo hatte Kim Seong-do hingebungsvoll unterstützt und wurde von der gesamten Kirche des Heiligen Herrn sehr respektiert. Gott leitete sie, Nachfolger zu gewinnen und eine neue Kirche zu gründen, die unter dem Namen Wiederkunft-im-Mutterleib-Kirche bekannt wurde. Gott lehrte sie, sich geistig zu reinigen und auch, wie man Kinder aufzieht, wenn der Herr kommt. So wie Gott für das Kommen Jesu Vorbereitungen getroffen hatte, bevor er im Land Israel geboren wurde, traf Heo Ho-bin sorgfältige Vorbereitungen für die Wiederkunft des Herrn, denn sie glaubte fest daran, dass er in Korea geboren werden würde.

Um diese Mission zu erfüllen, rief Heo Ho-bin ein Jahr später meine Mutter zu sich. „Wir müssen Kleider für den Herrn der Wiederkunft anfertigen, damit es ihm nicht peinlich ist, wenn er vor uns erscheint. Du solltest vor dem Ende eines jeden Tages mit der Anfertigung eines Sets von Kleidungsstücken fertig sein."

Tag für Tag nähte Mutter, als hänge ihr Leben davon ab, denn sie nähte die Kleidung für den Herrn. Dabei dachte sie sich: „Ich werde in meinem Leben nichts zu bedauern haben, wenn ich dem Herrn bei seinem zweiten Kommen vor meinem Tod begegnen kann, und sei es auch nur im Traum." Als sie eines Tages nähte, schlief sie ein. In ihrem Traum sah sie einen robusten Mann im Raum, der östlich von ihr saß, mit einem kleinen Tisch vor sich und einem Stirnband um den Kopf.

Er hatte studiert, aber nun wandte er sich ihr zu, um sie anzusehen. „Ich studiere so hart, nur um dich zu finden." Diese Worte rührten sie zu Tränen der Dankbarkeit und Wertschätzung.

Sie erwachte aus dem Traum und erkannte, dass dieser Mann der wiederkehrende Herr war. Auf diese Weise hatte meine Mutter, lange bevor sie ihm persönlich begegnen konnte, eine tiefe spirituelle Kommunikation mit Vater Moon, der als der Herr der Wiederkunft kam. Dieser Traum gab ihr die Zuversicht, den langen und steilen Pfad des Glaubens durchzuhalten, der den Traum von der Wirklichkeit trennte.

Während dieser Übergangszeit richteten meine Großmutter und meine Mutter ihre Sehnsucht ungeduldig auf den Herrn, den eingeborenen Sohn. Weder sie noch die weltweite Christenheit wussten damals etwas von dem providentiellen Plan für die Ankunft der eingeborenen Tochter. Vater Moon selbst war der Einzige, der dies verstand. Dies veranschaulicht, dass Gott die Vorsehung Schritt für Schritt offenlegt, wobei er die Vorsehung der Wiederherstellung nur denjenigen offenbart, die sie verstehen müssen und die Voraussetzungen dafür geschaffen haben.

Wie es früher oder später zu erwarten war, endete der Weltkrieg schließlich mit der Niederlage Japans. Das koreanische Volk freute sich über die lang ersehnte Befreiung, aber der Norden geriet bald unter kommunistische Herrschaft. Die kommunistische Unterdrückung der Religion machte vor niemandem Halt. In der Geschichte gab es immer Menschen, die andere verrieten – selbst Jesus hatte einen verräterischen Jünger. Auch die Wiederkunft-im-Mutterleib-Kirche wurde davon nicht verschont. Eines ihrer Mitglieder beschuldigte die Gruppe, Reichtümer anzuhäufen. Daraufhin brachte die kommunistische Polizei Heo Ho-bin und viele ihrer Anhänger auf das Polizeirevier Daedong in Pjöngjang. Sicherheitskräfte verhörten Heo Ho-bin scharf und verspotteten sie. „Wann wird dieser ‚Jesus', der in deinem Leib ist, herauskommen?"

Heo Ho-bin antwortete mutig: „Er wird in ein paar Tagen herauskommen!"

Obwohl weiß gekleidete Mitglieder der Kirche jeden Tag vor den Gefängnistoren beteten, waren die Gefangenen auch nach einem Jahr noch nicht freigelassen worden. Das war die Zeit, als Vater Moon, der in Seoul gelebt hatte, nach Pjöngjang kam. Im August 1946 eröffnete er einen Versammlungsraum im Bezirk Gyeongchang-ri und begann seine Missionsarbeit. Die Polizei beschuldigte Vater Moon, ein Spion des südkoreanischen Präsidenten Syngman Rhee zu sein, und sperrte ihn in dem Gefängnis ein, in dem Heo Ho-bin und ihre Anhänger gefangen gehalten wurden.

Die traurige Tatsache ist, dass die inhaftierten Mitglieder der Wiederkunft-im-Mutterleib-Kirche nicht erkannten, dass Vater Moon der wiedergekehrte Herr war. Während seiner hunderttägigen Gefangenschaft nahm er mehrmals Kontakt mit Heo Ho-bin auf, aber sie weigerte sich, ihm zuzuhören. Vater Moon wurde im Gefängnis schwer gefoltert. Er überlebte aber, während die meisten Mitglieder der Wiederkunft-im-Mutterleib-Kirche unter der gleichen Folter starben. Diejenigen, die überlebten, zerstreuten sich bei Ausbruch des Koreakriegs im Jahr 1950, einige blieben im Norden, einige flohen in den Süden.

Diese Geschichte veranschaulicht das Schicksal derer, die eine Offenbarung des Himmels empfangen und ihrer Verantwortung nicht gerecht werden. Der einzige Sinn dieser Gruppen bestand darin, den Herrn bei seiner Wiederkunft willkommen zu heißen. Sie wussten, dass dies ihre Mission war, und proklamierten es auch. Zu diesem Zweck hatte die Gruppe, zu der meine Mutter gehörte, unglaublich schwierige und harte Schicksalsschläge erlitten, aber sie scheiterte, als ihre Vorstellung vom wiederkehrenden Herrn sie für die tatsächliche Erscheinung des Herrn blind machte.

Meine Großmutter und meine Mutter waren mit ganzem Herzen Teil dieser Gruppen und lebten hingebungsvoll, um den Herrn zu empfangen. Sie glaubten aufrichtig an die Prophezeiung, dass „der eingeborene Sohn, der Retter der Welt, in das Land Korea kommen wird". Sie praktizierten ihre unbeirrbare Hingabe mit unübertroffener Begeisterung und Reinheit. Sie gingen keine Kompromisse mit der Welt ein und blieben niemals bequem zuhause; sie dienten Gott mit Herz und Seele.

Ich ererbte die Essenz ihres Glaubens, weil ich diesen Weg, den Herrn zu empfangen, mit ihnen ging. Sie brachten jedes Opfer, das auf dem Weg des göttlichen Willens nötig war, und so konnte die eingeborene Tochter, auf die unsere Himmlischen Eltern lange gewartet hatten und von der die Welt dennoch nichts wusste, auf dieser Erde in der dritten Generation ihrer Familie geboren werden. Ich wurde Teil dieser zutiefst spirituellen Familie und wuchs in ständiger Beziehung zu Gott auf, der mich auf eine Mission vorbereitete, die sie nicht kannten: die Mission der Mutter des Universums.

Getrennte Welten am 38. Breitengrad

„Du bist gekommen, um deine Mutter zu sehen?" Der Wächter stellte diese Frage als eine Formalität; er wusste, warum ich dort war, denn ich kam jeden Tag.

„Ja, Herr", antwortete ich mit meiner sanften Stimme.

„Warte hier", sagte er in einem väterlichen Ton. „Ich werde sie für dich rufen. Möchtest du ein Bonbon?"

1948, als die Unterdrückung der Religionen durch die Kommunistische Partei Nordkoreas auf ihrem Höhepunkt war, wurden meine Mutter und meine Großmutter fast zwei Wochen lang inhaftiert, weil sie Mitglieder der Wiederkunft-im-Mutterleib-Kirche waren. Ich war damals fünf Jahre alt und ging zum Gefängnis, um meine Mutter zu sehen. Die Wärter waren nett zu mir, weil ich höflich war und mich gut benahm. Selbst diese skrupellosen Kommunisten gaben mir Obst oder Süßigkeiten, wenn sie mich sahen.

Ich kann mir nicht erklären, warum die Behörden beide freiließen, da die Partei die Unterdrückung religiöser Aktivitäten noch verstärkte. Vielleicht war es aus ihrer Sorge um mich. Das positive Ergebnis war, dass die Inhaftierung meine Großmutter davon überzeugte, dass sie nach Südkorea gehen mussten, um ein friedliches Leben und erst recht ein Glaubensleben führen zu können. Da Heo Ho-bin noch immer im Gefängnis war, hatte meine Mutter Zweifel, aber Großmutter überredete sie zu gehen.

„Wenn wir hier bleiben", argumentierte sie, „werden wir sterben, bevor wir dem Herrn begegnen. Sobald wir in Südkorea sind und Soon-jeong getroffen haben, wird sich der richtige Weg zeigen." Die Erwähnung ihres jüngeren Bruders, meines Onkels Hong Soon-jeong, der sich im Süden darauf vorbereitete, Arzt zu werden, brachte meine Mutter ins Schwanken. Sie erhob einen letzten Protest, gab aber gleichzeitig nach: „Wie können wir ohne Ziel dorthin gehen? Wir haben nicht einmal eine Unterkunft."

Meine Großmutter atmete tief durch und sagte dann mit Überzeugung: „Trotzdem müssen wir gehen. Gott wird uns beschützen."

Mein Großvater schloss sich uns nicht an. Wie viele andere hatte er die Offenbarung erhalten, dass Pjöngjang der „Palast von Eden" sei, und er war entschlossen zu bleiben, um ihn zu bewachen. Dennoch ermutigte er seine Frau und seine Tochter, in den Süden zu gehen. Da es ihr Lebensziel war, den Herrn bei seiner Wiederkunft in Pjöngjang zu treffen, musste meine Mutter mehrere Tage und Nächte lang beten, bevor sie schließlich zustimmte, nach Südkorea zu gehen. Sie ging unter der Bedingung, dass es nur vorübergehend sein würde.

Wie es der Zufall wollte, erhielten wir die Nachricht, dass Onkel Soon-jeong seine Studien in Japan und in Seoul abgeschlossen hatte und in die südkoreanische Armee eingetreten war. Mein Onkel war ein intellektueller, eleganter junger Mann. Außerdem war er sehr willensstark. Meine Großmutter vermisste ihren einzigen Sohn und wünschte sich sehr, ihn zu sehen. Darüber hinaus wollte sie mich, ihre Enkelin, um jeden Preis beschützen. Sie wollte verhindern, dass ich von grausamen Kommunisten entführt und durch ihre Hand leiden würde. Sie war aufrichtig, als sie mir im Laufe der Jahre immer wieder sagte: „Du bist Gottes wahre Tochter." Ihre Lebensaufgabe bestand darin, mich vor dem Unglück in der Welt zu beschützen.

Wie die meisten Menschen im Norden glaubte auch meine Familie, dass die Kommunistische Partei Nordkoreas nicht lange Bestand haben würde. Wir erwarteten, dass wir nach einem kurzen Aufenthalt in Südkorea den Untergang der Kommunisten erleben würden und nach Hause zurückkehren könnten. Wie die Geschichte zeigt, sollte dieser Traum nicht wahr werden. Rückblickend glaube ich, dass Gott durch das liebevolle Herz meiner Großmutter für ihren Sohn und ihre Enkelin gewirkt hat. Tatsächlich spiegelt das elterliche Herz einer Mutter das mütterliche Herz Gottes wider.

„Jetzt ist es dunkel", flüsterte meine Mutter. „Lasst uns gehen."

Es war Herbst, als wir im Jahr 1948 unser Haus mitten in der Nacht verließen. Meine Mutter trug mich auf dem Rücken und meine Großmutter trug ein paar Bündel. Von Anju bis zum 38. Breitengrad ist es ziemlich weit, 200 Kilometer Luftlinie. Wir mussten tagelang gehen, um diese Strecke zurückzulegen. Und jeder Schritt auf dieser Reise war begleitet von der bangen Angst um unser Leben. Nachts schliefen wir in leeren Häusern, und wenn der Morgentau fiel, brachen wir wieder auf. Unsere Schuhe waren dünn und die Straßen holprig und so schmerzten unsere Füße von Anfang an. Am schwersten zu ertragen war der Hunger. Wir klopften an die Türen schäbiger Hütten und gaben den Menschen etwas aus unseren Bündeln im Tausch gegen Lebensmittel, in der Regel eine Schale gekochte Gerste und Reis. Unter solchen Entbehrungen gingen wir immer weiter in Richtung Süden.

Die Kommunisten hatten die Felder umgepflügt und die Seitenstreifen der Straßen aufgerissen, um eine solche Reise noch schwieriger zu machen. Unsere Füße versanken im Schlamm, als wir durch die Felder gingen, und wir zitterten am ganzen Körper vor Kälte. Trotzdem gingen wir weiter und blickten nur auf das Sternenlicht.

Soldaten der nordkoreanischen Volksarmee, die den 38. Breitengrad blockierten, nahmen meine Mutter, meine Großmutter und mich mühelos gefangen. Sie sperrten uns in einen Schuppen ein, zusammen mit anderen verängstigten Menschen, die die gleiche Absicht hatten wie wir. Die Soldaten waren grob zu den Männern, aber Frauen und Kinder behandelten sie weniger streng.

Eines Tages bat mich einer der Erwachsenen, den wachhabenden Soldaten Essen zu bringen. Obwohl mein Herz innerlich zitterte, zwang ich mich zu einem Lächeln und überreichte den Soldaten das Essen. Nachdem ich dies mehrmals getan hatte, wurden die Herzen der Soldaten weicher und eines Abends ließen sie meine Familie frei. Sie wiesen uns an, in unsere Heimatstadt zurückzukehren. Wir gingen in diese Richtung, bis wir außer Sichtweite waren. Und dann, als wir am Scheideweg zwischen Leben und Tod standen, brach die Nacht herein. Wir warteten und der Himmel schickte uns einen jungen

Mann, der uns auf den Weg des Lebens führen sollte. Im Schutze der Dunkelheit folgten wir ihm über den 38. Breitengrad.

Als wir ihn überquert hatten, war ich so glücklich, dass ich zu meiner Mutter sagte: „Wir müssen nicht länger Loblieder auf Kim Il Sung singen, oder? Ich will ein Lied aus dem südlichen Teil Koreas singen!" Es stellte sich heraus, dass Gott auch auf diese Weise eingriff. Denn auch auf der südkoreanischen Seite hielten Soldaten strenge Wache. Als ich mit freudigem Herzen ein paar Zeilen des Liedes sang, hörten wir ein Rascheln in den Büschen vor uns. Wir waren überrascht und standen wie erstarrt da, aus Angst, dass wir wieder von nordkoreanischen Soldaten gefangen genommen würden. Aus dem Gebüsch tauchten Soldaten auf – Südkoreaner. Bei ihrem Anblick sanken wir vor Erleichterung fast zu Boden. Die südkoreanischen Soldaten sagten uns, dass sie uns gehört hätten, als wir uns näherten, und dass sie gerade auf uns schießen wollten. Als sie jedoch die Stimme eines Kindes singen hörten, hatten sie ihre Waffen gesenkt. Sie hießen uns willkommen und trösteten uns.

Ein Soldat sagte: „Es muss schwierig für euch gewesen sein, den ganzen Weg hierher mit diesem hübschen kleinen Kind zurückzulegen. Das hier ist nicht viel, aber bitte nehmt es." Wir waren diesem Soldaten so dankbar, den Gott dazu bewegte, uns etwas Geld zu geben, das uns reichte, um bis nach Seoul zu kommen.

Hätte ich in diesem Moment nicht gesungen, hätten uns diese jungen Soldaten wahrscheinlich mit nordkoreanischen Soldaten verwechselt und erschossen. Auf diese Weise beschützte Gott uns abermals. Nachdem wir Schwierigkeiten wie diese durchgemacht hatten, kamen wir schließlich sicher in Südkorea an. Doch indem wir diese Reise machten, trennten wir uns von meinem Großvater, den wir nie mehr wiedersahen.

Südkorea war für uns völlig fremd. Da wir noch nie in Seoul gewesen waren, wussten wir nicht, wie wir überleben sollten. Ständig verirrten wir uns. Wir hatten auch den Ankerpunkt unseres Glaubens verloren. Die Hoffnung, dem wiederkehrenden Herrn zu begegnen, schwebte sozusagen in den Wolken. Wir hatten kein Geld und keine Fertigkeiten, mit denen wir unseren Lebensunterhalt verdienen konnten. Wir kampierten in einem schäbigen leeren Haus und überlebten gerade so von Tag zu Tag. Alles, was wir tun konnten, war, mit den Menschen zu reden.

Unsere vordringlichste Aufgabe war es, meinen Onkel mütterlicherseits, Soon-jeong, zu finden. Er war der einzige Mensch, auf den wir uns in Südkorea verlassen konnten, und wir hofften, dass er sich irgendwo in Seoul aufhielt. Meine Mutter flehte im Gebet: „Was soll ich tun, um meinen jüngeren Bruder zu finden?" Sie betete jeden Tag sehr ernsthaft. Wir suchten in Krankenhäusern und Apotheken nach ihm.

Und dann erlebten wir eine unerwartete Fügung Gottes. Auf der Straße trafen wir einen Mann, der sich als Freund meines Onkels herausstellte. Dies war in der Tat Gottes providentielle Hilfe. Dieser Freund erzählte uns, dass Onkel Soon-Jeong im Hauptquartier der Armee im Seouler Stadtteil Yongsan diente. Nach seiner Rückkehr aus Japan hatte er die Hochschule für Pharmazie in Seoul absolviert und anschließend eine Ausbildung zum Pharmazeuten an der Koreanischen Militärakademie erhalten. Derzeit diente er als Oberleutnant.

Jener hilfsbereite Mann brachte uns nach Yongsan. Was für ein Wiedersehen war das! Soon-Jeong war hocherfreut, seine Mutter, seine Schwester und seine Nichte zu sehen. Er hatte keine Ahnung von den Verhältnissen im Norden und war sehr betroffen, als er hörte, was wir durchgemacht hatten, um nach Seoul zu gelangen. Sofort mietete er ein kleines Zimmer für uns in Hyochang-dong.

Unser Leben im Süden stabilisierte sich bald. Ich ging zum ersten Mal zur Schule und kam in die Hyochang-Grundschule im freien Land Südkorea. Ich liebte es, jeden Tag mit meinen Büchern in der Tasche die Schule zu besuchen. Die älteren Bewohner des Viertels tätschelten meinen Kopf und auch die Nachbarskinder mochten mich sehr gern. Wenn ich zurückblicke, finde ich es interessant, dass unser gemieteter Raum in der Nähe von Cheongpa-dong lag, dem Viertel, in dem wir sieben Jahre später unsere Suche nach dem Herrn der Wiederkunft abschlossen. Bis dieser Tag jedoch kam, mussten wir auf unserer Odyssee noch viele überraschende Wendungen ertragen.

Während wir in Hyochang-dong lebten, hörten wir die Nachricht, dass Jeong Seok-cheon, der älteste Sohn der Gründerin der Kirche des Heiligen Herrn, sich in Südkorea befand. Wir betrachteten dies als ein Wunder und beteten, dass Gott uns führen möge, ihm zu begegnen. Wir dankten Gott, dass mein Onkel als Armeeoffizier diente und dass Jeong Seok-cheons Familie in den Süden gekommen war. Zweifellos bereitete Gott einen Weg vor, um diejenige zu schützen, die berufen war, der Menschheit zu dienen, und der Er die Vorsehung anvertrauen würde. Jetzt, da wir auf unserer physischen Pilgerreise eine Oase erreicht hatten, war es an der Zeit, unsere spirituelle Pilgerreise zu erneuern.

Ein blauer Todesblitz

Es war früh an einem heißen Sommermorgen. Rote Fleißige Lieschen blühten auf der einen Seite unseres Hofes und dicke, alte Weiden und Platanen standen entlang der Straße. Ich war damals sieben Jahre alt, aber ich erinnere mich noch genau an den Moment, als ein verzweifelter Nachbar in unser Wohnzimmer stürmte und rief: „Krieg ist ausgebrochen! Die nordkoreanische Armee hat den 38. Breitengrad überschritten!"

Besorgte Bewohner versammelten sich in kleinen Gruppen in der Gasse. Ich hatte mich an das geregelte Leben im Süden gewöhnt; als aber die nordkoreanische Volksarmee ihre Invasion begann, war unsere kurze Atempause vorbei. Alle waren verängstigt, Regierungsmeldungen vermischten sich mit Gerüchten und niemand wusste genau, was vor sich ging.

Was wirklich geschah, war, dass die südkoreanische Übergangsregierung zusammenpackte und in die Stadt Daejeon, 150 Kilometer südlich von Seoul, umzog. Die Regierung befahl der südkoreanischen Armee, die Brücke über den Fluss Han, die einzige Brücke auf der Südseite von Seoul, in die Luft zu sprengen. Sie erwartete, dass nordkoreanische Truppen bald in Seoul eintreffen würden, und sah keine Möglichkeit, die Stadt zu schützen. Ihre Strategie war, die kommunistische Armee daran zu hindern, den Fluss zu überqueren. Sie konnte wenig bis gar nichts tun, um den Bewohnern der Stadt zu helfen, die nach der Verteidigung von Seoul schrien.

Zwei Tage später wachte meine Mutter im Morgengrauen auf und begann, unsere Kleider in ein Bündel zu packen. Vom Rascheln wurde ich geweckt, hielt aber meine Augen geschlossen und hörte ihrem Gespräch mit meiner Großmutter zu. „Wir müssen eine Zuflucht suchen", sagte meine Mutter. „Wenn die Kommunisten hierher kommen, werden sie uns töten."

„Ich weiß, dass sie schlimm sind", antwortete meine Großmutter, „aber denkst du, dass sie Frauen brutal behandeln würden?"

„Wenn sie herausfinden, dass wir aus dem Norden geflohen sind", erwiderte meine Mutter, „werden sie uns wahrscheinlich auf der Stelle töten."

Am Abend des 27. Juni 1950, zwei Tage nach dem Ausbruch des Koreakriegs, strömten die Einwohner Seouls bei sanftem Sommerregen aus den alten Stadtvierteln. Je mehr ihnen bewusst wurde, dass sie nicht die Einzigen waren, die zu entkommen versuchten, und dass sie alle dieselbe Brücke überqueren mussten, desto ernster und verzweifelter wurden sie. Es herrschte Krieg. Meine Großmutter, meine Mutter und ich schlossen uns mit unserem Bündel dem Exodus an und folgten der Menschenmenge, die sich auf die Han-Brücke zubewegte. Als die Umrisse der Brücke in der Dunkelheit sichtbar wurden, sagte mir etwas, ich solle anhalten, und ich griff nach dem Rock meiner Großmutter. Sie blieb stehen und meine Mutter drehte sich um und fragte sie: „Mutter, was ist los?"

Großmutter schaute zum Himmel hinauf und blickte dann zu mir herunter. Dann drehte sie ihren Kopf wieder in Richtung unseres Hauses. „Vielleicht kommt Soon-jeong", sagte sie mit ruhiger Stimme. Sie sprach von ihrem Sohn, meinem Onkel. Es schien sinnlos umzukehren, wenn alle anderen aus der Stadt flohen, aber sie war fest entschlossen. „Lasst uns zurückgehen, für den Fall, dass er kommt."

Meine Mutter verstand das. Wir drei machten uns auf den Heimweg, entgegen dem Strom der Menschenmassen. Als wir nach Hause kamen, breitete ich meine Decke aus und legte mich zum Schlafen nieder. Aber es dauerte nicht lange, bis ich vom Lärm eines Dreivierteltonner Pick-Up geweckt wurde. Als die Tür plötzlich aufgerissen wurde, erhellten seine Scheinwerfer unser Zimmer. Da stand mein Onkel in seiner Militäruniform. Großmutter und Mutter seufzten erleichtert und hoffnungsvoll. Ich dachte bei mir: „Jetzt können wir aufbrechen", und empfand ebenfalls Erleichterung.

„Beeilt euch", rief er. „Wir müssen sofort los!" Onkel Soon-jeong, der als Militär-Mediziner im Hauptquartier der Armee stationiert war, war über den Kriegsverlauf informiert. Sobald er hörte, dass die südkoreanische Armee die Zerstörung der Han-Brücke vorbereitete, forderte er einen Pick-Up an und raste zu unserem Haus, weil er wusste, dass seine Familie in Gefahr war. Er hatte den Pick-Up mit laufendem Motor in unserer nebeligen Gasse abgestellt. Wir kletterten mit unserem bereits gepackten Bündel hinein und sogleich fuhr er in Richtung Brücke. In den Stunden vor der Morgendämmerung wimmelte es dort von Flüchtlingen, die aus allen Richtungen strömten, was ein totales Chaos verursachte.

Auf der verstopften Straße kamen wir nur im Schneckentempo voran. Als Offizier der Armee hatte mein Onkel den offiziellen Passierschein, der erforderlich war, um mit einem Fahrzeug über die Brücke zu fahren. Er hupte und fuhr mit dem Pick-Up durch die Menschenmenge. Ich klammerte mich an meine Mutter und blickte auf die Menschen, die aus ihren Häusern flohen. Ihre Angst und Verwirrung wurden von Minute zu Minute größer.

Kaum hatten wir die Brücke überquert, rief mein Onkel: „Bückt euch runter!" Als ich mich zu Füßen meiner Mutter auf den Boden drückte, erschütterte eine gewaltige Explosion hinter uns unseren Pick-Up. Es gab einen blauen Lichtblitz und ein ohrenbetäubendes Geräusch. Mein Onkel machte eine Notbremsung und stellte den Motor ab. Zusammen sprangen wir aus dem Pick-Up und kletterten hinunter in den Graben am Straßenrand. Ich wandte mein Gesicht der Brücke zu und wurde Zeugin der nächsten Explosion. Ich sah ein Licht, das wie die leuchtenden Augen eines Dämons die Nacht durchdrang. Unzählige Zivilisten sowie Soldaten und Polizisten, die gerade die Brücke überquerten, wurden herumgeschleudert wie Plastikspielzeug, flogen überall durch die Luft und stürzten in den Fluss. Ein paar Meter machten für uns den Unterschied zwischen Leben und Tod aus. Unser Leben war verschont geblieben.

Ich schloss meine Augen und viele Gedanken schossen mir durch den Kopf. Warum beginnt jemand einen Krieg? Warum müssen unschuldige Menschen sterben? Warum lässt Gott solchen Schmerz und solches Leid zu? Wer kann diesem Wahnsinn ein Ende bereiten? Ich konnte mir keine Antworten vorstellen. Als ich meine Augen wieder öffnete, sah ich, dass die Brücke in zwei Teile zerbrochen war. Das Militär hatte seinen Auftrag auf Kosten von hunderten von Menschenleben erfüllt. Was zwischen den Leichen, den schreienden Verwundeten und den benommenen Überlebenden zurückblieb, war ein hässliches Stahlskelett, das in der Dunkelheit schwelte.

Die Han-Brücke wurde am 28. Juni 1950 um 3.00 Uhr morgens gesprengt. Obwohl die südkoreanische Regierung angekündigt hatte, dass sie Seoul verteidigen würde, unterbrach sie die einzige Verbindung in die Sicherheit, noch bevor die nordkoreanische Volksarmee in die Stadt einmarschierte. Hunderte von Menschen, die aus der Stadt flohen, wurden getötet. In dieser verzweifelten Lage wurden durch die Hilfe meines Onkels mein Leben und das Leben meiner Familie gerettet. Gott führte uns in diesem kritischen Augenblick und beschützte uns vor den Gefahren.

Wenn ich eine Brücke über den Fluss Han überquere, sehe ich auch heute noch diesen blauen Blitz vor mir und höre die gequälten Schreie der Menschen, als ob sie noch immer in dieser Hölle brennen würden.

Mutter des Friedens

Mein Herz schmerzt beim Klang der Schreie. In jungen Jahren wurde ich unmittelbar Zeugin der Schrecken des Krieges und erlebte das erbärmliche Leben eines Flüchtlings. Einfache, unschuldige Menschen wurden wie Fliegen getötet. Kinder, die ihre Eltern verloren hatten, irrten weinend durch die Straßen. Ich war erst sieben Jahre alt, aber es wurde mir so ernst darum, dass Kriege für immer aus dieser Welt verschwinden müssen. Das war vor 70 Jahren, aber meine Kehle schnürt sich immer noch zu, wenn ich mich an die Nacht erinnere, in der die Han-Brücke zusammenbrach.

Nachdem uns mein Onkel, der zum Militärdienst zurückkehren musste, verlassen hatte, gingen Großmutter, Mutter und ich, kaum in der Lage, uns auf den Beinen zu halten, auf unbekannten Pfaden immer weiter in Richtung Süden. Gelegentlich wurden wir von einem vorbeifahrenden Auto mitgenommen. Weil wir ein Dokument über die Stellung meines Onkels als Mediziner vorlegen konnten, fanden wir schließlich Schutz in einem Flüchtlingslager für Militärfamilien.

Als sich der Kriegsverlauf änderte, kehrten wir am 28. September nach Seoul zurück. Das südkoreanische Militär hatte die Kommunisten vertrieben und wieder eine passierbare Brücke über den Fluss gebaut. Wir wohnten in einem leerstehenden Haus, das die Soldaten aus dem Norden zuvor besetzt hatten und in das die Besitzer nicht zurückgekehrt waren.

Dann wendete sich der Kriegsverlauf erneut. Eine halbe Million kommunistischer chinesischer Truppen drangen über den Fluss Yalu in Korea ein. Am 4. Januar 1951 gab die südkoreanische Armee Seoul erneut auf und wir mussten wieder fliehen. Diesmal konnten wir einen Zug für die Familien der Soldaten benutzen, der uns sicher in die Stadt Daegu brachte.

Was wir während dieser Zeit der Flucht vom Norden in den Süden Tag für Tag sahen und hörten, lässt sich nicht beschreiben. Ich sah unzählige Leichen – Erwachsene, Kinder, Opfer von Erfrierungen, von Hunger, Krankheiten und Kämpfen. Auch meine Familie und ich standen am Abgrund des Todes, aber irgendwie hatte ich während dieser Reise, bei der es ums pure Überleben ging, das Gefühl, dass Gott mit uns war. Es gab eine höhere Macht, die unsere Familie beschützte, als wir aus dem Norden flohen und im Süden Zuflucht fanden. Die Himmlischen Eltern gaben mir mehr als ein Gefühl von Sinn und Wert. Sie gaben mir einen Maßstab, an dem ich meine Lebensaufgabe messen konnte.

Der Weg des Willens Gottes

Durch Gottes Führung trafen wir schließlich auf dem Weg nach Daegu Herrn Jeong Seok-cheon, den ältesten Sohn von Kim Seong-do, der Gründerin der Kirche des Heiligen Herrn, der meine Familie in Cholsan angehört hatte. Er freute sich sehr, uns zu sehen, und wir alle hatten das Gefühl, lange verlorene Verwandte wieder zu treffen. Seine Mutter war eine der Kirchenleiterinnen im nördlichen Teil Koreas, deren Hingabe an Jesus beispielhaft war und die Offenbarungen erhalten hatten über das, was kommen würde.

Die Kirche des Heiligen Herrn war aufgrund der Verfolgung durch die Japaner geschrumpft und die brutale Unterdrückung durch die Kommunistische Partei hatte ihr und allen Kirchen im Norden ein Ende bereitet. Jeong Seok-cheon war in den Süden geflohen und setzte sein Leben im Dienste Gottes fort. Mit verstreuten Mitgliedern der Kirche des Heiligen Herrn, die einander gefunden hatten, gründete er in Daegu eine Gebetsgruppe. Er behielt seinen Eifer, den Willen

Gottes zu erfüllen, und bereitete sich auf die Begegnung mit dem Herrn der Wiederkunft vor. Er arbeitete fleißig und hatte ein gutes Auskommen als Manager von Bergbau-, Reis- und Ölgeschäften. Herr Jeong organisierte für uns eine Unterkunft in Daegu.

Meine Mutter richtete eine einfache Bitte an ihn. „Als wir in Nordkorea waren", sagte sie, „erhielten wir viel Gnade durch Frau Heo Ho-bin und es geschahen große Werke." Herr Jeong wusste von Rev. Heo, deren Gemeinde Essen und Kleidung für Jesus und auch für den Herrn der Wiederkunft vorbereitet hatte. „Da der Herr bald in Korea wiederkommen wird", sagte meine Mutter zu Herrn Jeong, „lasst uns bitte sehr darum beten, ihn willkommen zu heißen."

Eines Morgens erhielt meine Mutter während des intensiven Gebets der Daegu-Gruppe vom Himmel eine Offenbarung. Gott sagte ihr, dass sie ihr Leben mit größerer Hingabe führen müsse, wenn sie dem Herrn der Wiederkunft begegnen wolle. „Gebet allein ist nicht genug", wurde ihr gesagt. „Du musst deine Nahrung ungekocht essen." Meine Mutter begann sich von Piniennadeln zu ernähren. Gedämpft wären sie verdaulich gewesen, aber sie aß sie roh, obwohl ihre Zähne dadurch stark geschädigt wurden.

Meine Mutter stammte aus einer relativ wohlhabenden Familie. Ihr Vater besaß einen großen Bauernhof und Großmutter Jo hatte ein Nähmaschinengeschäft, so dass sie meiner Mutter und ihrem Bruder den Besuch der Oberschule finanzieren konnten. Mein Großvater mütterlicherseits lehrte meine Mutter immer: „Wie schwer die Umstände auch sein mögen, du darfst nie bei anderen verschuldet sein." Sie blieb seinen Worten treu und eröffnete in Daegu einen kleinen Laden und hoffte, dass sie damit genug Geld verdienen würde, um ihre einzige Tochter wieder in die Grundschule schicken zu können.

Der tägliche Verzehr von lediglich zwei Mahlzeiten mit Kimchi-Brühe, rohen Piniennadelspitzen und Erdnüssen sowie die Arbeit in ihrem Laden führten zu ihrer physischen Erschöpfung. Ein gewöhnlicher Mensch hätte diese Selbstdisziplin gelockert, aber in ihrem Fall wurde ihr Geist nur noch klarer. Obwohl ich Mitgefühl für sie empfand, war ich einfach nur erstaunt, wenn ich ihren ausgeglichenen Gesichtsausdruck sah.

„Wie kann sie ein Geschäft führen, wenn sie so wenig zu sich nimmt?", fragte ich mich. „Es ist nichts Geringeres als ein Wunder." Die Nahrungsaufnahme meiner Mutter war an der Grenze zum Verhungern und ihr Geschäft brachte drei Monate lang keinen Gewinn. Die meisten Menschen hätten aufgegeben, aber ihr Glaube war tief und stark. Im größten Vertrauen darauf, dass sie den Traum Gottes aufrechterhielt, machte sie bedingungslos weiter. Sie ging keine Kompromisse mit der Realität ein. Mit dem Heiligen Geist schuf sie sich ihre eigene Realität.

Ungeachtet ihrer Not ordnete meine Mutter sich ganz der Suche nach Jesus und seiner Wiederkunft unter. Nun, da ich anfing, erwachsen zu werden, fügte sie für sich noch die Aufgabe hinzu, ihrer Tochter eine geistig sichere Umgebung zu bieten. Sie wollte, dass ich meine Reife in einer Umgebung von innerer und äußerer Reinheit erreiche, und überlegte deshalb, wie sie mich so weit wie möglich vor den Einflüssen der säkularen Welt fernhalten konnte.

Ich besuchte die Daegu-Grundschule in einem Viertel namens Bongsan-dong. Mit der Zeit wurde nicht nur meine äußere Erscheinung, sondern auch mein Verhalten attraktiv. Ich war gut in der Schule, weshalb ich bald bei meinen Freundinnen populär und auch bei vielen Erwachsenen beliebt war. Eines Nachmittags spielte ich allein auf der schmalen Straße vor dem Laden, in dem sich meine Mutter befand. Einem vorbeigehenden buddhistischen Mönch fiel ich auf und er blieb stehen. Ich erwiderte seinen Blick. Noch heute erinnere ich mich an seine durchdringenden Augen. Meine Mutter kam heraus und verbeugte sich höflich vor ihm. Er zeigte auf mich und fragte: „Ist sie Ihre Tochter?" Als er ihre bejahende Antwort hörte, bekamen seine Augen einen warmen und tiefgründigen Ausdruck. Während ich mich meiner Mutter zuwandte und sie anschaute, sprach der heilige Mann:

„Sie leben zwar mit nur einer Tochter, aber beneiden Sie niemanden, der zehn Söhne hat. Bitte erziehen Sie sie gut. Ihre Tochter wird in jungen Jahren heiraten. Ihr zukünftiger Ehemann mag älter sein als sie selbst, aber er wird ein großer Mann mit herausragender Begabung sein, die die Meere, die Länder und den Himmel transzendiert."

Meine Mutter nahm die Worte des Asketen ernst. In der Absicht, ihre einzige Tochter in einer möglichst ruhigen und sicheren Umgebung aufzuziehen, zog meine Mutter 1954 mit uns auf die Insel Jeju vor der Südküste der koreanischen Halbinsel, in die Stadt Seogwipo. Sie wollte die überfüllten Straßen von Daegu verlassen und es mir ermöglichen, in der unberührten Natur heranzuwachsen. Wir verbrachten unsere ersten neun Monate auf Jeju bei der Familie von Jeong Seok-jin, dem jüngeren Bruder von Jeong Seok-cheon, unserem Freund aus der Kirche des Heiligen Herrn.

Auf Jeju führte mich meine Mutter, wie sie es überall getan hatte, auf dem Weg der Heiligkeit für den Herrn. Sie verschwendete keine Gedanken an weltliche Angelegenheiten und das passte sehr gut zu meiner sich entwickelnden Persönlichkeit. Ich las Biographien von heiligen Frauen und widmete mich dem Ideal der völligen Reinheit, um mich auf meine Berufung als Tochter Gottes vorzubereiten.

Nachdem wir uns in Seogwipo niedergelassen hatten, besuchte ich die 5. Klasse der Shinhyo-Grundschule. Ich war 11 Jahre alt, und während meine Klassenkameradinnen herumliefen und spielten, lebte ich ein rigoroses und strenges Glaubensleben. Gemeinsam mit meiner Großmutter und meiner Mutter widmete ich mich dem Gebet, dem Studium und der Gottesverehrung.

Meine Mutter weichte flachgedrückte Gerste in Wasser ein und fügte diese dem Rettich-Kimchi für ihre Rohkostdiät bei, während ich Hirsebrei aß. Obwohl sie aufgrund der ernährungsbedingten Entbehrungen schwach war, konnte meine Mutter nicht widerstehen, beim Pflügen zu helfen, wenn sie die Bauern bei der Arbeit auf den Gerstenfeldern sah. Wenn sie jemanden bemerkte, der Schwierigkeiten mit dem Tragen einer Last hatte, übernahm sie bereitwillig dessen Last und trug sie selbst. Ohne dass sie ein Wort sagte, waren die Menschen voller Bewunderung. „Ich habe noch nie eine so fürsorgliche Person getroffen", meinte eine Frau im Dorf, und ihre Nachbarin antwortete darauf: „Das sage ich auch. Ich habe gehört, sie geht regelmäßig zur Kirche, aber sie unterscheidet sich trotzdem so sehr von den anderen."

Meine Mutter lebte das vorbildliche Leben einer authentisch religiösen Person und setzte ihren Glauben immer in die Praxis um, indem sie anderen half. Sie studierte die Bibel und unterrichtete mich in den Lehren der Kirche des Heiligen Herrn und der Wiederkunft-im-Mutterleib-Kirche. Diese besagten, dass Jesus als leibhaftiger Mensch zurückkehren würde, so wie er vor 2.000 Jahren gekommen war, dass er seine heilige Braut finden und das Hochzeitsmahl des Lammes abhalten würde, wie es die Bibel prophezeit. All dies würde in Korea stattfinden. Durch sie gelangte ich zum Verständnis um die Wiederkunft Jesu und konnte sie mir vorstellen, sie nachempfinden und fassbar machen. Von meiner Mutter lernte ich die Bedeutung der wahren Nachfolge.

Mein Onkel, der uns bei Ausbruch des Koreakriegs gerettet hatte, heiratete am Ende des Kriegs. Großmutter Jo zog zu ihm und seiner neuen Braut nach Seoul. Schon nach wenigen Monaten sehnte sie sich danach, ihre Tochter und Enkelin wiederzusehen, und so besuchte sie uns auf der Insel Jeju. Während sie bei uns war, wurde mein Onkel in die Stadt Chuncheon versetzt, etwa 80 Kilometer nordöstlich von Seoul. Er schickte uns eine unerwartete, aber klare Botschaft: „Bitte beendet euer Leben auf Jeju und zieht nach Chuncheon." Großmutter Jo drängte uns, dem nachzukommen, und sagte leise mit den flehenden Augen einer liebevollen Matriarchin: „Meine einzige Freude im Leben ist es doch, Hak Ja in der Nähe zu haben und mich jeden Tag um sie zu kümmern."

Daraufhin verließen wir alle drei im Februar 1955 Jeju in Richtung Chuncheon. Meine Mutter mietete für uns ein kleines Zimmer im Stadtviertel Yaksa-dong, während meine Großmutter nicht weit entfernt bei der Familie meines Onkels lebte. Ich fing an die Bongui-Grundschule zu besuchen und ging bald in die sechste Klasse. Auf dem Schulgelände stand eine große Platane, deren Umfang so groß war, dass ich sie nicht umfassen konnte. In ihrem reichlich vorhandenen Schatten las ich bei heißem Wetter Bücher. Neben der Schule gab es eine Kohlebrikettfabrik. Wenn ich dort vorbeiging, wurden meine Schuhe schwarz vor Ruß. All dies ist noch frisch in meiner Erinnerung. Im folgenden Jahr, 1956, schloss ich die Grundschule ab. Ich war 13 und erhielt mein Abschlusszeugnis, nachdem ich vier verschiedene Schulen besucht hatte. Obwohl ich nur ein Jahr lang Schülerin in Bongui gewesen war, bekam ich für meine guten Leistungen bei der Abschlussfeier eine Auszeichnung.

Gott antwortete schließlich auf die unaufhörlichen Gebete und Bitten meiner Mutter. Seine Fürsorge für sie kam einmal mehr durch Jeong Seok-cheon, unseren Freund aus der Kirche des Heiligen Herrn, zum Ausdruck. Herr Jeong erinnerte sich an die letzten Worte seiner verstorbenen Mutter, der Gründerin der Kirche des Heiligen Herrn, Rev. Kim Seong-do: „Wenn jemand das, was Gott ihm anvertraut hat, nicht vollbringt, muss es durch jemand anderen erfüllt werden. Die Gruppe, zu der der Herr kommt, wird angeklagt und als Sex-Kult verleumdet werden. Ihre Mitglieder werden verfolgt und ins Gefängnis geworfen werden. Wenn du von einer solchen Kirche hörst, denke daran, dass es die wahre Kirche sein könnte und dass du persönlich Nachforschungen anstellen und deine eigene Entscheidung treffen sollst."

So reiste Herr Jeong eifrig durch das Land, um an Erweckungsversammlungen teilzunehmen. Er fand nicht, was er suchte, bis er im Mai 1955 in der Dong-A Ilbo, einer Zeitung aus Seoul, über einen Zwischenfall an der Ewha-Frauenuniversität las. Fünf Ewha-Professorinnen waren von der Fakultät entlassen worden, weil sie sich einer Gruppe namens *Holy Spirit Association for the Unification of World Christianity* (Heilig-Geist-Gesellschaft zur Vereinigung des Weltchristentums, später als Kurzform auch „Vereinigungskirche") angeschlossen hatten, die von einem Mann namens Lehrer Moon geleitet wurde. 14 Studentinnen waren aus dem gleichen Grund von derselben Universität verwiesen worden.

Herr Jeong spürte den Geist seiner prophetischen Mutter und schickte einen Brief mit dem Zeitungsausschnitt an seine ältere Schwester in Busan. Diese warf einen Blick auf den Zeitungsausschnitt und buchte, ohne ein zweites Mal nachzudenken, mit ihrer Tochter eine Fahrt nach Seoul. Nach ihrer Ankunft fanden sie den Weg zum

Jang-chung-dong Headquarter der Vereinigungsbewegung, konnten aber deren Leiter nicht treffen. Die Mitglieder teilten ihr den Standort der Ortsgruppe in Busan mit und sie kehrte nach Hause zurück. Von dort aus informierte sie ihren jüngeren Bruder über die Geschehnisse und darüber, dass es eine weitere Ortsgruppe in Daegu gab.

Jeong Seok-cheon besuchte die Kirche in Daegu, hörte sich Vorträge über das *Göttliche Prinzip* an, akzeptierte diese Lehre und wurde Mitglied. Zehn Tage später wurde die Ortsgruppe aus heiterem Himmel ins Wanken gebracht. Am 4. Juli wurden Lehrer Moon und mehrere Mitglieder seiner Kirche im Gefängnis von Seodae-mun in Seoul inhaftiert. Herr Jeong reiste nach Seoul, um Lehrer Moon im Gefängnis zu besuchen. Bei diesem Besuch empfing er Inspirationen und Ermutigung. Herr Jeong wusste nun, dass er denjenigen gefunden hatte, den Jesus gesandt hatte.

Etwa drei Monate später, am 4. Oktober, wurde Lehrer Moon von allen Anklagepunkten freigesprochen, für die er inhaftiert worden war. Zu diesem Zeitpunkt sicherte Herr Jeong den Unterhalt seiner Familie in Daegu und zog dann nach Seoul, um sich ganz dem Willen Gottes zu widmen.

Nach seiner Entlassung aus Seodaemun besuchte Lehrer Moon Daegu. Damals war ich 12 Jahre alt und lebte mit meiner Familie in Chuncheon, einige Stunden nördlich von Daegu. Eines Morgens erzählte mir meine Mutter, dass sie einen Traum hatte, in dem sie einen weißen Drachen in ihre Arme schloss. Sie wusste weder, was der weiße Drache symbolisierte, noch was es bedeutete, ihn in ihren Armen zu halten; aber sie meinte, es würde etwas Weltbewegendes geschehen. Am selben Tag erhielt sie einen Brief von Herrn Jeong über seine Begegnung mit der Bewegung des *Göttlichen Prinzips*, über seine Begegnung mit Lehrer Moon im Gefängnis und darüber, wer Lehrer Moon ist und dass er sich jetzt in Daegu aufhielt. Meine Mutter reiste sofort nach Daegu, musste aber feststellen, dass Lehrer Moon bereits nach Seoul zurückgekehrt war.

Meine Mutter empfand darüber tiefes Bedauern. Während sie in Daegu übernachtete, hatte sie einen weiteren Traum. Darin sah sie ein goldenes Drachenpaar, das sich in Richtung Seoul verneigte. Mit dieser Vision in ihrem Herzen nahm sie am nächsten Morgen den Zug nach Seoul und begab sich zur neu erworbenen Headquarter-Kirche der Vereinigungsbewegung in Cheongpa-dong. Es war Anfang Dezember 1955. Dort traf sie zum ersten Mal Lehrer Moon.

In dem Moment, als sie ihn begrüßte, erkannte sie, dass der weiße Drache in ihrem Traum niemand anderen als ihn darstellte und dass er derjenige war, den sie gesucht hatte. Sie war tief bewegt, zu ihren Lebzeiten auf Erden dem Herrn der Wiederkunft zu begegnen, für den sie drei Jahrzehnte lang gelitten und Opfer gebracht hatte. Sie blieb in Cheongpa-dong, um das *Göttliche Prinzip* zu studieren, und hörte Lehren, die das zusammenfassten, was sie in der Kirche des Heiligen Herrn und der Wiederkunft-im-Mutterleib-Kirche gelernt hatte. Durch jeden Vortrag wurden ihr die Augen weiter geöffnet und ihre ursprüngliche Inspiration wurde bestätigt. Manchmal dachte sie über die Bedeutung ihres Traums von dem goldenen Drachenpaar nach. Da sie zu keinem Schluss kam, verdrängte sie es.

Trotz der Bewunderung, die meine Mutter ihm entgegenbrachte, und im Gegensatz zu seiner liebevollen Offenheit gegenüber allen anderen, begegnete Lehrer Moon meiner Mutter in einer formellen und zurückhaltenden Weise. Infolgedessen empfand sie eine innere Leere und fühlte sich ein wenig isoliert, mit einem Gefühl des Mangels an Liebe in ihrem Herzen. Sie widmete sich schweigend und ohne zu ruhen dem

Gebet und löschte alle Konzepte und Erwartungen aus ihrer Seele, die sie vielleicht an denjenigen hatte, dem sie begegnen würde.

Dann sprach Lehrer Moon an einem Sonntag in der Predigt über das Herz Jesu. Er sagte: „Die Menschen in Israel hießen Jesus, der als ihr wahrer Vater kam, nicht willkommen. Sie ließen es zu, dass er am Kreuz starb." Er fragte die Gemeinde: „Wisst ihr, wie groß die Sünde war, die sie begangen haben?" Als meine Mutter dies hörte, zog sie sich in eine Ecke der Kirche zurück. Dort weinte sie sich für den Rest des Gottesdienstes die Seele aus dem Leib. Lehrer Moon sah dies. Nach dem Gottesdienst rief er meine Mutter zu sich und tröstete sie mit den Worten: „Ein von Gott gesalbter Mensch muss die Prüfung Satans ebenso bestehen wie die des Himmels."

Da verschwand alle Trauer im Herzen meiner Mutter, so wie der Schnee im Frühling schmilzt. Ihr Glaube an Gott wurde stärker als je zuvor. Bald darauf kehrte sie nach Chuncheon zurück, um mit der Pionierarbeit für die Vereinigungskirche zu beginnen.

3. KAPITEL

DAS HOCHZEITSMAHL DES LAMMES

Die wahre Bedeutung des Opferns

Meine Mutter trat am 15. Dezember 1955 offiziell der *Holy Spirit Association for the Unification of World Christianity* in Seoul bei. Am Anfang des folgenden Jahres wurde ein kleiner, aber historischer erster Schritt getan, als die Gemeinde von Chuncheon ihren ersten öffentlichen Sonntagsgottesdienst in einem Haus in Yaksa-dong feierte. Ich war ein junges Mädchen von 13 Jahren, das gerade die Bongui-Grundschule abgeschlossen hatte.

An einem strahlend sonnigen Tag sagte meine Mutter zu mir: „Lass uns für den Tag nach Seoul fahren." Ohne zu wissen, warum wir fuhren, folgte ich ihr. Das war der Tag, an dem ich Vater Moon zum ersten Mal traf. Die Cheongpa-dong-Kirche, in der wir uns begegneten, war ein kleines, zweistöckiges Holzhaus. Die koreanische Regierung hatte es als „Feindeseigentum" eingestuft, weil es während der Besetzung unseres Landes den Japanern gehört hatte. Es war mehr ein Wohnhaus als eine Kirche.

Höflich begrüßte ich Vater Moon. Er erwiderte den Gruß und fragte meine Mutter: „Wer ist dieses Kind?"

„Das ist meine Tochter", antwortete sie.

Vater Moon blickte mich überrascht an und sagte dann zu meiner Mutter: „Sie haben eine so hübsche Tochter." Dann schloss er die Augen wie in Meditation und fragte nach meinem Namen.

Ich antwortete höflich: „Mein Name ist Hak Ja Han."

Als hätte ihn etwas getroffen, sprach Vater Moon ganz leise zu sich selbst: „Hak Ja Han wurde in Korea geboren. Hak Ja Han wurde in Korea geboren. Hak Ja Han wurde in Korea geboren." Nachdem er dies drei Mal gesagt hatte, begann er Gott zu danken und sagte: „Du hast eine so großartige Tochter namens Hak Ja Han nach Korea geschickt. Ich danke Dir." Dann sprach Vater Moon zu mir, als ob er mich bitten würde, einen festen Entschluss zu fassen: „Hak Ja Han, du wirst in Zukunft Opfer bringen müssen."

„Ja!", antwortete ich, überrascht über meine eigene Direktheit.

Auf der Heimfahrt im Zug wunderten meine Mutter und ich uns über die merkwürdige Begegnung. „Wie seltsam", sagte sie. „Warum wiederholte er drei Mal, dass du in Korea geboren wurdest?" Dann wurden wir schweigsam und ich dachte über das Wort „Opfer" nach. Das Wort, das Vater Moon benutzt hatte, nahm eine andere Bedeutung an als das, was ich aus Lehrbüchern kannte. Er bezog sich auf eine höhere Dimension des Opferns, auf ein edleres und umfassenderes Opfern. Was man opfert, ist wichtig, aber warum man dieses Opfer bringt, ist noch wichtiger.

Während ich dem rhythmischen Rumpeln des Zuges lauschte und aus dem Fenster auf die vorbeiziehende Landschaft schaute, konnte ich nicht aufhören, über das nachzudenken, was Vater Moon gesagt hatte. Ich überlegte, wofür ich vielleicht Opfer bringen müsste. Von diesem Tag an war das Wort „Opfer" in mein Herz eingeprägt. Wenn ich als die Person, die dazu berufen wurde, als Mutter des Friedens zu leben, zurückdenke, wird mir klar, dass das Wort „Opfer" mit der Zeit zu einem Namen wurde, den ich mir selbst geben könnte.

Gott ist mein Vater

Von klein auf lehrte mich meine Großmutter mütterlicherseits, Jo Won-mo, immer wieder eines: „Gott ist dein Vater." Sie ging sogar so weit zu sagen: „Deine Mutter ist wie dein Kindermädchen, das dich als Gottes Tochter aufzieht." Da ich schon im Mutterleib von einer Atmosphäre des Glaubens umgeben gewesen war, akzeptierte ich dies, ohne zu zweifeln. Wenn ich das Wort „Gott" hörte, öffnete sich mein Herz vorbehaltlos und füllte sich mit Wärme.

Meine Mutter scheute keine Mühe und setzte sich mit Leib und Seele dafür ein, dass ich das weltliche Leben ablehnen und stattdessen dem Weg Gottes folgen würde. Sie lebte mit unbeirrbarer Hingabe in Einheit mit Gott und in völligem Gehorsam Ihm gegenüber. Nachdem wir der *Holy Spirit Association for the Unification of World Christianity* beigetreten waren, zog unsere Familie nach Seoul, wo sie sich noch mehr dafür einsetzte, mich vor den Versuchungen der Welt zu schützen. Als Ergebnis ihrer Hingabe erlaubte mir Gott, mich als edlen Kranich zu sehen.

Schon als Heranwachsende in der Mittelschule vertiefte ich mich in das stille Lesen und Lernen. Ich besuchte die Seongjeong-Mittelschule für Mädchen, die in Sajik-dong im Stadtteil Jongno in Seoul liegt. Die kleine Schule befand sich am südlichen Fuße des Berges Inwang und schien immer in Sonnenlicht getaucht zu sein. Von ihrer Gründung an teilte sie das Leid des koreanischen Volkes. Sie wurde im Mai 1950 gegründet, musste aber wegen des Koreakriegs bereits nach weniger als einem Monat wieder schließen. Nach Kriegsende öffnete die Schule wieder ihre Türen und bereitete getreu ihrem Auftrag viele Mädchen darauf vor, talentierte Frauen zu werden, die zum Aufbau eines florierenden Landes beitragen sollten. 1981 zog die Schule in den Stadtteil Eunpyeong um und wurde 1984 in Sunjung-Mittelschule für Mädchen umbenannt. Unsere Tongil-Gruppe erwarb diese Schule 1987 und nahm sie in die Familie der *Sunhak Educational Foundation* auf. Ich unterstütze sie weiterhin und schenke ihr meine Aufmerksamkeit.

In der Mittelschule sprach ich wenig und entwickelte eine ruhige Persönlichkeit. Ich lernte fleißig und gehörte immer zu den Besten in meiner Klasse. Ich war hübsch und bescheiden, und da ich auch ruhig und gut erzogen war, erhielt ich Liebe und Aufmerksamkeit von meinen Lehrern. Mein Schulleben verlief ohne besondere Vorkommnisse. Ich erinnere mich nur daran, dass ich im ersten Jahr einmal ziemlich krank wurde und ein oder zwei Tage den Unterricht versäumte. In meinem zweiten und dritten Jahr erhielt ich eine Auszeichnung für die besten Noten in meiner Klasse. Damals zog ich es vor, an einem ruhigen Ort zu lesen und Musik zu hören, anstatt mich am gesellschaftlichen Leben oder Sport zu beteiligen. Mein Hobby war das Zeichnen. Ich mochte die Kunst und hatte ein gewisses Talent, aber die Möglichkeit, eine professionelle Künstlerin zu werden, ergriff ich nicht.

Während meiner drei Jahre in der Mittelschule war ich Klassenvertreterin im Schülerrat und im dritten Jahr auch Leiterin des Ausschusses für Schüleraktivitäten. Ich leitete viele Aktivitäten, wodurch mein Führungstalent geweckt wurde. Eines Tages, als die gesamte Schule versammelt war, ging ich zum Podium und verkündete die Entscheidungen der Schülervertretung. Die Lehrer beglückwünschten mich anschließend zu meinem selbstsicheren Auftreten und meiner selbstbewussten Haltung. Nachdem sie diese bisher unentdeckte Seite von mir gesehen hatten, kommentierte ein Lehrer: „Hak Ja scheint begabt zu sein. ... Ich dachte, sie wäre nur ruhig und folgsam, aber tatsächlich zeigt sie gute Führungsqualitäten."

1956: Gemeinsam mit Klassenkameradinnen aus ihrer Kunstklasse in der Seongjeong-Mittelschule für Mädchen (hinten, Mitte)

Während meiner Jugendzeit machte ich mir keine Sorgen um mein Leben oder dass ich vom rechten Weg abkommen könnte. Das verdanke ich meiner Großmutter und meiner Mutter, die mir einen tiefen Glauben an Gott und die Gewohnheit, immer auf Ihn zu vertrauen, vermittelten. Vor allem meine Mutter gab mir strikte Anweisungen für mein Glaubensleben. Obwohl es Zeiten gab, in denen ich es als schwierig und anstrengend empfand, bin ich heute dankbar dafür, denn dies war die Zeit meiner Vorbereitung als eingeborene Tochter Gottes, die eines Tages dem eingeborenen Sohn Gottes begegnen würde.

In dieser Atmosphäre entwickelte ich Wurzeln eines unerschütterlichen Glaubens. Ich las sehr viel. Besondere Freude bereiteten mir Geschichten über Heilige und auch der Roman „Die Gute Erde" von Pearl S. Buck beeindruckte mich sehr. Die Figuren in diesem Buch kämpfen gegen die Natur und das Schicksal. Die Geschichte half mir zu verstehen, dass wir letztendlich in die Umarmung der Natur zurückkehren müssen, die in diesem Buch durch die Erde repräsentiert wird. Es liegt in der Natur des Menschen, sich an die Umarmung Gottes zu klammern. Ich sehnte mich danach, mit Gott zusammen zu sein, und verschlang deshalb Lieder und Romane über die Liebe zum Heimatort.

Schon in jungen Jahren wusste ich, dass Gott mein Vater ist, und ich verband alles, was ich las, auf natürliche Weise mit Gott. In der Folge kapselte ich mich völlig von der rauen säkularen Welt ab und führte ein keusches Leben, so als wäre ich eine Nonne. Mir war bewusst, dass mich eine höhere Macht führte, dass mein Weg im Himmel vorbereitet worden war.

Besonders zu jener Zeit war die Bibel meine enge Begleiterin. Ich weinte mich viele Nächte in den Schlaf, nachdem ich über Gottes Schöpfungsgeschichte, den tragischen Sündenfall und Gottes Erlösungswerk gelesen hatte, das durch historische Männer und Frauen ausgeführt wurde, die auf Geheiß des Himmels Verantwortung übernahmen. Ich begann zu verstehen, wie sie sich selbst geopfert hatten, und erkannte, dass Gott uns geschaffen hat, damit Er uns als Seine

Kinder lieben kann. Nachdem ich so viel über Gottes bittere Geschichte und über Seinen Wunsch gelesen hatte, uns trotz der Schmerzen und der Trauer, die wir Ihm bereiteten, zu umarmen, lag ich sehr oft nachts wach und konnte nicht schlafen, weil mein Herz mit Ihm mitfühlte. Und so dachte ich immer tiefer darüber nach, was Lehrer Moon mir über das Opfern gesagt hatte. Die Frage: „Was kann ich für Gott opfern?", begann mein Leben zu prägen.

Ohne zu opfern und zu dienen kann man nicht einmal ansatzweise denken, man lebe für andere und nicht für sich selbst. Da ich von klein auf meinen Glauben streng kultivierte, hegte ich tief in meinem Herzen einen Traum. Dieser Traum war, meinen Himmlischen Vater zu befreien, der sich die Geschichte hindurch für die Erlösung der Menschheit hingegeben hat. Ich wollte Ihn von den Ketten unserer gefallenen Geschichte befreien.

Wir können Gott nicht in einer Position begegnen, in der wir über andere herrschen. Er findet uns, wenn wir still zum Wohl derer arbeiten, die in größeren Schwierigkeiten sind als wir selbst. Ich begann zu erkennen, dass Gottes Bitterkeit weggespült wird und Er zu uns kommt, wenn wir Seinen Willen aus einer Position des Dienens und der Selbstaufopferung betrachten.

In den Nachkriegsjahren waren die Straßen von Seoul voll von Verwundeten. Zahlreiche Kinder, viele von ihnen Kriegswaisen, litten an Hunger und Krankheiten. Nur wenige Menschen konnten rechtzeitig behandelt werden, wenn sie krank wurden. Ich wollte die Verletzungen der Menschen heilen, ihre Schmerzen lindern und sie in eine hellere Welt führen. Da es für mich an der Zeit war, die Oberschule zu besuchen, trat ich im Frühjahr 1959 in die Krankenpflegeschule St. Joseph ein.

Himmlische und irdische Phönixe

In den späten 1950er Jahren war es für eine alleinerziehende Mutter nicht leicht. Meine Mutter schaffte es trotzdem, über die Runden zu kommen, indem sie jede Gelegenheitsarbeit annahm, die sich ihr bot. Sie ruhte keinen Augenblick in ihrem hingebungsvollen Gebetsleben und auf diese Weise überwand sie Entbehrungen und Kummer. Eines Tages jedoch verkündete sie ihrer kleinen Familie: „Ich habe bisher bedeutungslos gelebt; ich muss ein wertvolleres Leben führen."

1959: Hak Ja Han (links), als Studentin an der Krankenpflegeschule St. Joseph

Sie überließ meine Großmutter mütterlicherseits und mich der Obhut meiner Tante, zog in die Cheongpa-dong-Kirche und widmete sich ganz den kirchlichen Aktivitäten. Sie entschied sich, die niedrigsten

Aufgaben zu übernehmen. Manche versuchten, sie davon abzubringen, aber sie machte diese Arbeiten mit einem freudigen und dankbaren Herzen. Sie hatte in Nordkorea ein Glaubensleben geführt, das hingebungsvoller war als das aller anderen, und nun begann sie wieder ganz unten in der Vereinigungsbewegung.

Doch sie überarbeitete sich und ihr Körper wurde zunehmend schwächer, bis sie schwer erkrankte. Frau Oh Yeong-choon, ein Kirchenmitglied, das sie aus der Wiederkunft-im-Mutterleib-Kirche kannte, nahm sie glücklicherweise auf. Sie hatte das gleiche Alter und war wie eine Schwester für sie. Frau Oh fand gegenüber ihrer Wohnung im Stadtteil Noryangjin einen Platz für meine Mutter, die dank ihrer Fürsorge allmählich wieder zu Kräften kam.

Während meiner Zeit als Schülerin der Krankenpflegeschule besuchte ich jeden Sonntag die Cheongpa-dong-Kirche. Eines Tages, als meine Mutter mich dort sah, nahm sie mich zur Seite und flüsterte: „Vor ein paar Nächten hatte ich einen Traum, der schwer zu verstehen war."

„Was hast du geträumt?", fragte ich.

„Frauen aus der Kirche hatten sich versammelt, sie trugen weiße heilige Gewänder und hielten rosa Blumen in den Händen", sagte sie. „Dann sah ich dich auf Lehrer Moon zugehen." Damals nannten wir Vater Moon „Lehrer". „Plötzlich donnerte es und Blitze kamen vom Himmel herab und trafen einen bestimmten Punkt. Dort standest du und die anderen Frauen sahen dich alle neidisch an." Sie hielt inne und sammelte ihre Gedanken. „Dann wachte ich auf. Ich glaube, es bedeutet, dass etwas geschehen wird, das die Welt erschüttern wird."

„Das denke ich auch", antwortete ich. „Ich bin sicher, es ist ein prophetischer Traum, aber ich möchte darüber keine weiteren Vermutungen anstellen."

Meine Mutter konnte sich nicht vorstellen, dass dieser Traum eine Offenbarung von Gott war, eine Prophezeiung, dass ihre einzige Tochter berufen sein würde, die Wahre Mutter zu werden, die ihr Leben für die Welt geben würde. Aber ich hatte ständig über das Wort „Opfer" nachgedacht und war entschlossen, ein Leben des Opferns für Gott zu führen. Dieser Traum passte dazu und ich spürte, was er bedeutete.

Im Spätherbst 1959 leitete Vater Moon einen nationalen Missionsworkshop in der Cheongpa-dong-Kirche, an dem ich mit meiner Mutter teilnahm. Ich befand mich auf der einen Seite der überfüllten Kirche und war mit dem Workshop beschäftigt, konnte aber sehen, dass auf der anderen Seite ältere Schwestern in aller Stille mit einer anderen wichtigen Angelegenheit beschäftigt waren. Einige Monate zuvor hatten ältere Großmütter tiefen Glaubens mit den Vorbereitungen für die Hochzeit von Vater Moon begonnen. Sie überlegten, welche unter den Frauen der Kirche von Gott auserwählt sein könnte, seine Braut zu werden. Da ich nur ein Schulmädchen und so viel jünger als Vater Moon war, wurde mein Name nicht erwähnt.

Dann suchte eines Tages eine der Weisen unter den Großmüttern Vater Moon auf, um ihm von ihrem Traum zu erzählen. „Ich sah viele Kranichschwärme vom Himmel herabfliegen", sagte sie zu ihm, „und obwohl ich immer wieder versuchte, sie wegzuscheuchen, kamen sie und bedeckten Lehrer Moon." Vater Moon gab dazu keine Interpretation und so fuhr die ältere Schwester voller Überzeugung fort: „Ich glaube, mein Traum offenbart Gottes Willen, dass der Name deiner Braut das chinesische Zeichen für *hak* (Kranich) enthalten wird."

Kurz nachdem ich das gehört hatte, erzählte mir meine Mutter eine weitere Offenbarung, die sie im Gebet empfangen hatte. Ein Phönix flog vom Himmel herab und ein anderer erhob sich von der Erde, um ihm zu begegnen. Der Phönix vom Himmel war Vater Moon. Sie erinnerte sich wieder an ihren Traum, den sie vor Jahren gehabt hatte, als sie nach Daegu ging, um Vater Moon zu treffen: der Traum, in dem sich ein goldenes Drachenpaar in Richtung Seoul verneigte hatte.

Meine Mutter dachte darüber nach, was das alles bedeuten könnte. Dann erhielt sie eines Morgens bei Tagesanbruch eine Botschaft des Himmels. Sie hatte gerade eine kalte Dusche genommen und als sie unser Gelöbnisgebet sprach, kam diese Botschaft: „Der vom Himmel herabsteigende Phönix repräsentiert den Wahren Vater und der von der Erde aufsteigende Phönix repräsentiert die Wahre Mutter." Meine Mutter war glücklich über diese Erkenntnis, sie sprach jedoch mit niemandem darüber und nahm still weiter am Workshop teil.

In den Monaten nach meinem 16. Geburtstag wurde ich schnell reifer und man wurde in der Kirche auf mich aufmerksam. Einige Mitglieder fanden, dass ich elegant und gepflegt aussah. Ich hörte jemanden sagen: „Hak Ja ist friedlich und tugendhaft. Sie ist wie ein Kranich und macht ihrem Namen alle Ehre." Und eine andere Person sagte: „Sie ist auch sehr höflich und wenn man sie beobachtet, sieht man, dass sie sehr aufmerksam ist und ein klares Urteilsvermögen hat." Ich fiel auf, wenn ich mit anderen Mitgliedern der Gemeinde zusammen war. Die Leute sagten, ich besäße eine unbefleckte Reinheit, sei mit Gottes Willen eins und habe durch die Schwierigkeiten, die ich in Nordkorea ertragen musste, die Tugend des Gehorsams angenommen. Wenn ich solche Kommentare hörte, achtete ich sehr darauf, nicht stolz zu werden oder leichtsinnig zu handeln.

Mehr als alles andere suchte Vater Moon nach einer Braut, die ein aufopferungsbereites, hingebungsvolles Herz hatte und für andere leben wollte. Seine Sorge war nicht der familiäre Hintergrund, der wirtschaftliche Status oder das Aussehen. Sie musste vielmehr eine Frau mit absolutem Glauben sein, die die Welt lieben konnte. Sie musste eine Frau sein, die sich vorstellen konnte, die Welt zu retten. Weil er eine solche Frau bisher nicht gefunden hatte, hatte die

Hochzeit des Lammes noch nicht stattgefunden. Er wusste noch nicht, dass die himmlische Braut, die zur Mutter des Himmels, der Erde und der Menschheit werden würde, ganz in der Nähe war. Ich hatte den Willen Gottes verstanden, konnte aber nichts sagen. Die Braut zu erkennen, war Vater Moons Aufgabe und Verantwortung.

Die himmlische Braut

Kurze Zeit später ging Frau Oh Yeong-choon, das gläubige Mitglied, das meine Mutter aufgenommen hatte, zu ihrem Arbeitsplatz in einem Bekleidungsgeschäft im ersten Stock des Nakwon-Gebäudes im Zentrum von Seoul. Sie half der Ladenbesitzerin bei der Herstellung von Kleidungsstücken. Die Besitzerin war ein langjähriges Mitglied, das wir „die betende Großmutter" nannten. Als Frau Oh ankam, nähte die Besitzerin gerade einen Herrenanzug. Während sie das Rad der Nähmaschine betätigte, setzte sich Frau Oh neben sie und fragte beiläufig: „Für wen ist der Anzug?"

„Dieser Anzug ist für Vater Moon", antwortete die Großmutter. „Er wird ihn bei seiner Verlobungszeremonie tragen." Frau Oh wurde sofort hellwach, ihre Augen öffneten sich weit und sie stellte die offensichtliche Frage: „Wer wird die Braut sein?"

„Nun", antwortete die Großmutter freimütig, „der Tag der Verlobung steht fest, aber die Braut wurde noch nicht ausgewählt. Die Zeremonie wird jedoch bald stattfinden und deshalb mache ich seinen Anzug."

Frau Oh schwirrten viele Gedanken im Kopf herum. „Wer wird die Braut sein?" Sie dachte darüber nach, kam aber zu keinem Schluss. Frau Oh war eine Person, die oft Gottes Stimme in Offenbarungen hörte. Tatsächlich hatte sie sieben Jahre lang für das Erscheinen der Wahren

Mutter hingebungsvolle Gebete dargebracht. Sofort brachte sie ihre Frage im Gebet zu Gott und erhielt eine Offenbarung: „Da Eva im Alter von 16 Jahren den Sündenfall beging, muss die himmlische Braut jünger als 20 Jahre alt sein."

Dies war ihr nie zuvor in den Sinn gekommen. Erst jetzt verstand sie die Logik von Gottes Willen. Immer wieder fragte sie Gott: „Wer ist die himmlische Braut, die jünger als 20 Jahre alt ist?" Und schon bald dachte sie an mich. „Ich kenne Hak Ja Han, die etwa 16 Jahre alt ist", sagte sie zu sich selbst. „Sie sitzt oft direkt neben mir in der Kirche! Warum habe ich nicht an sie gedacht? Könnte sie es wirklich sein?"

An diesem Abend machte sich Frau Oh um 22.00 Uhr auf den Heimweg, nachdem sie ihre Arbeit beendet hatte. Sie saß im Bus nach Noryangjin und als dieser gerade den Fluss Han überquerte, sprach Gott zu ihr: „Es wird Hak Ja sein. Es wird Hak Ja sein." Gottes Offenbarung kam auf Frau Oh herab wie eine Welle von Energie am herbstlichen Nachthimmel. Sie kam gegen 23.00 Uhr in ihrem Stadtteil an, aber anstatt nach Hause zu gehen, eilte sie zu meiner Mutter, die in der Nähe wohnte.

„Soon-ae, schläfst du schon?"

„Noch nicht. Komm herein!"

„Wie alt ist deine Tochter?" Meine Mutter sah sie verwundert an. Frau Oh hatte alle Förmlichkeiten außer Acht gelassen und eine ganz direkte Frage gestellt.

„Warum besuchst du mich mitten in der Nacht, nur um mich zu fragen, wie alt meine Tochter ist?"

„Wechsle bitte nicht das Thema; sag es mir einfach."

„Sie ist 16 und nächstes Jahr wird sie 17 Jahre alt."

„Wann ist ihr Geburtstag?"

„Sie wurde 1943 geboren, am sechsten Tag des ersten Mondmonats. Sie hat den gleichen Geburtstag wie unser Lehrer. Warum stellst du mir plötzlich solche Fragen?"

Doch genauso plötzlich, wie sie gekommen war, verabschiedete Frau Oh sich wieder von meiner Mutter, so dass meine Mutter selbst überlegen musste, was Frau Oh eigentlich durch den Kopf ging.

Am nächsten Tag machte sich Frau Oh gleich nach Tagesanbruch wieder auf den Weg zurück zu ihrer Arbeit im Nakwon-Gebäude. Sie war so abgelenkt von Gottes Offenbarung, dass sie sich an diesem Tag kaum auf die Arbeit konzentrieren konnte. Nach der Arbeit ging sie direkt zu einer Wahrsagerin. Bis heute konsultieren Koreaner oft Wahrsagerinnen, um sich über Heiratsfragen beraten zu lassen, und genau das tat Frau Oh. Sie beschrieb der Wahrsagerin die beiden Personen, über die sie sich erkundigte, ohne ihre Namen zu nennen. Sofort weiteten sich die Augen der Wahrsagerin.

„Es mag ein großer Altersunterschied zwischen diesen beiden Personen bestehen, das spielt aber keine Rolle. Sie sind ein vom Himmel füreinander bestimmtes Paar. Ich habe selten ein Paar gesehen, dessen Schicksale so aufeinander abgestimmt sind." Frau Oh fühlte sich, als ob ihr Herz explodieren würde. Dann beruhigte sie sich wieder und ging direkt zur Kirche, um unseren Lehrer zu treffen und ihm alles zu erzählen. Sobald sie ungestört waren, platzte es aus ihr heraus: „Hak Ja Han, die Tochter von Hong Soon-ae, ist die himmlische Braut." Sie wartete auf eine Antwort, aber Vater Moon sagte kein Wort. Er hatte die Vorschläge vieler Mitglieder gehört, wer seine Braut sein könnte, und keine dieser Personen hatte mich in Erwägung gezogen.

Darüber machte ich mir aber keine Sorgen. Ich konzentrierte mich auf den Himmel. Damals wusste ich und weiß es auch heute, dass das

Schicksal eines Menschen nicht von äußeren Kriterien abhängig ist. Gott ist der Richter. Es ist vorherbestimmt, dass der eingeborene Sohn die von Gott vorbereitete eingeborene Tochter heiraten wird und dass dies in den Händen Gottes liegt. Ich wusste, dass es Vater Moons Mission und Pflicht war, sie zu erkennen. Ich war zwar noch jung an Jahren, aber mein Herz Gott gegenüber war unerschütterlich. Ich wartete auf diesen Zeitpunkt.

Als ich eines Tages, nicht lange nach diesen Ereignissen, die Geräusche einer Elster hörte, die vor dem Fenster meines Schlafsaals auf dem Ast eines Baumes saß, hatte ich eine Vorahnung, dass ich bald gute Nachrichten erhalten würde. Ich ging zum Fenster, öffnete es, schaute zum Himmel hinauf und hörte Gottes Stimme. In diesen Tagen gab Gott mir nicht nur Offenbarungen in Träumen, sondern sprach auch zu mir wie in Form von Wellen, die vom klaren blauen Himmel herabkamen. Ich hörte die Worte: „Die Zeit ist nahe."

Es war die Stimme Gottes. Seit meiner Kindheit hatte ich sie oft gehört. Ich hatte immer das Gefühl, dass ich eines Tages einem sehr wertvollen Menschen begegnen würde. Als ob mich jemand dazu drängen würde, schloss ich meine Bücher und verließ den Schlafsaal. Etwas sagte mir, dass es meiner Mutter nicht gut ging.

Als ich den Fluss Han im Bus überquerte, gingen mir viele Gedanken durch den Kopf. Bedeutet die Überquerung des Flusses, dass ich aus meiner bisherigen Welt in eine andere hinübergehe? Wie viele Geschichten werden von dem Fluss aufgenommen, die unsichtbar unter seiner stetig fließenden Oberfläche wirbeln? Ist das Herz Gottes, der uns sucht, diesem Fluss gleich?

Ich stieg aus dem Bus und begann, den Noryangjin-Hügel in Richtung meines Hauses hinaufzugehen. Während ich den Hang hinaufstieg, zog mich eine ungewöhnlich helle Wintersonne vorwärts, obwohl der vom Fluss Han her kommende Wind mir ins Gesicht blies. Als ich bei meiner Mutter ankam, schien es ihr überhaupt nicht schlecht zu gehen; sie war eher aufgeregt und erfreut, mich kommen zu sehen. Meine Verwirrung darüber, was mich nach Hause gezogen hatte, löste sich sofort auf, als sie die Tür offen hielt und schnell ihren Mantel anzog. „Ich habe eine Nachricht von der Kirche erhalten", sagte sie mir. „Wir müssen sofort hingehen."

Für mich war es eine Selbstverständlichkeit, dass die Neuigkeit, die uns in der Kirche erwartete, von Gott vorbereitet worden war, was immer es auch sein mochte. Die Szene meiner ersten Begegnung mit Vater Moon, die kurz nach meinem Abschluss der Grundschule stattgefunden hatte, zog wie ein Panoramabild vor mir vorüber. Ich erinnerte mich an den Traum, den ich nach dieser Begegnung gehabt hatte. Darin war Vater Moon mit einem jungen und sanften Gesicht erschienen und ich hatte deutlich Gottes Offenbarung gehört: „Bereite dich vor, die Zeit ist nahe."

Ich erinnerte mich an diese klare Anweisung des Himmels auf dem Weg zur Kirche und gab mich völlig Gott hin. Mein Herz war voll Vertrauen in meinen Himmlischen Vater. „Bis jetzt habe ich nach Deinem Willen gelebt", sagte ich zu den Himmlischen Eltern im Gebet: „Was auch immer Dein Wille und Deine Vorsehung sein mögen, ich bin bereits eins damit."

Weil ich um den tiefen Schmerz und die Trauer Gottes wusste, wuchs in mir ein Mut, der auf meinem Glauben an Gott beruhte. Ich spürte, dass ich dankbar annehmen konnte, was auch immer von mir verlangt werden würde. Dann hörte ich wieder Gottes Stimme. Ich fühlte dabei dieselbe Gegenwart, wie ich sie in den oberen Räumlichkeiten der Wiederkunft-im-Mutterleib-Kirche empfunden hatte, als Großmutter Heo mich salbte, und auch als der Mönch, der an unserem

Haus vorbeikam, über mich prophezeite. Umhüllt von dieser Gegenwart hörte ich die Worte:

„Mutter des Universums! Die Zeit ist gekommen." Es war wie der Klang eines Gongs, der in der Luft widerhallte. Die Stimme sprach erneut:

„Ich bin das Alpha und das Omega und ich warte seit der Erschaffung der Welt auf die Mutter des Universums." Als ich diese Worte hörte, wusste ich, wie meine Zukunft aussehen würde; diese Worte erfüllten mein Herz und schufen in mir einen Ozean der Ruhe. Im Garten Eden sprachen Adam und Eva direkt mit Gott und hörten Gottes Worte mit ihren eigenen Ohren. Ich hatte schon in jungen Jahren diese Art direkter Gespräche mit Gott geführt.

Ich ging weiter auf dem Weg zur Kirche, während ich die Hand meiner Mutter hielt, wie ich es schon so oft getan hatte.

Meine Mutter und ich kamen in der Cheongpa-dong-Kirche an. Es war der 26. Februar 1960, ein Tag, an dem sich der Winter auf dem Rückzug befand und der Frühling sein Kommen ankündigte. Vater Moon verbrachte den ganzen Tag mit meiner Mutter und mir, um zu einer Entscheidung über die himmlische Braut zu kommen. Er und ich sprachen im Verlauf von neun Stunden über viele Dinge. Auf seine Bitte hin zeichnete ich ein Bild für ihn. Ich sprach klar und deutlich, als ich seine Fragen über meine Hoffnungen und meine Bestrebungen beantwortete. In Erinnerung daran, wie Jakob in Bethel Gottes Segen erhielt, sagte ich freudig, aber ernsthaft zu ihm: „Ich werde vielen himmlischen Kindern das Leben schenken."

Was Gott zu Jakob in Bethel gesagt hatte, kam mir in den Sinn: „Deine Nachkommen werden zahlreich sein wie der Staub auf der Erde. Du wirst dich nach Westen und Osten, nach Norden und Süden ausbreiten und durch dich und deine Nachkommen werden alle Sippen der Erde Segen erlangen." Ich war entschlossen, alle Menschen der Erde zu umarmen und ihnen neues Leben als guten Kindern Gottes zu bringen.

Als Isaak mit Abraham auf den Berg Morija stieg, um Gott ein Opfer darzubringen, fragte er seinen Vater, wo das Opfer sei. Abraham antwortete nichts weiter als dass Gott ein Opfer vorbereitet habe. Damit konnte Isaak selbst in seinem jungen Alter die Situation verstehen und erkannte, dass er das Opfer war, das dem Himmel dargebracht werden sollte. So wie Isaak gehorsam auf dem Altar lag, wusste ich, dass Gott mich als die himmlische Braut vorbereitet hatte und dass dies Gottes vorherbestimmte Vorsehung war. Ich hatte keine Fragen oder Zweifel in meinem Herzen; ich hatte nur den Wunsch, auf diesem Weg weiterzugehen. Ich nahm Gottes Auftrag in völliger Selbstlosigkeit an.

An diesem außergewöhnlichen Tag schaute mich meine Mutter auf dem Heimweg mit einem warmherzigen Blick an. „Du bist normalerweise so sanftmütig und ruhig; ich wusste nicht, dass du auch so mutig sein kannst." Ich dachte darüber nach, dass es bei der Heiligen Hochzeit nicht darauf ankommt, wie mutig ein Mensch ist. Um Gottes Abstammungslinie zu vermehren, muss die Wahre Mutter viele gute Kinder zur Welt bringen. Deshalb würde sie in ihren Teenagerjahren heiraten müssen. Wie mir ebenfalls klar wurde, sollte eine solche Braut aus einer patriotischen Familie mit einem über drei Generationen ererbten Glaubensleben stammen.

Drei Jahre zuvor hatte sich eine Anzahl unverheirateter gläubiger Frauen vor Vater Moon als Heiratskandidatinnen präsentiert. Insbesondere einige um das Alter von 30 Jahren hatten große Hoffnungen, da Vater Moon selbst fast 40 Jahre alt war. Selbst unter diesen Umständen hatte Vater Moon sein Schweigen bewahrt, auch nachdem er das Datum der Heiligen Hochzeit öffentlich bekanntgegeben hatte. Er wartete auf die Entscheidung des Himmels, wer seine Braut werden würde. Denn nur Gott kann die Braut bestätigen, für die das Hochzeitsmahl des Lammes gehalten wird. Gott allein weiß, wer die Mutter des Universums und die Mutter des Friedens werden soll.

Ich fasste den Entschluss und erklärte vor Vater Moon, dass ich für die Errettung der gesamten Menschheit und die Verwirklichung einer Welt des Friedens in die Position der Wahren Eltern aufsteigen würde. Ich akzeptierte Vater Moon als den eingeborenen Sohn für die Erfüllung des Willens unserer Himmlischen Eltern. Es war Gottes Berufung für mich, die himmlische Braut und die Mutter des Universums zu werden. Ich wusste, dass mein Weg unvorstellbar schwierig sein würde. Dennoch gelobte ich, für Gott zu leben und meinen Auftrag, die Welt zu retten, absolut zu erfüllen.

Ich versprach vor Gott und Vater Moon: „Wie schwierig der Weg auch sein mag, ich werde Gottes Vorsehung der Wiederherstellung zu meinen Lebzeiten vollenden." Und dann versprach ich ein weiteres Mal: „Ich werde alles tun, was notwendig ist, um den Willen unserer Himmlischen Eltern zu erfüllen." Dieses Versprechen hat mein Leben und meinen Weg bestimmt.

Der Verlauf menschlicher Ereignisse ist oft nicht vorhersehbar. Die Mitglieder der Kirche waren so erstaunt, als sich die Nachricht verbreitete, dass Vater Moon Hak Ja Han, diese 17-jährige Krankenschwesterschülerin, als seine Braut auserwählt hatte. Einige Leute hielten das für ein falsches Gerücht. Manche waren verblüfft. Einige freuten sich und andere waren eifersüchtig. Ich erinnerte mich an Vater Moons Worte von vor vier Jahren: „Du wirst in Zukunft Opfer bringen müssen." Ich wusste, dass jeder Tag eine Lernerfahrung darüber sein würde, was das bedeutet.

Als Jo Han-jun, der Vorfahre meiner Großmutter mütterlicherseits, aufrichtige Loyalität und Hingabe gegenüber seinem Land zeigte, erhielt er die Offenbarung: „Ich werde in deiner Abstammungslinie die Prinzessin Gottes schicken." Als Lohn für die Hingabe und die Opfer meines Vorfahren, der keine Anerkennung anstrebte, wählte Gott unsere Familie als Beispiel für die Tradition von Loyalität und Hingabe. Meine Mutter wurde von meiner Großmutter geboren, die eine tiefe Frömmigkeit hatte, und ich wurde von meiner Mutter geboren. Ich führe es auf meinen Vorfahren Jo Han-jun zurück, dass Gottes Willen, der Welt Seine eingeborene Tochter zu senden, durch mich seine Erfüllung gefunden hat.

Um diese Mission zu erfüllen, habe ich den festen Glauben und einen unerschütterlichen Willen, zum Wohle aller Nationen, Religionen und Ethnien zu leben. Über alle Grenzen der gefallenen Welt hinaus bin ich aufgerufen, Nationen und Kulturen mit Güte und Liebe zu versöhnen. Ich bin aufgerufen, wie ein Ozean zu sein, der das Wasser aller Flüsse, ob groß oder klein, akzeptiert und aufnimmt. Als Verkörperung unseres Gottes, der sowohl unsere Himmlische Mutter als auch unser Himmlischer Vater ist, bin ich aufgerufen, mit dem Herzen von Eltern alle zu umarmen, die verloren sind und niemanden haben, der sie annimmt.

Ich verinnerliche diese Dinge in meinem Fleisch und Blut, in meinem Herzen, und habe den mir von Gott anvertrauten Willen keine Sekunde lang vergessen. 60 Jahre sind seit unserer Heiligen Hochzeit vergangen und mein Ehemann ist nun nicht mehr physisch unter uns. Mehr denn je treibt mich mein Herz, unabhängig von meinem Alter oder meiner körperlichen Verfassung, auf dem Weg voran, die Mutter des Universums und die Mutter des Friedens zu werden – eins im Geist, eins im Körper, eins im Herzen und eins in Harmonie mit dem Einen, der die Vorsehung führt.

Unsere Heilige Hochzeitszeremonie

Jesus wurde der Menschheit vor 2.000 Jahren geboren. Gott wollte, dass Jesus eine Braut findet und dass sie beide die Position von Adam und Eva einnehmen, die ganz am Anfang der Menschheitsgeschichte verloren gegangen war. Gemeinsam sollten Jesus und seine Braut wachsen, um die Position der Wahren Eltern zu erlangen und lebendige Beispiele für einen wahren Ehemann und eine wahre Ehefrau, für wahre Eltern und eine wahre Familie zu werden. Gottes Hoffnung für Jesus und Israel wurde jedoch nicht erfüllt. Der Herr ging deshalb einen sekundären Weg und starb für uns am Kreuz. Wir können uns nicht vorstellen, wie niedergeschmettert er gewesen sein muss! Wenn Jesus zurückkehrt, besteht seine wichtigste Aufgabe darin, die Braut zu finden, mit der er eine wahre Familie, Gesellschaft, Nation und Welt errichten wird. Durch die Wahren Eltern können die Leiden des Himmels und der Erde gelindert und das siegreiche Fundament für Gottes ideale Welt gelegt werden.

In dieser Vorsehung war das prophezeite Hochzeitsmahl des Lammes, der Tag unserer Heiligen Hochzeit, der Wendepunkt. Es war der Tag, an dem Gott Seinen Sieg errang und Seine verlorene Herrlichkeit wiedererlangte. Darüber hinaus war dies ein Tag der Freude für die Menschheit, denn es wurde eine neue Geschichte eingeläutet, in der alle nicht nur mit ihrem Wahren Vater, sondern auch mit ihrer Wahren Mutter zusammenleben können.

Im Alter von 15 Jahren erhielt Sun Myung Moon seine Mission von Jesus Christus auf dem Berg Myodu. Es war eine Mission, die ihm große Mühsal und Leid bringen sollte. Sie führte ihn dazu, in Japan zu studieren und nach der Unabhängigkeit Koreas Gottes Wort in Nordkorea zu lehren. Dort wurde er verhaftet und fast zu Tode gefoltert. Doch er predigte weiter und kam schließlich ins Konzentrationslager von Heungnam. Kurz vor seiner Hinrichtung wurde er von den UN-Truppen befreit.

Mit zwei seiner Nachfolger machte er sich auf den Weg in den Süden, um seine Mission wieder aufzunehmen. Inmitten des Zusammenstoßes von kommunistischen Soldaten und UN-Truppen überquerten sie als einige der letzten den gefrorenen Fluss Imjin nach Südkorea und gingen von dort aus zu Fuß hunderte Kilometer in den südlichen Teil der Halbinsel. Nachdem er seine Kirche in Busan gegründet hatte, ließ er sich in Seoul nieder. Doch die Verfolgungen dauerten an. Erneut wurde er ins Gefängnis geworfen, diesmal von der südkoreanischen Regierung. Dieser Kurs voller Entbehrungen und Leid, in dessen Verlauf er sich unermüdlich darauf konzentrierte, viele neue Mitglieder über Gott und die Mission des Messias zu lehren, war der Kurs, den er gehen musste, um die von Gott vorbereitete eingeborene Tochter zu treffen und das Hochzeitsmahl des Lammes abzuhalten.

Die frühen Mitglieder der Vereinigungsbewegung gingen zusammen mit Vater Moon diesen bitteren Leidensweg. Als jedoch das Jahr 1960 näher rückte, wurden sie von einer unbeschreiblichen Hoffnung erfüllt. Vater Moon wurde 40 Jahre alt. Er hatte prophezeit, dass dies das Jahr der Heiligen Hochzeit von Gottes erstem Sohn und erster Tochter, dem eingeborenen Sohn und der eingeborenen Tochter Gottes, sein würde. Und dieses Versprechen wurde erfüllt. In der Cheongpa-dong-Kirche hielten Vater Moon und ich am 27. März 1960, dem ersten Tag des dritten Mondmonats, als der Frühling in voller Blüte stand, um 4.00 Uhr morgens unsere historische Verlobungszeremonie ab.

Wir hatten 40 Männer und 40 Frauen eingeladen, der Zeremonie beizuwohnen, aber es kam eine große Zahl von Mitgliedern, die uns sehen wollten, so dass die kleine Kirche überfüllt war. Die Verlobungszeremonie fand in einer heiligen Atmosphäre in zwei Teilen statt. Sie endete mit dem Dankgebet von Vater Moon, der dem Himmel und der Erde über die tiefe Bedeutung der Zeremonie berichtete. Die 6.000-jährige Geschichte der Menschheit, so betete er, war der qualvolle Weg, der notwendig war, um die Wahren Eltern zu empfangen. Dass Jesus nicht Wahre Eltern werden konnte, war die Trauer aller Menschen, aber der Tag unserer Verlobungszeremonie war der gesegnete Tag, an dem diese Trauer ihr Ende fand.

15 Tage nach der Verlobungszeremonie, am 11. April 1960, am 16. Tag des dritten Monats nach dem Mondkalender, um 10.00 Uhr, fand unsere Heilige Hochzeit statt. Etwa 700 Mitglieder, die aus unseren Kirchen in ganz Korea ausgewählt worden waren, versammelten sich in der Cheongpa-dong-Kirche, um diesem großartigen Ereignis beizuwohnen, auf das unsere Himmlischen Eltern lange gewartet hatten. Da zur Heiligen Hochzeit noch mehr Mitglieder als zur Verlobungszeremonie strömten, war die Kirche überfüllt; diejenigen, die das Gebäude nicht betreten konnten, füllten die Gasse nebenan. Dennoch war die Atmosphäre feierlich und ehrfürchtig.

Die kleine Kapelle der Kirche wurde für diesen Anlass wunderschön und bedeutungsvoll dekoriert. Die Wände und der Boden waren mit weißen Tüchern bedeckt. Links von der Tür wurde eine Bühne errichtet. Bekleidet mit einem langen weißen Rock und Oberteil und mit einem langen Schleier, der meinen Kopf bedeckte, ging ich vom ersten Stock die Treppe hinunter, Arm in Arm mit dem Bräutigam, während die Mitglieder das heilige Lied „Lied des Festmahls" sangen. Alle

11. April 1960: Der erste Teil der Heiligen Hochzeit, in westlicher Kleidung

Das Hochzeitsmahl des Lammes

*11. April 1960: Der zweite Teil der Heiligen Hochzeit,
in traditioneller koreanischer Kleidung*

Anwesenden hießen uns herzlich willkommen. So begann die Heilige Hochzeitszeremonie. Der erste Teil der Zeremonie fand in westlicher Kleidung statt, der zweite Teil in traditioneller koreanischer Kleidung, komplett mit Roben und Kopfschmuck.

Alle Völker und Nationen hätten die Bedeutung und den Wert dieses freudigen Ereignisses loben, verherrlichen und ehren sollen. Es wurde jedoch durch einen bedauerlichen Vorfall getrübt. Am Tag vor der Zeremonie nahm das Innenministerium als Reaktion auf die Anschuldigungen einer christlichen Gruppe Vater Moon fest und verhörte ihn. Er konnte erst in sein Quartier in der Kirche zurückkehren, nachdem er bis 23.00 Uhr demütigenden Fragen ausgesetzt worden war. Doch mit der Gnade Gottes und des Heiligen Geistes schoben Vater Moon und ich und die ganze Gemeinde dieses schmerzhafte Erlebnis beiseite, so als wäre es nie geschehen, und führten das Hochzeitsmahl des Lammes ruhig und feierlich durch.

Gottes vorherbestimmter Wille war es, dass sein eingeborener Sohn und seine eingeborene Tochter durch das Hochzeitsmahl des Lammes ein Fleisch werden und dass durch sie die Wohnung Gottes unter den Menschen errichtet wird. Wahre Männer und wahre Frauen sind die rechtmäßigen Herrscher über die Schöpfung, über das gesamte Universum, über Himmel und Erde. Die Heilige Hochzeit verwirklichte schließlich dieses Ideal, das Adam und Eva nicht erreicht hatten. So markierten diese Zeremonien meine formelle Inthronisierung als Mutter des Universums und Mutter des Friedens.

Nach den Zeremonien aßen Vater Moon und ich als Ehemann und Ehefrau zum ersten Mal am selben Tisch. Es versteht sich von selbst, dass Neuvermählte erwarten, in die Flitterwochen zu fahren, und dass sie von einem gemütlichen Zusammenleben träumen; aber bei uns war das anders. Unsere Gedanken waren nur auf Gott und die Kirche gerichtet. Dennoch schätzte ich jeden Blick, den wir miteinander austauschten, und ich fühlte eine unendlich tiefe Liebe, eine heilige Liebe, die wir an die ganze Menschheit weitergeben wollten. Danach zogen wir uns farbenprächtige traditionelle koreanische Hochzeitskleider an. Mein Ehemann und ich sangen und tanzten, um Gott die Ehre zu geben. Zusammen mit den Mitgliedern der Kirche verbrachten wir eine fröhliche Zeit. Als die Mitglieder die Braut zum Singen aufforderten, sang ich ein Lied mit dem Titel: „Wenn der Frühling kommt."

Wenn der Frühling kommt,
blühen Azaleen in den Bergen und Wiesen.
Wo die Azaleen blühen, blüht auch mein Herz.

Frühling bedeutet Frische und neues Leben. Ich liebe den Frühling, denn er ist die Jahreszeit der Hoffnung. Mit dem Frühling kommt auch die Erwartung, dass wir den kalten Winter hinter uns lassen und unsere Tage voller Leben sein werden. Er weckt unsere Träume.

Während ich sang, dachte ich, dass die Geschichte der Vereinigungsbewegung mit diesem Frühlingsanfang neu beginnen sollte. An diesem Tag öffnete das Erscheinen der Familie der Wahren Eltern auf Erden eine neue Tür in der Geschichte von Gottes Vorsehung. Der Tag der Heiligen Hochzeitszeremonie war nach den gefährlichen Jahren, die wir durchlebt hatten, der Tag der größten Freude Gottes.

Im Buch der Offenbarung des Neuen Testaments steht geschrieben, dass das Hochzeitsmahl des Lammes stattfinden wird, wenn der Herr am Ende der Zeiten wiederkommt. Diese Prophezeiung wurde durch die Heilige Hochzeit erfüllt, durch die der am Anfang der Menschheitsgeschichte verlorene eingeborene Sohn und die verlorene eingeborene Tochter als Bräutigam und Braut zusammengeführt und als die Wahren Eltern gesalbt wurden. Als wir als Mann und Frau vereint wurden, fasste ich vor Gott einen festen Entschluss:

Zu meinen Lebzeiten werden mein geliebter Ehemann und ich die Geschichte der Vorsehung der Wiederherstellung durch Wiedergutmachung, in der Gott sich unendlich abgemüht hat, zum Abschluss bringen. Ich weiß, dass die religiösen Konflikte, die in Seinem Namen stattfinden, mehr als alles andere dem Herzen Gottes Schmerz zufügen. Wir werden sie unter allen Umständen beenden.

Ein kleines Boot auf stürmischer See

In den Gassen und an den Arbeitsplätzen Südkoreas sprachen die Menschen flüsternd miteinander aus Angst und in Sorge um das Schicksal ihrer Nation. „Fühlt es sich nicht so an, als würde gleich etwas passieren?", sagten manche, worauf Freunde antworteten: „Mir geht es genauso. Wir leben in unruhigen Zeiten. Wenn es nur jemanden gäbe, der diese Welt in Ordnung bringen könnte."

Ich war mir sicher, dass sich solche Sorgen bald zerstreuen würden. Das Jahr unserer Heiligen Hochzeitsfeier, 1960, war ein Wendepunkt, denn sowohl im In- als auch im Ausland fanden große Veränderungen statt. In Südkorea brach sich die Sehnsucht der Menschen nach Demokratie ihren Weg und sie drängten die autoritäre Liberale Partei aus der Macht. In Übersee wurde John F. Kennedy zum Präsidenten der Vereinigten Staaten gewählt. Wir spürten, wie sich der Weg in eine neue Ära öffnete.

Aber die Geschichte verläuft niemals so einfach. Die Gräben des Kalten Krieges wurden tiefer und die Konflikte zwischen dem kommunistischen Block und der Freien Welt verschärften sich. In den osteuropäischen Staaten des Sowjetblocks wurde der Ruf der Menschen nach Demokratie immer lauter, aber der Staat unterdrückte deren Verfechter und ihre Stimmen wurden wieder leiser. Es schien, als ob die Zeit für Frieden noch nicht gekommen war. Die Menschen beteten weiter für das Erscheinen einer wahren Führungspersönlichkeit.

Große Veränderungen gab es auch für die Vereinigungsbewegung. Praktisch ganz Korea hatte sich gegen unsere Kirche gestellt, wobei die schärfste Kritik von christlichen Kirchen kam. Doch auf der neuen Grundlage einer jungen Frau in leitender Position, der Wahren Mutter, initiierten wir jetzt ökumenische Dialoge und machten den Schritt von einer christlichen Konfession zu einer weltweiten religiösen Bewegung. Unsere Mitglieder beteten, dass wir ein Leuchtturm sein würden, der neue Hoffnung auf Erlösung ausstrahlt. Insbesondere die Frauen, die so lange unterdrückt worden sind, spürten, dass eine echte Frauenbewegung in Gang gesetzt wurde.

Drei Tage nach der Heiligen Hochzeitszeremonie besuchten mein Ehemann und ich mit mehreren Mitgliedern die Ju-an-Farm in Incheon, nicht weit von der Grenze zu Nordkorea. Wir pflanzten Weinreben und Ginkgo- und Zelkoven-Bäume. Als ich einen jungen Setzling pflanzte, sprach ich ein Gebet: „Mögest du gut wachsen und ein großer, starker Baum werden, der die Früchte der Hoffnung für die Menschen in der Welt trägt." Ich betete nicht nur für diesen speziellen Baum, sondern für den Erfolg der Mission, die meinem Mann und mir übertragen worden war. Wie ein Baum den Menschen nicht nur Schatten, sondern auch Früchte schenkt, so sollten wir und alle Menschen des Glaubens Früchte bringen.

Von Anfang an schlugen hohe Wellen und starke Winde gegen das kleine Boot unseres jungen Ehelebens. Glücklicherweise war ich darauf vorbereitet. Man sagt, Neuvermählte kennen nichts als Glück, aber das war nicht unser Hauptzweck. Mein Mann und ich waren nicht in der Position, uns besonders auf unsere persönliche Zufriedenheit zu konzentrieren.

Unser erster Wohnraum war ein kleines, spärlich dekoriertes Zimmer im hinteren Teil der Cheongpa-dong-Kirche. Auf der einen Seite hatte es eine Verbindung zur Kapelle und auf der anderen zu einem winzigen Innenhof. Die Küche war klein und altmodisch, mit einem rauen Zementboden. Ich kochte für meinen Ehemann in dieser Küche, die wegen der Kohlebriketts immer verraucht war. Vom ersten Tag an, an dem ich sein Essen zubereitete, fühlte ich mich dort zuhause, denn sie ähnelte vielen Küchen, die meine kleine Familie früher benutzt hatte. Selbst mit kalten Händen war ich recht geschickt mit dem Schneidemesser. Als die Leute sahen, wie ich die verschiedenen Gerichte mühelos zubereitete, waren sie überrascht. Bis vor wenigen Wochen hatten sie mich nur als jugendliche Krankenschwesterschülerin gekannt.

Die Kirche war immer voller Mitglieder und mein Mann und ich verbrachten nur selten Zeit allein. In einem solch öffentlichen Rahmen saßen Vater Moon und ich einander gegenüber und sprachen über unsere Pläne für die Welt. Die Mitglieder zeigten sich besorgt und sagten zu uns: „Bitte, ihr solltet jetzt wirklich essen." Wir schauten dann auf die Uhr und stellten oft fest, dass es 2.00 oder 3.00 Uhr nachmittags war und wir nicht an ein Mittagessen gedacht hatten. Ich konzentrierte mich auf die vielen Aufgaben, die mir in Zukunft anvertraut werden würden. Mir wurde klar, dass nicht nur Korea, sondern die ganze Welt von mir erwartete, dass ich meine helfende Hand ausstrecken würde.

In rascher Folge kamen Kinder zur Welt, angefangen mit unserer ersten Tochter Ye-jin. Das Hauptquartier der Kirche, das zugleich auch als unser Zuhause diente, war ein kleines und schlecht isoliertes Haus im japanischen Stil. Weil ich dort Babys zur Welt brachte, wurde ich nach der Geburt krank. Ich war jung, ertrug aber, wie es Frauen von alters her getan haben, still die Schmerzen der Geburt. In meinem Herzen waren die Himmlischen Eltern in jedem Augenblick gegenwärtig. Wie schwierig die Situation und die Umgebung auch sein mochten, ich war von Freude erfüllt. Nie fehlte mir auch nur für einen Augenblick die helfende Hand Gottes, der im Hintergrund Seine Wunder wirkte.

Innerhalb von wenigen Jahren waren unsere kleinen Räumlichkeiten mit unseren vielen Kindern zum Bersten voll. Vielleicht ist das der Grund, weshalb sie liebevoll und fürsorglich miteinander aufwuchsen. Für mich waren sie kleine Abbilder Gottes. Ich küsste ihre Wangen, plauderte liebevoll mit ihnen und betete unablässig für sie. Ich wusste, dass Gott kommt, um in dem Haus zu wohnen, in dem Eltern und Kinder harmonisch zusammenleben.

Schon vor unserer Hochzeit hatte ich mich mit Blick auf die göttliche Vorsehung entschlossen, 13 Kindern das Leben zu schenken. Heute schauen die Leute einen schief an, wenn man viele Kinder hat, aber ich erkannte, dass Gott 12 Kinder wollte, um die Vollkommenheit von Ost, West, Nord und Süd zu symbolisieren. Wenn man dann noch eines hinzufügt, das der zentralen Position entspricht, erhält man 13, was den Weg für die weitere Entwicklung der Vorsehung bis zu ihrem endgültigen Abschluss öffnet.

Gottes Vorsehung für die Erlösung der Menschheit ist nicht etwas, das in einer Generation geschieht. Um sie zu erfüllen, hat Gott im Laufe der Geschichte zentrale Personen gesucht und eingesetzt. Wie hat Gott vor 2.000 Jahren Jesus, Seinen eingeborenen Sohn ohne Erbsünde, durch das Volk Israel auf diese Erde gesandt? Die Bibel berichtet, dass Gott in mehreren Stufen eine reine Abstammungslinie wiederherstellen musste. Es gibt ungelöste Fragen im Zusammenhang mit dieser Abstammungslinie, die ich zu meinen Lebzeiten klären muss, und so habe ich mich darangemacht, die Abstammungslinie des Guten, deren

Mutter Moon als junge Ehefrau vor ihrem Zuhause, der Headquarter-Kirche in Cheongpa-Dong, Seoul (1960er Jahre)

Mittelpunkt der Himmel ist, wiederherzustellen und rechtmäßig zu etablieren. Um dieser komplizierten Abstammungslinie Neugeburt und Auferstehung zu schenken und sie so in die wahre Abstammungslinie mit Gott im Mittelpunkt zu überführen, nahm ich bereitwillig die Risiken auf mich, die mit Schwangerschaft und Geburt einhergehen, einschließlich der Geburtsschmerzen, die das Leben einer Frau in Gottes Hand legen.

Über einen Zeitraum von 20 Jahren brachte ich 14 Kinder zur Welt. Die ersten vier wurden in unserem kleinen privaten Wohnbereich in Cheongpa-dong geboren. Erst ab der Geburt unseres fünften Kindes konnte ich in ein Krankenhaus gehen. Unsere zweite Tochter starb wenige Tage nach ihrer Geburt. Unsere letzten vier Kinder wurden per Kaiserschnitt entbunden. Es ist selten, dass eine Frau mehr als einmal durch einen Kaiserschnitt entbindet. Als ich sagte, dass ich mich zum dritten Mal einem Kaiserschnitt unterziehen wollte, zögerte mein Arzt und meinte, es sei gefährlich, vor allem für eine Frau in meinem Alter. Der Arzt verstand nicht, wie ich so ruhig auf einem weiteren Kaiserschnitt bestehen konnte. Deshalb wollte er meinem Mann die möglichen Komplikationen erklären. Ich versicherte ihm, dass mein Ehemann mir zustimmen würde, und so wurden meine beiden jüngsten Kinder ebenfalls per Kaiserschnitt geboren. Auf diese Weise konnte ich mein Versprechen erfüllen, das ich Gott schon vor meiner Hochzeit gegeben hatte.

Da mein Mann ein charismatischer spiritueller Führer war, erhielt er manchmal ungewollte Aufmerksamkeit von Frauen. Es gab einmal eine Frau, die vor ihm erschien und behauptete, Eva zu sein, und eine andere, die sich unter seinem Bett versteckte. Als wahrer Sohn Gottes und als ein wahrer Ehemann und Vater hat er nie gewankt. Er und auch ich hatten nur Mitleid mit solchen Frauen.

Auch ich habe ähnliche Zudringlichkeiten erlebt. Einmal, als mein Mann auf einer Welttournee war, rief ein fremder Mann laut: „Ich bin Adam", sprang vor mich hin und versuchte, mich anzugreifen. Damals war ich im siebten Monat schwanger und war so schockiert, dass ich fast eine Fehlgeburt hatte. Ich erlebte dieselben Schwierigkeiten wie Vater Moon. Es gab Zeiten, da schien es nichts als Prüfungen und Leid zu geben, Zeiten, in denen ich mich im Herzen wie in einem Boot fühlte, das in stürmischer See hin- und herschlingerte.

Aber da ich meine Mission kannte, konnte ich diese Herausforderungen durch das Gebet überwinden. Diese stille Beharrlichkeit und das beständige Gebet vertieften auch das Glaubensleben der Mitglieder. Stets bemühte ich mich, ein großzügiges Herz zu bewahren. Dies und mein unerschütterlicher Glaube als junger Mensch ermutigte die anderen in meiner Umgebung. Je größer mein absoluter Gehorsam gegenüber Gott und meine Ehrfurcht vor Ihm waren, desto mehr Hoffnung empfanden alle. Manchmal hielten ältere Mitglieder meine Hand und flüsterten mir ins Ohr: „Vielen Dank für die Gnade, die du uns durch deine aufopfernde Liebe erwiesen hast."

Sieg durch Beharrlichkeit

„Oh nein, ich habe ein weiteres Paar Schuhe verloren." Noch bevor das Mitglied diesen Satz beendet hatte, wussten die Umstehenden, was passiert war. Armut lässt Menschen manchmal schlimme Dinge tun. Am Ende des Sonntagsgottesdienstes stellten wir oft fest, dass ein oder zwei Paar Schuhe im Schuhregal fehlten. Wenn ich dann etwas Geld übrig hatte, kaufte ich neue Schuhe für die Mitglieder, deren Schuhe verlorengegangen waren. Ich betete auch, dass die Person, die die Schuhe genommen hatte, ihr Leben wieder in Ordnung bringen würde.

Zwischen 200 und 300 Menschen nahmen an unseren Gottesdiensten und anderen Veranstaltungen teil. Niemals gab es genug Reis für alle. Deshalb machten wir Brei, indem wir Gerste in einem großen Eisentopf kochten. Während die Feier im Inneren der Kirche stattfand, machten wir draußen ein Holzfeuer und kochten den Gerstenbrei. Danach setzten sich die Mitglieder in kleinen Gruppen zusammen und teilten sich Schalen mit dem Brei. Dafür waren sie dankbarer als für alles andere. „All dies ist ein Geschenk Gottes", sagten sie.

Als ich schwanger war, hatte ich Verlangen nach Mandarinen, aber wir konnten sie uns nicht leisten; sie waren einfach zu teuer. Ein Mitglied erfuhr davon und kaufte mir einige Mandarinen. Auf der Stelle aß ich sechs oder sieben davon. Ich war so dankbar dafür und zu Tränen gerührt.

Wenn ein kirchlicher Feiertag nahte, fühlte ich mich eher besorgt als enthusiastisch oder glücklich. Ich musste zwei Wochen im Voraus mit den Vorbereitungen beginnen, um die Lieferungen von Obst und Delikatessen für den Gabentisch, die Banner, Blumen und Kerzen zu organisieren, in der Hoffnung, dass jedes Mitglied zumindest einen Apfel oder eine Süßigkeit bekommen würde. Wenn wir dieses Opfer schließlich Gott dargebracht hatten, empfand ich eine außerordentliche innere Zufriedenheit.

Von meiner Geburt bis zu meiner Heirat war mein Weg kein leichter gewesen und nach meiner Heirat hatten die persönlichen Herausforderungen nicht nur Auswirkungen auf mich, sondern auch auf unsere Bewegung insgesamt. Deshalb wich ich nie vom Weg des Glaubens, des Gehorsams und der Liebe zu Gott ab. So wie Satan Jesus und Vater Moon auf die Probe stellte, so stellte er auch mich auf die Probe. Ich durchlebte diese Prüfungen mit immer tieferer Hingabe,

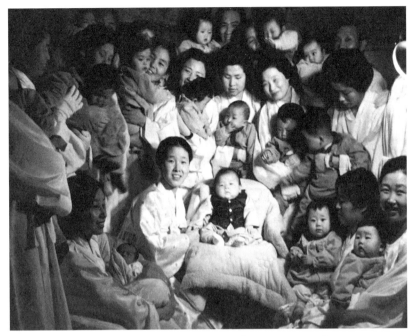

Mutter Moon gemeinsam mit Frauen der Vereinigungsbewegung und ihren kleinen Kindern

weil ich in solchen Zeiten die Gnade Gottes am deutlichsten spürte. In Situationen des Schmerzes kam Gott mir besonders nahe und führte mich mit Wolken- und Feuersäulen.

Mein Ehemann und ich haben uns immer intensiv über verschiedene Themen ausgetauscht. Wir konnten dies auf der Grundlage unseres unendlichen Vertrauens zueinander tun. Wir haben so viel zusammen durchgemacht, dass wir uns schon mit einem Blick verstehen konnten. Das Leben von Vater Moon und der Weg, den ich gegangen bin, weisen erstaunliche Ähnlichkeiten auf. Die meisten Menschen dachten, dass ich so glücklich sei und dass es mir an nichts fehlte. „Du hast das Siegel von Gott als Seine eingeborene Tochter erhalten", dachten sie, und „du wurdest als ein vollkommenes Wesen geboren. Deshalb hast du deine Position mühelos erreicht." Viele Menschen dachten so. Sie glaubten, dass ich als Mutter des Universums Vater Moon glückselig begegnet wäre, eine glückliche Familie gegründet hätte und das Leben genießen würde. Aus einer bestimmten Perspektive mag das richtig sein, aber andererseits habe ich Berge erklommen, die so tückisch und unwegsam sind wie keine anderen auf dieser Welt. Ich konnte sie alle mit der Liebe meines Mannes überwinden, eine Liebe, die größer war, als eine Frau sie jemals empfangen hat.

Obwohl ich 14 Kinder habe, kam mir nie der Gedanke, es seien zu viele. Dennoch mussten meine Kinder schwierige Erfahrungen machen. Wenn sie zum Spielen hinausgingen, wurden sie von den Einwohnern des Viertels angestarrt. Erwachsene schrien einen unschuldigen Fünfjährigen an: „Dein Vater ist Sun Myung Moon, nicht wahr?" „Weißt du, was dein Vater tut? Die Vereinigungskirche schafft solche Unruhe in der Welt!" Während sie in Korea dafür kritisiert wurden, die Söhne und Töchter von Sun Myung Moon zu sein, wurden sie nach unserem Umzug in die Vereinigten Staaten als Asiaten diskriminiert. Es tat mir weh, meine Kinder leiden zu sehen, aber ich beklagte mich nicht und gab nicht anderen die Schuld. Ich hielt sie in meinen Armen und wollte ihnen ein Beispiel sein, indem ich Dankgebete sprach.

Mein Ehemann und ich kümmerten uns mit Liebe und Hingabe um unsere Kinder. Weil wir aber so viel Arbeit für die Kirche und die Vorsehung zu tun hatten, konnten wir nicht viel Zeit mit ihnen verbringen. Eines Tages, als mein Mann auf seiner Welttournee war, saß der kaum drei Jahre alte Hyo-jin auf dem Boden des Schlafzimmers und begann zu malen. Normalerweise malte er gerne Autos oder Fahrräder, aber an diesem Tag malte er etwas unbeholfen ein Gesicht auf das weiße Papier. Obwohl ich wusste, dass es sein Vater war, fragte ich ihn: „Hyo-jin, wer ist das?"

Hyo-jin antwortete mir nicht, sondern malte ein Gesicht auf ein anderes Blatt Papier. Es sah zwar anders aus als das erste, war aber zweifellos immer noch das Gesicht seines Vaters. Hyo-jin war normalerweise sehr aktiv, aber an diesem Tag saß er still da und malte weiter. Er wurde nicht müde, das Gesicht seines Vaters zu malen, selbst nachdem er den ganzen Tag damit verbracht hatte. Und er hörte auch am nächsten und übernächsten Tag nicht damit auf. Erst als sein Vater zurückkam, hörte er auf zu malen. Ich kann mich noch lebhaft daran erinnern, wie er seinen Vater strahlend anlächelte, als er von ihm umarmt wurde. Es war, als hätte man ihm die Welt geschenkt.

Sieben Söhne und sieben Töchter

Der Wahre Vater und ich wollten Gott drei Generationen als eine Wahre Familie darbringen. Dies erreichte seinen Höhepunkt, als wir 2006-2007, die wir Jubeljahre nennen, mit all unseren Kindern, ihren Ehepartnern und unseren erwachsenen Enkelkindern in 180 Nationen Gottes Wort lehrten und den Ehesegen spendeten. Ich riskierte mein Leben, um unsere Kinder auf die Welt zu bringen. Jetzt haben sie ihre eigenen Aufgaben und Verantwortlichkeiten. Sowohl der Himmel als auch ich hoffen und wünschen, dass sie diese erfüllen können. Auch wenn ich ihnen als ihre Mutter vielleicht nicht genug helfen kann, bete ich jeden Tag für sie.

Hätte ich nur freudige Dinge erlebt, hätte ich nie in das tiefste, innerste Herz der Menschen schauen können. Niemals hätte ich die Freuden des Himmelreichs kennen gelernt. Ich bin durch den tiefsten Abgrund der Hölle gegangen und habe jede Art von Bitterkeit im Leben erfahren. Gott wollte, dass ich mich auf diese Weise selbst trainiere.

Was ich brauchte, waren ein unerschütterlicher Glaube, ein starker Wille und Beharrlichkeit. So bin ich heute an diesem Punkt angelangt.

Ganz gleich, wer wir sind, wir werden auf dem Weg zum Himmelreich nicht nur Freude und Schönes erfahren. Es ist in der Tat ein sehr wertvoller Segen, spirituelle Kämpfe durchzumachen. Dadurch können wir die Gnade Gottes erleben. Nur wenn wir diese Prüfungen bestehen, können wir als wahre Menschen neugeboren werden. Die Frucht der Beharrlichkeit wird in uns wachsen und reifen und eines Tages zur Quelle unseres tiefsten Stolzes werden.

Ich bin in einer Zeit globaler Umwälzungen aufgewachsen, von denen auch mein Heimatland Korea nicht ausgenommen war. Während unser Volk die Kolonialherrschaft des kaiserlichen Japan und den Koreakrieg ertrug, beschädigten verwirrte Ideen und Werte unsere bewährten Traditionen. Die Menschen der Welt, selbst die christlichen Nationen, hatten zu kämpfen, als ihre Gesellschaften ins Chaos stürzten. Wohin sollten wir uns wenden?

Auch wenn es keine Institution gab, auf die ich mich verlassen konnte, und keinen Unterschlupf, um mein Herz zu schützen, erinnerte ich mich immer wieder an dieses eine: „Gott ist mein Vater." Ich wuchs in dem Glauben auf, dass ich den Traum und die Hoffnung Gottes verwirklichen würde. In der Überzeugung, dass ich noch zu meinen Lebzeiten den langen, traurigen Weg der Vorsehung vollenden würde, nämlich Gottes ursprüngliches Ideal für Seine Kinder wiederherzustellen, bewahrte ich meinen Glauben, ganz gleich, was auch immer geschah.

Mit dieser Herzenshaltung hatte ich beschlossen, die Ehesegnung mit Sun Myung Moon zu empfangen und gemeinsam mit ihm daran zu arbeiten, dass religiöse Konflikte und Spaltungen nicht über meine Generation hinaus fortbestehen. Konflikte, die durch religiöse Spaltungen verursacht werden, müssen jetzt aufhören. Ich bin auch fest entschlossen, die Rassentrennungen zu überwinden und die daraus entstandenen Konflikte zu lösen.

In den zwei Jahrzehnten nach unserer Heiligen Hochzeit habe ich 14 Kinder, sieben Söhne und sieben Töchter, geboren. Damit war 1982 eines meiner ursprünglichen Versprechen an den Himmel erfüllt. Als sie wenige Tage alt waren, brachten mein Ehemann und ich jedes Kind in einer besonderen Zeremonie Gott und der Welt dar. Jedes von ihnen hat uns auf seine oder ihre Weise heldenhaft unterstützt und jedes von ihnen geht nun als Pionier einen eigenen Weg. Sie haben uns mehr als 40 Enkelkinder geschenkt.

Jetzt bin ich ständig in der ganzen Welt unterwegs und arbeite daran, eine Welt ohne Krieg und Konflikte zu schaffen und so Gott von Seinem Leid zu befreien.

4. KAPITEL

GOTTES LICHT SCHEINT AUF EINEN DORNIGEN PFAD

Regen und kalte Winde lösen sich auf
und machen dem Frieden Platz

„Jetzt sind bereits 60 Jahre vergangen", sagte eine meiner ältesten Freundinnen aus den frühen Tagen unserer Kirche. „Es gibt ein Sprichwort, dass die Zeit wie ein Pfeil fliegt", erwiderte ich, „und das ist wirklich wahr. Die letzten 60 Jahre sind einfach verflogen. Sie waren voller Schwierigkeiten und Hindernisse, aber auch voller Freude und Erfolg."

Es war im April 2014, als wir an einer Zeremonie zum 60. Jahrestag der Gründung der Vereinigungskirche teilnahmen. Ich dachte über den ursprünglichen Namen der Kirche nach: „*Holy Spirit Association for the Unification of World Christianity*", und über ihre Gründung am 1. Mai 1954 in einem kleinen gemieteten Haus in Bukhak-dong, im Seongdong-Viertel von Seoul. Im Rückblick auf diese vergangene Zeit drückten unsere frühen Mitglieder, die jetzt zusammengekommen waren, eine tiefe Dankbarkeit füreinander aus, während wir uns an die jahrzehntelangen Anstrengungen erinnerten, die wir als Brüder und Schwestern in einer Familie erlebt hatten.

Trotz der schrecklichen Armut in den ersten Jahren der Vereinigungskirche leitete die Heilige Hochzeit im Jahr 1960 ein neues Zeitalter ein. Wir sind von einer Handvoll Mitglieder zu einer globalen Bewegung angewachsen und sehen, dass sich die Lehren des *Göttlichen Prinzips* bis an die Enden der Welt verbreitet haben. Es ist wirklich ein Wunder.

Wie hat Gott dies bewirkt? Der Schlüssel liegt in der Verwirklichung von wahren Ehen, der Einheit von Ehemann und Ehefrau als Abbild Gottes. So wie Vater Moon als Teenager von Gott berufen wurde, seine historische Mission zu beginnen, berief Gott auch Hak Ja Han, eine junge Frau von 17 Jahren. Niemand konnte verstehen, warum Er jemanden auswählte, der so jung war. Ich ahnte, dass ich eines Tages alle Frauen repräsentieren würde – die Töchter Gottes, die Mütter dieser Welt. Jesus offenbarte die himmlische Braut als die heilige Stadt, die vom Himmel herabkommt, und ich akzeptierte diesen Ruf mit fester Entschlossenheit. Im Laufe der Zeit entwickelte ich mich von der Position einer himmlischen Braut zur Mutter des Universums. Durch das Wirken Gottes kann diese Mutter, die sich betend danach sehnt, dass alle 7,7 Milliarden Menschen auf der Welt den Segen Gottes erhalten, nun den Frieden weit voranbringen.

Im Sommer 1960 führten unsere Mitglieder eine 40-tägige Evangelisation in ganz Südkorea durch. Wir nannten sie „Neuer Geist-, Neues

Dorf-, Neue Liebe-Bewegung". In allen Bezirken des Landes wurde eine helle Flamme des Glaubens entfacht, als etwa 600 Missionarinnen und Missionare sowie lokale Mitglieder 413 Dörfer besuchten und Gottes Wort auf ganz konkrete Weise praktizierten. Während dieser 40 Tage säuberten sie die Wege in der Nachbarschaft, unterrichteten das koreanische Alphabet im Licht von Kerosinlampen in den Dorfhallen, halfen Bauern und Geschäftsinhabern und lehrten das *Göttliche Prinzip*. Die Mitglieder überlebten mit einer Schüssel Mehrkornpulver und überwanden die eigene Erschöpfung und die heftigen Zurückweisungen seitens der Leute, von denen einige sie als Häretiker beschimpften. Sie waren oft einsam, wie Pappeln, die allein mitten auf einem Feld stehen.

Durch das Wirken Gottes zeigten sich unsere guten Resultate umso schneller, je mehr die Menschen uns verurteilten. Bald nahmen auch Oberstufenschüler und andere junge Leute am Missionsprogramm teil und brachten zusätzliche Energie für neues geistiges Leben und das Wohlergehen der Dörfer ein. Sogar ein Mädchen aus der ersten Klasse einer Mittelschule machte mit – so groß war die Begeisterung in jenen Tagen in Korea. Während wir diese Zeiten der Erweckung, Erziehung und Nachbarschaftshilfe wiederholten, kam der Heilige Geist herab. Überall in den Städten und Ortschaften stellten Familien ihre großen Wohnzimmer als Abendschulen zur Verfügung. Jungen Leuten, die nicht zur Schule gehen konnten, und Frauen wurde das Alphabet beigebracht. Von den verborgenen Pfaden der ländlichen Gegenden schwappte eine Welle der Hoffnung durch die Gesellschaft Südkoreas, ein positiver Einfluss für den notwendigen sozialen Fortschritt.

Ab Mitte der 1960er Jahre begann auch die Regierung, ländliche Alphabetisierungs- und Bildungsprogramme in ganz Korea zu unterstützen – die Sae-ma-eul (Neues Dorf)-Bewegung. Ihre Funktionäre taten jedoch so, als würden wir nicht existieren. Dennoch machten wir weiter. In der Stadt Chungju errichteten die Mitglieder mit bloßen

Händen Klassenzimmer aus Lehmwänden für dutzende von Jungs, die sich mit Schuhputzen durchs Leben schlagen mussten. Später wurden diese Aktionen zum Impuls für die Errichtung der heutigen *Sunhak Educational Foundation*.

Im ganzen Land inspirierte unsere Arbeit den Aufbau von Landwirtschaftsschulen in ländlichen Gebieten, die eine Welle der Modernisierung auslösten. Einige dieser Schulen befanden sich an der Spitze einer Bewegung zur Umgestaltung unserer Gesellschaft, die technischen und spirituellen Fortschritt miteinander verband. Wie zu erwarten war, machte sich die Sae-ma-eul-Bewegung der Regierung aufgrund ihrer Verwaltungsbefugnisse unsere Initiativen zu eigen. Da die Vereinigungsbewegung als häretisch betrachtet wurde, wurden wir an den Rand gedrängt. Sowohl von links als auch von rechts wurden wir verurteilt.

Wie man sich vorstellen kann, erlebten unsere Kirchenleiter und Missionare viele schwierige Tage. Da sie keine finanzielle Unterstützung erhielten, konnten sie sich glücklich schätzen, wenn sie überhaupt eine Mahlzeit am Tag bekamen; drei volle Mahlzeiten waren undenkbar. Manchmal stellten Schüler der Mittelschule Lunchpakete, die ihnen ihre Mütter zubereitet hatten, heimlich vor die Türen von Missionaren, weil sie sich Sorgen um sie machten. Wenn diese daran dachten, dass die Schüler ihnen ihr Mittagessen opferten, wurden sie unbeschreiblich traurig. Es war jedoch ihre Verantwortung, das neue Verständnis der Wahrheit zu vermitteln, und so entschlossen sie sich, die Opferbereitschaft der Kinder zu ehren und wertzuschätzen.

Mein Ehemann und ich schickten nicht einfach nur Mitglieder in Missionsgebiete; wir besuchten auch selbst mehrmals im Jahr die einzelnen Ortskirchen. Wir brachten Lebensmittel, Kleidung und Vorräte mit, die wir gesammelt hatten. Es gab nie genug, da viele weitere Hilfsprojekte und Aktivitäten zu unterstützen waren, aber wir brachten alles mit, was wir nur konnten. Wenn die Missionare in den Pioniergebieten uns kommen sahen, begrüßten sie uns mit Tränen in den Augen. Wir bauten sie auf, ermutigten sie und redeten miteinander oft die ganze Nacht hindurch.

Die Mitglieder, die auf einer amerikanischen Militärbasis arbeiteten, brachten manchmal Schokolade, Bananen oder Kekse mit zur Kirche. Ich stellte diese Geschenke in einen Schrank. Später packte ich sie ein und gab sie den Missionaren, wenn wir diese besuchten. Eine Missionarsschwester brach in Tränen aus, als sie das Päckchen erhielt. Einige Monate später kam sie zu einem Besuch, hielt meine Hand fest und sagte: „Ich nahm dieses Päckchen mit in mein Pioniergebiet und verzehrte es gemeinsam mit unseren Mitgliedern. Deine Ermutigung gab uns Kraft beim Lehren des *Göttlichen Prinzips*." Solche Aussagen bereiteten mir immer große Freude.

Die Pionierzentren waren kaum das, was man eine Kirche nennen konnte. Sie bestanden normalerweise nur aus einem einzigen Raum und unsere Mitglieder waren oft zu arm, um dort ein Schild anzubringen. Jeder, der eintrat, fragte sich sofort, ob dies wirklich eine Kirche war. Einerseits machte das armselige Erscheinungsbild mein Herz traurig, andererseits war ich aber stolz auf unsere Mitglieder und tröstete sie. „Die armseligen Verhältnisse unserer Kirche mögen normalen Menschen bedrückend erscheinen", sagte ich leise, „aber in der Zukunft werden wir stolz unsere Flagge hissen und die Liebe von Menschen aus der ganzen Welt empfangen."

Deshalb schämten wir uns nicht, wohin wir auch gingen. Wir waren zuversichtlich, ganz gleich, wen wir trafen. Wir bemühten uns darum, unsere Kirche bei den Behörden zu registrieren, wurden aber mehrfach abgewiesen, da es erbitterten Widerstand von Seiten der etablierten

Kirchen gab, die Protestschreiben gegen uns an Regierungsbeamte schickten. Endlich – im Mai 1963 – registrierte die koreanische Regierung unsere Organisation legal als die *Holy Spirit Association for the Unification of World Christianity*.

Als die 1970er Jahre nahten, herrschten noch immer turbulente Verhältnisse auf der Welt. Die Spannungen zwischen Nord- und Südkorea drohten sich zu einem neuen Krieg auszuweiten und die internationale Lage war instabil. Der Kommunismus breitete sich auf dem gesamten Globus an vielen Fronten aus. Da wir die unmenschliche Brutalität kommunistischer Regierungen aus eigener Erfahrung kannten, starteten mein Mann und ich eine sehr erfolgreiche Bildungsinitiative, die wir *Victory Over Communism* (*VOC* – Sieg über den Kommunismus) nannten. Unsere Organisation war weltweit die einzige, die ihre Stimme erhob, um nicht nur die Irrtümer dieser materialistischen und atheistischen Theorie aufzudecken, sondern gleichzeitig auch einen auf Gott ausgerichteten Gegenvorschlag anzubieten. VOC stärkte die Entschlossenheit und das Verständnis der Südkoreaner und hatte bald darauf auch einen enormen Einfluss in Japan, wo VOC die ultralinken Gruppierungen mit friedlichen Mitteln zurückdrängte.

In diesem kritischen Moment forderten mein Mann und ich die Mitglieder, besonders die Frauen, erneut eindringlich zum Handeln auf. Unsere Himmlischen Eltern kennen die Macht der Frauen. Unsere Bewegung begann erst wirklich mit der Heiligen Hochzeit unseres Paares, denn wir sind eine Familienbewegung und man braucht einen Ehemann und eine Ehefrau, um eine Familie zu gründen. Mein Mann ist der weltweit größte Fürsprecher der Frauen als moralische Vorbilder für Familie und Gesellschaft.

Mit dieser Überzeugung riefen wir die gesegneten koreanischen Ehefrauen dazu auf, eine Zeitlang ihr Familienleben zu opfern und als Missionarinnen auf die Straßen, in die Regierungsgebäude, in die Kirchen und Tempel und von Haus zu Haus zu gehen, um Bildungsangebote zu machen, die Menschen zu ermutigen und den patriotischen Geist zu stärken. Die Ehefrauen beantworteten diesen Ruf, indem sie ihre kleinen Kinder und manchmal sogar ihre kranken, alten Eltern der Obhut des Ehemannes anvertrauten und sich auf den Weg begaben.

Die Mutter ist der Mittelpunkt der Familie und wenn sie auch nur für ein oder zwei Tage nicht zuhause ist, leidet die Familie. Unsere Ehefrauen und Mütter gingen jedoch nicht für ein oder zwei Tage hinaus, sondern für drei Jahre. Für jeden Vater, der ein kleines Kind betreuen und füttern musste, das um die Milch seiner Mutter bettelte, presste sich eine Mutter auf ihrer Mission die Milch aus ihrer geschwollenen Brust und weinte. Es war fast so wie die drei Jahre der öffentlichen Mission von Jesus oder die Zeit meines Mannes in einem nordkoreanischen Arbeitslager. Ehefrauen, die schwanger waren, als sie zu ihrer Mission aufbrachen, kamen für die Geburt ihres Kindes zurück. Nach hundert Tagen begaben sie sich wieder in ihr Missionsgebiet. Wenn diese Mütter nach drei Jahren zurückkehrten, erkannten ihre jüngsten Kinder sie oft nicht wieder oder lehnten sie sogar ab. Ein solch unfassbares Herzensopfer wurde den Himmlischen Eltern zur Wiederherstellung der Welt dargebracht.

Wenn eine Frau ein Kind bekommt, erlebt sie die Schmerzen der Geburt. Trotzdem ist es die Aufgabe der Hebamme, sie zu ermutigen, mehr zu pressen. Wie Hebammen, die eine neue Welt gebären helfen, ermutigten mein Ehemann und ich die Mitglieder unserer Vereinigungsfamilie. In der Geschichte verteidigten das koreanische Volk, seine Bauern und patriotisch gesinnte Menschen ihr Zuhause und ihre Nation, wann immer Gefahr aufkam. Mit einem solchen Geist erhoben sich unsere Mitglieder und verteidigten ihre Heimat und ihre Nation gegen den Kommunismus. Mein Mann ermutigte diese heldenhaften Frauen: „Das Volk versteht die Bedeutung der Vereinigung des Landes jetzt nicht, aber wenn sich die 30 Millionen Menschen Koreas mit der Vereinigungsbewegung zusammentun, werden diese Nation und dieses Volk nicht untergehen."

Die gesegneten Frauen begruben ihren Schmerz in ihrem Herzen, denn sie wussten, dass ihre Mission dem Wohl der Nation diente. Rückblickend betrachtet, hat ihre Arbeit große Früchte getragen und kann nur als äußerst lobenswerter patriotischer Akt angesehen werden. Bislang blieb dies in der Geschichte unserer Nation noch verborgen, aber eines Tages wird es enthüllt werden.

Als sich die Vereinigungsbewegung auf andere Länder ausbreitete, folgten gesegnete Frauen auf der ganzen Welt dem Beispiel der frühen koreanischen Ehefrauen und deren Familien. Somit ist dieses großartige Kapitel nicht nur in der Geschichte Koreas, sondern aller Nationen geschrieben worden. Alle gesegneten Frauen stehen auf diesem Fundament und führen diese Tradition fort. Es ist die Geschichte von Frauen, die Opfer bringen, um die Nation und die Welt zu beschützen. Eine Frucht ihrer Arbeit war 20 Jahre später unsere Begegnung mit Michail Gorbatschow, dem damaligen Präsidenten der Sowjetunion. Dieses Treffen öffnete die Tür, um den jungen Menschen der ehemaligen Sowjetunion unsere auf Gott ausgerichtete Weltsicht, den demokratischen Geist und ethische Werte zu vermitteln, die zur Versöhnung von Ost und West und zum Niedergang des Kommunismus beitrugen. Eine weitere Frucht war unsere Reise nach Nordkorea im Jahr 1991, bei der wir mit dem nordkoreanischen Führer Kim Il Sung zusammentrafen. Es war eine extrem herausfordernde, aber durch und durch bedeutungsvolle Begegnung, die den Weg für den Dialog zwischen Nord- und Südkorea ebnete und den Boden für unsere Arbeit im Norden vorbereitete.

„Mein letzter Augenblick auf der Erde rückt näher"

Zu den entscheidenden Grundlagen für unseren Durchbruch im Kreml und in Nordkorea gehörte auch die selbstlose Arbeit der europäischen Mitglieder. In den frühen 1980er Jahren erhielten wir eines Tages von einem von ihnen einen Brief, eine Seite lang. Er schloss mit den herzzerreißenden Worten: „Mein letzter Augenblick auf der Erde rückt näher. Dies ist der letzte Gruß, den ich euch hier auf Erden übermittle. Ich werde euch in der Geistigen Welt treffen. Bitte lebt ein langes und gesundes Leben."

Dieser junge Mann befand sich hinter dem Eisernen Vorhang in einem kommunistischen Gefängnis, und dies war sein letzter Brief, den er kurz vor seiner Hinrichtung geschrieben hatte. In dem Augenblick, in dem ich ihn las, erstarrte mein Körper, als wäre mein Blut kalt und blau geworden. Meine Tränen gefroren. Ich konnte nichts mehr sagen. Ich fühlte mich wie die sagenumwobene Frau Mang Bu-seok, die starb und zu Stein wurde. Ich stand da wie versteinert.

Mein Mann und ich mussten solche geliebten Menschen still und heimlich in unseren Herzen bewahren. Der Weg, den wir als Wahre Eltern aller Menschen gemeinsam mit ihnen gingen, war gefährlich und voller Verzweiflung. Da wir mit niemandem über solche Dinge sprechen konnten, konnten wir nur innerlich weinen und mit schwerem Herzen weitermachen.

Über viele Jahre hinweg fand in Korea bei Versammlungen unserer Mitglieder früher oder später eine lebhafte Diskussion über die Strategie unserer Bewegung statt. „Wir müssen jetzt unsere Augen auf die weite Welt richten", sagten die einen. Andere erwiderten: „Ist es nicht noch zu früh? Wir haben nicht einmal ein Kirchengebäude hier in Korea!"

Und wiederum andere schalteten sich in die Debatte ein: „Okay, wir bauen also ein attraktives Gebäude; wenn es aber nur für Korea ist, wird es dann Gott gefallen?"

Natürlich waren mein Mann und ich uns dieser Problematik bewusst, dass sowohl die internationale Mission als auch der Aufbau einer starken Kirche in Korea wichtig waren. Wir entschieden uns konsequent für „die Welt", statt für „Korea", und infolgedessen blieb das Erscheinungsbild unserer ersten Kirchen bescheiden. Bis in die 1980er Jahre konnten wir der Nation nicht einmal ein einziges angemessenes Kirchengebäude präsentieren. Unsere Mitglieder hätten sich vielleicht einen schönen Ort gewünscht, an dem sie sich mit Gästen versammeln und bequem Gottesdienste abhalten konnten, aber so sollte es nicht sein. Kleine Nurdach-Kirchen (A-Frame) mit grünen Dächern waren alles, was wir hatten.

In der Öffentlichkeit machten sich die Leute über uns lustig und fragten, warum wir und unsere Mitglieder immer wieder über die Wiederherstellung der Welt sprachen, obwohl wir nicht einmal ein anständiges Kirchengebäude hatten. Aus menschlicher Sicht hatten sie Recht, aber sie kannten das *Göttliche Prinzip* nicht. Unsere Kirche existierte für einen höheren Zweck; deshalb stellten wir die Arbeit für die Menschheit und die Welt an die erste Stelle. Die Rettung der Welt hatte Vorrang vor unserer Aufgabe in Korea.

1958 fuhr unser erster Missionar mit dem Schiff nach Japan und im darauf folgenden Jahr begannen einige getreue Mitglieder Pioniermissionen in den Vereinigten Staaten. Angesichts des ärmlichen Zustands unserer koreanischen Kirche war es fast undenkbar, Auslandsmissionen in Japan und den Vereinigten Staaten zu gründen. Aber unser Ziel ging darüber hinaus, eine rein koreanische Gruppe zu sein. Um diese aufkeimenden Auslandsmissionen zu unterstützen, unternahm Vater Moon 1965 eine zehnmonatige Weltreise. Dabei besuchte er mit einigen Nachfolgern jeden Bundesstaat auf dem amerikanischen Festland sowie Länder in Europa und anderen Teilen der Welt, um Gebetsorte zu weihen, die wir als Heilige Gründe bezeichnen. Er traf dort unsere Missionarinnen und Missionare und ihre jungen Mitglieder, aber auch prominente Persönlichkeiten des öffentlichen Lebens, darunter den ehemaligen US-Präsidenten Dwight D. Eisenhower.

Durch diesen Impuls wuchs die Anzahl von Missionaren, die nach Europa, in den Nahen Osten und nach Südamerika gingen. Die Unterstützung der Organisation und Koordination all dieser Missionen führte zu schwierigen Bedingungen sowohl in den Missionen als auch in Korea. Manchmal schüttelten die koreanischen Mitglieder den Kopf und sagten: „Es wird immer schlimmer."

Doch in den 1970er Jahren verbreitete sich das *Göttliche Prinzip* der Vereinigungskirche weltweit. Zehntausende junge Menschen hörten die Vorträge und gaben ihr altes Leben auf, um sich der Vorsehung Gottes zu widmen. Es dauerte nicht lange, bis sich Länder auf der ganzen Welt mit vereinten Kräften gegen uns stellten. Aber unsere Bewegung war wie ein Stehaufmännchen – die Verfolgung traf uns und wir erholten uns davon, sie traf uns erneut und wir kamen wieder zurück – sogar noch stärker.

1975 veranstalteten wir Missionskonferenzen in Japan, den Vereinigten Staaten und Deutschland, bei denen wir junge Mitglieder für die Mission auswählten und in etwa 95 neue Nationen entsandten, zusätzlich zu den mehr als 30 bereits aktiven Missionsländern. Es gab viele Gründe, unseren Missionseinsatz zu verschieben oder zu verlangsamen, aber wir spürten Gottes Dringlichkeit und drängten voran. Ich erinnere mich an die Worte meines Mannes, die er an einem späten Abend sagte: „Es wird immer Gründe geben, warum wir sie nicht aussenden können. Aber wenn wir es jetzt nicht tun, werden wir sie niemals hinausschicken. Es wird nie einen Moment ohne Schwierigkeiten geben. Lass uns eine konsequente Entscheidung treffen, wenn die Dinge am schwierigsten erscheinen."

Diese ausgesandten glaubensstarken Frauen und Männer des Jahres 1975 repräsentierten nicht nur eine Nation, sondern drei: Japan, die Vereinigten Staaten und Deutschland – Länder, die während des Zweiten Weltkriegs verfeindet waren. Wir schickten sie in Dreiergruppen von jeweils einer Person aus Japan, den Vereinigten Staaten und Deutschland los. Ihre Einheit untereinander war die Grundlage für ihren Einsatz und ihren Dienst, der über die Jahrzehnte hinweg große Früchte trug.

Mai 2017: Amerikanische Auslandsmissionare von 1975 besichtigen bei einem Treffen eine Ausstellung ihrer Originalberichte und -briefe, die jetzt sorgfältig im East Garden-Museum in Irvington, New York, archiviert sind

*September 2017: Lebhafter Erfahrungsaustausch
bei einem Treffen deutscher Auslandsmissionare von 1975*

Im Unterschied zu vielen christlichen Missionaren, die in dieser Zeit aus den Vereinigten Staaten und Europa ausgesandt wurden, erhielten unsere Mitglieder nur eine geringe finanzielle Unterstützung von ihrer Heimatkirche. Sie gingen mit ausreichend Geld für einige Wochen, einem Koffer mit Kleidern und dem Buch „Das Göttliche Prinzip". Statt in schönen Gebäuden oder Häusern wohnten sie in winzigen Zimmern oder Hütten. Sie mussten hinsichtlich ihrer Missionspläne improvisieren und zusammenarbeiten, obwohl sie unterschiedliche kulturelle Wurzeln und Muttersprachen hatten. Angesichts so vieler unbekannter Faktoren mussten sowohl diejenigen, die in die Mission gingen, als auch diejenigen, die sie entsandten, einen klaren Kopf behalten, da sie wussten, dass jede Missionarin und jeder Missionar einer ungewissen Zukunft entgegenging.

Unsere Missionare verpflichteten sich für fünf Jahre, aber eine ganze Reihe von ihnen, die nach Afrika und in den Mittleren Osten gingen, blieben 20 Jahre und länger. Wenn sie konnten, nahmen sie ein- oder zweimal im Jahr an einer Weltmissionskonferenz in East Garden in der Nähe von New York teil.

Eine junge Missionarin, die zu einer solchen Konferenz kam, brach in Tränen aus, als sie meinen Mann und mich sah. Es war das erste Mal, dass sie uns traf. Herzen, die vor Freude und Trauer weinen wollten ... wie konnte es anders sein? Die Person, die am meisten weinen wollte, war ich, aber ich wusste, wenn ich das täte, würde sich der glückliche Augenblick in ein Meer von Tränen verwandeln. So umarmte ich sie stattdessen wie meine eigene Tochter.

Am nächsten Tag nahm ich alle Missionare mit und kaufte ihnen Blusen und Schals oder Hemden und Krawatten. „Das steht dir gut", sagte ich zu jedem von ihnen und fügte hinzu: „Du hast sehr hart gearbeitet."

Zusammen mit dem aufrichtigen Trost, den ich ihnen spendete, bat ich sie, stark zu sein und härter zu arbeiten: „Wenn ihr auf dem Weg des Willens Gottes ein wenig mehr opfert, wird in unserer Zeit eine friedliche Welt entstehen."

Gegen Ende dieser Konferenzen drückten die Missionare ihre erneuerte Entschlossenheit aus, den Willen Gottes zu erfüllen, und begaben sich wieder an die vorderste Front Seiner Dispensation. Bis heute ist mein Herz unverändert erfüllt von liebevoller Anerkennung für unsere Leiter und Stammesmessiasse, die ihre Heimat um der Menschheit willen verlassen haben.

Wann immer wir Missionare in unbekannte Länder schickten, wandten sich mein Mann und ich an den Himmel und beteten ernsthaft für jeden Einzelnen von ihnen. In den 1970er und 1980er Jahren stieß die Vereinigungsbewegung weltweit auf heftigen Widerstand. Unbekannte schickten sogar eine Bombendrohung an unser Belvedere-

Trainingszentrum in Tarrytown, New York. Die Opposition in den Ländern des kommunistischen Blocks war aufgrund unserer öffentlichen Ansprachen, Kundgebungen und Bildungsprogramme zur Überwindung des Marxismus-Leninismus besonders heftig. Daher beteten wir intensiv für unsere Mitglieder in den kommunistischen Ländern, die damit rechnen mussten, den Tod eines Märtyrers zu erleiden. Zu unserem großen Bedauern wurde diese Befürchtung Wirklichkeit.

In den Ländern hinter dem „Eisernen Vorhang" waren Überwachung, Abschiebung, Beschattung und Terror alltägliche Erfahrungen unserer Missionare. In der Tschechoslowakei verhaftete die Polizei 1973 die meisten der Kernmitglieder. Fast 30 junge Menschen erhielten Gefängnisstrafen von bis zu fünf Jahren; andere wurden freigelassen, litten aber unter anhaltenden Repressionen. In Frankreich verübten 1976 nicht identifizierte Angreifer einen Bombenanschlag auf unser Missionszentrum Villa Aublet in Paris und verletzten dabei zwei Mitglieder. Unsere französischen Mitglieder marschierten vom Eiffelturm zum Trocadéro, forderten Religionsfreiheit und gewannen die Sympathie vieler Menschen. Als sich schließlich herausstellte, dass Kommunisten an dem Bombenanschlag beteiligt waren, verurteilten prominente Führer, darunter auch Mitglieder des US-Kongresses, öffentlich diesen Angriff auf die Religion.

Es gab leider noch schlimmere Tragödien. In der Blüte ihrer Jugend, im Alter von 24 Jahren, starb Marie Živná, eines der treuesten Mitglieder in der Tschechoslowakei, in einer kalten Gefängniszelle in Bratislava. Im Dezember 1980 wurde in Tansania der japanische Missionar Masaki Sasamoto erschossen. Er opferte sein Leben als Märtyrer. Eine Reihe von Mitgliedern in den Vereinigten Staaten und anderen Ländern kamen beim Fundraising oder bei Missionsaktivitäten ums Leben.

Trotz solcher Tragödien setzten die Mitglieder ihre Arbeit fort. In den 1980er Jahren nannten die europäischen Missionare, die strategisch hinter dem Eisernen Vorhang arbeiteten, ihr Projekt „Mission Butterfly". Sie missionierten vorsichtig in ständiger Gefahr, von der Geheimpolizei aufgespürt und verhaftet zu werden, das Land verlassen zu müssen oder Schlimmeres zu erleben.

1987 versammelten mein Mann und ich die Butterfly-Missionare in aller Stille in unserem amerikanischen Wohnsitz in East Garden. Bis spät in die Nacht hörten wir ihren bewegenden Geschichten zu. Dabei flossen ununterbrochen Tränen. Sie erzählten aus tiefstem Herzen Geschichten, die sie nicht einmal ihren Eltern oder Geschwistern erzählen konnten. Als wir ihre Berichte hörten, waren wir zutiefst betroffen über ihre schwierigen Umstände.

Da Missionare als Staatsfeinde angesehen wurden, war der Aufenthalt in ihrem Missionsland mit Risiken verbunden, aber dies bestärkte sie nur in ihren Gebeten und ihrem Glauben an Gott. Ein Missionar sagte zu uns: „Ich weiß nicht, wann oder wo ich in irgendeine Gefahr geraten werde. Ich weiß nur, dass mein Leben durch Offenbarungen Gottes direkt gelenkt wird. Wenn es eine gefährliche Situation gibt, erscheint Gott in meinem Traum und führt mich auf den Weg, den ich gehen soll."

Als unser kurzes Treffen vorbei war und sie wieder in ihre Länder abreisten, umarmte ich sie, einen nach dem anderen, und winkte ihnen nach, bis sie außer Sichtweite waren. Der Gedanke, dass diese jungen Menschen mit ihren reinen Herzen, die aus tiefster Leidenschaft für Gott und die Wahren Eltern handelten, auf dem Weg in Länder waren, wo ihnen Lebensgefahr drohte, ohne dabei zu wissen, wann wir uns wiedersehen würden, schmerzte mein Herz und meine Augen füllten sich mit Tränen.

Dass unsere Missionare für nichts anderes als den Glauben an die Wahren Eltern verfolgt wurden, ist eine traurige Realität der Geschichte, doch ihre Entschlossenheit, die Mission voranzutreiben, war eine Ruhmestat der Geschichte. Ausgewählte Mitglieder gingen in jeden Winkel der Welt. Trotz Leid und Gefahr stürzten sie sich in viele Arten von Unternehmungen: Sie organisierten Hilfsprojekte, gründeten Schulen, boten Berufsausbildung an, kultivierten die Wildnis, bauten Fabriken, Häuser und Gemeinden auf und beschafften mit ihrer eigenen Kreativität und der Hilfe des Himmels die nötigen Mittel.

Es schmerzte mich bei jedem Aussenden von Missionarinnen und Missionaren, dass wir ihnen nur begrenzte Mittel mitgeben konnten. Ich ermutigte sie, indem ich ihnen sagte, dass Gott uns allen den größten Segen geben wird, wenn unsere Träume verwirklicht werden. Als ich sah, wie sehr diese Worte ihre Entschlossenheit stärkten, erkannte ich, dass spirituelle Ermutigung eine stärkere Unterstützung war als jede materielle Hilfe.

In der Anfangsphase der Bewegung waren unsere Mitglieder sehr bemitleidenswerte Menschen: Sie wurden gejagt und verfolgt. Manche wurden in verschneiten Nächten aus ihren Häusern vertrieben und beteten dann in Tränen aufgelöst vor den Mauern ihres eigenen Hauses. Sie wurden aus fremden Ländern deportiert oder ins Gefängnis gesteckt, beschossen und sogar beim Fundraising getötet. Sie mussten ihren Weg in der Wüste finden, wobei ihnen nur das Sternenlicht am Nachthimmel den Weg wies. Diese treuen Seelen durchquerten allein dunkle Wälder, um Gottes Wort zu verbreiten. Sie trugen ihre Sorgen tief im Inneren, behielten ihren Glauben und gaben ihre Überzeugung weiter. Heute wirkt die Familienföderation für Weltfrieden und Vereinigung, die wir im Jahr 1994 als Nachfolgeorganisation der

Vereinigungskirche gründeten, in mehr als 190 Nationen. Dieser Einsatz für Frieden und wahres Familienleben wuchs aus dem Samen der aufopferungsvollen Liebe unserer Missionarinnen und Missionare.

Eine tränenreiche Vortragsreise

„Mama, packst du schon wieder deinen Koffer?" Ich antwortete meiner dritten Tochter, Un-jin, nicht sofort. Meine älteste Tochter, Ye-jin, die neben mir stand und mir schweigend beim Packen geholfen hatte, fragte: „Mutter, wohin gehst du diesmal?"

Das war immer das erste, was meine Kinder fragten, wenn sie sahen, dass ich einen Koffer herausholte und zu packen begann. Kleine Kinder wünschen sich, dass ihre Mutter immer in ihrer Nähe ist, mit ihnen spielt und sie umarmt. Aber weil ich in kirchliche Aktivitäten eingebunden war und dabei viele Menschen treffen und oft reisen musste, war ich häufiger von meinen Kindern getrennt als mit ihnen zusammen. Wenn ich den Koffer herausholte, um meine Sachen zu packen, signalisierte dies meinen Kindern, dass ich eine neue Mission weit weg von zuhause beginnen würde.

Reisen kann zwar angenehm sein, aber wenn es sich um eine Mission handelt, beginnen die Herausforderungen bereits mit dem Moment der Abreise. Selbst wenn man während der Reise in einem Palast wohnt, ist das Herz unruhig, da man nicht zuhause ist. Außerdem ist jeder Schritt, den man in einer öffentlichen Mission unternimmt, mit großer Verantwortung verbunden.

Nach der Heiligen Hochzeit von 1960 war ich ein Jahrzehnt lang selten zuhause, und genauso selten fühlte ich mich wirklich wohl. Ich reiste durch das ganze Land, besuchte an einem Tag ein kleines Dorf in der Nähe der Demarkationslinie zu Nordkorea, reiste an einem anderen

Tag zu einem abgelegenen Inseldorf, nahm an Veranstaltungen teil und verbrachte Zeit mit den Mitgliedern. Mein Herz war nicht in der Lage, auch nur einen einzigen Tag lang zu entspannen.

Im Jahr 1969 begann mit der Fahrt über das Meer nach Japan die Zeit meiner vielen Reisen in andere Länder. Ich hatte einen sehr anspruchsvollen Terminkalender. Wenn ich in einer neuen Stadt oder einem neuen Land ankam, behandelte ich die Menschen wie meine Brüder und Schwestern und betrachtete das Land wie mein eigenes. Gleichwohl nahm ich mir die Zeit, Postkarten zu besorgen, und schrieb am Ende des Tages – oft nach Mitternacht – Briefe an meine Kinder, die sich wünschten, ich wäre zuhause. Hier ist einer von ihnen:

Lieber Hyo-jin,
ich vermisse dich und möchte dich gerne sehen. Mein Sohn, den ich immer rufe, an den ich immer denke, zu dem ich laufe und den ich umarme, mein guter, süßer, kostbarer, geliebter Sohn, den ich nie loslassen möchte, du fehlst mir.

Hyo-jin, auch wenn wir für eine Weile getrennt sind, bist du einer der glücklichen Söhne des Himmels.

Unser treuer Sohn, Hyo-jin! Unser gutherziger und kluger Hyo-jin, ich liebe dich. Ich weiß, du wirst ein treuer Sohn des Himmels, ein loyaler Sohn der Erde und des Universums werden; du wirst ein gutes Beispiel für ein treues Kind werden.

Papa und Mama sind so traurig, dass wir so sehr damit beschäftigt sind, dem Willen Gottes zu folgen, und so wenig Zeit haben, mit dir zusammen zu sein. Und doch fühlen wir uns deinetwegen so stolz und sicher. Hyo-jin, du bist anders als andere Kinder. Auch wenn du mit deinen Freunden unterwegs bist, darfst du nicht vergessen, dass du von Gott kommst, und darfst Seine Würde nicht verletzen.

Papa und Mama sind immer stolz auf dich. Wenn wir dich in naher Zukunft sehen, kannst du deinen Papa und deine Mama dann sehr überraschen? Papa und Mama haben einen großen Traum für dich. Mama freut sich darauf und betet immer dafür. Bleib gesund. Auf Wiedersehen.

Die Tatsache, dass ich aufgrund meiner verschiedenen öffentlichen Aufgaben nicht viel gemeinsame Zeit mit meinen Kindern verbringen konnte, belastete mich immer. Trotzdem waren meine Kinder sehr reif für ihr Alter und entwickelten sich gut. Einmal wurde mein ältester Sohn Hyo-jin von einem Zeitungsreporter interviewt.

„Was respektieren Sie am meisten an Ihrer Mutter?" Darauf antwortete Hyo-jin ohne zu zögern:

„Ich bewundere die Liebe und Ausdauer meiner Mutter, mit der sie meinen Vater umarmt und glücklich macht. Alle Mütter auf der Welt sind großartig, aber das Besondere an meiner Mutter ist, dass sie uns absolut vertraut und uns ermutigt. Ich bin tief berührt davon, wie sie das tut. Es ist wirklich erstaunlich, dass sie 14 Kinder zur Welt gebracht hat, obwohl sie so sehr mit globalen Angelegenheiten beschäftigt ist."

Selbst an den heißesten Sommertagen steige ich nicht in ein kaltes Schwimmbecken. Das liegt daran, dass ich, wie erwähnt, viele Kinder zur Welt gebracht habe, vier davon durch Kaiserschnitt. Als ich unseren sechsten Sohn, Young-jin, zur Welt brachte, gab es Komplikationen, weil sein Kopf so groß war. Mein Mann war zu dieser Zeit in Europa. Mir wurde gesagt, dass es sowohl für die Mutter als auch für das Kind gefährlich wäre, wenn wir nicht innerhalb von 30 Minuten handeln würden. Also hatte ich keine andere Wahl, als mich einem Kaiserschnitt zu unterziehen. Wenn man einmal einen Kaiserschnitt hinter sich hat, wird es schwierig, auf natürlichem Weg zu gebären.

Gottes Licht scheint auf einen dornigen Pfad

24. Dezember 1972: Eine Karte, die Mutter Moon an ihren ältesten Sohn Hyo-jin schickte, der hier Geige übt

Deshalb betete ich inständig. Während dieses Gebets kam mir die Szene der Kreuzigung Jesu in den Sinn. Ich bewältigte den Schmerz mit dem Vorsatz, durch die Geburt neuen Lebens die Macht des Todes, die Jesus auf Golgatha umgab, zu überwinden.

Wie für alle Frauen war auch für mich die Geburt eines neuen Lebens eine Erfahrung von Himmel und Hölle. Es fiel mir nicht leicht, vier Kaiserschnitte zu haben, aber jedes Mal, wenn ich gebar, war ich bereit, mein Leben für den Willen Gottes und für das neue Leben zu geben.

So wie unser Haus lebendig wurde, als wir es mit Kindern füllten, entstanden auch neue Kirchen in Städten und Dörfern, voll von neuen Mitgliedern. Von Anfang an war es jedoch nicht unser Ziel, die größte Kirche in Korea zu haben. Unser Ziel war es vielmehr, der Welt Erlösung zu bringen als eine wahre Kirche, die alle Tränen der Menschheit abwischt. Um dieses Ziel zu erreichen, unternahm ich nach der ersten Welttournee 1969 noch weitere Weltreisen. Seit Anfang der 1990er Jahre war ich Hauptrednerin auf mehr Veranstaltungen,

Mutter des Friedens

Versammlungen und Seminaren, als ich zählen kann. Meine Fußspuren finden sich in fast jedem Winkel der Erde, angefangen von mir nicht vertrauten Metropolen bis hin zu kleinen einfachen Dörfern, von sonnenverbrannten Wüsten bis hin zu dichten Dschungeln und atemberaubenden Bergregionen. An allen Orten warteten gesellschaftliche Randgruppen, hilflose Frauen, Kinder und Minderheiten auf mich. Und ich war gespannt darauf, ihnen zu begegnen.

Ich wusste, dass ich ihnen Seelenfrieden bieten konnte und dass jeder Schritt, den ich tat, der Sache des Friedens diente. Dieses Wissen ermöglichte es mir, jede Nacht in einem anderen Hotel in ein anderes Zimmer zurückzukehren und die Arbeit am frühen Morgen des nächsten Tages wieder aufzunehmen. Es geschah oft, dass ich in einem solchen Zimmer in einer fremden Stadt einige Stunden auf einem Stuhl schlief oder in einem Warteraum auf einem Flughafen meine Augen schloss. Manchmal kam ich in eine Stadt und verließ sie wieder, ohne meinen Koffer geöffnet zu haben. Meine Gedanken waren bei den Begegnungen mit den Menschen, die auf mich warteten.

Als ich zum ersten Mal in einer kommunistischen Nation sprach, spürte ich die Anwesenheit von vielen Geistwesen, die gegenüber den lebenden Menschen, die mich empfingen, in der Mehrzahl waren. Während die Balkan-Region in einen Krieg verwickelt war, ging ich nach Kroatien. In dem Augenblick, als ich mein Hotelzimmer betrat, wusste ich, dass es Seelen gab, die einen ungerechten, elenden Tod erlitten hatten und auf Befreiung warteten. Um sie zu befreien, betete ich die ganze Nacht hindurch.

Wenn ich nach Afrika reise, nehme ich Mittel gegen Malaria. Einmal verursachte ein falsches Rezept bei mir schwere Nebenwirkungen und ich bekam Malaria mit Schmerzen und hohem Fieber. Mein hektischer Reiseplan ließ mir keine Zeit für eine Behandlung, aber irgendwie verschwand die Krankheit dann im Laufe meiner Reise.

Gottes Licht scheint auf einen dornigen Pfad

Im Herbst 1996 besuchte ich Bolivien, wo ich eine Erfahrung machte, die ich nicht vergessen kann. Die Hauptstadt La Paz ist mit fast 4.000 Metern Höhe die höchstgelegene Großstadt der Welt. Nicht-Einheimische leiden unweigerlich an der Höhenkrankheit. Ich sollte fast eine Stunde lang reden und hatte deshalb einen Sauerstofftank neben mir am Rednerpult. Erschwerend kam hinzu, dass das Rednerpult jedes Mal umzukippen drohte, wenn ich mich leicht anlehnte. Die einzige Lösung bestand darin, dass ein starkes junges Mitglied das Pult festhielt, während ich sprach. Die Leute waren besorgt, aber ich behielt während der ganzen Rede mein Lächeln. Mir war zwar übel und ich hatte pochende Kopfschmerzen und meine Beine zitterten, aber ich ignorierte das alles. Unter solchen Umständen – kurz vor einem Zusammenbruch – ließ ich mir nichts anmerken und machte weiter. Das Publikum war beeindruckt und die Leute machten mir Komplimente für meinen Vortrag. Einer der Würdenträger der Stadt sagte: „Sie ist wirklich eine von Gott gesandte Person."

Die Veranstaltung war ein riesiger Erfolg und bei der Siegesfeier an jenem Abend drückte ich herzlich die Hände aller anwesenden Mitglieder. Obwohl ich erschöpft war, bewahrte ich einen hohen Geist für die kostbaren Gäste, die VIPs und die Mitglieder, die von weither gekommen waren, um mich zu treffen. Es wurde ein freudiges Ereignis, bei dem wir uns gegenseitig ermutigten. Als ich nach Hause zurückkehrte, umarmte mich mein Ehemann, der all meine Reden über das Telefon oder später über das Internet verfolgte, klopfte mir auf die Schulter und drückte seine Anerkennung aus mit den Worten: „Wo anders könnte man einen so großen Segen erhalten als durch einen derartigen Erfolg an einem Ort, der 4.000 Meter näher am Himmel liegt?"

Mutter des Friedens

Auf meinen Reisen überbrachte ich nicht nur das Wort Gottes, sondern führte auch Zeremonien durch, um die Seelen derer zu befreien, deren Leben geopfert worden waren. Der Sieg der Wahren Eltern auf der Erde hat die Tore der Auferstehung in der Geistigen Welt geöffnet. Die Mitglieder in Österreich führten im Frühjahr 2018 eine solche Zeremonie durch. Wenn man von Wien aus etwa zwei Stunden der Donau flussaufwärts nach Westen folgt, kommt man in den Ort Mauthausen. Inmitten der wunderschönen Landschaft befindet sich ein Besucherzentrum vor einem bedrückenden und unheimlich aussehenden Gebäude. Dieses Gebäude mit seinen hoch aufragenden Mauern aus dicken, grauen Ziegelsteinen verursacht noch immer bittere Tränen der Trauer, denn während des Zweiten Weltkriegs war es ein Konzentrationslager, in dem die Nazis Juden und viele andere gefangen hielten. Viele der fast 200.000 Menschen, die in Mauthausen inhaftiert waren, fanden hier einen elenden Tod.

Was bleibt, sind nicht nur die Relikte von vor 70 Jahren. Der Schmerz, den man dort spürt, ist das Leid der Geistwesen, die noch immer in diesem Gefängnis gefangen sind, gefangen in ihrem Groll. Sie können erst dann auferstehen, wenn die Wahren Eltern der Heilung und Hoffnung sie trösten und ihre bitteren Ressentiments und ihre Trauer lindern.

Zu der Zeremonie kam es auf folgende Weise: Ich war 2018 nach Wien gereist, um auf unserer *Peace starts with Me Rally* in der Wiener Stadthalle zu sprechen. Die Veranstaltung war ein großer Erfolg. Dr. Werner Fasslabend, Österreichs ehemaliger Verteidigungsminister, ein großer Staatsmann, begrüßte mich am Podium. Mehr als 10.000 Menschen hörten meine Botschaft der Hoffnung für die Zukunft und für ein Europa, das zum Wohl anderer lebt. Besonders ermutigt wurde ich durch den positiven Geist der jungen Menschen, die sich zum Frieden bekannten. Aber am nächsten Morgen beim

Frühstück kamen einige unserer europäischen Leiter mit ernsten Mienen zu mir mit der Bitte, ich solle eine Befreiungszeremonie in Mauthausen erlauben. Sie hatten von meinen Befreiungsgebeten für die Opfer der Sklaverei auf der Insel Gorée im Senegal gehört und baten mich eindringlich, dieselbe himmlische Gnade auch den Opfern der Naziverfolgung zu gewähren.

Daraufhin schickte ich spezielle Vertreter zur Durchführung einer Befreiungszeremonie nach Mauthausen. Sie legten Lilien nieder, die ewige Liebe repräsentieren, sprachen besondere Gebete und öffneten damit das Tor für die Linderung des Leidens dieser gequälten Seelen. Sie beteten, dass diese Menschen, die jetzt in der Geistigen Welt leben, ihre Trauer und ihre Ressentiments loslassen können und absolut gute Geistwesen werden, die ihren Weg in das Reich des Segens und der Freude finden, das Gott für uns alle vorbereitet hat.

30. April 2018: Befreiungsgebet im ehemaligen Konzentrationslager Mauthausen

Es ist wichtig, Denkmäler zu errichten und die Menschen über historisches Unrecht aufzuklären. Noch wichtiger ist es jedoch, diejenigen, die vor uns hier waren und zu Unrecht leiden und sterben mussten, von der bitteren Qual und dem Zorn zu befreien, die sie noch in sich tragen.

Wohin ich auch gehe, treffe ich Menschen, die mich nicht persönlich kennen und mich doch an beiden Händen festhalten und nicht loslassen wollen. Ihre Trauer über meine Abreise hat sich tief in mein Herz eingeprägt. Viele Menschen wollen mich sehen und nachdem wir einige Zeit miteinander verbracht haben, fühlen sie eine Leere, wenn ich wieder weg bin. Das liegt daran, dass wir durch den Himmel miteinander verbunden sind. Unsere ursprünglichen Eltern haben sich vor 6.000 Jahren aus Gottes Umarmung gelöst. Der eingeborene Sohn und die eingeborene Tochter verbinden Himmel, Erde und Menschheit wieder miteinander und führen die Menschen zu einem wahren Leben. Deshalb sind Menschen oft zu Tränen gerührt, wenn sie Gottes eingeborener Tochter begegnen.

Ich bin im Lauf der Jahrzehnte hunderttausende von Kilometern gereist, um Gottes Liebe zu überbringen. Dies hat mich stets glücklich gemacht, obwohl meine Reisen meist sehr beschwerlich waren. Meine Worte und meine Fußspuren werden nie verschwinden. Jeden Tag werden sie sich vervielfältigen und Früchte tragen, die diese und die zukünftige Welt bereichern werden.

Narzissen

„Was bedeutet ‚Belvedere'?", fragte ich unsere erste Missionarin in den Vereinigten Staaten. „Auf Italienisch", antwortete sie, „bedeutet es ‚schöne Landschaft, eine herrliche Aussicht'." Dr. Young Oon Kim war eine ehemalige Professorin, eine in Kanada in methodistischer Theologie ausgebildete Koreanerin, die sich durch die Führung Jesu unserer Bewegung angeschlossen hatte. Diese hingebungsvolle Missionarin hatte amerikanische Mitglieder mobilisiert, um durch den Verkauf von Kerzen die notwendigen Mittel für den Erwerb von Belvedere, einem wunderschönen Anwesen am Hudson River in Tarrytown, New York, aufzubringen und es als Trainingszentrum für unsere internationale Bewegung vorzubereiten. Mir gefiel der Name, weil er zu einem Ort passt, an dem Menschen Gottes Liebe in einer friedvollen Umgebung intensiv erfahren können.

Ab 1972 wurden unsere amerikanischen Mitglieder und Gäste inmitten der schönen Bäume und ausgedehnten Rasenflächen von Belvedere in Workshops, die von einem Wochenende bis zu einer Dauer von 100 Tagen reichten, mit dem *Göttlichen Prinzip* vertraut gemacht. Mein Mann hielt außerdem jeden Sonntag um 6.00 Uhr morgens eine Predigt. Das Trainingszentrum war oft überfüllt mit jungen Leuten aus der ganzen Welt, die kamen, um meinen Mann und mich zu treffen.

In den ersten Jahren pflanzte ich gelbe Narzissen in Belvedere und in unserem nahegelegenen Wohnsitz East Garden. Warum Narzissen? Narzissen sind die Vorboten des Frühlings. Als die ersten Blumen, die den gefrorenen Boden durchstoßen, nachdem sie der Kälte des Winters widerstanden haben, kündigen sie das Kommen von Wärme und neuem Leben an. Ich bin immer wieder erstaunt über diese Vorsehung, die Mutter Natur uns zeigt, und über die Kraft der Sprossen, die dort erscheinen, wo noch Schnee liegt. Rosen und Lilien, die im

Frühling oder Hochsommer blühen, sind schön, aber am meisten schätze ich die kleine Narzisse, deren bescheidene, unscheinbare Blüte den Bann des kalten Winters bricht. Berufen, die eingeborene Tochter Gottes und die Wahre Mutter zu sein, besteht mein Weg darin, den eisigen Griff der menschlichen Sünde zu durchbrechen und zu helfen, Gottes Segen in die Welt zu bringen. Deshalb identifiziere ich mich oft mit dieser bezaubernden Blume.

Es war für mich eine Freude, im Sommer 2016 für ein besonderes Ereignis nach Belvedere zurückzukehren. Am 1. Juni feierten die amerikanischen Mitglieder den 40. Jahrestag der *God Bless America Rally*, die im Yankee Stadium stattgefunden hatte. Diese Veranstaltung von 1976 war für uns ein monumentales Ereignis. Dort verkündete mein Mann, dass Amerika das von Gott vorbereitete Land ist, das die Verantwortung hat, durch seinen christlichen Geist und sein christliches Fundament die Einheit aller Ethnien, Nationen und Religionen herbeizuführen.

Dass Gott eine koreanische Bewegung, die Vereinigungskirche von Sun Myung Moon und Hak Ja Han, berufen musste, um Amerika an seine Bestimmung zu erinnern, ist schon etwas ironisch. Dem Ruf Gottes folgend, versuchten wir mit aller Kraft, das in Unruhen und Korruption versunkene Amerika zu erwecken. Zu jener Zeit waren Vater Moon und ich nur als die Gründer einer neu entstandenen religiösen Bewegung aus dem Osten bekannt. Heute, ein halbes Jahrhundert später, fühle ich wie damals die große Sehnsucht und Hoffnung, Gottes globales Friedensreich auf die Welt zu bringen.

Von ganzem Herzen war ich den Familien dankbar, die sich an diesem Tag in Belvedere versammelten hatten, um den 40. Jahrestag zu feiern. Sie waren wie ein Meer von Narzissen. 1976 waren sie in ihren

Zwanzigern gewesen und jetzt waren sie mit ihren Kindern und Enkelkindern hier. Irgendwann sangen wir „You Are My Sunshine" (Du bist mein Sonnenschein). Es ist ein einfaches Lied, aber eines, das ich nie vergessen werde, denn für mich und für alle, die an diesem Tag versammelt waren, machte es die Ereignisse von Yankee Stadium lebendig. Ich war überwältigt von Gefühlen, meditierte still und durchlebte erneut die Erinnerungen, die mich durchfluteten.

Der puritanische Geist, der Gott und religiöse Freiheit um jeden Preis suchte, hatte die Vereinigten Staaten hervorgebracht. Doch mit der Zeit entstand in Amerika eine egoistische und dekadente Kultur, die seine ursprüngliche Orientierung an Gottes Willen verdrängte. Dem traditionellen Christentum fehlte es an spirituellen Ressourcen, um den Vormarsch der sexuellen Unmoral und des Materialismus zu verhindern. Als mein Mann und ich im Dezember 1971 hier ankamen, investierten wir zusammen mit unseren Mitgliedern all unsere Kräfte, um den Gründergeist Amerikas wiederzubeleben und die Amerikaner zu bewegen, ihrer gottgegebenen Verantwortung gerecht zu werden. Gottes Traum ist es, dass alle Menschen auf der Welt dankbar und glücklich im friedlichen Bereich der Liebe Gottes leben. Wir wussten, dass wir dazu eine revolutionäre Kultur des Herzens erwecken mussten. Dies war der Anstoß für unsere *Yankee Stadium Rally* am 1. Juni 1976.

1976 fand die Zweihundertjahrfeier der Gründung der Vereinigten Staaten statt. Als Koreaner und Bürger einer Republik, die ihre Existenz zum großen Teil den Vereinigten Staaten verdankt, lieben wir Amerika. Seit 1972 hatte mein Mann in ganz Amerika sehr eindringliche öffentliche Ansprachen gehalten und gesagt:

„Gott hat mich in der Rolle eines Arztes und als einen Feuerwehrmann gesandt, um Amerika zu retten." Wir glaubten, dass Amerika eine auserwählte Nation ist, und verkündeten als Thema für die Veranstaltung 1976: „God bless America" (Gott segne Amerika). Wir erhoben unsere Stimmen, um zu erklären, dass Gott Amerika braucht, um den Kommunismus zu überwinden und eine familienzentrierte Moral wiederherzustellen.

Unsere weltweiten Mitglieder beteten 1976 den ganzen April und Mai hindurch für den Erfolg im Yankee Stadium. Freiwillige kamen von überall aus den Vereinigten Staaten sowie aus Japan und Europa nach New York, um die Menschen zur Teilnahme einzuladen. Sie taten dies unermüdlich und voller Enthusiasmus. In diesen zwei Monaten versuchten wir, einen schlafenden Riesen zu wecken und die demokratische Welt neu zu beleben, indem wir dem Einfluss des Kommunismus und der Kultur der Drogen und des freien Sex entgegenwirkten, die die Moral der jungen Menschen in Amerika zerstörten. Wir betrachteten die Zweihundertjahrfeier als einen Scheideweg, ein Ereignis, das signalisieren würde, ob wir die Richtung Amerikas ändern können oder nicht. Durch die harte Arbeit unserer Mitglieder kamen Menschen aus der gesamten Umgebung New Yorks sowie Unterstützer aus anderen Bundesstaaten und Nationen zusammen.

Und an diesem ersten Tag im Juni versammelten sich auch andere. So wie in Korea, wo sich Christen und Kommunisten von rechts und links zusammenschlossen, um uns anzuklagen und anzugreifen, schrien und tobten Demonstranten vor dem Yankee Stadium. Die Polizei war mit dieser Situation überfordert; also schickten wir viele unserer aktiven Mitglieder von ihren Plätzen im Stadion hinaus, um die gegnerische Menge abzuwehren und den mehr als 50.000 Menschen friedlichen Einlass zu gewähren.

Wie die geschichtlichen Aufzeichnungen berichten, lag das eigentliche Drama jedoch nicht in den Protesten. Das wirkliche Drama war das Wetter. Tausende von Menschen saßen bereits auf ihren Plätzen

Gottes Licht scheint auf einen dornigen Pfad

1. Juni 1976: God Bless America Festival, Yankee Stadium, New York

und tausende mehr wollten das Stadion betreten, als immer dunklere Wolken am Himmel aufzogen. Die Transparente und Schilder, die Soundanlage und die Bühne waren aufgebaut; die Band und der Chor befanden sich an Ort und Stelle. Plötzlich fegte ein gewaltiger Sturm durch das Stadion. Heftige Winde wehten, Regen goss in Strömen herab, unsere *God Bless America*-Banner wurden von den Außenmauern gerissen und unsere Plakate wurden völlig nass. Die Ausrüstung auf der Bühne wirbelte durch die Luft. Der Regen durchnässte auch die Menschen; es war ein unbeschreibliches Durcheinander. Und außerhalb des Stadions brüllte und schrie die Menge der Gegner und überhäufte uns mit Spott.

Man hätte sich fragen können: Ist Gott wirklich mit uns? Ist dies alles Teil von Gottes Plan? Dann sprang einer unserer jungen amerikanischen Leiter auf die Bühne, hob die Arme wie ein Dirigent vor einem Orchester und begann aus voller Kehle zu singen: „You are my sunshine, my only sunshine. You make me happy when skies are gray." (Du bist

Mitglieder der Vereinigungskirche dirigieren die Menge beim Singen von "You Are My Sunshine", dem Lied, das ein Wunder schuf

mein Sonnenschein, mein einziger Sonnenschein. Du machst mich glücklich, wenn der Himmel grau ist.)

Es war wie ein Signalfeuer. Im Herzen vereint begannen alle zu singen: „You are my sunshine, my only sunshine!" Ein überwältigender Chor breitete sich im Stadion aus und Freudentränen vermischten sich mit den Regentropfen, die über die Gesichter flossen. Die sommerlichen Sturmböen, die Kritik unserer Gegner und das Gedränge um den Schutz der technischen Ausrüstung – das alles hatte unseren Geist nur gestärkt. Auch wenn wir durchnässt waren, suchte niemand Schutz. Der Himmel war unser Schutz, der die Menschen aller Ethnien, Nationen und Religionen vereinte, die das Yankee Stadium füllten.

Dieser Gesang war eine Grundlage des Glaubens und der Einheit, die Gott bewegte. Der Himmel über dem Yankee Stadium begann sich aufzuhellen. Die Dunkelheit, in die sowohl Himmel als auch Erde gehüllt waren, begann zu weichen. Die Sonnenstrahlen kamen durch

Gottes Licht scheint auf einen dornigen Pfad

und das Fest, das völlig gescheitert schien, wurde neugeboren. Unsere Freiwilligen fegten die Bühne, wischten die technische Ausrüstung ab und räumten die heruntergefallenen Schilder aus dem Weg. Nun, da der Sonnenschein alle erwärmte, begann das Programm.

Bevor mein Mann die Bühne betrat, sprach er ein Gebet. Dann ergriff er meine Hand und sagte: „Dank deiner aufrichtigen Hingabe und deines Gebets gehe ich heute auf die Bühne." Das dankbare Lächeln meines Mannes war wärmer als die Sonne, die durch die Wolken schien. Ich hatte wirklich das Gefühl, dass wir und unsere gesamte globale Familie die Dunkelheit durchdrungen hatten. Von der Grenze des Todes waren wir wieder auferstanden in eine strahlende Zukunft für Himmel und Erde. Ich strich die kalten Regentropfen aus meinem Gesicht und zur Ermutigung umarmte ich ihn.

Wir hatten einen starken Glauben an Gott und an die Rettung der Welt und verloren nicht den Mut, denn wir waren uns voll bewusst, dass Gott mit uns war. Verglichen mit den Härten und der Unterdrückung, denen wir in unserem Heimatland ausgesetzt waren, bevor wir in die Vereinigten Staaten kamen, war das nichts. Wir verwandelten die Rufe der Gegner in Lieder des Lobpreises. Der strömende Regen und die Windböen wehten unsere Schilder hinweg, aber nicht unsere Liebe.

Als mein Mann die Bühne betrat, begrüßte ihn das Publikum mit lautem Applaus. „Wer sind die wahren Amerikaner?", fragte er. „Die wahren Amerikaner sind diejenigen, die einen universellen Geist haben. Wahre Amerikaner sind diejenigen, die an die eine Menschheitsfamilie glauben, jenseits von Hautfarbe und Nationalität, so wie es Gott gewollt hat. Wahre Amerikaner sind diejenigen, die stolz sind auf solche internationalen Familien, Kirchen und Nationen, die aus allen Völkern bestehen." Glaube und Mut machten die Veranstaltung zu einem großen Erfolg.

30 Jahre später, im Juni 2006, eröffnete unsere Bewegung auf unserem weitläufigen Gelände am Cheongpyeong-See in Südkorea ihren Welthauptsitz, den Cheon Jeong-Palast. In seinen Gärten habe ich keine Rosen oder Lilien gepflanzt, sondern Narzissen. Und zu Beginn des Frühlings, wenn ich die gelben Blumen sehe, die unter dem schmelzenden Winterschnee hervorschauen, werde ich sanft an das Ereignis im Yankee Stadium erinnert.

Narzissen, die Wind und Schnee überstehen, sind ein Signal für das Entstehen neuen Lebens. Ihre leuchtenden kleinen Blütenblätter, die Farbe des Sonnenlichts, sind das erste Zeichen dafür, dass der Frühling endlich gekommen ist. Sie werden immer einen besonderen Platz in meinem Herzen haben. Für mich symbolisieren sie die Schönheit und den Frieden, die in unserer Bewegung weltweit aufblühen. Sie sind scheinbar klein, aber in ihrem Inneren ist eine Fülle neuen Lebens, das uns vergessen lässt, dass es jemals einen Winter gegeben hat.

Als ein Sommerregen auf den Rasen fiel

In seinem 1991 erschienenen Roman „Mao II" schrieb der amerikanische Schriftsteller Don DeLillo, dass die Massenhochzeiten der Vereinigungsbewegung wegweisend für die Zukunft der Menschheit sein könnten. Interessanterweise stellte er unsere Segnungszeremonie 1982 im Madison Square Garden so dar, als hätte sie im Yankee Stadium stattgefunden. Auf jeden Fall beschrieb DeLillo, dass unter den tausenden von jungen Paaren, die ihre Ehe und Familie Gott widmeten, Einheit und Harmonie herrschten, und bemerkte: „Wir alle sind Moonies, oder sollten es sein."

Damals waren wir oft – nicht gerade liebevoll – als „die Moonies" bekannt. Der Name war eine Erfindung der Medien. Wir waren neu und aufregend. Ungeachtet des Namens begriff DeLillo etwas Bedeutendes. Ich bin sicher, Millionen von Amerikanern hatten eine ähnliche Intuition. In der Tat sollte und wird jeder eines Tages an der Ehesegnung für den Weltfrieden teilnehmen.

Als mein Mann und ich im Dezember 1971 in den Vereinigten Staaten ankamen, fünf Jahre vor der *Yankee Stadium Rally*, sahen wir eine Welt, die wie ein Schiff ohne Kompass auf einem nicht vermessenen Ozean trieb. Die Bedrohung durch den Kommunismus wuchs und das Christentum verlor an Kraft. Christliche Theologen präsentierten sogar Rechtfertigungen für den Kommunismus. Junge Menschen irrten ohne Zweck und Ziel umher, verführt durch sexuelle Versuchungen und eine falsche Freiheit, für die die Antibabypille warb. Die Vereinigten Staaten, die mit dem Blut und Schweiß von gläubigen Menschen gegründet worden waren, die den Atlantik überquert und ihr Leben im Streben nach Religionsfreiheit riskiert hatten, brachen ihren Bund mit Gott.

Vom Augenblick unserer Ankunft in Amerika an eilten wir von himmlischer Energie erfüllt voran. Immer mehr junge Menschen in den Vereinigten Staaten und in der westlichen Welt fühlten sich von unseren idealistischen Lehren angesprochen. Wir teilten mit den Mitgliedern unsere Sorgen um die Herausforderungen, vor denen die Welt stand, und sprachen mit ihnen über die Verantwortung, die wir gemeinsam mit ihnen erfüllen wollten. „Die demokratische Welt steht aufgrund der Bedrohung durch den Kommunismus vor einer akuten Krise", erklärten wir, „wir müssen alles investieren, um diese zu überwinden."

Innerhalb von zwei Monaten nach unserer Ankunft führten mein Mann und ich eine Vortragsreise durch sieben Städte durch und mobilisierten Mitglieder in New York, Philadelphia, Baltimore, Washington DC, Los Angeles, San Francisco und Berkeley. Am Anfang war es schwierig, aber als wir in Kalifornien ankamen, hatten wir für unsere drei Vortragsabende überfüllte Säle. In diesen Städten engagierten sich dann einige der jungen Menschen, die an unseren Vortragsveranstaltungen teilgenommen hatten, für unsere Sache. Anfang 1973 hatten wir mehrere Bus-Teams, die das ganze Land bereisten, und in den meisten Bundesstaaten ein Missionszentrum. Aus diesen Gruppen, die durch tatkräftige Leiter und Mitglieder aus Japan und Europa und das *Korean Folk Ballet* verstärkt wurden, bildeten wir die *One World Crusade* und einen Chor, die *New Hope Singers International.* Wir liebten deren brennende Leidenschaft und ihren Wunsch, die Welt zu erhellen.

Durch die Energie meines Mannes hatten wir 1972, ein Jahr nach unserer Ankunft in den Vereinigten Staaten, bereits sehr viele Projekte in Gang gesetzt. Wir beriefen das erste Treffen der *International Conference on the Unity of the Sciences (ICUS)* im Waldorf Astoria Hotel in New York City ein. Wir gründeten den amerikanischen Zweig der *Professors World Peace Academy (PWPA)* und stärkten die bereits bestehende *Freedom Leadership Foundation,* die sich der Überwindung des Kommunismus widmete. In Belvedere lehrten wir hunderte von jungen Mitgliedern, nach Gottes Wort zu leben, und im Herbst 1973 waren unsere mobilen Teams und lokalen Zentren voll funktionsfähig, so dass wir eine zweite nationale Vortragsreise durchführten, diesmal durch 21 Städte. In jeder Stadt veranstalteten wir ein Bankett für namhafte Persönlichkeiten in Kirche und Gesellschaft. Zahlreiche Bürgermeister überreichten uns die Schlüssel zu ihrer Stadt. Anschließend hielten wir drei Abende lang öffentliche Vorträge über Gott, Amerika und die Zukunft des Christentums.

Gottes Licht scheint auf einen dornigen Pfad

In dieser Zeit kam es in Amerika zu einer Krise. Im Jahr 1972 war Richard Nixon von einer überwältigenden Mehrheit als Präsident für eine zweite Amtsperiode gewählt worden, doch ein Jahr später hatte sich die Stimmung in der Bevölkerung gegen ihn gewandt. Die Medien und Präsident Nixons politische Gegner forderten ihn wegen der Watergate-Affäre zum Rücktritt auf. Seine möglichen Verbündeten hatten nicht die Macht, ihn zu verteidigen. Selbst christliche Leiter hielten sich zurück und schwiegen.

Es war mein Mann, der das Wort ergriff. Unsere Bewegung veröffentlichte in 21 führenden Zeitungen den Artikel: „Amerika in der Krise: Antwort auf die Watergate-Affäre: Vergebt, liebt, vereinigt euch." Dabei ging es nicht allein darum, Präsident Nixon zu vergeben, sagte Vater Moon, sondern – um der Welt willen – als Nation zu vergeben, zu lieben und sich zu vereinen.

Präsident Nixon war entschlossen, den Vietnamkrieg zu gewinnen und den Kommunismus von Südostasien fernzuhalten. Als Opposition verwirrten kommunistische Anhänger die amerikanische Öffentlichkeit und organisierten Demonstrationen gegen ihn auf den College-Campussen und sogar auf der National Mall (Nationalpark in Washington DC). In dem Bestreben, die Ehrfurcht vor Gott zu wecken und unter den nach Gerechtigkeit dürstenden Amerikanern ein Feuer zu entfachen, begannen unsere Mitglieder für Gott und die Würde der amerikanischen Präsidentschaft zu demonstrieren. Wir erregten die Aufmerksamkeit der Medien und der Präsident selbst wurde auf uns aufmerksam.

Anfang 1974 schickte uns Präsident Nixon eine Einladung, ihn im Weißen Haus zu treffen. Präsident Nixon war besorgt, da er sich der Wahrscheinlichkeit eines Amtsenthebungsverfahrens bewusst war. Während unsere Mitglieder intensiv für das Weiße Haus beteten, riet ihm mein Ehemann, stark zu bleiben, jedes Fehlverhalten zu bekennen und zum nationalen Gebet, zur Einheit und Erneuerung aufzurufen.

18. September 1974: Veranstaltung „Die Neue Zukunft des Christentums", Madison Square Garden, New York

Im Anschluss an unser Treffen mit dem Präsidenten brachen wir erneut auf, diesmal um in 32 Städten zu sprechen, womit wir alle 50 Bundesstaaten, einschließlich Alaska und Hawaii, abgedeckt hatten. Zuerst waren die meisten Amerikaner perplex, als sie von einem christlichen Leiter aus dem Osten hörten. Aber uns zu kennen bedeutet, uns zu lieben, und wo immer wir hinkamen, waren die Menschen berührt und nahmen von unserer Botschaft etwas Wertvolles mit. Das öffentliche Interesse nahm von Tag zu Tag zu und mit ihm kamen Kontroversen.

Die letzte Tournee dieser Ära, eine Acht-Städte-Tournee, begann am 18. September im Madison Square Garden in New York City mit einer Rede über „Die Neue Zukunft des Christentums." Es war der erste wirklich große Veranstaltungsort, den die Vereinigungskirche zu füllen suchte, und die Veranstaltung hatte eine erstaunliche Wirkung. Mehr als 30.000 Menschen füllten den „Garden", während weitere 20.000 abgewiesen werden mussten.

7. Juni 1975: Weltkundgebung für die Freiheit Koreas, Yoido Plaza

Ohne eine Pause einzulegen, hielten wir noch weitere Veranstaltungen ab, die die Welt beeinflussten. Unsere Zuversicht, große Arenen zu füllen, führte zu größerer Dankbarkeit gegenüber Gott, unseren Himmlischen Eltern, und gegenüber unseren Mitgliedern, die dem *Göttlichen Prinzip* und der Vorsehung des Himmels treu folgten und weiterhin folgen. Zur selben Zeit demonstrierten wir in Korea die Macht der Bewegung *Victory Over Communism (VOC)* bei einer Kundgebung von 1,2 Millionen Menschen auf der Insel Yoido in Seoul. Dies führte in den 1980er Jahren zu einer landesweiten Bewegung, deren Ziel die Wiedervereinigung von Nord- und Südkorea ist. Die VOC-Lehre verbreitete sich über Japan und Asien hinaus. Durch die *Confederation of Associations for the Unity of the Societies of the Americas (CAUSA)* nahmen führende Persönlichkeiten der westlichen Hemisphäre, darunter einflussreiche Politiker in Lateinamerika und 70.000 Mitglieder des Klerus, an den CAUSA-Seminaren teil.

Die *Yankee Stadium Rally* am 1. Juni 1976 war die erste Hälfte der *God Bless America Rally*, die zu Ehren der Zweihundertjahrfeier der Gründung der Vereinigten Staaten stattfand. Angesichts des Erfolgs dieser Veranstaltung beschlossen wir, nicht lange zu warten, sondern im September, nur drei Monate später, eine Veranstaltung am Washington Monument in Washington DC abzuhalten. Es überraschte nicht, dass Mitglieder der US-Regierung mit nicht gerade edlen Motiven zusammen mit engstirnigen religiösen Führern und Anti-Kult-Gruppen, die die Gefühle der Eltern von Mitgliedern ausnutzten, einen Großangriff auf uns starteten. Immer auf der Suche nach einer Kontroverse, beeinflussten die Medien ihre Leserschaft durch Artikel und Reportagen, in denen wir herabgesetzt und kritisiert wurden.

Bei den Veranstaltungen im Yankee Stadium und am Washington Monument stellten sich mehr als 30 gegnerische Gruppen, darunter die Kommunistische Partei der USA, gegen uns. Trotzdem legten mein Mann und ich völlig furchtlos und ohne jeden Gedanken daran, uns zurückzuziehen, unsere persönlichen Sicherheitsbedenken beiseite und widmeten unser Leben der Zukunft der Vereinigten Staaten. Wir investierten alles, was wir hatten, um die amerikanischen Kirchen und das amerikanische Volk für die Realität Gottes, die Wahrheit der Bibel und die überragende Bedeutung eines auf Gott gegründeten Ehe- und Familienlebens jenseits von Ethnie, Nation und Religion zu begeistern. Diese Botschaft auf der riesigen Fläche der National Mall zu verkünden, war unser Ziel und nichts konnte daran etwas ändern.

Gottes Licht scheint auf einen dornigen Pfad

18. September 1976: God Bless America Rally am Washington Monument, Washington DC

Nach langem Hin und Her erteilte die Regierung 40 Tage vor der Veranstaltung die Genehmigung für ihre Durchführung auf der National Mall. Jetzt waren die Würfel gefallen. Ich fühlte mich, als würde ich eine wasserlose Wüste mit einer 40 Tage entfernten Oase betreten. Auf der emotionalen Ebene schienen diese 40 Tage mehr als 40 Jahre zu sein.

Wohin ich auch ging, was ich auch tat, mit wem ich auch zusammen war, ich konnte nur an die Veranstaltung denken. Ich war so in sie vertieft, dass ich das Frühstück mit dem Abendessen und das Abendessen mit dem Frühstück verwechselte und das Mittagessen ganz verpasste. Ich glaube, ich war nicht die Einzige, der es so erging.

Die Veranstaltung wurde nicht abgehalten, um für die Vereinigungskirche zu werben, und auch nicht, um die Namen von Sun Myung Moon und Hak Ja Han bekanntzumachen, ganz im Gegenteil. Wir opferten innerlich und äußerlich so viel, damit sie stattfinden konnte. Wir wurden darüber informiert, dass es einen Terroranschlag geben könnte, aber wir hatten keine Angst davor.

Schließlich kam der 18. September 1976, der Tag unserer Veranstaltung zur Zweihundertjahrfeier der Vereinigten Staaten auf dem riesigen Gelände rund um das Washington Monument. Mein Mann und ich standen früh am Morgen auf, beteten zusammen und machten uns auf den Weg zur National Mall. Wir waren ernster als jemand, der auf dem Weg zum Galgen war, nicht aus Angst um uns selbst, sondern wegen der enormen Bedeutung, die das Ereignis für die Vorsehung haben würde.

Bis zum Mittag versammelten sich auf dem Platz mehr als 300.000 Menschen friedlich, hoffnungsvoll und dankbar. Es war in der Tat ein großartiger und erstaunlicher Anblick. Die amerikanischen Medien, die Regierung und bestimmte religiöse Hierarchien hatten sich gegen die Vereinigungskirche gestellt, aber wir hatten alle Herausforderungen gemeistert.

Die Menschen aus Amerikas bescheidenen Wohngebieten in Richmond, Washington DC, Baltimore, Wilmington, Philadelphia, New York, New Haven, Boston und anderen Städten versammelten sich für Gott und für Amerika. Sie waren es, die die *Washington Monument Rally* zu einem riesigen Erfolg machten. Unsere Mitglieder hatten alle verfügbaren Busse an der Ostküste mobilisiert – mehr als tausend – und mussten sich auf die Lippen beißen, da viele hundert Menschen an den Treffpunkten zurückgelassen werden mussten, weil keine Busse mehr für ihre Beförderung zur Verfügung standen. Dies ist ein Zeugnis für die von den Wahren Eltern ausgelöste Liebe der Menschen Amerikas für Gott und für ihr Heimatland. Wir konnten es spüren: Gott ist lebendig in Amerika.

Mein Mann und ich waren mit unserer Familie in dieses fremde Land gezogen und hatten einen herausfordernden Weg in Angriff genommen. Unsere erste Kampagne schlossen wir mit dem Erfolg der drei Großveranstaltungen ab: 1974 im Madison Square Garden, 1976 im Yankee Stadium und am Washington Monument. Unsere hingebungsvollen Gebete waren wie ein Licht, das die Dunkelheit erhellte, und es reichte über die aufgeschlossenen Menschen hinaus, die an unseren Veranstaltungen teilnahmen, um alle Amerikaner und alle Menschen in unserem globalen Dorf zu erleuchten.

Verständlicherweise hieß das amerikanische Volk meinen Mann und mich nicht automatisch herzlich willkommen, als wir aus einem Land im fernen Osten ankamen. Sie waren mit Begriffen wie „Göttliches Prinzip" und „Wahre Eltern", die sie zum ersten Mal hörten, nicht vertraut. Es gab nur einen Grund dafür, dass wir innerhalb von vier Jahren nach unserer Ankunft eine so breite und tiefe Resonanz erhalten konnten: Unsere Botschaft machte nicht nur Sinn, sie füllte auch die religiöse Vision mit neuem Leben, auf der die Vereinigten Staaten von Amerika gegründet sind. Das war es, was die signifikante Reaktion der Menschen auslöste. Unsere Gebete und unsere aufrichtige Hingabe sowie unsere Botschaft über die Bedeutung der Familie, mit dem Aufruf an die jungen Menschen, ihr moralisches Bewusstsein wiederzufinden und nach der Vollkommenheit der wahren Liebe im Gemeindeleben zu streben – das ist es, was die Herzen des amerikanischen Volkes bewegte; denn es ist die Gründungsvision dieser Nation.

Viele junge Menschen kamen zu der Erkenntnis, dass das *Göttliche Prinzip* der Wahrheit entspricht, und schlossen sich unserer Familienbewegung an. Für diese Brüder und Schwestern wurde das *Göttliche Prinzip* zur zentralen Lebensgrundlage. Sie teilten es mit allen, von

Altersgenossen, die an der Westküste mit Rucksack unterwegs waren, bis hin zu den Elite-Führungskräften an den Universitäten und in der Regierung. Sie gewannen die Unterstützung von Menschen aller Ethnien, Berufe, Altersgruppen und Bildungsstände. Mein Mann und ich bereisten die Vereinigten Staaten, um nicht nur die Öffentlichkeit, sondern auch unsere Mitglieder zu ermutigen und zu inspirieren. Wir riefen sie auf, Schulen zu gründen, Zeitungen herauszugeben, zu promovieren, verschiedene Kulturen beispielsweise durch die *Little Angels*, Tanzgruppen und Rockbands zu verbinden, Fundraising zu betreiben, indem sie von Laden zu Laden und von Tür zu Tür gingen, Hauskirchen, Fischgeschäfte und Restaurants zu gründen und Freiwilligendienste zu organisieren. Auf jedem Weg, den wir beschritten, vergossen unsere Mitglieder Blut, Schweiß und Tränen. Ich betete ohne Unterlass für sie.

Die Feier zum 40. Jahrestag der *Yankee Stadium Rally* im Sommer 2016 in Belvedere erinnerte mich an die damaligen Ereignisse. Als ich von diesen Erinnerungen zur Gegenwart zurückkehrte, sah ich hunderte von glücklichen interkulturellen Familien, die sich auf dem Rasen von Belvedere versammelt hatten. Beim Gang zum Podium legte ich die Emotionen beiseite, die mit diesem Tag der Feier verbunden waren, und dachte über die Zukunft nach. Ich sprach mit einem Herzen voll dankbarer Liebe und ließ unsere Mitglieder wissen, dass noch viel Arbeit vor uns liegt. Wir können es uns nicht erlauben, uns mit den vor Jahrzehnten errungenen Siegen zufriedenzugeben. Am Ende des Tages verweilte ich in Belvedere. Sommerregen fiel auf den Rasen und wieder einmal fühlte ich tief in meinem Herzen den Ruf, meinen Geist zu fokussieren und als Mutter des Friedens den Weg zu einer Welt der Hoffnung und des Glücks fortzusetzen.

2016: 40. Jahrestag der Yankee Stadium Rally, Belvedere, New York

Ein Siegeslied ertönte aus Danbury

Mein Mann und ich waren uns durchaus bewusst, dass viele gegen uns waren. Der Vorwurf der „Gehirnwäsche" war eine oft wiederholte Anklage. Derart niederträchtige Kritik verfolgte uns ständig. Aber solches geschieht in der Geschichte der Vorsehung Gottes und wir verstanden, warum. Die gegen uns gerichtete Bewegung in den Vereinigten Staaten erreichte ihren Höhepunkt Ende der 1970er Jahre. Die *Washington Monument Rally* führte zu einer Wende im Denken derer, die gehofft hatten, dass wir scheitern würden. Kritiker und Angstmacher befürchteten nun, dass sich das Vereinigungsprinzip wie ein Lauffeuer in ganz Amerika ausbreiten würde. Donald Fraser, ein Kongressabgeordneter aus Minnesota, übernahm die Initiative auf dem Capitol Hill und eröffnete eine Anhörung vor dem Ausschuss für auswärtige Angelegenheiten des Repräsentantenhauses. Wir wurden der Beteiligung an einem politischen Skandal beschuldigt, der in der Presse den Spitznamen „Koreagate" trug. Dieser Fall hatte nichts mit uns zu tun, außer dass wir aus Korea stammten, aber er sorgte für Aufmerksamkeit bei den Mitgliedern des Kongresses.

Die Anhörung im März und April 1978 endete jedoch ohne Ergebnis und der Kongressabgeordnete Fraser scheiterte danach auch mit seiner Kampagne für einen Sitz im US-Senat. Im Jahr 1980 wurde er Bürgermeister von Minneapolis und unterzeichnete später sogar eine Proklamation, in der er meinen Ehemann und mich in seiner Stadt willkommen hieß.

Da der Kongressausschuss am Ende der Untersuchung mit leeren Händen dastand, forderten diejenigen, die meinen Mann wegen irgendetwas – was auch immer – verurteilt sehen wollten, die Bundessteuerbehörde „Internal Revenue Service" (IRS) auf, gegen uns zu ermitteln. Ab Ende der 1970er Jahre wurde unsere Kirche einer vollständigen Prüfung durch den IRS unterzogen. Wir waren überzeugt, dass wir nichts Falsches getan hatten, und öffneten unsere Bücher. Zwei Jahre lang stellten wir sogar ein eigenes Büro für das IRS-Team in unserem Hauptquartiergebäude in Manhattan zur Verfügung. „Ich habe ein Leben voller Opfer im Dienst für Amerika und die Welt gelebt", erklärte Vater Moon öffentlich: „Ich muss mich für nichts schämen. Dieser Fall beruht auf Rassismus und religiösen Vorurteilen."

Obwohl Vater Moon nichts Unrechtes getan hatte, gelang es dem US-Bezirksstaatsanwalt im Southern District of New York schließlich am 15. Oktober 1981 im dritten Anlauf vor einer Grand Jury (Großes Geschworenengericht), Anklage wegen Steuerhinterziehung gegen ihn zu erheben. Unser Anwalt wusste, dass die anhaltenden Angriffe der Zeitungen und Fernsehsender gegen unsere Bewegung es unmöglich machten, eine unvoreingenommene Geschworenenjury aus Bürgern von New York City einzuberufen. Auch wäre es schwierig gewesen, eine Gruppe von Geschworenen zusammenzustellen, die die Komplexität eines solchen Steuerfalls hätte verstehen können. Vater Moon beantragte deshalb ein Gerichtsverfahren ohne Geschworenenjury, aber das Gericht akzeptierte diesen Antrag nicht. Mit ihrem Plädoyer verwirrten die Anwälte der Regierung alle im Gerichtssaal, ganz besonders die Geschworenen.

Am 18. Mai 1982 fällten die Geschworenen ihr Urteil. Mein Ehemann wurde für schuldig befunden, einen Gesamtbetrag von 7.300 US-Dollar an Steuern zu schulden, die fast ein Jahrzehnt zuvor über einen Zeitraum von drei Jahren angefallen seien. Es ist üblich, dass Leute, die weitaus höhere Steuerzahlungen nicht geleistet haben, einfach eine Geldstrafe zahlen müssen. Aber galt das auch für Vater Moon, einen Evangelisten aus Korea? Der Richter schlug mit dem Hammer auf den Richtertisch und verkündete seine Entscheidung: „Ich verurteile Sie zu 18 Monaten Gefängnis und einer Geldstrafe von 25.000 Dollar." Unmittelbar danach stand mein Mann auf, lächelte und ging mit ausgestrecktem Arm auf den leitenden Staatsanwalt der Regierung zu, um ihm die Hand zu schütteln. Der Anwalt war verblüfft. Er drehte meinem Mann den Rücken zu, stopfte seine Papiere in seine Aktentasche und verließ den Gerichtssaal.

Viele amerikanische Kirchen schenkten unserem Fall große Aufmerksamkeit. Kirchengelder unter dem Namen des jeweiligen Pastors zu halten, war für sie gängige Praxis, doch genau das wurde zur Grundlage der Anklage gegen meinen Mann. Die Regierung verfolgte also jemanden wegen einer allgemeinen kirchlichen Praxis, und wenn sie meinen Mann dafür ins Gefängnis schicken konnten, konnte das jeden anderen ebenso ins Gefängnis bringen. Als Vater Moon für schuldig befunden wurde, erhoben sie gemeinsam ihre Stimmen. Der *National Council of Churches*, die *United Presbyterian Church* in den USA, die *American Baptist Churches* in den USA, die *African Methodist Episcopal Church*, die *Unitarian Universalist Association*, die *Southern Christian Leadership Conference*, die *National Conference of Black Mayors, The Church of Jesus Christ of Latter Day Saints,* die *Catholic League for Religious and Civil Rights,* die *National Association of Evangelicals* und viele andere nannten die Entscheidung „eine offensichtliche Unterdrückung der Religion". Mit ihnen gründeten wir die *Coalition for Religious Freedom* und die *Minority Alliance International*, die im ganzen Land Kundgebungen organisierten, um gegen das Urteil zu protestieren. Es waren gewissenhafte Menschen aller Konfessionen und politischen Ansichten, die dies als Unterdrückung erkannten und gemeinsam im Namen der Freiheit demonstrierten.

Auf der Grundlage dieser parteiübergreifenden Unterstützung legten wir beim Obersten Gerichtshof der Vereinigten Staaten Berufung ein. Zu unserer großen Enttäuschung erklärte sich der Oberste Gerichtshof im Mai 1984 für nicht zuständig und bestätigte damit das Urteil. Die Antwort meines Mannes? „Es ist der Wille Gottes." Er machte sich keine Sorgen, weil er ins Gefängnis gehen musste. Er hatte den Gerichtsentscheid bereits als den nächsten Schritt in Gottes Plan zur Erweckung Amerikas vom geistigen Tod interpretiert. Am 20. Juli 1984 wurde er in der Federal Correctional Institution (staatliche Justizvollzugsanstalt) in Danbury, Connecticut, inhaftiert.

Bei dieser ganzen Affäre ging es nicht um Steuern. Es ging vielmehr darum, dass die mächtigste Nation der Welt es versäumte, das Wesen unserer Bewegung und die authentischen Gründe für unser Wachstum und unseren Einfluss zu untersuchen und zu verstehen. Es war ein Missbrauch von Regierungs- und Medienmacht, der durch Angst und Ignoranz ausgelöst wurde. Aber Gott wirkt immer auf geheimnisvolle

Weise. Die christlichen Gemeinschaften vereinigten sich mit uns wie nie zuvor. Bedeutende Geistliche waren empört darüber, dass das, was man – wenn überhaupt – als einen administrativen Fehler bezeichnen könnte, mit 18 Monaten Gefängnis bestraft wurde. Tausende Geistliche überall in den Vereinigten Staaten protestierten. Hunderte verbrachten eine Woche in Washington DC in der *Common Suffering Fellowship*. Sie studierten das *Göttliche Prinzip* und die amerikanische Tradition der Religionsfreiheit, besuchten ihre Kongressvertreterinnen und -vertreter, demonstrierten vor dem Weißen Haus und verkündeten, dass die Regierung, als sie Vater Moon ins Gefängnis warf, auch sie dort hineingeworfen habe.

Die Mitglieder der Vereinigungskirche auf der ganzen Welt unterstützten diese ökumenischen Aktionen in den USA und beteten unablässig. Da sie die Anfangsjahre in Korea nicht erlebt hatten, konnten sie die Tatsache, dass Vater Moon im Gefängnis war, nicht leicht verdauen. Mein Mann und ich trösteten sie jedoch: „Von nun an wird eine neue Welt beginnen", erklärte Vater Moon unseren Mitgliedern, unserer Familie und mir. „Jetzt wird nicht nur Amerika, sondern die ganze Menschheit mit uns sein, und die Trommeln der Hoffnung werden in der ganzen Welt ertönen."

Der 20. Juli 1984 ist ein Tag, den ich gerne aus der Geschichte auslöschen würde. An diesem Tag verließ mein Mann unser Haus und wurde im Gefängnis von Danbury eingesperrt. Als wir uns an diesem Abend um 22.00 Uhr auf den Weg machten, gab er unseren Mitgliedern, die sich in Belvedere versammelt hatten, Worte der Hoffnung und Ermutigung. Dann fuhren wir mit mehreren Mitgliedern zum Gefängnis. Ich war entschlossen, meine Gefühle nicht preiszugeben. Vater Moon hatte die Mitglieder gebeten, ihren Ärger und ihre

Trauer zu überwinden. „Weint nicht um mich", sagte er ihnen, „betet für Amerika."

Ein Gefühl tiefer Dunkelheit senkte sich herab, als wir sahen, wie Vater Moon das Gefängnis betrat. Wir standen lange Zeit am Eingang, als ob mein Ehemann einfach umkehren und wieder herauskommen könnte. Seufzend tröstete ich alle; wir drehten uns um und entfernten uns. Mein Mann war im Begriff, in einem fremden Land eine unfaire Haftstrafe anzutreten, und ich wusste, dass ich den Leuten, die ihn dorthin gebracht hatten, verzeihen musste. Das war unsere Gelegenheit, die grundlegendste Ethik unserer Bewegung zu praktizieren: „Liebe deine Feinde und lebe für sie."

Sich selbst zu opfern, sogar im Angesicht des Todes, und noch weiterzugehen, um denen zu vergeben und diejenigen zu lieben, die anklagen und betrügen, ist das, was wir den „Danbury-Geist" nennen. Der Danbury-Geist besteht darin, zu geben und zu geben, selbst nachdem alles weggenommen wurde, den Beteiligten zu vergeben und dann durchzuhalten, in dem Wissen, dass etwas Größeres in Übereinstimmung mit dem himmlischen Willen geschehen wird.

Dunkelheit umgab uns auf unserer nächtlichen Heimfahrt. Meine vielen Erfahrungen während der mehr als zehn Jahre, die ich in den Vereinigten Staaten gelebt hatte, gingen mir durch den Sinn, darunter die Vortragsreisen, bei denen wir den Kontinent durchquert hatten, und die wegweisenden Konferenzen, die die Welt der Wissenschaftler, Professoren, Theologen und Geistlichen neu gestalteten. Und es gab die Jugend mit ihrer grenzenlosen Energie, die das neue Leben in Gottes Liebe willkommen hieß. Dieser Weg war anstrengend, aber unglaublich lohnend gewesen, und in diesem Licht war die Inhaftierung meines Mannes eine bittere Pille, die man schlucken musste, ein schweres Kreuz, das es zu tragen galt.

Als Ehefrau hatte ich auch mit ganz persönlichen Schmerzen zu kämpfen. Mein Mann war fast 65 Jahre alt und es würde für ihn nicht leicht sein, sich in den Vereinigten Staaten dem Gefängnisleben zu stellen, ohne die englische Sprache zu beherrschen. Es war noch nicht so lange her, dass ich unser 14. Kind zur Welt gebracht hatte. Wenn mein Mann im Gerichtssaal oder vor einem Ausschuss des Kongresses erschien oder zu unseren Mitgliedern sprach, war ich jedes Mal bei ihm gewesen. Und jetzt das. Geistig und physisch war es sehr hart für mich. Gleichzeitig musste ich das durch seine Abwesenheit entstandene Führungsvakuum füllen.

Mein Mann kannte meine Gedanken und fokussierte sich und mich und unsere Bewegung auf den Weg nach vorn. Gleich als Erstes am nächsten Morgen war er am Telefon. „Überbringe diese Botschaft den Mitgliedern", sagte er zu mir, „entzündet ein Signalfeuer für das Christentum gemäß dem Ruf Gottes."

Ich teilte seine Worte mit unseren Leitern und Mitgliedern. Angespornt durch meinen Mann wusste ich, was wir zu tun hatten: „Jetzt hat uns Gott unsere nächste Möglichkeit gegeben", sagte ich ihnen. „Wir müssen auf der Grundlage all dessen, was wir bisher geschafft haben, das erreichen, wozu wir berufen sind. Durch konstruktives Handeln und ernsthafte geistige Bedingungen wird Gottes Herz bewegt werden. Unsere aufrichtige Hingabe wird Satan dazu bringen, sich zu ergeben. Jetzt ist die Zeit gekommen. Die Geschichte wird dies als die Begrüßung eines neuen Zeitalters festhalten."

Es gibt ein Sprichwort: „Vom Regen in die Traufe kommen", und tatsächlich raubte mir ein Besorgnis erregender Vorfall fast den Atem. Ein wichtiger Leiter unserer Bewegung, der in Amerika Pionierarbeit für unsere Bewegung geleistet und meinen Mann und mich in den

Vereinigten Staaten aktiv verteidigt hatte, wurde plötzlich vermisst. Wir erfuhren bald, dass Dr. Bo Hi Pak entführt und in einem Keller irgendwo in New York City eingesperrt worden war. Seine Entführer erklärten, sie seien bereit, ihn zu töten.

Unsere Tageszeitungen *The News World* und *The Washington Times* hatten kommunistische Unterwanderungen aufgedeckt und CAUSA hatte in zahlreichen Vorträgen vor tausenden von Geistlichen die ideologischen Behauptungen des Marxismus widerlegt. Die Kommunisten waren wütend darüber, dass die Religionsfreiheit in den Vereinigten Staaten unserer Bewegung einen solchen Einfluss ermöglicht hatte. Ohne den Polizeiapparat, den sie in Nordkorea gehabt hätten, waren die Möglichkeiten für eine linke Zelle, gegen uns zu handeln, begrenzt. Doch jetzt betrachteten sie uns wegen der Abwesenheit von Vater Moon als verwundbar. Sie griffen zu krimineller Gewalt und entführten Dr. Pak.

Da mein Mann im Gefängnis war, musste ich das Problem allein lösen. Als Erstes betete ich ernsthaft, dass der entführte gläubige Mann meine Stimme hören würde. Dann rief ich den US-Senator Orrin Hatch an. Senator Hatch war ein warmherziger und fairer Mann, der sich bei den Anhörungen des Kongresses für uns ausgesprochen hatte.

„Diese Entführung beruht weder auf persönlichem Groll, noch geht es um Geld", teilte ich ihm mit. „Es ist ein Angriff auf einen Mann, der durch die Medien und durch Aufklärung ihre Bosheit entlarvt." Senator Hatch antwortete, dass er das FBI bitten würde, sofort zu ermitteln. Anwälte und meine engsten Berater sagten mir, dass die Eröffnung einer Untersuchung durch das FBI die Wahrscheinlichkeit von Gewalt seitens der Entführer erhöhen würde und dass es besser wäre, zu verhandeln. Ich konnte ihnen nicht zustimmen und setzte mein verzweifeltes Gebet fort.

Wie Dr. Pak uns später mitteilte, hatten sich seine Umstände nach kurzer Zeit verschlechtert. Die Entführer schlugen ihn heftig und versetzten ihm Elektroschocks. Er verlor das Bewusstsein und fiel auf einen kalten Kellerboden. Zu diesem Zeitpunkt hörte er eine Stimme: „Du hast nicht viel Zeit, aber heute werden sie dir nicht mehr weiter zusetzen. Du wirst dein Leben retten, wenn du innerhalb der nächsten 12 Stunden fliehst. Du kannst es schaffen; nutze alle zur Verfügung stehenden Mittel."

Dr. Pak hörte meine Gebete in einem Traum. Er erlangte sein Bewusstsein wieder und war entschlossen zu fliehen. Mit seinem klugen Verstand brachte er die Entführer dazu, die Bedingungen seiner Gefangenschaft zu lockern, und schaffte die Flucht. Am nächsten Tag kehrte er nach Hause zurück und berichtete mir bald darauf ausführlich, was geschehen war. „Die Stimme der Wahren Mutter, die ich in der Dunkelheit hörte, klang wie eine Offenbarung Gottes. Deine Worte weckten mich plötzlich auf und gaben mir die Weisheit und die Kraft, meine Entführer zu überlisten."

Während sich solche Ereignisse abspielten, wurde aus einer sehr schwierigen Zeit eine, in der ich voller Tatkraft war. Mein Wunsch, barmherzige Liebe zu schenken, wurde nur noch stärker. Jeder Tag war reich an Emotionen. Besonders schätze ich jene Momente, in denen mein Mann seine Zuneigung zu mir ausdrückte. Jeden Morgen, nachdem er um 5.00 Uhr sein Gebet beendet hatte, rief er mich von einem Münztelefon im Gefängnis an und begrüßte mich mit „Meine geliebte Mutter!"

Jeden zweiten Tag durfte ich ihn im Gefängnis besuchen. Wir fuhren in einem Cabrio dorthin, und wenn es das Wetter erlaubte, ließ ich das Verdeck herunter, sobald wir den letzten Hügel auf dem Gefängnisgelände hinauffuhren. Ob Regen oder Sonnenschein, mein Mann kam immer heraus und wartete auf unsere Ankunft. Mit sehnsüchtigem Herzen lächelte ich strahlend und winkte aus dem Auto. Manchmal sah er erschöpft aus, weil er gerade den Boden gewischt oder das Geschirr gespült hatte. Welche Frau würde sich wohl fühlen, ihren Mann so zu sehen? Aber ich unterdrückte meine Sorgen und umarmte ihn mit einem strahlenden Lächeln. Oft brachte ich unsere zweijährige Tochter Jeong-jin mit, denn er freute sich so sehr, sie zu sehen und zu umarmen.

Wenn unsere kurzen Treffen endeten, verabschiedete uns mein Mann. Während wir den Hügel wieder hinunterfuhren, hatte ich sorgenvolle Tränen in den Augen. Um ihm nicht meine Tränen zu zeigen, schaute ich nur nach vorn und winkte zum Abschied. Ich wusste, dass mein Mann dort draußen stehen bleiben und still winken würde, mit seinen Augen auf mich gerichtet und mit einem Gebet in seinem Herzen, bis wir außer Sichtweite waren.

Vater und Mutter Moon mit Sohn Hyo-jin in einem Half-Way-House (Rehabilitationszentrum) nach der Entlassung aus der Danbury Federal Correctional Facility, wo er vom 20. Juli 1984 bis zum 20. August 1985 inhaftiert war

Während der 13-monatigen Haft von Vater Moon hatte ich mit Gefühlen von Trauer und Ungerechtigkeit zu kämpfen, aber meine Verantwortung, unsere Kirche und die Vorsehung zu leiten, stand an erster Stelle. Ich fühlte mich dafür verantwortlich, unsere Mitglieder auf der ganzen Welt zu inspirieren und gleichzeitig mit meinem Ehemann zusammen eine feste Achse aufrechtzuerhalten, um die sie sich unbeirrbar in ihrem Glaubensleben bewegen könnten. Gott half uns tatsächlich, standhaft zu bleiben. Als mein Mann inhaftiert wurde, lästerten Medien auf der ganzen Welt und sagten zynisch voraus, dass die Vereinigungskirche jetzt verschwinden würde. Einige Journalisten schienen gespannt darauf zu warten, dass dies geschehen würde, in der Hoffnung, froh verkünden zu können: „Wir haben es doch gesagt! Die Vereinigungskirche ist eine leere Schale, die zerbricht wie ein Ei ohne Inhalt; ihre so genannten Gläubigen sind über alle Berge."

Das geschah jedoch nicht. Ganz im Gegenteil: Die Zahl unserer Mitglieder und Verbündeten nahm zu. Die Menschen verstanden, dass die US-Regierung Vater Moon zur Verbüßung einer ungerechten Strafe ins Gefängnis geschickt hatte wegen des „Verbrechens", sein Leben der Rettung der Menschheit zu widmen. Im innersten Herzen schätzen alle Menschen Religionsfreiheit.

Trotz der Inhaftierung von Vater Moon setzten wir unsere weltweite Arbeit für den Frieden fort. Die 13. *International Conference on the Unity of the Sciences (ICUS)* sollte innerhalb eines Monats nach seiner Inhaftierung stattfinden. Mehr als ein Jahrzehnt lang hatte dieses jährliche Treffen Wissenschaftler aus der ganzen Welt zusammengebracht, um über die Einheit der Wissenschaften unter dem Leitgedanken von absoluten Werten zu diskutieren. Die Mitarbeiterinnen

Mutter des Friedens

2. September 1984: 13. ICUS in Washington DC. Mutter Moon verlas die Begrüßungsrede im Namen ihres Mannes

und Mitarbeiter und die Teilnehmenden mussten wissen, ob die Konferenz stattfinden würde. Kritiker der Konferenz spotteten: „Es dreht sich alles um Rev. Moon. Ohne ihn werden sie es nicht schaffen." Doch ich ignorierte ihre Einwände und sagte einfach: „Wir werden die Konferenz auf jeden Fall abhalten", und die Vorbereitungen gingen weiter.

Am 2. September 1984 führte unsere *International Cultural Foundation* die 13. ICUS-Konferenz in Washington DC durch. Mehr als 250 Wissenschaftler aus 42 Ländern nahmen daran teil. Ich begrüßte sie, einen nach dem anderen, und stieg aufs Podium, um zuversichtlich und entschlossen die Ansprache des Gründers zu verlesen. Auch wenn der Gründer nicht anwesend war, wurde die Konferenz ein Erfolg. Die Mitarbeiter waren zufrieden und die Wissenschaftler waren dankbar. Jeder konnte sehen, dass diese Bewegung von Gott inspiriert und nicht von einer einzelnen Person abhängig ist.

Die Fortschritte unserer internationalen Konferenzen waren damit aber nicht zu Ende. Im Sommer 1985 sollte die *Professors World Peace Academy (PWPA)* einen Weltkongress in Europa einberufen. Wiederum hörte ich von den Sorgen der Planer und Teilnehmenden und erklärte ihnen wie zuvor: „Wir werden ihn wie geplant abhalten."

Die Konferenz fand in Genf in der Schweiz statt. Dr. Morton Kaplan, ein renommierter Politikwissenschaftler an der Universität von Chicago und damals Präsident der PWPA, suchte den Rat meines Mannes bezüglich dieser Konferenz und traf uns zu einer Besprechung in Danbury. Sogar aus dem Gefängnis heraus handelte mein Mann nach den Anweisungen des Himmels, um den Vormarsch des Kommunismus in Nicaragua, vor der Haustür Amerikas, aufzuhalten. Seine Inspiration spornte den amerikanischen Präsidenten Ronald Reagan an, entsprechende Maßnahmen zu ergreifen. Aber während sich dies abspielte, sahen mein Mann und ich, dass die globale Expansion des Kommunismus eine ernste Krise innerhalb seiner eigenen Grenzen verschleierte und dass sein ganzes Kartenhaus bald zusammenbrechen würde. 1970 hatte Vater Moon prophezeit, dass der Weltkommunismus in den späten 1980er Jahren, 70 Jahre nach seiner Gründung, fallen würde.

Und so gab mein Mann diesem Politikwissenschaftler der Universität von Chicago unser Thema für die Konferenz bekannt: „Der Untergang der Sowjetunion." Dr. Kaplan, der die globale Realität von außen betrachtete, erhob Einspruch. „Soziologen diskutieren nicht über etwas, das noch nicht geschehen ist." Doch Vater Moon sagte gelassen und entschieden: „Der Kommunismus wird untergehen und die

Sowjetunion zusammenbrechen. Sie müssen diese Tatsache bei der Zusammenkunft von Gelehrten und Professoren aus der ganzen Welt verkünden."

Dr. Kaplan zögerte erneut und fragte: „Wie wäre es, wenn wir ‚der mögliche Untergang' sagen?" Vater Moon antwortete: „Nein. Das ist nicht nur eine Möglichkeit. Glauben Sie mir und tun Sie, was ich sage."

Als Dr. Kaplan mit mir zusammen den Ort der Besprechung verließ, konnte ich sehen, dass sich alles in seinem Kopf drehte. Er war ein weltberühmter Gelehrter und konnte nicht über etwas sprechen, das er als leere Worte ansah, geschweige denn eine Konferenz einberufen, die darauf basierte. Er sagte drei Mal, dass er das Konferenzthema abschwächen wolle. Ich sagte zu Dr. Kaplan, er solle sich keine Sorgen machen und dem Rat meines Mannes folgen. Er suchte immer noch nach einem Ausweg. Mit gewinnendem Blick kam er auf die Idee: „Wäre es nicht möglich, ein weicheres Wort als ‚Untergang' zu verwenden?" Doch ich gab nicht nach. Mein Mann und ich wussten, dass der Kommunismus in der Sowjetunion innerhalb weniger Jahre kollabieren würde.

Vom 13. bis 17. August 1985 fand in Genf der zweite internationale Kongress der *Professors World Peace Academy* mit dem Titel „Der Untergang des Sowjetreichs: Aussichten für den Übergang in eine postsowjetische Welt" statt. Hunderte von Universitätsprofessoren diskutierten den Fall des Kommunismus aus allen Blickwinkeln. Sie hörten Vater Moons Prophezeiung, dass „der Kommunismus innerhalb weniger Jahre zusammenbrechen würde". Sie spitzten die Ohren, da sie niemals von einer solchen Idee geträumt hatten. Sie waren erstaunt, dass wir die Überzeugung hatten, uns gegen konventionelle Erkenntnisse und politische Korrektheit zu stellen. Ihre Nerven waren auch aus einem anderen Grund etwas angespannt. Sie wussten nämlich, dass die sowjetische Botschaft sich direkt gegenüber dem Konferenzort befand.

Einige renommierte Soziologen und Professoren kritisierten unsere Proklamation sogar ziemlich scharf. Aber die Sowjetunion wurde, wie wir vorausgesagt hatten, nur sechs Jahre später aufgelöst. Als dies geschah, erklärten interessanterweise einige dieser Gelehrten, sie hätten den Untergang kommen sehen, wobei nur sehr wenige darauf hinwiesen, dass es Vater und Mutter Moon waren, die als Erste vorausgesagt hatten, was geschehen würde, und die sogar eine Konferenz mit genau diesem Titel einberufen hatten.

Während seiner unverdienten Haftstrafe beeindruckte mein Mann andere Häftlinge durch sein vorbildliches Verhalten und seinen Fleiß. Zuerst verspotteten ihn die Häftlinge, weil er der Gründer einer ihrer Meinung nach seltsamen neuen Religion aus dem Osten war, und versuchten, Streit mit ihm anzufangen. Er handhabte das alles mit Nachsicht, Wärme und Würde. Wie er mir vorher gesagt hatte, freute er sich darauf zu sehen, wen Gott vorbereitet hatte, ihn dort zu treffen.

August 1985: Zweiter internationaler Kongress der Professors World Peace Academy in Genf

Gefangene haben natürlich mit Zorn, Ressentiments und Egoismus zu kämpfen, doch er war entschlossen, Danbury zu einem Ort zu machen, an dem Liebe fließen kann.

Die Häftlinge erfuhren bald, dass Rev. Moon sein wöchentliches Taschengeld in der Gefängnisdrogerie ausgab und im Laufe der Woche alles an einsame Gefangene verschenkte. Er hielt am frühen Morgen einen Gebetsgottesdienst ab und andere Gefangene schlossen sich ihm nach und nach an. Einige der Häftlinge betrachteten meinen Mann als einen wahren Lehrer; andere nannten ihn den „Heiligen des Gefängnisses". Wachen und Gefängnisbeamte waren ebenfalls beeindruckt. Die *New York Post* veröffentlichte zur Zeit der Freilassung von Vater Moon, am 20. August 1985, eine Karikatur. Sie zeigte, wie sich alle Gefangenen vor Vater Moon verbeugten und ein Gefängnisbeamter zu einem anderen sagte: „Schafft ihn hier raus, bevor er eine Massenhochzeit veranstaltet!" Mein Mann und ich haben uns darüber sehr amüsiert!

Für mich als seine Frau und die Mutter unserer Kinder war der Gefängnisaufenthalt meines Mannes auch meine Gefangenschaft. Der Danbury-Kurs erschien uns als eine Parallele zum Prozess gegen Jesus vor dem römischen Statthalter Pilatus und zu seiner Bestrafung durch die Kreuzigung. Die Kräfte, die wollten, dass Vater Moon verschwindet, suchten ständig nach einer Gelegenheit, ihn anzugreifen. Das amerikanische FBI verhaftete in den Vereinigten Staaten Agenten der Roten Armee, die vom sowjetischen KGB und von Nordkoreas Kim Il Sung geschickt worden waren, um meinen Mann zu ermorden. Unter den Gefängnisinsassen befanden sich Männer, die den gleichen irrationalen Hass hegten wie diejenigen, die Dr. Pak entführt hatten. Mein Mann lebte mit solchen Männern zusammen und niemand konnte seine Sicherheit garantieren. Es war eine moderne Version von Golgatha, als wäre er mit Dieben zur Linken und zur Rechten am Kreuz.

Trotz solcher Umstände investierten wir unser Leben in die Rettung Amerikas. Obwohl wir schikaniert, angeklagt und inhaftiert wurden, gaben mein Mann und ich niemals auf und werden es auch nie tun, weder auf der Erde noch im Himmel. Völlig vereint mit ihm, wobei seine Gedanken meine Gedanken und meine Gedanken seine Gedanken sind, gebe ich mich ganz, mit Geist und Körper, hin, um für die Erfüllung von Gottes Traum Liebe zu praktizieren. Ich habe diesen anstrengenden Lebensweg stillschweigend als diejenige beschritten, die dazu berufen ist, die Menschheitsfamilie als Mutter des Friedens zusammenzuführen, unseren leidenden Planeten als Mutter des Universums zu heilen und unseren Himmlischen Eltern als eingeborene Tochter Freude zu bringen.

Mein Mann nannte mich einmal eine Hohepriesterin. Er sagte, dass in Gottes Vorsehung bisher die Männer die Hohepriester waren, aber da wir in das Zeitalter der Frau eintreten, müssen Frauen das priesterliche Amt ausüben. Es sind die Frauen, die von unseren Himmlischen Eltern berufen werden, der ganzen Menschheit als Mittlerinnen der vergebenden, reinigenden und heilenden Gnade zu dienen.

Ich werde euch nicht als Waisen zurücklassen

Kurz vor dem Letzten Abendmahl tröstete Jesus seine Jünger mit den Worten: „Ich werde euch nicht als Waisen zurücklassen; ich komme zu euch." Dieser Vers fasst in wenigen Worten den Weg zusammen, den ich gegangen bin. Obwohl alle Menschen Eltern haben, haben wir uns wie Waisen gefühlt, während wir durch die Geschichte gewandert sind, ohne Gott oder den wahren Lebensweg zu kennen. Ich habe mein ganzes Leben lang danach gestrebt, die Menschheit zur Liebe unserer Himmlischen Eltern zu führen, die willkommen heißt, vergibt und Neugeburt schenkt.

Noch in den 1990er Jahren verhielten sich die Menschen misstrauisch und ablehnend, wenn eine Frau eine Veranstaltung oder eine Vortragsreise in einer ländlichen Gegend Koreas leitete. Sie konnten nicht verstehen, dass eine Frau sich an ein Publikum von Frauen wendet und für Frauen spricht. Zu dieser Zeit hatten Frauen keine Stimme in der Öffentlichkeit. Die Gesellschaft erklärte offiziell, dass Männer und Frauen den gleichen Wert haben, aber in der Praxis war eine solche Erklärung kaum das Papier wert, auf dem sie gedruckt wurde. Niemand, weder Mann noch Frau, konnte unter solchen Voraussetzungen dieses Thema vernünftig diskutieren. Ich hatte lange darüber nachgedacht, wie und wann Frauen ihren Platz als mitgestaltende und prägende Mitglieder der Gesellschaft finden und insbesondere ihre Position als Töchter Gottes einnehmen können. Mein Mann und ich hatten während der Haft in Danbury tiefe Erfahrungen im Gebet. Dabei kamen wir gemeinsam zu dem Schluss, dass es Zeit für die Befreiung aller Frauen sei und dass ich eine öffentliche Rolle übernehmen müsste, um dies zu lehren und beispielhaft zu zeigen. So begann ein sorgfältiger Aufbau der spirituellen und physischen Grundlagen für die Organisation, die später „Frauenföderation für Weltfrieden" genannt werden sollte.

Mein Mann begann über meine Position als wahre Frau zu lehren, die an Gottes linker Seite steht, mit ihm an Gottes rechter Seite. Er sprach über mich als eine wahre Frau und Mitbegründerin unserer Bewegung und dass ich als wahre Frau – so wie er – eine individuelle Verkörperung der Wahren Eltern darstelle und die gleiche Autorität, das gleiche Erbe und die gleichen Rechte wie er habe. Nach unseren Treffen mit Präsident Michail und Frau Raisa Gorbatschow sowie mit dem Vorsitzenden Kim Il Sung, über die ich noch berichten werde, beschlossen wir, dass es Zeit war, der Welt die Wahren Eltern zu verkünden. Als seine Frau bin ich die erste Zeugin für meinen Mann. Und als mein Partner in der Liebe der Himmlischen Eltern war er der Erste, der dafür eintrat, dass ich die Welt mit unserer Friedensbotschaft erreiche.

Mein Mann und ich gründeten die Frauenföderation für Weltfrieden. Nach der Gründungsveranstaltung im April 1992 im Olympiastadion von Seoul, über die ich weiter unten ausführlicher sprechen werde, führte ich eine Reihe von Veranstaltungen zur Gründung von Ortsgruppen der Frauenföderation in 40 koreanischen Städten durch. Ich sprach über das Thema: „Frauen werden in der idealen Welt eine führende Rolle spielen." Wir fragten uns, wie hoch die Beteiligung an diesen Veranstaltungen sein würde, und waren erfreut, dass alle Veranstaltungsorte bis auf den letzten Platz gefüllt waren. Obwohl sich die Rede auf Frauen konzentrierte, nahmen auch viele Männer teil. Ich sah die Ära der Frauen, für die mein Mann und ich eintraten, vor meinen Augen Gestalt annehmen.

10. April 1992: 150.000 Menschen nehmen an der Gründungsveranstaltung der Frauenföderation für Weltfrieden in Seoul teil

Als die Ansprachen-Tournee in Korea zu Ende war, erstellten wir für mich einen Terminplan für eine Vortragsreise, um die Frauenföderation in Japan ins Leben zu rufen. „Auch japanische Frauen müssen diese Worte hören", sagte ich unserem Organisationsteam.

„Stimmt", antworteten sie, „aber Sie sprechen Koreanisch und durch einen Dolmetscher kann die ursprüngliche Bedeutung Ihrer Ansprache nicht vollständig vermittelt werden."

„Ich stimme dem zu", sagte ich, „dann werde ich auf Japanisch sprechen." Als mein Mann davon hörte, wollte auch er nochmals darüber reden. „Es wäre viel einfacher, einen Dolmetscher einzusetzen. Die Rede ist lang und du kannst nicht gut Japanisch. Du musst auch schon bald abreisen. Bist du dir sicher, dass du auf Japanisch zu ihnen sprechen kannst?"

Sobald die Worte aus seinem Mund kamen, wusste er bereits meine Antwort. Ich brauchte nichts zu sagen. Danach übte ich die Rede einige Tage lang auf Japanisch, wobei meine Motivation darin bestand, dass die Japaner keine Waisenkinder bleiben sollten. Ich war entschlossen, ihnen in ihrer Sprache die Tatsache zu erklären, dass wir alle Waisen waren und dass wir heute, durch die Wahren Eltern, Kinder unserer Himmlischen Eltern werden können.

Am 24. September 1992 versammelte sich eine Menschenmenge von 50.000 Zuschauern im Tokyo Dome. Es war das erste Mal, dass ich öffentlich auf Japanisch sprach, noch dazu in diesem bekannten Stadion in Japans Hauptstadt. Die Zuhörer waren sich dessen bewusst. Niemand, kein Koreaner und kein Japaner, hatte hohe Erwartungen an das Ergebnis der Veranstaltung. Die Organisatoren waren umsichtig und bereiteten einen jungen Dolmetscher für Japanisch vor, der direkt hinter der Bühne stand, falls ich ins Stocken geraten sollte. Aber als ich zum Podium kam und zu sprechen begann, waren die Zuhörerinnen und Zuhörer überrascht. Sie jubelten und standen auf, um zu applaudieren. Einige Minuten lang blieben sie besorgt und dachten: „Sicherlich wird sie einen Fehler machen." Aber als ich fortfuhr und jeder Satz Gottes Worte in ihren Herzen einprägte, sahen sie entspannt und glücklich aus.

In den folgenden neun Tagen hielt ich diese Rede in sieben Städten, ohne müde zu werden, und anschließend noch an drei weiteren Tagen für in Japan lebende Koreaner. Alle japanischen und koreanischen Frauen empfanden sie als sehr aufbauend.

„Ich muss in Amerika sprechen", sagte ich dann zu meinen Mitarbeitern. „Wird das nicht schwierig sein?", fragten sie. „Bitte, lassen Sie uns wenigstens einen Tag Pause einlegen, bevor wir abfliegen." Aber meine Gedanken waren bereits im Westen. „Viele Menschen warten auf mich", sagte ich, ohne einen weiteren Gedanken darauf zu verschwenden, „ich kann mich nicht ausruhen."

So flog ich über den Pazifik nach Amerika. In den acht größten Städten der USA verkündete ich, dass die Ära der Frauen nahe sei und was dies für Männer, Frauen und Gott bedeutet. Am ersten Tag in Washington DC bedankten sich die Menschen sehr herzlich bei mir. Sie hatten mich nur als „die Frau von Rev. Sun Myung Moon aus Korea" betrachtet, aber jetzt änderte sich ihre Wahrnehmung. Ich war nun „Hak Ja Han, die uns und die Hoffnungen und den Wert aller Frauen repräsentiert." Ich weckte in ihren Herzen das Potenzial weiblicher Führungsqualitäten, die für die Vollendung der Rettung der Welt notwendig sind.

Meine Ansprachen-Tournee zur weltweiten Gründung der Frauenföderation ging weiter durch Europa, Russland, Asien und Ozeanien. Ich werde nie vergessen, was mir bei meiner Rede auf den Philippinen widerfuhr. Am Tag vor der Veranstaltung flog ich von Los Angeles nach Manila. Im Flugzeug machte ich ein kurzes Nickerchen und träumte, dass ich ein Baby stillte. Als ich das schöne Baby betrachtete, sagte ich zu mir selbst: „Ich bin nicht mehr in dem Alter, ein Baby zu bekommen."

Als ich in Manila ankam, erfuhr ich, dass dieser Tag, der 8. Dezember, ein katholischer Feiertag war, das Fest der Unbefleckten Empfängnis. Eine Frau, die in der Innenstadt von Manila auf der Straße ging, sah zufällig ein Plakat mit der Ankündigung meiner Rede. Auf dem Plakat trug ich ein gelbes koreanisches Kleid. Plötzlich kam ihr die Inspiration: „Das ist die Frau, die die Mission von Mutter Maria erfüllen wird." Sofort entschied sie sich, an meiner Veranstaltung teilzunehmen. Sie war tief bewegt von meiner Rede, während der sie sich erhob und laut

11. November 1992: Ansprache in der Kongresshalle im Messegelände, Frankfurt/Main

ausrief: „Diejenige, die an diesem heiligen Tag auf die Philippinen kam, ist wahrhaftig unsere Mutter Maria!" Im ganzen Kongresszentrum brach Jubel aus.

Der letzte Veranstaltungsort auf dieser Tournee war Chinas Große Halle des Volkes auf dem Tiananmen-Platz (Platz des Himmlischen

Friedens). Es war eine sehr schwierige, aber auch sehr lohnende Veranstaltung. Wir erwarteten, dass aufgrund von Chinas Politik der offenen Tür alles reibungslos ablaufen würde, aber das war nicht der Fall. Von Anfang an hatten sich die Kommunistische Partei und das Militär geweigert, uns eine Genehmigung zu erteilen. Als wir erklärten, dass es sich nicht um eine politische Kundgebung handelte, sagten sie: „Wir werden zuerst die Rede prüfen. Es darf darin nichts über Gott stehen." Nach einer Woche teilten sie uns mit: „Wir können diese Art von Inhalt nicht zulassen."

Ich diskutierte heftig mit ihnen. Wiederholt gaben sie ihre Gründe an, meine Rede ändern zu müssen, aber ich gab nicht nach. Ich bestand darauf, dass die Botschaft nichts mit Politik zu tun hatte und dass es in erster Linie um Frauen ging. Die Angelegenheit stand auf Messers Schneide. Damals war der Sohn von Präsident Deng Xiaoping, Deng Pufang, der Vorsitzende der *China Disabled Persons Federation*, einer Organisation mit 500.000 Mitgliedern. Am Tag vor der Veranstaltung lud der junge Herr Deng mich und andere Führungskräfte der Frauenföderation zu einem Empfang seiner Organisation ein. Es war ein harmonisches Treffen, bei dem wir uns trotz der Unterschiede in unseren Systemen und Ideologien gegenseitig ermutigten. Als die *All-China Womens Federation* an diesem Abend von diesem erfreulichen Erlebnis hörte, lud sie uns zu ihrem Treffen ein. Wir kannten uns nicht gut, so dass es sich zunächst unangenehm anfühlte, aber bald wurden wir Frauen alle zu Freundinnen, hatten eine gute Zeit und sangen fröhlich miteinander.

Obwohl gesellschaftliche Empfänge und offizielle öffentliche Veranstaltungen zwei verschiedene Dinge sind, vertrat ich auf der Basis unserer positiven Erfahrungen mit zwei nationalen Organisationen, die eng mit dem Präsidenten verbunden sind, zuversichtlich meinen Standpunkt und hielt meine Originalrede. Die Zuhörer in diesem kommunistischen Land waren überrascht, als sie mich den Namen Gottes sagen hörten, nicht nur einmal, sondern dutzende Male. Ich war innerlich ruhig, denn ich wusste, dass ich in dieser Situation sein sollte. Es war revolutionär, eine solche Rede in der Großen Halle des Volkes zu halten. Es war die revolutionäre Kraft einer Frau. Derartige Umstände begegneten mir auf meiner Redetournee 1992 an 113 Orten auf der ganzen Welt.

Als ich Korea für diese Vortragsreise verließ, nahm ich Kleidung mit, die für die verschiedenen Klimazonen, die ich bereisen würde, geeignet waren. Bei meiner Rückkehr hatte ich nur noch das Kostüm, das ich trug. Es ist meine Gewohnheit, meine Kleidung zu verschenken, und ich war die meiste Zeit des Jahres unterwegs gewesen. Als mein Mann mich willkommen hieß, waren seine ersten Worte: „Du hast gute Arbeit geleistet." Dann, mit einem Blick auf meine Hände, fragte er unvermittelt: „Übrigens, wo ist dein Ehering?"

Ich schaute auf meine Hand. Erst jetzt erinnerte ich mich wieder daran, dass er weg war. „Ich habe den Ring nicht mehr", sagte ich, „ich muss ihn jemandem gegeben haben."

„Wem hast du ihn gegeben?", fragte er ungläubig.

„Ahhh, ja, ich habe ihn jemandem während der Tournee gegeben", sagte ich, „aber ich weiß nicht mehr genau, wer es war. Ich habe ihn einer Person gegeben, damit sie ihn als Erbstück behalten oder, falls nötig, zum Wohl ihrer Familie verkaufen kann."

Mein Mann sagte wie selbstverständlich: „Es ist in Ordnung, dass du ihn weggegeben hast, aber weißt du nicht mehr, wem du ihn gegeben hast?"

Wir legen beide tatsächlich nicht so viel Wert auf persönlichen Besitz, und so waren wir schon immer. Als wir uns in die Augen sahen, kam die Dankbarkeit meines Mannes für diese Eigenschaft in mir zum Ausdruck. Er sammelte sich, nickte lächelnd und die Begrüßungsfeier ging weiter.

Mein Mann und ich hatten keine Flitterwochen miteinander verbringen können. Mir machte das nichts aus, aber er hatte immer Gewissensbisse. Als wir während einer Vortragsreise die Niederlande besuchten – es muss 1969 gewesen sein –, kaufte er mir nach reiflicher Überlegung mit etwas Geld, das er gespart hatte, einen kleinen Diamantring. Das war die Bedeutung dieses Ringes, aber jetzt hatte ich ihn jemandem gegeben und sogar vergessen, dass ich das getan hatte. Ich verschenke Dinge aus mitfühlender Liebe und dann lasse ich sie los. Diejenigen, die geben, was sie haben, die ihr Herz und sogar ihr Leben geben und sich nicht an die Erinnerung daran klammern, sind diejenigen, die Gott besucht. Mein Mann weiß, dass ich so bin, und er ist ebenfalls so. Genauso wie ich es getan hatte, ließ er los.

Jene weltweite Ansprachentournee von 1992 war alles andere als eine Urlaubsreise; sie führte durch 113 Städte, 24 Zeitzonen, von Ort zu Ort, von Check-in zu Check-in, von Publikum zu Publikum, von Termin zu Termin, von Anspannung zu Anspannung. Ich sprach über den Wert und die Mission der Frauen, den Weg zum Frieden in der Familie und in der Welt und die Liebe der Himmlischen Eltern. Es ging darum, den Menschen der Welt, die als einsame Waisen gestrandet sind, die Tore zu öffnen und sie in der liebevollen, befreienden Umarmung der Wahren Eltern willkommen zu heißen. Nur wenn wir Gottes Segen in der Ehe empfangen, können wir das Waisenhaus verlassen und unser Erbe als Söhne und Töchter Gottes empfangen, die sich des wahren Glücks erfreuen.

Ich bin hier, um meinen Ehering allen zu schenken.

Mutter des Friedens

5. KAPITEL

MERKMALE DES HIMMELREICHS

Die schönsten Blumen Koreas

Wenn Leute zum ersten Mal die *Little Angels* singen hören, sind sie überwältigt und werden von einer mächtigen Welle aus Liebe und Harmonie erfasst. Immer wieder höre ich Kommentare wie diese:

„Für mich klingen sie wie Engelsstimmen." Und wenn jemand solch eine Bewunderung ausdrückt, sprudelt aus dem nächsten noch mehr Lob hervor.

„Was ich höre, ist nicht einfach ein Lied! Es ist ein beglückender Chor, der einer ausgetrockneten Seele erfrischenden Regen bringt."

Wenn man das charakteristische Merkmal der Vereinigungsbewegung in einem Begriff zusammenfassen will, dann ist es „die Kultur des kindlichen Herzens". „Kindliches Herz", wofür ich das koreanische

Wort „*hyojeong*" gewählt habe, bedeutet innige Hingabe und Liebe zu unseren Himmlischen Eltern. „Herz", für das mein Mann das koreanische Wort „*shimjeong*" gewählt hat, ist die Essenz der Schönheit und die ursprüngliche Wurzel der Liebe. Es ist die Schönheit, welche die Liebe dazu anregt, ewig zu strömen. Die Kultur des Herzens übersteigt Zeit und Raum. In der Welt, in der Gottes Wille verwirklicht ist, wird eine reine und unbefleckte Kultur des Herzens wie ein Fluss hervorströmen und wie eine Brise durch alle Formen der künstlerischen Kreativität wehen.

Seit ihrer Gründung im Jahr 1962 sind die Little Angels rund 7.000 Mal in der ganzen Welt aufgetreten

Wie Jesus sagte, gehört das Himmelreich denen, die wie Kinder sind. Ein friedlich schlafendes Kind ist der Inbegriff des Friedens. Das unschuldige Lächeln eines Kindes zeigt deutlich, was Glück ist. Die Stimme eines Kindes ist zart, aber sie öffnet die Tür zum Herzen, sie verbindet Fremde miteinander und drückt Glück und Frieden aus. Es ist die Macht von im Gesang vereinten unschuldigen Kinderstimmen, die meinen Mann und mich dazu veranlassten, die *Little Angels of Korea*, eine Volkstanz- und Gesangsgruppe für Kinder, zu gründen. Während des Koreakriegs sah ich viele talentierte Künstler, die arm und obdachlos waren, einen Zufluchtsort suchten und ihre Werke und Fähigkeiten nicht zeigen konnten. In der Zeit der Nachkriegsarmut Koreas glaubten nur wenige an die Kraft der Musik und des Tanzes. Niemand hörte überhaupt zu, wenn mein Mann und ich über Kultur und Kunst sprachen. Sie schüttelten nur den Kopf und sagten: „Es ist schon schwierig genug, etwas zum Essen zu finden ... es ist Zeitverschwendung, über Kultur nachzudenken." Aber aus meiner Sicht ist Kultur kein Luxus; sie ist ein Lebenselixier.

5.000 Jahre lang entwickelte das koreanische Volk seine Kultur als Teil des täglichen Lebens weiter. Wir sind ein Volk der Künste. Die koreanische Kultur ist einzigartig und schön, auch wenn ein Teil davon während der Entbehrungen des 20. Jahrhunderts verlorengegangen ist. In meiner Schulzeit war das Zeichnen eine meiner Lieblingsbeschäftigungen. Ich überlegte sogar, Künstlerin zu werden. Doch anstatt auf persönlicher Ebene in diesen Traum zu investieren, half ich, die außergewöhnliche Schönheit der koreanischen Kultur auf die Weltbühne zu bringen.

So entstanden die *Little Angels*. Korea litt noch immer unter Armut und politischen Unruhen, als mein Mann und ich am Kindertag, dem 5. Mai 1962, *The Little Angels of Korea Children's Folk Ballet* gründeten. Unsere Mitglieder hatten viele Vorbehalte: Wie sollten wir das Geld für eine Gesangs- und Tanzgruppe aufbringen, wenn uns schon das Geld für den Bau einer Kirche fehlte? Einige meinten, ein Erwachsenenchor sei besser als eine Kindertanzgruppe. Es gab vielleicht ein Dutzend Einwände gegen den Plan, aber mein Mann und ich blieben standhaft und schließlich vereinten sich alle hinter den *Little Angels of Korea*.

Die nächste Hürde bestand darin, einen Ort zum Üben zu finden. Es gelang uns, ein heruntergekommenes Lagerhaus kostenlos zu nutzen. Es hatte ein undichtes Dach und zerbrochene Fenster. Mit einigen rasch durchgeführten Reparaturen machten wir einen Übungssaal daraus. Da es dort keinen Ofen gab, bliesen sich die Mädchen in die Hände, um sich im Winter warm zu halten. Sobald die Nachricht über unser Vorhaben bekannt wurde, lachten die Gegner unserer Kirche und sagten: „Engel fliegen im Himmel; diese Mädchen sehen aber aus, als würden sie in einem Sumpf herumplanschen!"

Doch die Mädchen und ihre Lehrerin trainierten leidenschaftlich, um erfolgreich zu werden. Sie trugen das Motto der *Little Angels* in ihren Herzen: „Ein schönes Herz macht einen Tanz schön. Ein schönes Herz macht ein Lied schön. Ein schönes Herz macht das Gesicht schön." Drei Jahre lang gingen sie durch intensives Training und vergossen Schweiß und Tränen. Danach gingen sie auf Welttournee mit dem großartigen Slogan: „Lasst uns die koreanische Fahne in die Welt hinaustragen!"

Der erste Auftritt der *Little Angels* im Ausland fand im Herbst 1965 bei einem Konzert für den ehemaligen US-Präsidenten Dwight D. Eisenhower in Gettysburg, Pennsylvania, statt, einem Ort, der Berühmtheit erlangt hatte durch Präsident Lincolns Ansprache zu Ehren der Gefallenen an jenem historischen Wendepunkt des amerikanischen Bürgerkriegs. Hier begannen die *Little Angels* durch die Welt zu reisen, um Koreas schöne Kultur zu präsentieren. Nach dem Konzert erinnerte Präsident Eisenhower an seinen Besuch in Korea im Jahr 1952 und lobte die Tanzgruppe in den höchsten Tönen. „Es ist, als wären die Engel des Himmels auf die Erde herabgekommen", sagte er mit einem freundlichen Lächeln.

Merkmale des Himmelreichs

Für Neulinge wie die *Little Angels* war es sehr mutig, ihren ersten öffentlichen Auftritt vor einem ehemaligen amerikanischen Präsidenten zu haben. Selbst Künstlerinnen und Künstler, die in ihren eigenen Ländern bekannt sind, können das Publikum in den Vereinigten Staaten nicht immer beeindrucken. Aber ich war überhaupt nicht besorgt. Kinder, die singen, sind die Unschuld selbst und ich wusste aus Erfahrung, dass unschuldige Kinder Harmonie und Frieden stiften.

Nach ihrer Aufführung in Gettysburg brachten die *Little Angels* überall Freude, wohin sie auch gingen. Sie traten an vielen Orten in den Vereinigten Staaten auf. Wenn sie mit koreanischen Liedern wie „Frühling in meiner Heimatstadt" oder „Arirang" begannen, runzelten die Leute zunächst die Stirn, weil sie ihnen fremd waren. Dann schlossen sie die Augen und hörten zu. Schließlich waren sie zu Tränen gerührt. Wenn die *Little Angels* in ihren traditionellen koreanischen Kostümen „Die kleine Braut und der Bräutigam" tanzten, gingen die Zuschauerinnen und Zuschauer im Rhythmus mit und applaudierten aus ganzem Herzen. Wenn Tänzerinnen in traditionellen koreanischen weißen Socken in die Luft sprangen und so die eleganten und schönen Formen der koreanischen Kunst zum Ausdruck brachten, waren die Menschen aus dem Westen begeistert. Ohne ein einziges Wort zu sagen, vermittelten die *Little Angels* auf diese Weise unsere Tradition und Schönheit. Sie bereisten die Welt als Botschafter der koreanischen Kultur und zeigten jugendliche Energie, Reinheit und Lebensfreude, etwas, wonach sich das westliche Publikum sehnte.

Herzen berühren Herzen

Eines Tages erhielt der Generaldirektor der *Little Angels*, Dr. Bo Hi Pak, eine besondere Einladung. Sie kam aus dem Vereinigten Königreich. In den frühen 1970er Jahren war es für einen Koreaner sehr schwierig, nach Großbritannien zu reisen, aber erstaunlicherweise wurden die *Little Angels* eingeladen, vor der britischen Königsfamilie aufzutreten. Eine solche Einladung war noch nie zuvor an Künstler aus dem Fernen Osten, geschweige denn aus Korea, ergangen.

Die Tänzerinnen packten schnell ihre Koffer. Um nach London zu kommen, mussten sie mehrmals das Flugzeug wechseln. Bei der *Royal Variety Performance* im London Palladium, die 1971 für Königin Elisabeth II. stattfand, waren diese bezaubernden Mädchen aus Südkorea sogar unter den vielen herausragenden Künstlern ein strahlendes Licht. Ihre anmutigen und dennoch dynamischen und farbenfrohen Tänze erhielten mehrmals stehenden Beifall. Die Veranstaltung rief ein großes Medienecho in Presse, Rundfunk und Fernsehen hervor. In der Vorstellung der Briten erschien Korea nicht länger als kulturell rückständig, sondern als ein Land mit einer lebendigen künstlerischen Tradition.

Die schönen Stimmen der *Little Angels of Korea* sind inzwischen in mehr als 80 Nationen erklungen. Die *Little Angels* bereisten fünf Kontinente und traten über 7.000 Mal auf, unter anderem 1971 im *Kennedy Center for the Performing Arts* und 1973 vor der Generalversammlung der Vereinten Nationen. Sie trafen viele Präsidenten und Premierminister und hatten über 800 Auftritte im Fernsehen. Im April 1975 waren die *Little Angels* Mittelpunkt der Peter Alexander Show und tanzten sich in die Herzen des deutschen Fernsehpublikums.

Sie gaben Vorstellungen anlässlich der Feierlichkeiten zum zweihundertsten Jahrestag der amerikanischen Unabhängigkeit und zum zehnten Jahrestag der diplomatischen Beziehungen zwischen China und Südkorea. Sie waren auf Tournee in Japan, den Vereinigten Staaten, Europa, Asien, Afrika und Südamerika. Überall erhielten sie Lob und Beifall. Im Frühling 1990 traten sie in der Sowjetunion, in Moskau, auf und ließen die Herzen der kommunistischen Führer schmelzen. Im Mai 1998 trug ihr Auftritt in Pjöngjang, Nordkorea, zu den Bemühungen um eine Versöhnung zwischen Nord- und Südkorea bei.

Zu den bedeutungsvollsten Tourneen der *Little Angels* gehörte der Besuch aller 22 Nationen, die während des Koreakriegs am Einsatz der Vereinten Nationen beteiligt waren, indem sie Truppen oder humanitäre und medizinische Hilfe schickten. Anlässlich des 60. Jahrestags des Ausbruchs des Koreakriegs im Jahr 2010 entsandten wir die *Little Angels*, um für die Veteranen in diesen Ländern aufzutreten. Über einen Zeitraum von drei Jahren besuchten sie jede dieser Nationen und gaben zu Ehren der Veteranen eine „Aufführung der Dankbarkeit". Wir in Korea hatten in unserer Stunde der Not von diesen Nationen außerordentlichen Beistand erhalten und erklärten nun, es sei an der Zeit, etwas zurückzugeben. Diejenigen, die wir trafen, erinnerten sich noch lebhaft an Korea und viele sagten, sie hätten nie aufgehört, unser Land zu lieben.

2011 gaben die *Little Angels* Vorstellungen in den Ländern, die während oder kurz nach Ende des Koreakrieges medizinische Hilfe leisteten. Deutschland stand am Anfang der Tournee mit Auftritten in Berlin und Frankfurt, und es folgten Auftritte in Schweden, Norwegen, Dänemark, Italien und Kamerun.

Zuhause kritisierten einige Koreaner die Tournee, weil wir eine private Gruppe seien und die Regierung nicht offiziell vertreten würden. Aber wir repräsentierten das Herz des koreanischen Volkes und das

Mai 2011: Die Little Angels in Berlin nach ihrem Auftritt im Tempodrom als Dank für die von Deutschland geleistete medizinische Hilfe nach dem Koreakrieg

Herz Gottes. In jedem Land kamen die Kriegsveteranen bei unseren Aufführungen in ihren verblichenen Uniformen und mit ihren Orden stolz auf die Bühne. Dazu gibt es die folgende bewegende Geschichte:

Äthiopien und die Republik Südafrika waren die beiden afrikanischen Nationen, die Truppen entsandt hatten. Als die Kommunisten in den 1980er Jahren in Äthiopien die Macht übernahmen, verschleppten sie alle Veteranen des Koreakriegs in ein Lager am Stadtrand von Addis Abeba. Dieser Ort war wie ein Konzentrationslager. Die Veteranen schilderten ihre schmerzvollen Erinnerungen, wie das Regime sie verfolgt hatte und wie sie ihre Orden verkaufen mussten, um für ihre Familien zu sorgen. Als sie die *Little Angels* sahen, waren sie zu Tränen gerührt, da sie erkannten, dass die arme, zerlumpte, geteilte Nation Korea jetzt eine entwickelte Nation war, bereit, ihnen zu danken. Das glückliche Ende war, dass die Regierung auf die Notlage der Veteranen aufmerksam wurde und Wiedergutmachung für deren schlechte Behandlung in der Vergangenheit leistete.

Merkmale des Himmelreichs

Als die *Little Angels* beim Konzert in Washington DC „Arirang" und „God Bless America" sangen, weinten die inzwischen über 80-jährigen Veteranen des Koreakriegs. In Kopenhagen, Dänemark, schloss sich Prinzessin Elisabeth etwa 30 Veteranen an, um sich die Aufführung anzusehen.

Nach einem herzlichen Empfang durch nepalesische Studenten und Bürger bei der Ankunft in Kathmandu zeigten die *Little Angels* im Jahr 2016 im Rahmen der Gründung der *International Association of Parliamentarians for Peace (IAPP)* für den asiatisch-pazifischen Raum eine glanzvolle Leistung. Die Nepalesen waren von der Vorstellung im Präsidentenpalast tief bewegt und die Medien spendeten großes Lob: „Die *Little Angels* sind Repräsentanten, die dem Ruf Gottes folgen; sie sind Schutzengel, die weltweit Frieden verbreiten."

Ein Kind allein mag nicht viel bewirken, wenn aber eine Gruppe von Kindern zusammenkommt und sie mit reinen Herzen singen, können ihre Stimmen verhärtete Herzen erweichen und Krieg und Konflikt vertreiben. Die Menschen denken oft, dass Politik die Welt bewegt, aber das ist nur bedingt der Fall. Es sind Kultur und Kunst, die die Welt bewegen. Und es sind Gefühle, nicht die Vernunft, die die Menschen in ihrem Innersten berühren. Wenn Herzen empfänglich werden, können sich Ideologien und politische Regime ändern.

Vor einem halben Jahrhundert machten sich die *Little Angels* auf, um die koreanische Kultur in die Welt zu bringen. Sie waren die Vorboten der koreanischen Welle, einschließlich des K-Pop, die derzeit die Welt erobert. Wo immer man in der Welt hingeht, gibt es viel Beifall und Applaus für die koreanische Kultur. Der Ausgangspunkt dieses Phänomens war das Konzert der *Little Angels* in Gettysburg im Jahr 1965. Die bezaubernden Aufführungen der unschuldigen Kinder faszinieren weiterhin das Publikum und erinnern Skeptiker daran, dass wir wahrhaftig eins werden können.

Kunst, die die Welt bereichert

1984 kehrten mehrere talentierte Absolventen der Little Angels-Schule der Künste, der heutigen Sunhwa-Mittel- und Oberschule der Künste, von ihrem Studium an Schulen wie der Princess Grace Academy in Monaco und der Royal Ballet School im Vereinigten Königreich nach Korea zurück. Wir erkannten ihr großes Potenzial und gründeten das *Universal Ballet*, eine professionelle Ballettkompanie, um diesen talentierten jungen Menschen die Möglichkeit zu geben, ihr Können unter Beweis zu stellen, das Publikum zu begeistern und unsere Nation zu beeindrucken.

Damals drückte mein Mann den inneren Wert des Balletts mit diesen Worten aus: „Wenn eine Ballerina mit zum Himmel erhobenem Haupt auf ihren Zehenspitzen steht, verkörpert ihre Haltung Ehrfurcht vor Gott. Es ist ein Ausdruck brennender Sehnsucht. Balletttänzer nutzen den schönen Körper, der ihnen von Gott geschenkt wurde, um ihre Liebe für Ihn auszudrücken. Es ist die höchste Form der Kunst."

Eine Szene aus Schwanensee, aufgeführt vom Universal Ballet. Das Universal Ballet wurde 1984 gegründet, hat rund 1.800 Vorstellungen gegeben und etwa 100 Ballette in 21 Ländern präsentiert

Adrienne Dellas hatte die künstlerische Leitung der Kompanie inne und auch meine Schwiegertochter Hoon-sook Moon, eine Absolventin der *Little Angels*, ist ein Gründungsmitglied. Sie studierte Ballett an der Princess Grace Academy und war Solotänzerin der *Washington Ballet Company* in Washington DC. Im Sommer 1984 gab das *Universal Ballet* seine erste Aufführung von „Cinderella" im *Little Angels Performing Arts Center* in Seoul.

Damals war die *National Ballet Company* das einzige Ballettensemble in Korea. Es trat nur innerhalb des Landes auf. Daher hatte Korea in der Ballettwelt nur einen Platz am Rand. Die *Universal Ballet Company* brachte das koreanische Ballett auf die Weltbühne. Die Tanztruppe hat inzwischen 21 Nationen bereist und etwa 100 verschiedene Ballette in 1.800 Aufführungen dargeboten, entsprechend ihrem Motto: „Himmlische Kunst schafft eine Welt der Schönheit." Sie erhielt zahlreiche Auszeichnungen, darunter den Kultur- und Kunstpreis der Republik Korea.

Bis in die ersten Jahre des 21. Jahrhunderts zeigte das *Universal Ballet* den klassischen russischen Ballettstil. Danach erweiterte es sein Repertoire um die europäischen romantischen und modernen Ballette. Heute führt es auch Ballette aus Korea und anderen Nationen auf und kreiert seine eigenen innovativen und originalen Aufführungen. Als erste koreanische Ballettkompanie und als zweite in Asien führte sie John Crankos Meisterwerk des dramatischen Balletts „Onegin" auf. Darüber hinaus war sie das erste koreanische Ballettensemble, das Sir Kenneth MacMillans „Romeo und Julia" aufführte, ein Meisterwerk aus dem Repertoire der *Royal Ballet Company* des Vereinigten Königreichs.

Die Kompanie schuf auch einzigartige Ballette in Anlehnung an koreanische Volksmärchen und Traditionen. Eines ihrer bekanntesten Werke „Shim Chung", das 1986 entstand, ist eine Geschichte über kindliche Liebe. Es wurde bereits 200 Mal in zehn Ländern aufgeführt und berührte überall die Herzen der Menschen. Während ihrer Welttournee im Jahr 2012 wurde die Ballettkompanie eingeladen, die Schönheit des koreanischen Balletts in den globalen Zentren des Balletts, Moskau und Paris, zu präsentieren. „Chunhyang", ein Originalballett, das eine uralte Geschichte über reine Liebe thematisiert, und das Ballettmusical „Shim Chung", eine Neufassung für Kinder, wurden sehr positiv aufgenommen.

Vor Jahren, als Korea der Weltkultur nichts bieten konnte, war die *Universal Ballet Company* wie ein einsamer Kranich. Sie überwand viele Schwierigkeiten und führte den Menschen auf allen Kontinenten das hohe künstlerische Niveau Koreas vor Augen. Von der Liebe Gottes geleitet, wird sie auf diesem Weg fortschreiten.

Medien, die universelle Werte ausdrücken

Das Jahr 1975 war eine Zeit, in der ein Schatten der Finsternis über der Welt lag. Die Vereinigten Staaten zogen sich im April aus Vietnam zurück und überließen das Land den Kommunisten. Viele waren schockiert und entsetzt, als die Kommunisten in Vietnam und im Nachbarland Kambodscha ganze Bevölkerungsgruppen abschlachteten. Überall auf der Welt gewann der Kommunismus an Macht.

Ich wurde in Nordkorea geboren und erfuhr die Grausamkeit des Kommunismus und das Elend des Kriegs am eigenen Leib. Daher wusste ich nur zu gut, dass der Fall Vietnams zu blutigen Massakern und zur Verbreitung dieser brutalen Ideologie in den Nachbarländern führen würde.

Im Japan der 1970er Jahre wuchs die Vereinigungsbewegung, aber auch der Kommunismus gewann an Stärke. Die in Japan ansässigen

Koreaner gründeten voneinander getrennte Pro-Seoul- und Pro-Pjöngjang-Gruppen, zwischen denen es oft zu Konfrontationen kam. Mein Mann und ich kamen zu dem Schluss, dass der wirksamste Weg, auf Japan als freie Gesellschaft Einfluss zu nehmen und es vor dem Kommunismus zu schützen, die Gründung einer Zeitung sein würde.

In demokratischen Ländern sind die Medien oft eher nach einer Seite orientiert als ausgewogen. Um Marktanteile zu gewinnen, kommen die Redakteure allzu sehr den Kräften entgegen, die jene verfolgen, die politisch nicht korrekt sind oder beispielsweise eine Minderheitsreligion praktizieren. Mein Mann und ich stellten uns eine andere Art von Medien vor, Medien, die konstruktiv sind und Fairness sowie absolute Werte vertreten. Mit dieser Einstellung gründeten wir im Januar 1975 in Tokio die Zeitung *Sekai Nippo*.

Unsere japanischen Mitglieder hatten große Erwartungen an die Zeitung, fanden aber heraus, dass das Betreiben einer Zeitung so ist, wie in einer dunklen Nacht einen Hügel zu besteigen und dabei eine schwere Last zu tragen. Linksgerichtete Gruppen bekämpften uns auf jede erdenkliche Weise. Gleichzeitig gewann *Sekai Nippo* jedoch die Unterstützung von gesetzestreuen Bürgern und antikommunistischen Organisationen und entwickelte sich so zu einem in Japan gern gelesenen Blatt. Die Macht der Wahrheit schützte Japan vor dem Kommunismus. Bis zum heutigen Tag berichtet *Sekai Nippo* furchtlos und wahrheitsgemäß.

Als mein Mann und ich Anfang 1981 hörten, dass der *Washington Star*, die konservative Stimme in Washington DC, geschlossen werden sollte, waren wir besorgt. Es gab zwei fest etablierte Zeitungen in dieser Stadt, den *Washington Star* und die *Washington Post*. Der *Washington Star*, der seit über 130 Jahren erschienen war, befand sich in finanziellen Schwierigkeiten. Bald würde es in der politisch mächtigsten Stadt der Vereinigten Staaten nur noch eine einzige Zeitung geben und diese Zeitung, die *Washington Post*, tendierte in ihrer redaktionellen Haltung nach links.

Washington brauchte dringend eine Zeitung, die Glauben, Freiheit und Familienwerte schützt, doch unter den amerikanischen Konservativen war niemand bereit, die entstandene Lücke zu füllen. Als mein Mann und ich beschlossen, dies in Angriff zu nehmen, warnten uns vermeintlich umsichtige und kluge Leute immer wieder, dass es schwierig sein würde, eine neue Zeitung in der Hauptstadt der Vereinigten Staaten herauszugeben. Wir waren in der Vergangenheit jedoch nie vor einer Aufgabe zurückgeschreckt, weil sie schwierig war, und das taten wir auch jetzt nicht.

17. Mai 1982: Die Washington Times, Washington DC

Am 17. Mai 1982 erschien die erste Ausgabe der *Washington Times*. Wir hatten große Anstrengungen unternehmen müssen, um ein Gebäude und Druckmaschinen zu finden sowie kompetente und engagierte Mitarbeiter einzustellen. Die Gegner sagten, dass die *Washington Times* nur ein Propagandainstrument der Vereinigungskirche sein würde, aber ihre Worte spiegelten lediglich ihre Vorurteile wider.

Heutzutage ist es schwierig, eine Zeitung mit Gewinn zu betreiben und die *Washington Times* verlor von Anfang an Geld. Doch ohne sie gäbe es keine konservative Zeitung in der Hauptstadt der Vereinigten Staaten, keine Zeitung, die für Glauben und Familie eintritt. Beim Blick auf die Bilanzen fragten sich die Leute: „Wie lange wird es dauern, bis sie schließen?" Doch je mehr sie an uns zweifelten, desto größer waren der Glaube meines Mannes und mein Glaube und desto größer war das Engagement der Mitarbeiter der *Washington Times*.

Gemeinsam mit ihnen verteidigten wir entschlossen die Demokratie und setzten uns gleichzeitig für Familienwerte, Moral und die Rolle der Frau ein. Infolgedessen wuchs die Popularität der Zeitung. Von Jahr zu Jahr ging es bergauf und heute, im Zeitalter des Internets, ist sie eine der einflussreichsten Zeitungen in den Vereinigten Staaten.

Bei einem Bankett zum 15. Jahrestag ihrer Gründung erhielten wir Glückwunschbotschaften von bekannten Führungspersönlichkeiten aus aller Welt. Der ehemalige US-Präsident Ronald Reagan ließ die Menschen wissen, dass wir eine Schlüsselrolle beim Sieg über den Kommunismus spielten, als er über die *Washington Times* sagte:

„Wie ich kamen Sie zu Beginn des bedeutsamsten Jahrzehnts des Jahrhunderts in Washington an. Gemeinsam krempelten wir die Ärmel hoch und machten uns an die Arbeit. Und – oh, ja – wir haben den Kalten Krieg gewonnen."

Auch die britische Premierministerin Margret Thatcher brachte ihre Dankbarkeit in einer Grußbotschaft zum Ausdruck:

„In schwierigen Zeiten, mehr noch als in einfachen, muss sich die Stimme des Konservatismus in den Medien Gehör verschaffen. Es ist nicht immer leicht, aber wir können uns sicher sein: Solange die *Washington Times* existiert und es ihr gut geht, werden konservative Gesichtspunkte niemals untergehen."

Die *Washington Times* ist einflussreich, sie ist jedoch kein Medium, das nur die Elite anspricht. Sie wendet sich an alle Menschen und inspiriert die Bürger, in ihrem Alltag ein rechtschaffenes und gesundes Leben zu führen. Die *Washington Times* hat sich als eine Stimme der Wahrheit für Menschen auf der gesamten Welt etabliert.

Nach Tränen folgt Gerechtigkeit

Als die chinesische Regierung in den 1990er Jahren ihr Nordostasien-Projekt begann, um historische Fakten zu klären und die Stabilität dieses Gebiets zu schützen, sandte die Zeitung *Segye Ilbo* einen Korrespondenten zur Recherche in die Städte Dalian (vormals Port Arthur bzw. Lushun) und Dandong (chinesisch-nordkoreanische Grenzstadt). Der Korrespondent wollte unbedingt das Gelände des ehemaligen Lushun-Gerichtsgebäudes in Dalian besuchen, das früher ein japanisches Kolonialgericht in dieser Stadt war, die von den Japanern Ryojun genannt wurde. Doch das ursprüngliche Gerichtsgebäude, in dem eine Reihe koreanischer Patrioten zu Unrecht vor Gericht gestellt worden waren, gab es nicht mehr. Die chinesische Regierung hatte das Gebäude längst verkauft.

Mein Mann und ich hörten diesen Bericht schweren Herzens. Es schmerzte uns als Koreaner zu erfahren, dass die historischen Spuren unserer Heldinnen und Helden der Unabhängigkeitsbewegung, die ihr Leben für die Freiheit Koreas eingesetzt hatten, allmählich verschwanden.

Für uns ist das Gerichtsgebäude von Lushun von unschätzbarem Wert. Es repräsentiert das Leiden des koreanischen Volkes in der modernen Geschichte und das Vermächtnis seines patriotischen Geistes. Unser Standpunkt, den viele Koreaner teilten, war, dass eine solch historische Stätte nicht in Hände hätte fallen dürfen, denen sie gleichgültig war. Wir beschlossen daher, das Gebäude zu kaufen.

Nach Verhandlungen mit dem Eigentümer erwarb die *Segye Ilbo Corporation* schließlich das ehemalige Gerichtsgebäude und restaurierte es als ein Museum. Sie lud Experten zum Besuch der Stätte ein und stellte nach der gründlichen Recherche alter Dokumente den ursprünglichen Gerichtssaal wieder her. Heute ist das Lushun-Gerichtsgebäude ein historisches Wahrzeichen der Freiheit, das die Besucher von Dalian, insbesondere junge Menschen aus China und Korea, gesehen haben müssen.

Da dieses Projekt ganz Korea zugutekam, luden wir koreanische Bürger ein, dafür Geld zu spenden. 1993 gründeten wir über die *Segye Ilbo Corporation* die *Yeosun Patriotic Martyrs Memorial Foundation Corporation*. Die Stiftung sammelt nicht nur historische Berichte über den Mut, die Entschlossenheit und die Opfer derjenigen, die für die Unabhängigkeit Koreas kämpften, sondern setzt sich auch für den Frieden in Nordostasien ein.

Historisch gesehen waren die Beziehungen zwischen den Nachbarländern in Nordostasien kompliziert. Frieden zu schaffen, ist wie ein Knäuel verwickelten Garns zu entwirren; es ist schwierig, einen Anfang zu finden. Man wird aber nichts erreichen, wenn man nur mit verschränkten Armen dasitzt. Durch die Wiederherstellung des Gerichtsgebäudes in Lushun wollte die *Segye Ilbo Corporation* einen Ort der Erinnerung an das Leid des vergangenen Zeitalters schaffen, an dem die Besucher erfahren können, wie es dem koreanischen Volk in seiner Geschichte gelang, eine nationale Krise zu überwinden. Es ist auch ein Hinweis darauf, wie wichtig es ist, Frieden innerhalb und zwischen Nationen zu schaffen.

Unsere Bewegung brachte nicht nur Zeitungen in Japan und den Vereinigten Staaten heraus, sondern auch *Tiempos del Mundo* in Lateinamerika und *The Middle East Times* für die Länder des Nahen Ostens. Aber erst nach der Einführung von mehr Pressefreiheit durch die koreanische Regierung war es uns 1989 möglich, die Zeitung *Segye Ilbo* in Seoul herauszubringen.

1. Februar 1989: Gründung der Segye Ilbo, Seoul, Korea

Da eine religiöse Bewegung die Zeitung gründete, stießen wir natürlich auf Widerstand. Wie in den USA und Japan kursierte auch hier Spott. „Ihr werdet sehen, sie wird zu einem Sprachrohr der Vereinigungskirche", sagten die Leute, „sie wird nichts anderes als ein religiöses Blatt sein." Überhebliche Stimmen prophezeiten: „Der Druck wird noch vor Jahresende eingestellt."

Unsere Entschlossenheit, eine professionelle Nachrichtenquelle zu schaffen, die Korea durch faire und unvoreingenommene Nachrichten und Meinungen dienen kann, war unerschütterlich. Am 1. Februar 1989 liefen die Druckmaschinen an und 1,2 Millionen Exemplare der ersten Ausgabe der *Segye Ilbo* wurden ausgeliefert. Wir hielten an der Überzeugung fest, dass Nachrichtenmedien die Stimme des Gewissens und der Wahrheit sein müssen. Diese Überzeugung ist seit über 30 Jahren unverändert geblieben.

Unsere Bemühungen riefen mehr als nur verbale Kritik hervor. Nachdem die *Segye Ilbo* die Korruption der damaligen koreanischen Regierungspartei aufgedeckt hatte, sahen sich unbeteiligte und in keinem Zusammenhang damit stehende Unternehmen, die wir gegründet hatten, plötzlich überzogenen Steuerermittlungen ausgesetzt, die einige von ihnen in den Bankrott trieben. Die Regierung nahm Firmen wie *Tongil Machinery*, die Werkzeugmaschinen und spezielle Maschinenteile herstellten, und *Dongyang Heavy Industries*, die Automobilteile produzierten, ins Visier und zwang sie zur Schließung. Verschiedene mächtige Interessensgruppen forderten von uns, den Chefredakteur der Zeitung zu entlassen.

Wir kapitulierten weder vor Drohungen noch gaben wir Verlockungen nach; stattdessen erhoben wir das Banner der sozialen Gerechtigkeit und Tugend. Im Laufe der Zeit konnte sich die *Segye Ilbo* durch beharrliches Veröffentlichen wissenswerter Nachrichten und Meinungen behaupten.

Als mein Mann und ich die *Segye Ilbo* konzipierten, wussten wir, dass sie in einer turbulenten Zeit geboren werden würde. Seit ihrer Gründung hat sich die *Segye Ilbo* wie ein Fels in der Brandung konsequent für Gerechtigkeit eingesetzt und gleichzeitig Betrug, Korruption und andere soziale Missstände aufgedeckt. Die Zeitung richtet sich an keine politische Ideologie oder religiöse Gruppe. Ihre Redakteure und Reporter sind vorbildliche Profis, die bereit sind, Blut, Schweiß und Tränen für die Bürger Koreas und der Welt zu investieren.

Geben schafft Wohlstand

Als kleines Mädchen hatte ich nie Geld und wusste kaum, was Geld war. Als ich etwas älter wurde, mussten wir im Strudel der Teilung Koreas mit leeren Händen aus unserem Heimatort fliehen, um unser Leben zu retten. Wir blieben lange Zeit mittellos. Außerdem waren meine Großmutter mütterlicherseits und meine Mutter ganz dem Willen Gottes ergeben und unser Leben hatte wenig mit Geld zu tun.

Nachdem ich geheiratet hatte und die Headquarter-Kirche in Cheongpa-Dong zu meinem Zuhause wurde, gingen der Zehnte und die Spenden ebenso schnell wieder für öffentliche Zwecke hinaus, wie sie hereingekommen waren. Ich hatte überhaupt kein Interesse daran, modisch in Erscheinung zu treten. Wenn ich eine teure Geldbörse sah, fragte ich mich manchmal: „Wofür könnte das Geld darin verwendet werden?" Wichtiger als die Frage, wie viel Geld sich in einer Geldbörse befindet, ist die Frage, wofür es ausgegeben wird. Der Weg, den das Geld einer Person nimmt, prägt ihr Schicksal. Gottes Worten zufolge besteht unsere Verantwortung darin, über alle Dinge mit Liebe zu herrschen und unseren Wohlstand zu teilen. Wie in der Bibel geschrieben steht, schuf Gott Adam und Eva und sagte zu ihnen: „Seid fruchtbar und mehret euch, füllt die Erde und macht sie euch untertan."

Die wirtschaftlichen Aktivitäten unserer Bewegung begannen bescheiden in der Lehmhütte von Vater Moon in Beomil-dong, Busan, in den letzten Monaten des Koreakriegs. Vater Moon und ein

Nachfolger, Won Pil Kim, malten und verkauften einfache Porträts für amerikanische Soldaten. Als die Kirche nach Seoul zog, sammelten die Mitglieder Briefmarken und verkauften sie. Außerdem kolorierten sie Schwarz-Weiß-Fotos und boten sie am Straßenrand an. Durch diese und andere kleine Geschäfte unterstützten wir unsere Missionsaktivitäten.

Unser erster Schritt auf dem Weg zur Errichtung eines Wirtschaftsunternehmens erfolgte 1960, als wir *Tongil Industries* gründeten. Heute exportiert Korea alle Arten von Waren in die ganze Welt, aber in den 1960er Jahren hätte sich niemand vorstellen können, dass sich Koreas Maschinenbauindustrie einmal so stark entwickeln würde. Wir begannen *Tongil Industries* mit einer japanischen Drehbank, die eigentlich für den Müll bestimmt war. Wir beteten, dass Gott unsere neue Firma segnen und dass sie eines Tages der weltweit führende Hersteller von Maschinenbauteilen sein würde. Indem wir unser Knowhow entwickelten, wuchs *Tongil Industries* zu einem bedeutenden Maschinenbauunternehmen in Korea. Wir erwarben nicht nur Technologien, um Korea zu helfen, sondern teilten sie auch mit Menschen auf der ganzen Welt.

Als Nächstes gründeten wir die *Ilwha Company Ltd.*, die Pionierarbeit beim Export hochwertiger Ginsengprodukte leistete. Ginseng war damals im Westen unbekannt, ist aber inzwischen sehr beliebt. *Ilhwa* ist sowohl für seine erstklassigen Produkte als auch für seine führende Rolle in der Erforschung von Ginseng anerkannt.

Inspiriert von unserer Vision haben unsere Mitglieder viele Unternehmen gegründet. Während dies die wirtschaftliche Entwicklung unseres Landes und der Welt unterstützt, geht unser Bestreben darüber hinaus. Unser Ziel ist es, dass alle Menschen auf der Welt am gemeinsamen Wohlstand teilhaben können. Wir glauben daran, dass die neuen Technologien mit allen Völkern geteilt werden sollen. Auf der Basis von wahren Familienwerten und Technologien in Harmonie

Forschung und Entwicklung von Ilhwa-Ginsengprodukten

mit der Umwelt können wir alle in einem angenehmen sozialen Umfeld zusammenleben und zusammenarbeiten.

Die Philosophie des Lebens zum Wohl anderer ist die treibende Kraft hinter unseren Aktivitäten. Es ist eine grundlegende Wahrheit, dass wir uns um diejenigen kümmern sollten, die schlechter gestellt sind als wir selbst. Eine wohlhabende Person, die anderen gegenüber dankbar ist und ihnen hilft, wird eine wohlhabende Gemeinschaft, Nation und Welt schaffen.

Die Schöpfung ist ein Geschenk, das Gott jedem von uns gegeben hat. Jeder Mensch sollte dieses Geschenk in vollem Umfang genießen können. Es widerspricht dem Willen Gottes, dass ein Einzelner alles in Besitz nimmt oder dass ein Land seine wissenschaftlichen Entwicklungen, Technologien und Ressourcen in Zeiten der Not nicht teilt oder sie dazu benutzt, andere Nationen zu beherrschen. Ja, jede neue Technologie wird von irgendeiner Person oder Gruppe in irgendeinem Land entwickelt. Der nächste Schritt sollte aber darin bestehen, es auch anderen zu ermöglichen, davon zu profitieren, damit alle Gesundheit, Wohlergehen und Komfort genießen können. Das ist der Weg zu gemeinsamem Wohlstand.

Wir sollten nicht stolz darauf sein, brandneue Geldscheine in schicken Geldbörsen zu haben oder viel Geld zu besitzen. Stattdessen sollten wir uns darauf konzentrieren, wie wir unser Vermögen zum Wohl anderer einsetzen können. Wahrer Stolz entsteht, wenn wir unser Geld für Zwecke ausgeben, die größer sind als wir selbst.

Die Wissenschaft ist ein Sprungbrett

Hin und wieder hört man, wie religiöse Menschen die Wissenschaft abwerten, weil sie nichts mit Gott zu tun habe, oder wie säkulare Menschen die Religion abwerten, weil sie keinen praktischen Nutzen habe. Beide Seiten trennen Gott und Wissenschaft. Beide befinden sich im Irrtum. Gott möchte, dass wir Wissenschaft und Technik als Werkzeuge entwickeln, mit denen wir die Herrschaft der Liebe über alle Dinge ausüben können. Dies ist Gottes großer Segen. Wir müssen die Natur mit demselben Herzen wie Gott lieben und sie zum Wohl der Menschheit kultivieren. Das ist eine auf Gott ausgerichtete Wissenschaft und Technik.

1972 beriefen mein Mann und ich die erste *International Conference on the Unity of the Sciences (ICUS)* ein. Wie bei jedem neuen Projekt mussten wir viele Hindernisse und Geburtswehen in Kauf nehmen, um es zu etablieren. Und dann, nachdem die ICUS gegründet war, warfen uns viele Gelehrte vor, wir würden Wissenschaftler benutzen, um uns Glaubwürdigkeit zu verschaffen. Wenn Gelehrte beispielsweise eine persönliche Einladung zur Teilnahme an einer bevorstehenden Wissenschaftskonferenz erhielten, lautete ihre Antwort oft: „Wie ich höre, sind die Gründer dieses Forums Rev. Dr. Sun Myung Moon und seine Frau; damit möchte ich nichts zu tun haben."

Doch einige Jahre später nahmen dieselben Gelehrten unsere Einladung an und stellten ihre Arbeit auf der ICUS vor. Dies ist darauf zurückzuführen, dass sie inzwischen unsere wahre Motivation für diese Konferenzen erkannt hatten. Im Laufe der Jahre erhielten wir enthusiastische Reaktionen von angesehenen Wissenschaftlern aus aller Welt, die zunächst skeptisch gewesen waren, dann aber teilnahmen und zu treuen Unterstützern wurden. Der Grund war, dass sie durch die ICUS einen höheren Zweck für ihre Arbeit entdeckten.

Wir wählten die Themen der ICUS immer sorgfältig aus. Die erste ICUS-Tagung in New York City befasste sich mit dem Thema: „Die moralische Orientierung der Wissenschaften." Mein Mann und ich wollten als Gründer die Frage aufwerfen, was die Wissenschaft für das Wohl der Menschheit tun kann.

„Zweck und Ziel der Wissenschaft ist es, die Träume der Menschheit zu verwirklichen", sagte mein Mann in seiner Eröffnungsansprache. „Die wissenschaftliche Zivilisation muss ihrem Wesen nach von der gesamten Menschheit gemeinsam genutzt werden."

1973 beriefen wir die zweite ICUS in Tokio ein unter dem Thema: „Moderne Wissenschaft und ethische Werte." Dank der Teilnahme von fünf Nobelpreisträgern erregte die Konferenz viel Aufmerksamkeit. Während an der ersten Konferenz nur 20 Wissenschaftlerinnen und Wissenschaftler aus sieben Nationen teilgenommen hatten, zog die zweite ICUS bereits 60 Teilnehmerinnen und Teilnehmer aus 18 Nationen an. In nur einem Jahr hatte sie sich zu einem weltweiten Forum entwickelt.

Vater Moons Eröffnungsansprache bei einer frühen ICUS

Bis 1981, als die zehnte ICUS mit 808 Wissenschaftlern aus ungefähr 100 Nationen in Seoul stattfand, war die ICUS zum weltweit führenden Forum seiner Art geworden. Während dieser Veranstaltung schlugen wir den freien und großzügigen Austausch von Technologie zwischen den Nationen vor, was zuvor in der Geschichte kaum vorstellbar gewesen war. Wir sind der Ansicht, dass Wissenschaft und Technik der gemeinsame Schatz der gesamten Menschheit sind, weil sie von Gott offenbart und gegeben werden. Dementsprechend betonten wir, dass kein Land diese gemeinsamen Güter monopolisieren sollte. Mein Mann und ich sponserten die ICUS-Foren, um den freien Austausch von Wissenschaft und Technik zu fördern.

Insbesondere war es unsere Absicht, Wissenschaft und Technik mit den Entwicklungsländern in Afrika, Lateinamerika und Asien zu teilen. Mit anderen Worten, wir wollten, dass die Industrieländer die führenden Standards von Wissenschaft und Technik weltweit einführen, indem sie ihre Mittel und Methoden mit den Entwicklungsländern teilen. Als wir in einigen Teilen Afrikas Nahrungsmittelknappheit sahen, unterstützten wir beispielsweise einen deutschen Missionar mit Maschinen für den Bau einer Wurstfabrik in Sambia. Wir ermöglichten die Ausbildung in fortschrittlichen Methoden des Ackerbaus und der Viehzucht.

In Kona, auf *Big Island Hawaii*, bauten wir eine Kaffeeplantage auf. Das Kultivieren der Pflanzen erfordert viel Geschick und Kaffeebohnen zu ernten ist anstrengende Arbeit. Anfangs erlitten wir Verluste, weil wir keine Pestizide sprühten, die der menschlichen Gesundheit schaden. Mit der Zeit fanden wir aber einen Weg, Insekten abzuwehren, ohne schädliche Chemikalien zu verwenden, und jetzt produzieren wir erstklassigen Kaffee, der frei von Pestiziden ist.

Wir erwarben in Deutschland eine Fabrik für Automobilmontagelinien und errichteten Autofabriken in China und Nordkorea. Wir kauften eine Fabrik für landwirtschaftliche Maschinen und lieferten den Bauern, die noch immer die äußerst beschwerliche Arbeit des Einpflanzens der Reissteckling per Hand verrichteten, die Ausrüstung, die ihnen fehlte.

Mit Blick zum Himmel gründeten wir die *Korea Times Aviation*, um modernste Luftfahrttechnologie und Raumfahrttechnik zu unterstützen. Diese Bemühungen und noch vieles mehr gehen natürlich durch Höhen und Tiefen, aber unsere Vision ist unverändert. Wir lernen auf dem Weg und unsere Investitionen werden weitergehen.

Über Jahre hinweg führten die ICUS-Foren zu zahlreichen wissenschaftlichen Kooperationen und neuen Freundschaften. Im Jahr 2000 traten wir in eine neue Phase der Vorsehung und setzten die ICUS vorübergehend aus. Doch 2017 berief ich die jährlichen Wissenschaftskonferenzen erneut ein. Die 24. ICUS im Jahr 2018 brachte hunderte von Teilnehmerinnen und Teilnehmern zusammen, die sich der Entwicklung neuer Paradigmen für die wissenschaftliche Forschung widmeten. In meinen einleitenden Bemerkungen zu dieser Konferenz stellte ich meine Vision vor:

„Um die vielen Probleme zu lösen, mit denen unsere Welt konfrontiert ist, seien sie religiöser oder wissenschaftlicher Art, müssen Sie zuerst Gott, den Ursprung des Universums, und die Wahren Eltern richtig verstehen. Dann werden Sie in der Lage sein, nachhaltige Lösungen zu finden."

ICUS bringt Wissenschaftler, Ingenieure und Erfinder zusammen, um die Technologien und Werkzeuge in unseren Händen mit der Ökologie der Natur sowie mit unserer ursprünglichen menschlichen Natur, die von Gott geschaffen wurde, in Einklang zu bringen. Ziel ist es, wahres menschliches Glück und dauerhaften Frieden zu verwirklichen.

23. Februar 2018: 24. ICUS (Seoul). Nach einer Pause ab dem Jahr 2000 wurde die Wissenschaftskonferenz 2017 mit der 23. ICUS wieder neu gestartet

6. KAPITEL

DER WEG ZU EINER VEREINTEN WELT

Eine Straße, ein globales Dorf

Auf der südjapanischen Insel Kyushu gibt es eine kleine Hafenstadt namens Karatsu. Diese Stadt an den Ufern der Koreastraße ist berühmt für die Keramik, die ihren Namen trägt. Karatsu-Keramik wurde ursprünglich von koreanischen Keramikern hergestellt. In den 1980er Jahren besuchten führende Mitglieder unserer Bewegung in unserem Auftrag mehrmals diese Stadt, um ein internationales Projekt zu entwickeln. Karatsu wurde zum Ausgangspunkt für eine Initiative, die mein Ehemann auf unserer *International Conference on the Unity of the Sciences (ICUS)* im Herbst 1981 angekündigt hatte – den Bau einer internationalen Friedensautobahn, die den Globus umspannt.

Seine Vision ist der Bau eines Hochgeschwindigkeitsverkehrsnetzes, das den gesamten Globus verbindet. Am Tag seiner Fertigstellung wird ein Großteil unserer Welt zu einem Dorf werden, das durch eine Straße verbunden ist. Die Konstruktion dieser Friedensautobahn bietet den Völkern und Regierungen der Welt ein gemeinsames Ziel. Die transnationalen Handels- und Freizeitrouten, die sie eröffnet, werden den interethnischen Austausch von Kulturen und Gütern fördern und uns dazu anregen, in nachbarschaftlicher Harmonie zu leben.

Diese Autobahn soll durch einen Tunnel führen, der Busan in Korea mit Karatsu verbindet; dort begannen wir 1986 mit dem Bau eines Pilottunnels. Schon lange hatte ich den Wunsch gehegt, die Baustelle zu besuchen, als sich im Jahr 2016 schließlich die Gelegenheit dazu ergab. Während meines Besuchs bekräftigte ich das Engagement unserer Bewegung für die Friedensautobahn. Ich glaube, dass die Völker der Welt dazu bereit sind und die Zeit dafür reif ist, das Projekt auf der Grundlage eines globalen Plans in Angriff zu nehmen. Um der Welt diese Geschichte zu erzählen – von den Menschen auf den Straßen bis zu den Menschen in den Regierungsgebäuden –, rief ich das *Peace Road*-Projekt ins Leben. Durch verschiedene Aktivitäten wird dabei die Internationale Friedensautobahn bekanntgemacht. In den vergangenen Jahren hat sich daraus eine globale Friedensbewegung entwickelt, über die ich später mehr berichten werde.

Was den Bau betrifft, so sind die größten Herausforderungen die Überquerungen der Meerengen, die Alaska von Russland sowie Korea von Japan trennen. Die Trennungslinien zwischen diesen Gebieten sind sowohl physischer als auch geistiger Natur und das gemeinsame Engagement für den Bau einer sie verbindenden Straße ist ein wichtiger Schritt auf dem Weg zum Frieden für die Menschheit. Natürlich ist das keine leichte Aufgabe. Die technischen und gesellschaftlichen Herausforderungen sind einzigartig in der Geschichte. Doch ich weiß,

Der Weg zu einer vereinten Welt

14. November 2016: Auf der Baustelle eines Testtunnels für den Korea-Japan-Unterwassertunnel, Karatsu, Kyushu, Japan

dass es möglich ist. Dieses Projekt steht für das entscheidende Ziel, das wir in unserer Zeit erreichen müssen: die harmonische Zusammenarbeit aller Völker und Regierungen.

Einstellungen und Denkweisen, die durch das in der Geschichte zwischen Korea und Japan erfahrene Leid entstanden sind, stellen ein großes Hindernis dar und gaben Anlass, das Projekt abzulehnen. Aber wir müssen vergeben und vergessen und an die zukünftigen positiven Auswirkungen denken. Ein Unterwassertunnel, der Busan in Korea mit Karatsu in Japan verbindet, wird unsere beiderseitigen Fähigkeiten stärken, einen Beitrag zur Weltwirtschaft zu leisten. Die Städte Karatsu und Busan werden zu Drehscheiben des Welthandels werden und den eurasischen Kontinent mit dem pazifischen Raum verbinden. Der Tunnel wird sowohl die traditionellen als auch die hochmodernen Kulturgüter beider Nationen für den globalen Tourismus erschließen.

Vor allem aber wird der Bau des Tunnels zu einem Ausgangspunkt des Friedens in Asien werden. Die Zusammenarbeit zwischen den beiden Ländern wird als Modell dienen, wie der Himmel die Wunden von Konflikten und Feindseligkeiten heilt, die in den Nationen und unter den Völkern auf der ganzen Welt zu spüren sind.

Die Realität ist jedoch, dass Korea und Japan ihre jeweils eigenen Interessen verfolgen. Ich ermutige deshalb ihre Leiter, über England und Frankreich nachzudenken, die ein Jahrhundert lang Kriege gegeneinander geführt haben und sich dennoch zusammentaten, um den Ärmelkanal-Tunnel zu bauen, der sie miteinander verbindet. Wenn das koreanische und das japanische Volk ihre Herzen öffnen und echte Vergebung und Versöhnung erreichen, werden wir den Bau des koreanisch-japanischen Friedenstunnels in unserer Zeit erleben. Dann wäre dieser Tunnel nicht nur ein Symbol für eine hoffnungsvolle Zukunft ohne Angst, sondern deren realer Bestandteil.

Mein Ehemann und ich beten daher, dass der Bau dieses Tunnels als Teil der Friedensautobahn eine Situation schaffen möge, die man vergleichen könnte mit einem Tiefdruckgebiet über der koreanischen Halbinsel, in das die Luftmassen aus den Hochdruckgebieten über den Ländern im Osten und Westen Koreas hineinfließen, um so Einheit auf der Halbinsel herbeizuführen. Wenn ich mit mütterlichem Herzen auf eine Landkarte schaue, spüre ich eine Art von Sehnsucht zwischen der Insel und dem Kontinent, die einander auf der koreanischen Halbinsel begegnen.

Die zweite große Herausforderung für die Internationale Friedensautobahn ist die Überquerung der Beringstraße zwischen Russland und den Vereinigten Staaten. Diese Stelle wird sich als noch schwieriger erweisen als die Koreastraße. Die Beringstraße repräsentierte in der Zeit, als die Vereinigten Staaten und Russland sich feindlich gegenüberstanden, die ideologische Trennlinie zwischen dem demokratischen und dem kommunistischen Lager. Diese beiden Nationen zu verbinden, ist ein entscheidender Schritt auf dem Weg zu Frieden und Vereinigung auf der ganzen Welt.

Mein Wunsch ist, dass alle Menschen die Möglichkeit haben, die Internationale Friedensautobahn mit dem Auto oder sogar mit dem Fahrrad von Kapstadt nach Santiago und von London nach New York zu befahren. Eine Reise mit Ihrem oder Ihrer Liebsten durch jedes Land der Welt soll so einfach sein wie ein Besuch in der Heimatstadt. Die Autobahn wird vom Kap der Guten Hoffnung an der Südspitze Afrikas bis zum Kap Hoorn an der Südspitze Südamerikas reichen. Sie wird die Beringstraße überqueren und so den afrikanischen Kontinent und Eurasien mit dem amerikanischen Kontinent verbinden. Aus der Perspektive dieser Autobahn wird Korea der Mittelpunkt sein. Durch die Gnade des Himmels wird der Geburtsort der Wahren Eltern genau in der Mitte liegen.

Viele Menschen fragen sich, wie wir eine so gewaltige Aufgabe bewältigen können. Doch die Geschichte zeigt, dass alle großen Errungenschaften inmitten von Schwierigkeiten zustandekommen. Wenn es der Wille Gottes ist, muss es auch einen Weg geben. Wir verfügen bereits über die technischen Fähigkeiten, um einen Brücke-Tunnel-Komplex über die Beringstraße zu bauen. Was die Kosten betrifft, so müssen wir sie in die richtige Perspektive rücken. Verglichen mit dem Geld, das die Welt in Kriege investiert, die nichts anderes tun, als Nationen und Menschen zu zerstören, sind die Kosten für einen Brücke-Tunnel-Komplex, der um des Friedens willen gebaut wird, unerheblich. Nationen und Bewegungen opfern Menschenleben und Ressourcen, um der Logik der Macht zu folgen – ein törichter und ungeeigneter Weg, um empfundene Ungerechtigkeiten zu beseitigen oder Streitigkeiten beizulegen. Unsere Himmlischen Eltern zeigen uns dagegen den Weg des wahren Friedens. Wie es im Buch Jesaja heißt, ist es jetzt an der Zeit, unsere Schwerter zu Pflugscharen umzuschmieden.

Ich habe das *Peace Road*-Projekt erwähnt. Bei seinen Veranstaltungen tragen die Teilnehmerinnen und Teilnehmer aus allen Altersgruppen und Nationalitäten *Peace Road*-T-Shirts und *Peace Road*-Flaggen, gehen zu Fuß, fahren mit dem Fahrrad oder benutzen andere Fortbewegungsmittel, um ihre Unterstützung für die vorgeschlagene Internationale Friedensautobahn und die friedliche Vereinigung Koreas zu zeigen. Ihr Weg führt sie in Rathäuser und an öffentliche Plätze, wo Amtsträger und Prominente bei Kundgebungen sprechen, ihre Unterstützung für die Initiative bekunden und das Projekt in den örtlichen Medien bekanntmachen. Führende Persönlichkeiten und Bürger vieler Länder, darunter auch Mitglieder der *International Association of Parliamentarians for Peace (IAPP)*, haben die *Peace Road*-Initiative begrüßt. Im Jahr 2015 beteiligten sich Menschen in mehr als 120 Ländern daran. Dabei umrundeten sie zusammengenommen in 93 Tagen symbolisch die Welt.

Mutige Liebe zerreißt einen eisernen Vorhang

Mit Anbruch des Jahres 1990 verspürten die Menschen die Hoffnung, dass sich die Welt grundlegend verändern könnte. Ich hörte eine Person sagen: „Der Begriff ‚Kalter Krieg' wird bald nicht mehr zu hören sein", und eine andere antwortete: „Das mag Ihre Hoffnung sein, aber die Sowjetunion bleibt bestehen und der Kommunismus gewinnt in vielen Ländern an Macht. Frieden kann nicht so leicht verwirklicht werden." In einem Punkt war man sich einig – es wird nicht leicht sein.

Der Weg zu einer vereinten Welt

In den späten 1980er Jahren, als der amerikanische Konservatismus auf dem Vormarsch war, die Solidarność-Bewegung in Polen Erfolg hatte und Glasnost und Perestroika in Russland Fortschritte machten, trat die Welt, zumindest äußerlich betrachtet, in eine Ära der Versöhnung ein. Doch zur gleichen Zeit gewannen von Moskau gesteuerte Aufstände in Afrika, Asien und Mittelamerika an Dynamik. Es war Moskau gelungen, die Vereinigten Staaten zum Rückzug aus Vietnam zu zwingen, so dass der Kommunismus dort und auf den *Killing Fields* Kambodschas wüten konnte. Die Marxisten verfolgten nach wie vor das Ziel, die ganze Welt dem Kommunismus zu unterwerfen.

Damals sponserten wir die Fact Finding-Touren der *World Media Association*, auf denen sich westliche Journalisten aus erster Hand ein Bild von den Bedingungen in der Sowjetunion und anderen kommunistischen Staaten machen konnten. Den Journalisten die unbestreitbaren Fakten zugänglich zu machen, war ein wirksamer Schritt zur Beendigung des Kalten Krieges. Die Reisen nahmen den Journalisten die Scheuklappen von den Augen und führten auch zu positiven Beziehungen zu russischen Medien. Darüber hinaus hießen wir während der Olympischen Spiele 1988 in Seoul die Mannschaften aus kommunistischen Ländern willkommen. Wir überreichten den Athletinnen und Athleten Geschenke und erfreuten sie mit koreanischen Spezialitäten. Auf dieser Grundlage beschlossen mein Ehemann und ich, nach Moskau zu reisen, um Präsident Michail Gorbatschow zu treffen.

17 Jahre zuvor, am 1. Juli 1973, hatten wir verkündet, dass wir eines Tages „nach Moskau marschieren" würden. Da wir für die Überwindung des Kommunismus kämpften, hatten wir uns eine Kundgebung auf dem Roten Platz vorgestellt und dies im Oktober

desselben Jahres unseren Mitgliedern angekündigt. Die meisten waren begeistert, obwohl die Ankündigung einige an die träumerischen Visionen von Don Quijote erinnerte. Sunburst, eine unserer Kirchen-Bands, komponierte dazu passend das Lied „Red Square" (Roter Platz), mit dem unvergesslichen Refrain „Must Go to Moscow" (Wir müssen nach Moskau gehen). Obwohl das Erreichen dieses Ziels länger dauerte, als wir gehofft hatten, haben mein Mann und ich unser Versprechen nie vergessen. Wir glaubten, wenn wir die Herzen der sowjetischen Führung im Moskauer Kreml-Palast gewinnen könnten, würde dies den Ausschlag für die Befreiung Gottes und der gesamten Menschheit geben.

Bei unserer *Victory over Communism (VOC)*-Arbeit ging es im Laufe der Jahre eigentlich nicht um ein politisches System und es war auch keine Strategie unserer Öffentlichkeitsarbeit, um die Unterstützung von Antikommunisten zu gewinnen. Es stand immer und steht immer noch die Frage „Gott oder kein Gott" im Mittelpunkt. Das wahre Ziel unserer Bemühungen ist die Befreiung der kommunistischen Welt – und auch des Westens – vom atheistischen Materialismus. Während des Kalten Krieges hatten die meisten Menschen in der freien Welt, auch die Journalisten auf unseren Fact Finding-Touren, keine Ahnung, wie das Leben unter dem Kommunismus in der Realität aussah. Andere, die es wussten, verschlossen lieber die Augen; aus Angst zögerten sie, aktiv zu werden. Zur gleichen Zeit ertrugen hunderte Millionen Menschen in der kommunistischen Welt schreckliche Zustände. Manche wussten nicht, woher ihr Essen für den nächsten Tag kommen würde. Um diese leidenden Menschen zu retten, drängten unsere Himmlischen Eltern meinen Mann und mich, die Sowjetunion zu gewinnen – und öffneten einen Weg für uns, dies zu tun.

Die Einbindung der Führung der Sowjetunion war sicherlich keine einfache Aufgabe. Präsident Gorbatschow hatte schrittweise Reformen durchgeführt, hatte es aber gleichzeitig mit einer verkrusteten Bürokratie zu tun, die darauf programmiert war, als die führende Nation der kommunistischen Welt eine kriegerische Haltung einzunehmen. Hinter einem Eisernen Vorhang verborgen, projizierte die Sowjetunion das Bild eines mächtigen, mit eiserner Faust regierenden Imperiums.

Wenige Tage vor unserer Abreise nach Moskau setzten mein Ehemann und ich uns zusammen, um unseren Plan mit hochrangigen Mitgliedern der Vereinigungskirche zu besprechen. Einige von ihnen versuchten, uns davon abzubringen mit dem Argument, dass es für uns als weltweit bekannte Gegner des Kommunismus zu gefährlich sei, die kommunistische Hochburg zu betreten. Doch niemand konnte uns von unserem Vorhaben abbringen. Dennoch machte sich mein Mann, der den Ernst der Lage erkannte, Gedanken über die Zukunft. Er blickte in die Gesichter aller Anwesenden und sagte etwas Unerwartetes: „Es ist an der Zeit zu entscheiden, wer die Bewegung führen wird, wenn ich nicht hier bin."

Alle Stimmen verstummten. Wieder blickte er die Leiter der Kirche an, einen nach dem anderen, und sprach dann mit Bedacht und großem Ernst: „Selbst wenn ich nicht hier bin, ist alles gut, solange Mutter da ist."

Durch seine Erklärung verlieh er mir den verantwortungsvollen Status als Mitbegründerin der Vereinigungskirche. Alle waren überrascht über Vater Moons Worte, ich aber hörte nur still zu. Nachdem ich die Mission von Gottes eingeborener Tochter und Mutter des Friedens angenommen hatte, hatte ich 30 Jahre lang mein Möglichstes getan, um meinem Mann an der Spitze der Vorsehung Gottes zu helfen, die Welt zu erlösen und ihr Orientierung zu geben. Nun hatte er klargestellt, dass die Autorität des Himmels gleichermaßen bei Vater und Mutter, bei Ehemann und Ehefrau liegt. Es schien in jenem Moment so, als gebe er diese Erklärung für den Fall ab, dass in Moskau etwas Schlimmes passieren würde.

Später beschloss Vater Moon, dieselbe Botschaft mit tausenden von Mitgliedern aus der Region New York zu teilen, die sich versammelt hatten, um mit uns den Elterntag 1990 zu feiern. In seiner Ansprache wiederholte er in einem öffentlichen Rahmen das, was er unseren Leitern gegenüber erklärt hatte. Im New Yorker Hotel verkündete er: „Auch allein vertrete ich die Wahren Eltern. Und dasselbe gilt für Mutter. Auch sie allein repräsentiert die Wahren Eltern. Jetzt gibt es keinen Grund zur Sorge. Im Grunde bin ich der erste Gründer der Kirche, und Mutter ist die zweite Gründerin. Bis heute sind die Frauen den Männern gefolgt, aber von nun an stehen sie horizontal auf einer ebenbürtigen Grundlage."

Dies war keine einmalig gemachte Aussage meines Ehemannes. Bei einem Treffen am 14. Juni 1991 proklamierte der Wahre Vater seinen „Gomyeong" in der Clearstone Deer Park Lodge in Kanada in Anwesenheit von Repräsentantinnen der japanischen Leitung unserer Bewegung. Gomyeong ist ein letzter Erlass, den ein König seinen Untertanen hinterlässt, bevor er stirbt. In dieser Proklamation erklärte mein Mann, dass ich nach seinem Übergang in die ewige Welt unsere gottgegebene Mission fortsetzen werde und dass die japanischen Leiterinnen Verantwortung dafür übernehmen sollten, mich zu unterstützen.

Am 27. November 1994 verkündete Vater Moon im Belvedere Training Center in New York erneut meine öffentliche Mission als Mitgründerin der Bewegung. Zu jenem Zeitpunkt waren das Bildungsprogramm für 160.000 Frauen und bedeutsame Veranstaltungen in bestimmten Nationen durchgeführt worden, so dass sich mein

Aufgabenbereich erweiterte. An jenem Tag sagte ich mit festem Entschluss zu den Mitgliedern: „Lasst uns alle geloben, eine Familie zu werden, die sich vereint und die Traditionen der Wahren Eltern fest verankert."

9. April 1990: 11. Welt-Medienkonferenz, Moskau

Wenige Tage nach jener Elterntagsfeier im April 1990 reisten mein Mann und ich mit unserem ältesten Sohn Hyo-jin nach Moskau, wo die 11. *World Media Conference* und der 3. *Summit Council for World Peace* stattfanden, die von der *World Media Association* und der *Association for the Unity of Latin America (AULA)* gesponsert wurden. Während der Konferenz lud Präsident Michail Gorbatschow die teilnehmenden internationalen Führungspersönlichkeiten in den Kremlpalast ein. Ich war die einzige Frau auf der Einladungsliste und wurde sehr zuvorkommend behandelt. Mein Ehemann und ich zeichneten Präsident Gorbatschow mit dem Großkreuz-Orden für Freiheit und

Einheit aus, der von Botschafter José Maria Chaves, dem Vorsitzenden von AULA, überreicht wurde. Wir hielten die Hand von Präsident Gorbatschow und sprachen einen einfachen Segen: „Gott segne Sie, Herr Präsident."

Natürlich war es unter dem kommunistischen Regime absolut inakzeptabel, im Amtssitz des Präsidenten der Sowjetunion, dem Zentrum des ideologiegetriebenen atheistischen Staates, um Gottes Segen zu beten. Dennoch war Präsident Gorbatschow herzlich zu uns und schlug in unserem Gespräch nach dem Gebet einen freundlichen Ton an. „Frau Hak Ja Han Moon", bemerkte er, „mir gefällt Ihre traditionelle koreanische Kleidung. Sie steht Ihnen sehr gut."

11. April 1990: Vater und Mutter Moon mit Präsident Michail Gorbatschow

Ich antwortete mit einem Lächeln: „Die First Lady Raissa sieht auch immer wunderschön aus! Frauen auf der ganzen Welt respektieren sie. Ich freue mich sehr darauf, Frau Gorbatschowa morgen bei der Aufführung der *Little Angels* zu treffen. Mein Ehemann hat mir gesagt, dass Sie ein gutaussehender Mann sind, und ich kann sehen, dass es stimmt." Durch unser Gespräch entstand eine freundliche Atmosphäre. Das Lächeln von Präsident Gorbatschow war wirklich warm und strahlend; ich hatte den Eindruck, als würden wir alle auf Wolken schweben. „Das ist die Kraft des Gebets und die Hand Gottes", dachte ich.

Im weiteren Verlauf des Treffens scheute mein Mann nicht davor zurück, Präsident Gorbatschow Ratschläge zu geben. „Der Erfolg der Sowjetunion hängt davon ab, ob Sie Gott in den Mittelpunkt stellen oder nicht", erklärte er und betonte nachdrücklich: „Der Atheismus wird zu nichts anderem führen als zur Selbstzerstörung und zu

11. April 1990: Teilnehmer der Medienkonferenz treffen Präsident Gorbatschow im Kreml

Katastrophen." Die Sowjetunion könne nur überleben, wenn das Land seine wirtschaftlichen und politischen Reformen fortsetze und Religionsfreiheit zulasse. Das Gesicht des Präsidenten zeigte, dass er sich der enormen Tragweite von Vater Moons Rat sehr wohl bewusst war, doch er konnte nicht anders als das entgegenzunehmen, was wir sagten. Noch nie zuvor hatte jemand im Kreml Derartiges geäußert. Wenn ich zurückblicke, kann ich mit Gewissheit sagen, dass die Worte, die wir in diesem Augenblick austauschten, die Geschichte der Welt verändert haben. Ich hatte in der Tat das Gefühl, dass Himmel und Erde jedem Wort mit angehaltenem Atem lauschten.

Unser Treffen im Kreml und die gesamte Konferenz schufen eine himmlische Energie und unsere Bewegung in der Sowjetunion begann sich positiv zu entwickeln. Das Vertrauen von Präsident Gorbatschow in meinen Mann und mich und in die Vereinigungskirche nahm von Tag zu Tag zu. Es ist erstaunlich, dass die sowjetische Regierung danach mehr als 3.000 russischen Studenten und Professoren erlaubte, in die Vereinigten Staaten zu reisen, um dort an Vorträgen über das *Göttliche Prinzip* teilzunehmen. Das war revolutionär.

Im darauf folgenden Jahr kam es in Moskau zu einem Staatsstreich, gefolgt von einer kurzen Zeit der Instabilität. Präsident Gorbatschows Bemühungen um politische Reformen und Offenheit hatten bei den kommunistischen Eliten eine starke Gegenreaktion hervorgerufen. Der Präsident wurde in seiner Residenz auf der Halbinsel Krim unter Hausarrest gestellt. Dieser Putschversuch scheiterte jedoch nach drei Tagen. Denn angeregt durch den Weg zur Demokratie, den Präsident Gorbatschow eingeschlagen hatte, erhob sich das Volk, vor allem die Jugend, in Moskau zu seiner Verteidigung, wobei Boris Jelzin, der Präsident der Russischen Teilrepublik, die Führung bei der Organisation des Widerstands übernahm. Diese Demonstranten, von denen sicherlich viele in Amerika von uns unterrichtet worden waren, stellten die treibende Kraft dar, um Gorbatschow und Jelzin zusammenzubringen,

Der Weg zu einer vereinten Welt

die Sowjetunion aufzulösen und den Kalten Krieg zu beenden. Präsident Gorbatschows offenherzige Annahme des Gebets „Gott segne Sie, Herr Präsident", das mein Mann und ich in seinem Amtssitz gesprochen hatten, erwies sich als himmlischer Glücksfall für ihn.

Ich muss hinzufügen, dass all dies ohne die Arbeit der „Butterfly Missionare" unserer europäischen Bewegung nie geschehen wäre. Zu dieser Mission berufen, verließen junge Mitglieder ihre Heimatländer und gingen als Untergrundvertreter der Wahren Eltern in die Sowjetunion und Osteuropa. Der Untergang der Sowjetunion war der Höhepunkt von Gottes unsichtbarem Plan, für den diese glaubensstarken Menschen unter Einsatz ihres Lebens Grundlagen gelegt hatten. Im Rahmen eines komplexen Geflechts von Ereignissen spielten sie alle eine Rolle, um die Auflösung der Sowjetunion und den Übergang zur Demokratie herbeizuführen. Auch heute noch beten und arbeiten sie für Religionsfreiheit und sozialen Fortschritt in Russland auf seinem Weg in die Zukunft.

Im Jahr nach unserem Treffen mit Präsident Gorbatschow wurde die Kommunistische Partei der Sowjetunion aufgelöst und das, was ich für ein erstarrtes Reich gehalten hatte, löste sich im Nebel der Geschichte auf. In den 70 Jahren seit der bolschewistischen Revolution von 1917, in denen kommunistische Regierungen die Kontrolle über ein Drittel der Weltbevölkerung übernahmen, war das Blut von hunderten Millionen Menschen vergossen worden. Endlich wurde die rote Fahne der Sowjetunion heruntergeholt und ihre atheistische Weltanschauung entthront. Als die sowjetische Diktatur ihren eigenen Untergang erklärte, führte das auch die kommunistische Behauptung ad absurdum, dass Fortschritt nur durch Konflikt und Klassenkampf zu Stande kommt.

Die Geschichte wird zeigen, dass mein Ehemann und ich uns auf sehr dünnem Eis bewegten, als wir in die Sowjetunion reisten, um Präsident

Gorbatschow zu treffen, dass aber dieses Treffen genau zum richtigen Zeitpunkt stattfand. Indem wir erklärten, dass die einzige Hoffnung der Welt eine auf Gott ausgerichtete Weltanschauung ist, setzten wir einen entscheidenden spirituellen Impuls, der die politische Landschaft für immer veränderte.

Ein Feind wird zu einem Freund

1946, im Jahr nach der Wiederherstellung der koreanischen Unabhängigkeit, wurde Vater Moon während einer Evangelisation in Nordkorea verhaftet. Die Polizei beschuldigte ihn, ein Spion des südkoreanischen Präsidenten Syngman Rhee zu sein, und sperrte ihn im Daedong-Gefängnis in Pjöngjang ein. Seine Bewacher folterten ihn schwer und warfen seinen für tot gehaltenen Körper hinaus in den Schnee. Dort fanden ihn seine Anhänger. In großer Trauer begannen sie mit den Vorbereitungen für seine Beerdigung. Aber Vater Moon starb nicht. Er klammerte sich an das Leben und erholte sich erstaunlicherweise mit Hilfe ihrer Gebete und pflanzlicher Arzneimittel wieder vollständig.

Ein Jahr später wurde Vater Moon erneut verhaftet, zu Zwangsarbeit in der Heungnam-Stickstoffdüngerfabrik verurteilt und in dem nahegelegenen Sonderarbeitslager Heungnam interniert. Zwei Jahre und acht Monate lang musste er dort unbeschreibliches Leid ertragen. Es war ein Ort, an dem die meisten Häftlinge innerhalb von sechs Monaten an Unterernährung und körperlicher Erschöpfung starben.

Zur gleichen Zeit wurden meine Mutter und meine Großmutter mütterlicherseits ebenfalls von der kommunistischen Polizei wegen ihrer religiösen Überzeugungen und der Ausübung ihres Glaubens inhaftiert. Nach einer schweren Zeit wurden sie schließlich wieder freigelassen. Von unserer Trennung vom Rest der Familie, von unserer

Flucht 1948 mit Hilfe meines Onkels und von der sehr beschwerlichen Reise in den Süden habe ich bereits früher berichtet.

In den folgenden Jahrzehnten behandelte uns die nordkoreanische Regierung weiterhin als Feinde. In dieser Zeit führten wir weltweit *Victory over Communism (VOC)*-Aktivitäten durch. Ein siebentägiges öffentliches Fasten und die Gebete unserer Mitglieder im Jahr 1974 vor dem Gebäude der Vereinten Nationen wiesen auf die Notlage der in Nordkorea gefangen gehaltenen japanischen Frauen hin. Im Juni 1975, kurz nach dem Fall von Saigon, veranstalteten wir die Internationale Kundgebung für die Freiheit Koreas mit über 1,2 Millionen Menschen auf dem Yoido Plaza in Seoul, um dem Kommunismus entgegenzutreten. Eines Tages wurden wir darüber informiert, dass der nordkoreanische Führer Kim Il Sung uns ermorden lassen wollte.

Dennoch beteten mein Mann und ich unablässig furchtlos und ohne Ressentiments für die Versöhnung zwischen Nord- und Südkorea. Wir waren nicht für die Teilung der koreanischen Halbinsel verantwortlich, aber wir übernahmen Verantwortung für ihre friedliche Wiedervereinigung. Es war immer unsere tiefe Überzeugung, dass eine Beendigung des Konflikts auf der koreanischen Halbinsel die Welt in Richtung Frieden voranbringen würde. Deshalb beschlossen wir nach unserer Rückkehr von unserem Treffen mit dem sowjetischen Präsidenten Michail Gorbatschow, auch den nordkoreanischen Vorsitzenden Kim Il Sung zu treffen, und zwar bis spätestens Ende 1991.

Seit über 40 Jahren hatten mein Mann und ich nicht in unsere Heimatstädte im Norden zurückkehren können. In den 1980er Jahren lehrten wir das *Göttliche Prinzip* in allen Teilen der Welt, aber nach Nordkorea, das keine Flugstunde von Seoul entfernt ist, konnten wir nicht gehen. Das Gleiche galt für alle anderen vertriebenen Koreaner, die nach dem Koreakrieg in den Süden gelangt waren. Nichts kann die Sehnsucht und den Schmerz lindern, die man empfindet, wenn man die eigene Heimat nicht besuchen kann, noch dazu, wenn sie so nahe ist. Allerdings hatten wir nicht vor, nach Nordkorea zu reisen, um unsere Heimatorte und Verwandten zu besuchen, auch wenn wir sie sehr vermissten. Tatsächlich würden die Erfahrungen, die wir im Norden gemacht hatten, die meisten Menschen davon abhalten, jemals wieder einen Fuß dorthin setzen zu wollen.

Unser Entschluss, nach Nordkorea zu reisen, erschien wie ein unmöglicher Traum. Nordkorea wollte zu jener Zeit nicht einmal Gruppen von Journalisten aus dem Westen einreisen lassen. Dennoch setzten wir unsere eindringlichen Gebete für Vergebung und Versöhnung fort und veranlassten unsere Mitglieder, auf jede erdenkliche Weise mit Nordkorea Kontakt aufzunehmen, im Glauben, dass Gott auch in einer ausweglosen Situation einen Weg zeigen kann. Als Antwort auf unsere Gebete überbrachte Mitte November 1991, während wir uns in den Vereinigten Staaten aufhielten, ein Kurier ein versiegeltes Einladungsschreiben. Wir öffneten es unter vier Augen. An uns persönlich gerichtet, hieß es darin, dass der Vorsitzende Kim Il Sung uns zu einem Besuch nach Nordkorea einlud.

Ohne jemanden über unser endgültiges Reiseziel zu informieren, packten wir unsere Koffer und reisten zum Seminarzentrum unserer Kirche auf Hawaii. Unsere Familienmitglieder und die persönlichen Mitarbeiter waren verwundert und neugierig. „Es ist warm auf Hawaii", sagten sie. „Aber ihr packt Winterkleidung ein!"

Auf Hawaii wohnten wir im Seminarzentrum und konzentrierten uns auf das Gebet. Bevor wir einen Fuß nach Nordkorea setzen konnten, mussten wir alle schmerzlichen Gefühle auflösen, die noch in unseren Herzen existierten. Wir mussten Kim Il Sung verzeihen, dessen Regime der Nation und der Welt viel Leid zugefügt hatte, ganz zu schweigen von unserer erweiterten Familie und uns selbst. Hätten wir ihn nur als unseren Feind betrachtet, hätten wir ihm nicht vergeben können. Nur aus der Position seiner Eltern heraus und nur mit dem Herzen seiner Mutter konnte ich ihm vergeben. Um ihren zum Tode verurteilten Sohn zu retten, würde eine Mutter sogar versuchen, die Gesetze ihres Landes zu ändern. So empfindet ein mütterliches Herz. Mit dieser Herzenseinstellung gelobte ich, meinem Feind zu verzeihen. Mein Gebetsanliegen war nicht unsere sichere Rückkehr aus Nordkorea.

Es waren ernste Stunden, in denen wir ohne Unterlass beteten. Ähnlich wie Josua sieben Mal um Jericho herumzog, boten wir dem Himmel unsere Entschlossenheit und Hingabe an, während wir mehrmals *Big Island Hawaii* umrundeten. Erst nachdem wir den verborgenen Schmerz in uns aufgelöst hatten, informierten wir diejenigen, die davon Kenntnis haben mussten, dass wir auf dem Weg nach Nordkorea waren.

Die natürlichen Reaktionen der Menschen um uns herum waren: „Ihr reist an den Ort, der von eurem Feind kontrolliert wird. Das ist extrem gefährlich und etwas ganz anderes, als nach Moskau zu gehen. In Nordkorea gibt es keine westliche oder südkoreanische Botschaft; keinen wie auch immer gearteten Schutz. Was auch immer in dem Brief steht, Kim Il Sung wird euch auf keinen Fall die Einreise gestatten, es sei denn, er hat vor, euch für immer dort festzuhalten."

Solche Worte, die aus Sorge um unser Wohlergehen gesprochen wurden, waren eine Versuchung, uns mit unseren persönlichen Gefühlen und Ängsten zu beschäftigen. Doch wir wussten, dass wir dem nordkoreanischen Führer Kim Il Sung wirklich vergeben und ihn mit bedingungsloser Liebe umarmen mussten, ganz gleich, wie groß das Risiko war. Wir identifizierten uns mit Jakob, der alles, was er hatte, bereitwillig hingab und sich unter Einsatz seines Lebens auf den Weg machte, um seinen Bruder Esau zu treffen, der ihn töten wollte.

Nachdem Jakob 21 Jahre lang größte Entbehrungen ertragen und gleichzeitig seine aufrichtige Zuneigung gegenüber seinem Bruder bewahrt hatte, der ihn hasste, erlangte er die notwendige himmlische Weisheit, um Esaus Herz zu gewinnen. Einen Feind in einen Freund zu verwandeln, ist ohne das Herz von aufrichtigen Eltern unmöglich.

Mit einem kleinen Mitarbeiterstab flogen mein Ehemann und ich einige Tage später mit klarem Geist, Entschlossenheit und vereinten Herzen nach Peking. Als wir im Warteraum des Flughafens in Peking saßen, erschien ein nordkoreanischer Vertreter und überreichte uns eine offizielle Einladung. Das Dokument trug das amtliche Siegel von Pjöngjang. Am 30. November flog unsere Gruppe mit einem vom Vorsitzenden Kim gesandten Sonderflugzeug der Fluggesellschaft Chosŏn Minhang, Flug JS215, nach Nordkorea. Zu unserer Freude überflog es die Heimatstadt meines Mannes, Jeongju, bevor es in Pjöngjang landete.

Während das Flugzeug die Provinz Pyong-an überquerte, in der sowohl mein Mann als auch ich geboren wurden, blickten wir auf den Fluss Cheongcheon, in dem wir als Kinder gespielt hatten. Es fühlte sich an, als ob ich hinuntergreifen und seine blauen Wellen berühren könnte. War der Fluss auch während der mehr als vier Jahrzehnte, die seit der brutalen Teilung unseres Heimatlandes vergangen waren, immer friedlich geflossen?

Die Kälte des eisigen Winterwindes, die wir beim Aussteigen am Flughafen Pjöngjang-Sunan spürten, löste sich in den Umarmungen der Verwandten meines Mannes auf. Natürlich waren sie inzwischen Großmütter und Großväter geworden. Sie packten uns an den Händen und weinten. Ein Wasserfall von Tränen ergoss sich in mein Herz und sicherlich auch in das Herz meines Mannes, aber ich biss mir auf die Lippen und hielt die Tränen zurück. Es ging uns nicht um das persönliche Glück unserer Verwandten oder um unser eigenes Glück. Dafür würden wir in der Zukunft einen weiteren Besuch machen, versicherten wir uns gegenseitig. Denn wir hatten uns ohne persönliche Erwartungen diesem Unterfangen um der Sache Gottes willen und zum Wohl der Welt verpflichtet.

Wir wurden im Gästehaus Pfingstrose untergebracht. Am nächsten Tag standen wir gemäß unserer lebenslangen Tradition frühmorgens auf und beteten. Wenn es in unserem Zimmer Überwachungskameras gab, wurden alle unsere inständigen Gebete für die Vereinigung der koreanischen Halbinsel aufgezeichnet. An diesem und am nächsten Tag erhielten wir eine Führung durch Pjöngjang.

Unser Treffen mit einer Gruppe einflussreicher nordkoreanischer Regierungsmitglieder in der Mansudae-Kongresshalle am dritten Tag unseres Aufenthalts wurde in Nordkorea zu einer Legende. Mein Ehemann und ich wussten, dass das Eintreten für Gott und gegen die „Juche"-Ideologie der nordkoreanischen Regierung ein Grund sein könnte, hingerichtet zu werden, aber wir waren entschlossen, für Frieden und Vereinigung den Tod zu riskieren. Das Folgende soll festgehalten werden: Im Herzen Nordkoreas prangerte Vater Moon die Juche-Ideologie und das Juche-Reich an. Laut und deutlich sagte er: „Die Vereinigung von Nord- und Südkorea kann nicht auf der Grundlage der Juche-Ideologie des Vorsitzenden Kim Il Sung kommen. Nur durch eine auf Gott ausgerichtete Ideologie und den *Head-Wing*-Gedanken der Vereinigungsphilosophie können Nord- und Südkorea friedlich vereint werden, und nur so kann Korea die Nation werden, die die ganze Welt leiten kann." Darüber hinaus widersprach er ihrer propagandistischen Behauptung, dass der Koreakrieg mit dem Einmarsch des Südens in den Norden begonnen habe. Am Ende seiner Rede mahnte Vater Moon: „Wie können Sie sich selbst einen Führer nennen? Sie können nicht einmal Ihre eigenen Sexualorgane kontrollieren!"

Die Nordkoreaner waren völlig überrascht. Ihr Sicherheitspersonal wartete auf ein Signal, mit gezogenen Waffen in den Saal zu stürmen. Obwohl die uns begleitenden Mitglieder bis zu einem gewissen Grad wussten, was Vater Moon zu sagen plante, brach ihnen der kalte Schweiß aus. Ich war mit meinem Mann durch die ganze Welt gereist und wir hatten die Führer vieler Nationen kennen gelernt, aber nirgendwo mussten wir so mutig und ernsthaft entschlossen auftreten wie an jenem Tag in Pjöngjang.

Die Rede von Vater Moon ging weit über den Zeitplan für das Mittagessen hinaus. Dann aß man an getrennten Tischen und es herrschte Totenstille. Viele dachten, die Chancen auf ein Treffen mit dem Vorsitzenden Kim hätten sich gerade in nichts aufgelöst. Mein Mann meinte, darauf käme es nicht an; er habe nun das gesagt, was er sagen wollte und weswegen er gekommen war.

Am sechsten Tag unseres Besuchs schickte der Vorsitzende Kim zwei Hubschrauber, um uns nach Jeongju, der Heimatstadt von Vater Moon, zu bringen. Auf Anweisung des Vorsitzenden hatten Arbeiter die kleine Straße zum Elternhaus meines Mannes neu gepflastert, würdevolle Grabsteine aufgestellt und auf den Gräbern seiner Eltern Rasen angelegt. Sie hatten sogar das Geburtshaus von Vater Moon frisch gestrichen und dekoriert sowie Sand auf dem Lehmfußboden und im Hof verteilt. Wir besuchten die Gräber seiner Eltern und legten dort Blumen nieder.

Ich blickte in den Himmel in Richtung Anju, meiner Heimatstadt in 30 Kilometern Entfernung. Steht das alte Haus, das mich so behaglich beherbergt hat, noch immer? Wächst auch heute noch Mais auf dem Feld

Der Weg zu einer vereinten Welt

hinter dem Hof? Wo befindet sich das Grab meines Großvaters mütterlicherseits? Auf all das war ich neugierig, behielt es aber in meinem Inneren. Wir waren gekommen, um uns im Namen unserer Himmlischen Eltern mit dem Vorsitzenden Kim Il Sung zu treffen und die Zukunft unseres Heimatlandes neu zu gestalten. Wir waren um der Nation und der Welt willen gekommen. Angesichts dieser historischen Aufgabe konnte ich meine persönlichen Gefühle nicht in den Mittelpunkt stellen. Ich war an diesem Ort, damit der Tag kommt, an dem alle Koreaner und die Menschen aller Völker ihre Heimatstädte frei besuchen können.

Am siebten Tag trafen wir schließlich den Vorsitzenden Kim. Als wir die aus weißem Stein gebaute offizielle Residenz des Vorsitzenden in Majeon in der Provinz Hamgyongnam betraten, wartete er dort auf uns. Ohne Rücksicht auf das Protokoll begrüßte mein Mann den Vorsitzenden Kim, als wären sie alte Freunde, und der Vorsitzende

Dezember 1991: Treffen mit dem nordkoreanischen Führer Kim Il Sung;
Vater und Mutter Moon verbrachten acht Tage in Nordkorea

Kim erwiderte in gleicher Weise. Wir atmeten alle tief durch, als die beiden sich freudig umarmten. Als der Vorsitzende Kim mich in traditioneller koreanischer Kleidung sah, begrüßte er mich höflich.

Der erste Punkt der Tagesordnung war das Mittagessen. Während wir aßen, begannen wir das Gespräch mit lockerem Smalltalk über Themen wie Jagen und Fischen. Nach und nach stellten Vater Moon und ich unsere aktuellen Aktivitäten vor, darunter das für den folgenden August geplante Weltkultur- und Sportfest. Als er hörte, dass es eine Segnungszeremonie für 30.000 Paare mit Teilnehmerinnen und Teilnehmern aus der ganzen Welt beinhalten würde, bot der Vorsitzende den Myeongsasimni-Strand in Nordkoreas wunderschönem Wonsan-Distrikt, wo die Weinrosen ganz besonders schön blühen, als Veranstaltungsort an. Er versprach auch, den Hafen von Wonsan zu öffnen, um alle Paare dort hinzubringen. Dann gab es plötzlich so viele Dinge zu besprechen. Das Gespräch entwickelte eine eigene Dynamik und dauerte weit länger als ursprünglich geplant. Mit tiefer und herzlicher Liebe umarmte mein Mann seinen Feind. Auf diese Begegnung hatte er sich jahrzehntelang vorbereitet. Der Vorsitzende Kim war von unserer Aufrichtigkeit beeindruckt und nahm unsere Vorschläge während des gesamten Treffens sehr freundlich an.

Damals riskierten Besucher aus der freien Welt ihr Leben, wenn sie nach Nordkorea reisten. Viele Kommunisten haben einen Hass auf Religion und mein Mann und ich waren die Gründer einer Religion. Darüber hinaus führten wir auch eine globale Bewegung zur Überwindung des Kommunismus an. Der Zweck unserer Reise nach Nordkorea war auch nicht die Besprechung gemeinsamer Wirtschaftsunternehmungen. Wir reisten nicht mit zweideutigen Motiven nach Nordkorea. Wir täuschten nicht Interesse an einem Nutzen für Nordkorea vor, während wir in Wirklichkeit die Reise aus Eigennutz machten. Das ist typisch für die politische Welt, aber das hatten wir nicht im Sinn. Um dem Willen der Vorsehung wirklich zu folgen, gingen wir nur mit dem Herzen Gottes, um die kommunistischen Führer zu erleuchten, sie in Liebe zu umarmen und den Weg für eine echte Vereinigung zu öffnen. Wir betraten das Land einzig im Vertrauen auf Gott und rieten seinem obersten Führer, die Anweisungen des Himmels anzunehmen.

Obwohl wir als Staatsgäste geehrt wurden, konnten wir während unserer Zeit in Nordkorea nicht ruhig schlafen, da wir wussten, dass tausende und abertausende Familien getrennt waren und sich nach einander sehnten, weil Korea noch nicht vereinigt war. Wir blieben jede Nacht wach und versuchten, durch unser aufrichtiges Gebet den himmlischen Segen mit diesem Ort zu verbinden. Die Nächte verbrachten wir damit, uns um der Vereinigung der koreanischen Halbinsel willen ganz Gott unterzuordnen. Politische Verhandlungen und wirtschaftlicher Austausch werden nur auf dem Fundament der wahren Liebe Gottes erfolgreich sein. Indem wir dies zu unserem Schwerpunkt machten, eröffneten unsere Gespräche mit dem Vorsitzenden Kim ein neues Kapitel für die Vereinigung von Nord- und Südkorea.

Rückblickend sehe ich, dass mein Mann und ich zu der Zeit, als der Kommunismus an einem Wendepunkt stand, unser Leben riskierten, um nach Moskau und Pjöngjang zu gehen. Mit freudigem Herzen nahmen wir als Vertreter der freien Welt Feinde, die uns unerbittlich verfolgt hatten, in die Arme. Dies bewegte sie in ihrem Innersten und ermöglichte unsere Versöhnung. So legten wir das Fundament für Vereinigung und Frieden. Wir gingen nicht nach Nordkorea, um etwas zu bekommen, sondern um aufrichtige, wahre Liebe zu geben. Gott zuliebe vergaben mein Mann und ich das Unverzeihliche; um der Menschheit willen liebten wir das nicht Liebenswerte.

5. August 2007: Eröffnung des Weltfriedenszentrums in Pjöngjang, das von der Vereinigungsbewegung erbaut wurde

Bald nach Abschluss unserer achttägigen Mission führte Nordkoreas Premierminister Yon Hyong-muk eine Delegation nach Seoul und unterzeichnete mit der südkoreanischen Regierung eine „Gemeinsame Erklärung zur Denuklearisierung der koreanischen Halbinsel". In den darauf folgenden Monaten errichtete unsere Bewegung in Pjöngjang ein Industrieunternehmen, die Pyonghwa Motors Fabrik, sowie das Botong River Hotel und das Weltfriedenszentrum als Eckpfeiler für die Vereinigung. Später trug die Saat, die mein Mann und ich damals säten, Früchte, als der südkoreanische Präsident Nordkorea besuchte, um über den Weg zur Wiedervereinigung zu sprechen. Auf dieser Grundlage wachsen die zarten Pflanzen von Frieden und Vereinigung. Wenn sie in voller Blüte stehen, werden die aufrichtigen Gebete, die mein Ehemann und ich für die koreanische Wiedervereinigung dargebracht haben, für immer in Erinnerung bleiben.

Der Weg zu einer vereinten Welt

Nach unseren Treffen mit Präsident Gorbatschow und dem Vorsitzenden Kim bereiteten mein Ehemann und ich unsere nächsten Schritte vor. Wir konzipierten auf Gott ausgerichtete Organisationen, die das Vakuum füllen könnten, das durch den Niedergang des Kommunismus entstehen würde, und die eine wirksame Friedensentwicklung unterstützen würden. Da nun die greifbare Bedrohung durch den militanten Kommunismus mehr und mehr verblasste, war die Neubelebung von religiösem Glauben und Familienwerten der nächste Berg, den es zu erklimmen galt.

Über 50 Jahre lang hatte es gedauert, den internationalen Kommunismus in die Schranken zu weisen, aber der Niedergang der Religion und des Familienlebens ist eine subtilere und daher verhängnisvollere Bedrohung. Religiöse Leiter sind von Gott beauftragt, die Menschen zu einem verantwortungsvollen Leben aufzurufen, doch der Einfluss der Religionen hat in der heutigen Zeit abgenommen. Unsere Herausforderung besteht nun in der Stärkung des religiösen Glaubens als Kompass für die Gesellschaft.

Deshalb verstärkten wir unsere Bemühungen, religiöse Leiter zu bewegen, über ihren konfessionellen Horizont hinauszuschauen, interreligiöse Konflikte zu beenden und auf der Grundlage universell geteilter und auf Gott ausgerichteter Werte zusammenzuarbeiten. Dies sind die gleichen absoluten Werte, auf deren Grundlage wir Wissenschaftler, Medienfachleute und politische Führer zur Zusammenarbeit aufgerufen haben. Gesunde Gesellschaften aller Ethnien, Nationen und Religionen entstehen auf dem Fundament von Moral und Ethik, die wiederum auf dem Fundament der Liebe Gottes zwischen Ehemann und Ehefrau sowie Eltern und Kindern beruhen. Diese Liebe Gottes in der Familie ist die Quelle absoluter Werte, jener Werte, die von allen Religionen geteilt und gelehrt werden. Wir inspirierten religiöse Führungspersönlichkeiten, zusammenzuarbeiten und diese universell geteilten Werte zu lehren. Dafür haben wir mehr Ressourcen investiert als für das Wachstum unserer eigenen Kirche.

Unsere Vision brachte religiöse Leiter und Regierungschefs zusammen, wobei das gemeinsame Ziel des Friedens und der wahren Freiheit im Mittelpunkt stand. Namhafte Personen aus allen Gesellschaftsbereichen, die unsere Ziele unterstützen, wurden durch die Arbeit der Föderation für Weltfrieden und der Interreligiösen Föderation für Weltfrieden zu „Friedensbotschaftern". Ab 2001 verbreiteten sich die Aktivitäten dieser Friedensbotschafter von Korea aus schnell auf der ganzen Welt. Sie entwickeln in 160 Ländern durch Projektarbeiten in einem breiten Spektrum von Feldern die Wurzeln für wahren Frieden. Wo es Streitigkeiten gibt, wo Armut die Bildung behindert, wo religiöse Intoleranz herrscht, wo die Menschen nicht ausreichend medizinisch versorgt werden, lindern Friedensbotschafter die Schmerzen der Menschen und helfen ihnen, ihr Leben zu verbessern.

Am 12. September 2005 gründeten wir schließlich im Lincoln Center in New York City eine Dachorganisation, die *Universal Peace Federation (UPF)*. Im Anschluss an dieses Ereignis begannen mein Ehemann und ich eine Tournee durch 120 Nationen, um Friedensbotschafter zu treffen und nationale UPF-Vereine zu gründen. Die UPF bringt Menschen und Organisationen auf der ganzen Welt durch Programme zusammen, die die Verwirklichung einer Welt des wahren Friedens unterstützen.

Die *Universal Peace Federation (UPF)* ist heute eine Nichtregierungsorganisation (NGO) mit allgemeinem Konsultativstatus im Wirtschafts- und Sozialrat der Vereinten Nationen (ECOSOC), wo sie mit gleichgesinnten, friedliebenden Weltbürgern zusammenarbeitet.

Ein Friedensgarten der Vereinten Nationen

„Ich habe nicht gelernt aufzugeben. Ich habe nicht gelernt niederzuknien." Diese kühnen Sätze werden in dem monumentalen koreanischen Film „The Great Battle" (Die große Schlacht) von einem der berühmten Militärhelden Koreas, Yang Manchun, dem Herrn der Festung Ansi, gesprochen. Der Film aus dem Jahr 2018, den bereits Millionen von Menschen gesehen haben, schildert die wahre Geschichte, wie Yang Manchun und die Soldaten und Menschen der Festungsstadt Ansi im Jahre 645 nach Christus 88 Tage lang der 500.000 Mann starken Armee der Tang-Dynastie standhielten.

Die Festung Ansi war das letzte Bollwerk der untergehenden Goguryeo-Dynastie gegen die mächtigen und furchterregenden chinesischen Invasoren. Yang Manchun war zwar nicht mit dem Goguryeo-General Yeon Gaesomun verbündet, aber als Kommandant der Festung Ansi setzte er alles daran, um seine Landsleute trotz Leid, Hunger und Tod zu vereinen. Schließlich zwangen sie die Chinesen zum Rückzug und retteten die Festung.

Dies ist nur eine von vielen Geschichten über die brutalen ausländischen Invasionen, die das koreanische Volk erdulden musste. Dank unseres Patriotismus und unserer Opferbereitschaft konnten wir unsere schönen Berge und Flüsse seit Jahrtausenden schützen. Als Wahre Eltern betrachten Vater Moon und ich die koreanische Halbinsel als das Land, in dem alle Zivilisationen aufblühen und Früchte tragen werden.

Dennoch setzt sich seit 70 Jahren die unglückliche Geschichte der Teilung Koreas fort, weil die ideologische Barriere zwischen Demokratie und Kommunismus noch immer Vorrang vor der Liebe zu Familie und Verwandtschaft hat. Eltern, Kinder und Geschwister sowohl im Norden als auch im Süden müssen schon jahrzehntelang mit der

Ungewissheit leben, ob ihre Familienmitglieder noch am Leben oder bereits tot sind – selbst im Zeitalter des Internets. Die Trennlinie der Wehklage, die die koreanische Halbinsel teilt und Blutsverwandte voneinander trennt, ist nur oberflächlich betrachtet eine geographische Trennlinie. Die wirkliche Trennung besteht in den Weltanschauungen und Werten. Es ist die erbitterte Konfrontation zwischen Atheismus und Theismus über die Frage, ob Gott existiert oder nicht.

Vater Moon und ich haben uns intensiv der Aufgabe gewidmet, den Kalten Krieg zu beenden und Nord- und Südkorea zu vereinen. 1968 entwickelten wir ein Bildungsprogramm zum Thema *Victory over Communism (VOC)* und verbreiteten es in Südkorea und weltweit, um die Unwahrheiten des Kommunismus aufzudecken. Daraus entstand in den 1980er Jahren die CAUSA-Bewegung, die dieses Thema Studenten, Professoren, Pastoren und anderen Führungskräften in Politik und Gesellschaft bewusst machte. Die Zeitungen, die wir in mehreren Ländern gegründet haben, unter anderem die *Washington Times*, dokumentierten sehr genau die Spannungen auf der koreanischen Halbinsel und die Realität des Lebens unter kommunistischen Regierungen.

Wie ich weiter oben beschrieben habe, stärkten wir 1990 Präsident Gorbatschow mit geistiger Energie, so dass er seinen Reformweg fortsetzen konnte, der zur Aufgabe des Kommunismus als strukturierter Weltmacht führte. Und unser Treffen mit dem Vorsitzenden Kim Il Sung öffnete die Tore des Austauschs für die Vereinigung von Nord- und Südkorea. Seither hat sich die UPF in mehr als 190 Ländern etabliert und schafft eine weitere Basis dafür, dass die internationale Gemeinschaft bei der Wiedervereinigung der koreanischen Halbinsel zusammenarbeiten und von dieser profitieren kann.

Und dennoch scheint mir, dass die neue Generation von Südkoreanerinnen und Südkoreanern nicht versteht, wie der Koreakrieg entstand und warum die Vereinigung unseres Volkes notwendig ist. Deshalb setze ich mich heute noch intensiver dafür ein. Dies ist eines der Ziele des Projektes *Peace Road*. Als Höhepunkt der *Peace Road*-Veranstaltungen 2015 fuhren Radfahrerinnen und Radfahrer zum Imjingak-Pavillon, der nördlich von Seoul am Fluss Imjin gelegen ist, welcher die beiden Koreas teilt. Von dort aus konnten sie die Demilitarisierte Zone (DMZ) und Nordkorea sehen. Sie sorgten für einen dramatischen Moment, als sie auf Koreanisch das Lied „Tongil" (Unsere lang gehegte Hoffnung ist Einheit) sangen.

Die Menschen in Südkorea empfinden im Allgemeinen eine tiefe Dankbarkeit gegenüber den Vereinten Nationen. Wären die Vereinten Nationen nicht gewesen, würde Südkorea nicht existieren. Als die nordkoreanische Volksarmee mit sowjetischer Unterstützung am Morgen des 25. Juni 1950 in den Süden einmarschierte, war es ihr Ziel, Südkorea dem Kommunismus zu unterwerfen. Es hätte ihnen gelingen können, denn Korea war damals ein kleines, armes Land, dessen Name in der Welt kaum bekannt war. Aber die Vereinten Nationen riefen ihre Mitgliedsstaaten umgehend auf, die Demokratie auf der koreanischen Halbinsel zu verteidigen. 16 Länder entsandten daraufhin Truppen, während andere medizinische Hilfe schickten. Die UN-Truppen kämpften hart und riskierten in einem unbekannten Land ihr Leben, um Freiheit und Frieden zu schützen.

Zu jener Zeit war mein Mann, wie schon erwähnt, zu Zwangsarbeit in der Heungnam-Stickstoffdüngerfabrik verurteilt worden und in einem Todeslager eingesperrt. Bald nach der Landung der UN-Truppen im September 1950 im Hafen von Incheon wurde er befreit. Die Truppen drangen in den nördlichen Teil der Halbinsel bis zur Stadt Heungnam vor. Die Wachen des Gefangenenlagers waren dabei, alle

Gefangenen zu töten, aber in der Nacht vor der geplanten Hinrichtung meines Mannes flohen sie angesichts der herannahenden UN-Truppen. Gewiss stand der Himmel hinter der Entscheidung des UN-Sicherheitsrates, eine multinationale Truppe zur Abwehr der kommunistischen Invasion zu entsenden. Warum schützte Gott unsere Nation, das koreanische Volk, in dieser historisch schwierigen und problematischen Zeit? Die Welt war gerade dabei, sich vom Zweiten Weltkrieg zu erholen, doch nun stürzte sie in einen weiteren verheerenden Kampf mit globalen Auswirkungen.

Wir kommen der Antwort näher, wenn wir den Text unserer Nationalhymne betrachten: „Möge Gott unsere Nation bewahren und schützen." Um Seine Vorsehung zu vollenden, schickte Gott 1943 Seine eingeborene Tochter, die erste Frau, die seit dem Sündenfall von Adam und Eva Gottes ursprüngliche Liebe empfangen konnte, nach Korea. Genau wie jeder andere Mensch musste auch sie zur Reife heranwachsen. Sie brauchte Zeit, bis sie ihre Verantwortung für die Errettung der Menschheit erkennen, verstehen und annehmen konnte.

Ein Kind kann nicht einfach hinausgehen und die Vorsehung führen. Deshalb beschützte Gott Seine eingeborene Tochter, bis sie das Alter erreicht hatte, in dem sie das Wesen der Himmlischen Eltern erkennen, das Herz der Himmlischen Eltern fühlen und aus ihrem eigenen Willen heraus die von den Himmlischen Eltern gegebene Mission annehmen konnte. Gleichzeitig sorgte Er für ein gesichertes Umfeld auf der Grundlage religiöser Freiheit, damit sich Jesu letzte Worte in der Bibel: „Siehe, ich komme bald", erfüllen konnten. Jesus und der Heilige Geist beriefen den eingeborenen Sohn und die eingeborene Tochter und führten sie, so dass sie die Mission des Messias als die Wahren Eltern der Menschheit vollenden können. Vor diesem Hintergrund können wir verstehen, dass die UN-Streitkräfte in den

Der Weg zu einer vereinten Welt

Krieg eintraten, um die Freiheit zu verteidigen und diese Mission zu beschützen.

Die Vereinten Nationen errichteten ihren Hauptsitz am Ende des Zweiten Weltkriegs in New York City. Seitdem sind 70 Jahre vergangen. Es gibt drei weitere offizielle Amtssitze der Vereinten Nationen, und zwar in Genf, Wien und Nairobi. Obwohl die Welt in die asiatisch-pazifische Ära eingetreten ist, gibt es noch keinen UN-Amtssitz in Asien.

Ich habe den Vereinten Nationen empfohlen, ihren fünften Amtssitz in Korea zu eröffnen, und zwar am 38. Breitengrad in der Demilitarisierten Zone (DMZ). Ich unterstütze verschiedene Organisationen, darunter die *Universal Peace Federation* und die *Citizens Federation for the Unification of North and South Korea*, in ihren Bemühungen, die DMZ in einen globalen Friedenspark zu verwandeln. Dadurch würde die Weltbevölkerung wie durch keine andere Aktion auf die Frage der koreanischen Wiedervereinigung aufmerksam gemacht.

Alle Nationen Asiens würden sich freuen, als Standort für einen neuen globalen UN-Amtssitz zu dienen, aber ich denke, dass Korea dafür über einzigartige Qualifikationen verfügt. Hier befindet sich auch der internationale Hauptsitz der *Universal Peace Federation (UPF)* und der *International Association of Parliamentarians for Peace (IAPP)*. Spirituell gesehen hat Korea als die Nation, in der die Wahren Eltern geboren wurden, etwas sehr Tiefgründiges in seiner Kultur, das der ganzen Welt dienen kann.

Vor etwa 70 Jahren vergossen UN-Truppen in Korea Schweiß und Blut um des Friedens willen. Mit der Beendigung der Teilung auf der Halbinsel würden die Vereinten Nationen die Mission der Soldaten, die ihr Leben gaben, vollenden und den Frieden in der Welt fördern. In einer Rede, die mein Mann im Jahr 2000 im Hauptquartier der

Vereinten Nationen in New York hielt, verkündete er unsere Vision eines Friedensparks in der Demilitarisierten Zone. 15 Jahre später, im Mai 2015, schlug ich bei den Vereinten Nationen in Wien vor, in der DMZ einen fünften UN-Sitz zu errichten. Die Präsidentin von Südkorea machte Nordkorea in den Vereinten Nationen ebenfalls den Vorschlag, einen Friedenspark in der DMZ einzurichten. Wenn Nord- und Südkorea die Vereinten Nationen einladen, ihren fünften Amtssitz in der DMZ zu errichten, wird schon allein dadurch ein früherer Kriegsschauplatz – auf dem auf beiden Seiten des Konflikts so viele Menschen ihr Blut vergossen haben – in ein Mekka des Friedens verwandelt werden.

Frieden in die Praxis umsetzen

In einer Reihe von Ansprachen, die als „Friedensbotschaften" bezeichnet werden, haben Vater Moon und ich uns dafür ausgesprochen, dass die ganze Menschheit an den kulturübergreifenden Ehesegnungen teilnimmt. Interkulturelle Ehesegnungen sind die bei weitem beste Methode, die Menschheit wieder zu Gottes Kindern zu machen. Großeltern aus verfeindeten Nationen oder Religionen werden durch wunderbare gemeinsame Enkelkinder zusammenfinden.

Das ist das Ideal, und wie bei allen Idealen ist Arbeit erforderlich, um es zu verwirklichen. In Korea hört man: „Es gibt immer mehr multikulturelle Familien, aber ihr Leben scheint nicht einfacher zu werden." Andere sagen: „Viele Kinder werden von Schulkameraden verspottet, weil ihre Mutter aus einem fremden Land kommt." „Nicht nur das", sagen wieder andere, „es kommt nicht selten vor, dass Frauen aus Übersee aufgeben und in ihre Heimatländer zurückkehren."

Heute nimmt die Zahl der multikulturellen Familien sowohl auf dem Land als auch in den Städten Koreas zu. Wenn wir genauer hinsehen, stellen wir fest, dass diese multikulturellen Familien im Allgemeinen aus einem koreanischen Ehemann und einer Ehefrau aus einem Entwicklungsland und ihren Kindern bestehen. Es ist für Frauen aus diesen Ländern nicht leicht, sich in einem Land niederzulassen, in dem die Menschen eine ihnen fremde Sprache sprechen und einen anderen Lebensstil pflegen. Hinzu kommt, dass nicht wenige der Einheimischen auf multikulturelle Familien herabschauen und diese manchmal sogar ablehnen.

Ich verstehe solche Probleme sehr gut. Als mein Mann und ich Anfang der 1970er Jahre für unsere Mission in die Vereinigten Staaten gingen, erlebte ich Zurückweisungen und ein Gefühl der Isolation, das von der Zugehörigkeit zu einer Minderheit herrührte. Wenn dies für mich in Amerika, einer Nation mit einer heterogenen Bevölkerung, der Fall war, dann muss es in Korea, einer homogenen Nation, noch schlimmer sein. Daher hoffe und wünsche ich, diese Familien zu unterstützen, die in Korea ein glückliches Leben aufbauen wollen.

Seit den späten 1960er Jahren haben mein Ehemann und ich Frauen und Männer jenseits von Nation, Ethnie und religiösem Hintergrund miteinander bekanntgemacht und durch die Ehesegnungszeremonien multikulturelle Familien geschaffen. Ein Anstieg der Zahl multikultureller Familien in Korea war besonders nach unserer internationalen Segnungszeremonie für 6.500 koreanisch-japanische Paare im Jahr 1988 zu beobachten, dem Jahr, in dem die Olympischen Sommerspiele in Seoul stattfanden.

Damals gab es nicht viele koreanische Frauen, die bereit waren, Männer in Bauerndörfern zu heiraten, und dies entwickelte sich zu einem sozialen Problem. Bei unserer Segnungszeremonie erklärten

30. Oktober 1988: Durch die internationale Segnungszeremonie der 6.500 Paare entstanden tausende multikulturelle Familien in Korea

sich Frauen aus Japan und anderen Ländern bereit, koreanische Männer zu heiraten. Alle wussten, dass dies viele Herausforderungen mit sich bringen würde. Die Stimmung des koreanischen Volkes war immer noch stark antijapanisch und viele in Korea lehnten die Vorstellung von einer japanischen Ehefrau oder Schwiegertochter ab. Auch in Japan waren die Eltern mit der Idee nicht glücklich, dass ihre Töchter – oder Söhne – jemanden aus dem wirtschaftlich weniger entwickelten Korea heirateten.

Frauen der japanischen Vereinigungsbewegung, die den Glauben an Gott, das Konzept der kindlichen Hingabe und die Idee „für andere zu leben" verstanden, erklärten sich jedoch bereit, koreanische Männer zu heiraten und sich deren Familien zu widmen. Frauen aus Ländern wie den Philippinen, Vietnam und Thailand kamen in ähnlicher Weise nach Korea und gründeten internationale gesegnete Familien.

Daraus resultierten viele schöne Entwicklungen. Die Frauen dienten ihren koreanischen Schwiegereltern mit aufrichtiger Hingabe und schufen glückliche Familien. Auch wenn die Lebensbedingungen manchmal schwierig waren, kümmerten sie sich gewissenhaft um die alten und kranken Eltern ihrer Ehemänner. Einige erhielten sogar staatliche Auszeichnungen, weil sie ihren Schwiegereltern mit kindlicher Hingabe vorbildlich dienten. Andere wurden in ihren Dörfern zu Leiterinnen von Frauenverbänden oder Elterngruppen. Viele dieser Ehefrauen und Ehemänner sind heute unentbehrliche Mitglieder ihrer Dorfgemeinschaften.

Mein Ehemann und ich erkannten, dass es Wege gab, nicht nur unseren Kirchenmitgliedern, sondern allen Frauen in multikulturellen Familien in Korea zu helfen, und so richteten wir 2010 ein Multikulturelles Wohlfahrtszentrum ein. Das Zentrum hilft Menschen aus anderen Ländern, die koreanische Sprache zu lernen und sich in der koreanischen Gesellschaft zuhause zu fühlen. Darüber hinaus unterstützen wir Menschen mit Behinderungen und Alleinerziehende. Für die Kinder multikultureller Familien richteten wir in Korea die „Friedensschule der Wahren Liebe" ein, um sie beim Lernen und beim Erwerb von Sprachkenntnissen zu unterstützen.

Manchmal hört man Berichte über koreanische Prominente oder hochrangige Beamte, deren Söhne sich der Verpflichtung zum Militärdienst entziehen. Das ist bei multikulturellen Familien nicht der Fall; es gibt sogar Prognosen, dass Südkorea im Jahr 2025 eine „multikulturelle Armee" haben wird. Kinder aus internationalen und multikulturellen Familien haben oft eine doppelte Staatsbürgerschaft. Sie können daher den koreanischen Militärdienst vermeiden, indem sie sich für ihre zweite Nationalität entscheiden. Umso bemerkenswerter ist es, dass mehr als 4.000 Söhne von Paaren, die an internationalen

Ehesegnungen teilnahmen, ihren Militärdienst mit Auszeichnung erfüllt haben. Darauf können sie stolz sein.

Der Abbau koreanischer Vorurteile gegenüber multikulturellen Familien wird Zeit brauchen. Daher müssen wir hart auf den Tag hinarbeiten, an dem der Begriff „multikulturelle Familie" verschwindet; denn in diesem Begriff ist implizit eine Diskriminierung enthalten. Eine Familie ist eine Familie; es ist kein derartiges Attribut nötig, um sie zu beschreiben. Der Ausdruck „multikulturell" sollte nicht verwendet werden, um ein Ehepaar zu bezeichnen, in dem der Mann und die Frau unterschiedlicher Nationalität sind. Dies entspricht weder dem Verständnis von der Universalität der Menschheit noch dem Willen Gottes.

Seit mehr als 50 Jahren fördern Vater Moon und ich die Harmonie zwischen Nationalitäten, Ethnien und Religionen durch die Ehesegnung. Durch die koreanisch-japanischen Ehesegnungen konnten die Barrieren zwischen diesen beiden Nationen und ihren Völkern überwunden werden. Dasselbe haben wir für Deutschland und Frankreich und viele andere Menschen ehemals verfeindeter Nationen getan. Die Paare, die die Ehesegnung erhalten haben, leben auf der Grundlage von Gottes Wort und schaffen überall auf der Welt wunderbare Familien. Wir nennen sie nicht „multikulturelle" Familien; sie sind ganz einfach „gesegnete Familien".

Es erscheint paradox, aber das letztendliche Ziel von Religion ist es, eine Welt zu schaffen, in der es keine Religion im Sinne einer Reparaturwerkstatt mehr gibt. Wenn alle Menschen gute Menschen werden, wird es nicht mehr notwendig sein, unsere Beziehung zu Gott zu reparieren. In gleicher Weise wird der Begriff „multikulturelle Familie" verschwinden, wenn wir „eine Familie unter Gott" werden und eine Welt der wahren Gleichheit und des Friedens Wirklichkeit geworden ist. Die entscheidenden Grundlagen dieser friedlichen Welt sind wahre Familien und wahre Liebe.

Wie wir sehen, hat der Weg zu einer vereinten Welt viele Facetten. Er ist zum einen eine buchstäbliche Straße, die Nationen miteinander verbindet, und zum anderen die Umarmung von Feinden, die so zu Schwestern und Brüdern werden. Er besteht in der Verwandlung eines Kriegsgebietes in einen Garten des Friedens und auch in der Vereinigung von Frauen und Männern verschiedener Ethnien in wahren Ehen, die die Welt als eine Familie unter unseren Himmlischen Eltern neu gestalten. Als Mutter des Friedens rufe ich die fast acht Milliarden Menschen auf der Welt auf, diesen Weg gemeinsam mit mir zu gehen.

Mutter des Friedens

7. KAPITEL

DIE WACHSTUMSSCHMERZEN VON HEUTE BRINGEN DEN SONNENSCHEIN VON MORGEN

Widmet eure Jugend aufregenden Zielen

Jede neue Generation erlebt seelischen Kummer. Manchmal vergleichen sich junge Menschen mit anderen und bejammern ihre Lage. In ihren Köpfen mag gar der Wunsch aufkommen, aufzugeben. Anstatt nach innen zu schauen, suchen sie die Schuld bei anderen oder gleich der ganzen Welt, in der sie leben. Je schwieriger jedoch unsere Situation ist, desto mehr müssen wir uns an unseren ursprünglichen Traum erinnern.

Besonders in unseren jungen Jahren sind wir unzähligen Versuchungen, endlosen Sorgen und grenzenlosen Wünschen ausgesetzt. Wir können sie nur mit einem starken Willen bewältigen und dafür müssen wir klar definierte Ziele verfolgen. Die Jahre unserer Jugend sind die beste Zeit, uns aufregenden Zielen zu widmen, die unsere Herzen höherschlagen lassen. Diese Zeit ist kurz und duldet keinen Aufschub. Wir wollen doch später nichts bedauern. Wir müssen uns gute Ziele stecken und wissen, mit wem wir uns vernetzen müssen, um sie zu erreichen. Wenn wir nicht energisch vorangehen, unseren Lebensweg zu finden, werden wir am Ende in Hoffnungslosigkeit und Neid versinken.

Manche jungen Leute beklagen sich, dass Erwachsene ihnen sagen, sie sollten härter arbeiten, ohne die Anstrengungen zu würdigen, die sie bereits unternehmen. Einige werden pessimistisch und haben das Gefühl, dass sie nicht vorankommen, wie sehr sie sich auch anstrengen – und dass die Gesellschaft daran schuld ist. Aber sie sollten einen ehrlichen Blick darauf werfen, wie viel Mühe sie sich tatsächlich gegeben haben. Beschwerden und Misstrauen werden uns nicht weit bringen. Junge Menschen sollten einen tugendhaften Weg der Liebe gehen, bereit sein, Opfer zu bringen und anderen zu dienen. „Jugend" von Samuel Ullman ist eines meiner Lieblingsgedichte. Ich mag den ersten Satz: „Jugend ist kein Lebensabschnitt, es ist eine Geisteshaltung." Mit einem zielstrebigen Herzen kann jeder, unabhängig vom Alter, ein aktives Leben mit jugendlicher Leidenschaft führen.

Im August 1987 war Hyo-jin Moon, unser ältester Sohn, Präsident der Studentenorganisation *World Collegiate Association for the Research of Principles (W-CARP)*. CARP besteht seit 1966 und ist eine Campus-Organisation, die Prinzipien fördert und junge Führungskräfte heranbildet. In jener Zeit der ideologischen Verwirrung an den Universitäten berief Hyo-jin den Vierten Welt-CARP-Kongress in West-Berlin ein, wo damals Demonstrationen kommunistischer Aktivisten an der Tagesordnung waren. Diese Aktivisten wussten, dass CARP gegen den Kommunismus war und dass etwa 3.000 junge Menschen an ihrem jährlich, diesmal in Berlin stattfindenden Kongress teilnahmen. Sie protestierten gegen die CARP-Veranstaltungen und verursachten Störungen in der Umgebung der Veranstaltungsorte.

Zum Abschluss des Kongresses sprach Hyo-jin zu den Teilnehmenden und rief dazu auf: „Lasst uns zur Mauer gehen!" Nach einem zweistündigen Marsch, der von Drohungen ihrer Gegner und Ausschreitungen begleitet war, erreichten sie die Mauer und stießen auf eine große Gruppe von kommunistischen Sympathisanten. Dort beanspruchten unsere Mitglieder den Platz, der für ihre Kundgebung reserviert war, und verdrängten die Gegendemonstranten. Am Ende der energiegeladenen Kundgebung betrat Hyo-jin die Bühne. Er sprach mit großer Leidenschaft und vergoss Tränen, als er danach mit der

8. August 1987: Vierter Welt-CARP-Kongress.
Mit Hyo-jin Moon auf dem Demonstrationszug zur Berliner Mauer

Menge an der Mauer betete. Zum Abschluss sangen sie das koreanische Lied: „Urie So Wonun Tongil" (Unsere lang gehegte Hoffnung ist Einheit). Rückblickend empfinde ich, dass das Beten und Singen unserer Mitglieder gemeinsam mit Hyo-jin die Saat für die kommenden Veränderungen war: Zwei Jahre später fiel die Berliner Mauer.

Die Leidenschaft der Jugend überwindet Grenzen und reißt Mauern nieder. Junge Menschen mit wahrer Leidenschaft haben den Spirit, sich selbst und die Welt um sie herum herauszufordern. Heute jedoch scheinen viele junge Menschen diesen Geist zu verlieren. Kulturen erblühen, wenn sie ihre Jugend darin trainieren, Geist und Körper zu reinigen und zu stärken, beispielsweise durch Meditation oder Kampfsport. Wir sollten es nicht zulassen, dass diese Ausbildungstraditionen für unsere Jugend zu Relikten der Vergangenheit werden. Wir sollten sie wiederbeleben und Schulen errichten, an denen junge Männer und Frauen Geist und Körper stärken können, um so ihren wahren Lebenssinn zu finden.

Leidenschaft in Ziele verwandeln, Ziele in Prinzipien

Als mein Mann und ich durch Korea und die Welt reisten, waren wir zutiefst erschüttert zu sehen, wie junge Menschen von einer trostlosen Realität umgeben waren, ihre Träume aufgaben und ziellos umherirrten. Wir sahen andere, die sich hohe Ziele setzten, diese aber nicht allein erreichen konnten. Aus Sorge darüber ging ich 1993 auf eine Vortragsreise, um an mehr als 40 koreanischen Universitäten zu den Studierenden zu sprechen. Es war eine lange und herausfordernde Tournee, die mich an nahezu alle Universitäten in Korea führte. In mehreren Fällen versuchten Studierende unterschiedlicher religiöser oder ideologischer Überzeugungen mein Kommen zu verhindern und mich am Eingang abzuweisen. Ich blieb jedoch hartnäckig und konnte am Ende an allen Universitäten sprechen.

Auf dieser Grundlage gründeten mein Mann und ich im Juli 1994 in Washington DC mit Vertreterinnen und Vertretern aus 163 Ländern die *Youth Federation for World Peace (YFWP)*. Idealistisch und voller Energie versammelten sich junge und ältere Menschen mit der Einstellung: „Liebe für Gott, Liebe für die Menschen und Liebe für das Land." Sie waren fest entschlossen, wahre Familien aufzubauen und gute Werte in ihrem Leben zu verwirklichen.

Nach der Gründung gingen wir in die Welt hinaus mit dem Ziel, in weniger als einem Jahr in 160 Nationen Landesverbände zu etablieren. Die positiven Reaktionen, die wir erhielten, waren Ausdruck des begeisterten Engagements der Jugend. Eine herausragende Errungenschaft der YFWP war es, Jugendliche aus Nord- und Südkorea auf Konferenzen über die Prinzipien des Friedens zusammenzubringen als ein erster Schritt zur Vereinigung der koreanischen Halbinsel.

Die Kernbotschaften und Aktivitäten von YFWP werden jetzt weitergetragen von Organisationen wie der kürzlich gegründeten *International Association for Youth and Students for Peace (IAYSP)*, der *Young Clergy Leadership Conference (YCLC)* und der *Youth and Young Adult Ministry (YAYAM)*. Die *Generation Peace Academy (GPA)* und das *Special Task Force (STF)*-Programm wenden sich an Jugendliche, die vor Beginn ihres Hochschulstudiums ein Freiwilligenjahr einlegen wollen. Dies sind Service- und Bildungsprogramme, die in den USA, Europa und Ozeanien stattfinden. Sie leiten über zur CARP, die Studierende und Lehrende an den Universitäten aktiv miteinander verbindet. All diese Programme leiten dazu an, vorbildliche, liebevolle Menschen und Familien zu werden, die die Reinheit der Liebe und den Dienst an anderen als Ausdruck ihrer Beziehung zu Gott betonen.

Geist und Körper gesund, stark und rein zu halten, ist eine lebenslange Aufgabe, ganz besonders in unserer Jugend ist sie essentiell. Wenn wir jung sind, stehen wir an einem Scheideweg. Wir müssen uns entscheiden, ob wir einen Weg einschlagen, der egoistische Wünsche befriedigt, oder einen Weg, der einen großen Traum zum Ziel hat. Wenn wir nach unserer Kindheit in die nächste Lebensphase eintreten, sollten wir als wunderbare junge Frauen und Männer in die Welt hinausgehen können mit dem Mut, der aus großen Träumen erwächst.

Das beste Training bietet das Meer

Hinter meinem Heimatdorf Anju floss ein kleiner Bach. Man konnte immer das Plätschern des fließenden Wassers hören, außer wenn mitten im Winter alles fest zugefroren war. Ich freundete mich mit diesem Wasser an und lernte von ihm viele Wahrheiten. Wasser fließt immer von oben nach unten. Wasser umschließt alles. Es passt seine Form den Konturen an, auf die es trifft. Darüber hinaus zeigt sich das Wasser in dualen Wesensarten. Es kann friedlich und romantisch sein, wenn es still ist, aber wenn es wütend wird, kann es alles in einem einzigen Augenblick verschlucken.

Deshalb kann auch das Meer beängstigend sein. Ich liebe das Meer sehr, da man Gottes tiefen Willen darin entdecken kann. Auch mein Mann liebte das Wasser. Selbst wenn wir sehr beschäftigt waren, fanden wir Wege, einen Fluss oder das Meer zu besuchen. Wir fuhren nicht hin, um lediglich die landschaftliche Schönheit zu bewundern oder einen gemütlichen Angelausflug zu genießen. Wir ritten auf rauen Wellen, um den Menschen auf der Welt zu sagen, dass die Zukunft der Menschheit im Meer liegt.

In den Vereinigten Staaten sind die Gewässer vor der Küste von Gloucester, Massachusetts, berühmt für den Thunfischfang. In den 1980er Jahren gingen mein Mann und ich wochenlang vor Tagesanbruch an Bord der „New Hope". Wir fuhren auch dann auf das Meer hinaus, wenn selbst erfahrene Seeleute große Bedenken hatten, und rangen mit Thunfischen, die so groß waren, dass sie die Erwachsenen an Bord klein erscheinen ließen. Um einen 500-Kilo-Thunfisch zu fangen, fuhren wir weit auf die offene See hinaus und ertrugen manchmal den ganzen Tag lang hohen Wellengang. Den eigenen Körper dem tiefblauen Ozean anzuvertrauen und auf seinen Wellen zu gleiten, ist eine unvergleichliche Selbstdisziplinierung.

In solchen Situationen gaben mein Mann und ich uns große Mühe, unsere Hingabe zu vertiefen. Da wir den Weg zur Errettung der Menschheit und zum Weltfrieden kannten, ertrugen wir einen herausfordernden Lebensstil. In solch schwierigen Zeiten belohnte mich das Meer, indem es mir Klarheit hinsichtlich meines Lebenszwecks schenkte und eine Herzenseinstellung festigte, mit der ich andere umarmen konnte. Es gab mir die nötige Energie, weiterzumachen.

Wir nahmen oft junge Mitglieder mit, um auf hoher See in kleinen „Good-Go"-Booten zu fischen, an deren Entwurf mein Mann beteiligt war. Wir wollten sie zu Führungskräften ausbilden, die überall arbeiten können. Wenn wir uns in Kodiak, Alaska, aufhielten, kamen junge Leute aus der ganzen Welt, um an unserem Unterricht teilzunehmen. Ich selbst hielt ihnen keine Vorträge und predigte nicht, sondern gab ihnen nur den Rat: „Fahrt aufs Meer hinaus. Auf dem Meer werdet ihr entdecken, was Gott euch lehren will."

Ein typischer Fischfang-Tag begann damit, dass die jungen Leute in den frühen Morgenstunden aufstanden, kniehohe Gummistiefel anzogen und bei eisigem Wind mit uns aufs hohe Meer hinausfuhren. Wenn wir ein Gebiet auf hoher See erreichten, wo man weit und breit nur Wasser sehen konnte, begannen wir mit dem sehr anstrengenden Fang von Lachs oder Heilbutt. Der Heilbutt, ein Plattfisch, lebt auf dem Bauch tief unten am Meeresgrund. Vor Kodiak hatte ich einmal einen Heilbutt am Haken, der über 90 Kilogramm wog. Zu sehen, wie ein so großer Fisch an Deck liegt und wild um sich schlägt, ist unvergesslich. Er macht solch einen Lärm! Der Fisch war so riesig, dass sich drei Frauen dahinter verstecken konnten, wenn man ihn hochhielt.

Als wir spätabends völlig erschöpft und ausgelaugt wie Frühlingszwiebel-Kimchi an Land kamen, war ich noch immer voller Freude. An solchen Tagen und selbst an Tagen, an denen ich keinen einzigen Fisch fing, lernte ich etwas über Ausdauer, die Gesetze der Natur und die Bewältigung der Herausforderungen der rauen See. Ich nenne das den Geist von Alaska.

Wenn junge Leute groß denken wollen, sollten sie aufs Meer hinausfahren. An Land ist es einfach, einem festgelegten Pfad zu folgen, aber auf dem Ozean ist es anders. In nur wenigen Stunden kann sich ein Meer, das wie ein ruhiger See dalag, so verändern, dass man eine Achterbahnfahrt auf wilden Wellen erlebt. Junge Menschen, die sich auf diesen Wellen trainieren, können große Träume verwirklichen.

Neben Gloucester und Kodiak wählten wir Hawaii und Norfolk in den USA, den Amazonas und den Río Paraguay in Lateinamerika sowie Yeosu in Korea als Zentren für die Ozean-Vorsehung. Zusätzlich zur Ausbildung junger Menschen investierten wir auch in Projekte, die mit Flüssen und Ozeanen verbunden sind. Ein Projekt in Uruguay bestand darin, aus den reichlich vorhandenen Krill-Garnelen ein proteinreiches Pulver herzustellen. Wenn es anderen nahrhaften Lebensmitteln beigemischt wird, kann es in Zeiten von

Lebensmittelknappheit der Nahrung der Menschen wertvolle Nährstoffe hinzufügen.

Zu Beginn des Jahres 2000 wollten wir die Schönheit von Yeosu, einer kleinen Stadt an der Südküste der koreanischen Halbinsel, die für ihr klares Wasser bekannt ist, erschließen. In Soho-dong, außerhalb der Stadt, bauten wir das Ocean Resort-Hotel. Dort können Menschen aus der ganzen Welt die Schönheit von Land und Ozean erleben. Wir haben die Vision, dass Yeosu die maritime Freizeitindustrie Koreas voranbringt. Dies kann ein wichtiger Baustein der wirtschaftlichen Verbindung mit dem Kontinent werden, was wiederum die Entwicklung einer vereinten koreanischen Halbinsel unterstützen würde.

Es gibt ein Sprichwort: „Gib einem Mann einen Fisch und du ernährst ihn für einen Tag. Lehre einen Mann zu fischen und du ernährst ihn für sein Leben." Wenn man fischen kann, wird man nie hungern. Afrika hat viele Flüsse, Seen und den Ozean. Deshalb müssen wir seinen Menschen beibringen, wie man fischt und Fischfarmen anlegt. Mein Mann und ich engagieren uns seit langem für derartige Projekte.

Der Ozean ist großartig und rein. Unsere Jugend ist auch großartig und rein. Wenn sich die beiden treffen, wird sich unsere Zukunft verändern. Unsere Jugend sollte genau wie mein Mann und ich die Ärmel hochkrempeln und es mutig mit dem Ozean aufnehmen. Auf See kann man nicht nur Geist und Körper stärken, sondern auch die Zukunft der Menschheit gestalten. Ozeane bedecken 70 Prozent der Erdoberfläche. In ihren Tiefen liegen unentdeckte Schätze verborgen. Wer auf den Ozeanen Pionierarbeit leistet, wird die Welt führen.

Liebe für Gott, Liebe für die Menschen und Liebe für das Land

Ich wurde in den letzten Jahren der japanischen Besatzung Koreas geboren und wuchs in einem Land auf, das unterdrückt wurde. Nach Erlangung der Unabhängigkeit setzte das kommunistische Regime die Unterdrückung fort. Dennoch war meine Familie unerschütterlich mit Gott verbunden und ging auf der Suche nach Freiheit unter Lebensgefahr in den Süden. Nach dem Ausbruch des Koreakriegs wechselte ich als Flüchtling mehrmals die Schule, während wir von Seoul nach Daegu, Jeju, Chuncheon und zurück nach Seoul gingen. Dies hinterließ in mir eine große Wertschätzung für Bildung.

Trotz der Nachkriegswirren machte ich meinen Abschluss an der Seongjeong-Mittelschule für Mädchen in Seoul. Diese Schule, meine Alma Mater und eine Wiege meines Lebens, kann ich nicht vergessen. Die Schule, die wir in unserer Jugend besuchen, kann einen wesentlichen Einfluss auf unsere Zukunft haben. Als ich die Schule 30 Jahre nach meinem Abschluss wieder besuchte, hatte sich ihr Name in Sunjung geändert, aber einige meiner Lehrerinnen waren immer noch da. Sie erinnerten sich an mich und natürlich hatte auch ich sie nicht vergessen. Wir waren überglücklich, uns zu treffen, und sprachen lange über jene vergangenen schwierigen Zeiten.

Inzwischen ist diese Schule der *Sunhak Educational Foundation* angeschlossen. Durch die Umsetzung unserer Philosophie wurde sie zu einer vorbildlichen Bildungseinrichtung. Die Stiftung umfasst drei weitere spezialisierte Schulen. Die Kyung Bok-Grundschule, die 1965 eröffnet wurde, kann auf eine stolze Geschichte und Tradition verweisen. Die Sunjung-Mittel- und Oberschule bringt kompetente junge Menschen hervor, indem sie zusätzlich zu den wissenschaftlichen Fächern eine auf der Entwicklung des Herzens basierende Charakter-

Die Wachstumsschmerzen von heute bringen den Sonnenschein von morgen

Kyung Bok-Grundschule (Seoul)

*Sunjung-Mittel- und Oberschule und
Internationale Tourismusfachschule (Seoul)*

bildung anbietet. An diesen Schulen leben und studieren internationale Studenten, um Führungskräfte in der Welt zu werden. Eine weitere Schule, die Sunjung Internationale Tourismusfachschule, bildet

Führungskräfte für das Hotel- und Gaststättengewerbe aus. An dieser Schule laden wir jedes Jahr zur Feier des Nationalen Lehrertags einige aus Nordkorea geflüchtete Lehrer ein – in Vorbereitung auf den Tag der Wiedervereinigung Koreas.

Die erste Schule, die wir selbst gegründet haben, war die *Little Angels*-Schule der Künste im Jahr 1974. Wie bereits erwähnt, hatten mein Mann und ich 1962 viele Schwierigkeiten, die Kindertanztruppe der *Little Angels of Korea* aufzubauen und zu finanzieren. Ihre Ausbildungsstätte in einem verlassenen Lagerhaus wurde 1974 umgebaut zur *Little Angels*-Schule der Künste und ist heute die Sunhwa-Mittel- und Oberschule der Künste. Diese Schulen haben international bekannte Sängerinnen und Ballerinen hervorgebracht. Wenn man die Schule durch das Haupttor verlässt, blickt man auf ein Schild mit der Aufschrift: „Tor zur Welt."

Die CheongShim-Internationale Akademie mit Blick auf den Cheongpyeong-See ist eine weitere internationale Mittel- und Oberschule. Wir investierten viel Zeit und Mühe in den Aufbau dieses erstklassigen Vorbereitungsinstituts für globale Führungskräfte. Seit der ersten Abschlussklasse im Jahr 2009 haben seine Absolventen an führenden Universitäten studiert, darunter an Elite-Universitäten in Korea, Ivy League-Universitäten in den USA und renommierten Universitäten in Japan. Der Tag rückt näher, an dem die Cheong-Shim-Absolventen aktive Rollen auf der Weltbühne spielen werden. Wenn dieser Tag schließlich kommt, wird Korea als eine führende Nation auf dem Gebiet der Bildung bekannt werden.

Unser Netzwerk umfasst noch weitere Bildungseinrichtungen – von Kindergärten bis zum Master- und Promotionsstudium – in Korea und auf allen sechs Kontinenten. In den Vereinigten Staaten gibt es Mittelschulen in Maryland, Connecticut und Kalifornien, eine High School in Connecticut, ein theologisches Seminar in New York und eine

Die Wachstumsschmerzen von heute bringen den Sonnenschein von morgen

Sunhwa-Mittel- und Oberschule der Künste (Seoul)

CheongShim-Internationale Mittel- und Oberschule (Gapyeong-gun, Korea)

Universität, die orientalische Medizin in Las Vegas, Nevada, lehrt. In Asien und Afrika, unter anderem in Nepal, Myanmar, Mosambik und Ruanda, errichteten wir Schulen entsprechend den Bedürfnissen der jeweiligen Gemeinden, einschließlich technischer Berufsschulen. Alle unsere Bildungseinrichtungen inspirieren ihre Schülerinnen und Schüler dazu, sich der Welt zu widmen gemäß dem Gründungsgedanken: „Liebe für Gott, Liebe für die Menschen und Liebe für das Land."

Die Ergebnisse des Bildungssystems müssen verbessert werden. Reife Menschen entstehen weder von selbst noch dadurch, dass sie wie besessen hinter guten Noten her sind. Junge Menschen müssen angeleitet werden, sich Wissen und Weisheit auf der Grundlage eines guten Charakters und körperlicher Fitness anzueignen. Wir müssen verstehen, dass Gott die Quelle der Liebe und der Wahrheit und die ursprüngliche Form des Charakters ist und wir deshalb in unserem Leben Seinem Willen folgen müssen.

Seit dem Beginn der Arbeit unserer *International Education Foundation* in Russland begleitete ich daher die Entwicklung und Verbreitung von Lehrbüchern zur Charakterbildung, die dazu beitragen, moralisch integre Teenager und junge Erwachsene auf der ganzen Welt zu fördern. Menschen zu lieben bedeutet, ein „Leben zum Wohl anderer" zu praktizieren und einen Geist der Harmonie und des Dienstes an der Allgemeinheit zu fördern. Seine Nation zu lieben bedeutet, seine gottgegebenen Talente zu entwickeln, seinen Heimatort zu lieben und Gottes Reich aufzubauen. Wir alle sind dafür verantwortlich, eine neue Generation guter und talentierter Frauen und Männer zu erziehen.

Eine Universität, die die Welt verändert

Der 3. November 1989 bleibt für mich ein unvergesslicher Tag. Ich war mit meiner Familie in das etwa eine Stunde südlich von Seoul gelegene Cheonan gefahren, um an der lang ersehnten Akkreditierungszeremonie der Sunghwa-Universität teilzunehmen. Während der Zeremonie erhielt ich einen Anruf aus Seoul. „Ihre Mutter befindet sich in einem kritischen Zustand. Sie wird bald in den Schoß Gottes zurückkehren."

Sofort nach Ende der Zeremonie eilte ich zurück nach Seoul, um mit meiner Familie am Sterbebett meiner Mutter zu sein. Meine

Mutter, Hong Soon-ae, verlor allmählich das Bewusstsein. Wir waren bei ihr und sangen heilige Lieder.

Meine Mutter war äußerst glücklich darüber gewesen, dass die Studiengänge an der Sunghwa-Universität von der Regierung zugelassen wurden, und sie war bis zum Tag der Akkreditierungszeremonie bei Bewusstsein geblieben. Als ich meine Arme um sie legte, öffnete sie für einen kurzen Moment ihre Augen, blickte mich ruhig an und schloss sie dann sanft. So verabschiedeten wir uns ein letztes Mal voneinander in diesem Leben.

Um meiner Mutter bei ihrem Heimgang die letzte Ehre zu erweisen, stattete uns Dr. Hong Il-sik, ein entfernter Verwandter und ehemaliger Präsident der *Korea University*, einen Besuch ab. Seit den 1970er Jahren hatte er den Plan gehegt, ein chinesisch-koreanisches Wörterbuch zu erstellen; aber niemand in der Regierung oder an irgendeiner Universität gewährte ihm die notwendige Unterstützung. Als mein Mann und ich von seiner Vision erfuhren, waren wir begeistert und boten ihm unsere Unterstützung an. Erst später, als sich die Beziehungen zwischen Korea und China entwickelten, erkannte Korea den Wert seiner Arbeit. Als Dr. Hong zu einem späteren Zeitpunkt meine Einladung annahm, Vorsitzender des Sunhak-Friedenspreiskomitees zu werden, freute ich mich sehr darüber.

Die Wurzeln der Sunghwa-Universität reichen bis ins Jahr 1972 zurück, als wir mit der Eröffnung des *Unification Theological Seminary* im Guri Joongang Training Center in Gyeonggi-do den Grundstein für sie legten. Mehr als 20 Jahre später, im Jahr 1994, richtete sich die Sunghwa-Universität unter dem neuen Namen *Sun Moon University* international aus. Ihr Motto lautet: „Sun Moon gestaltet Himmel und Erde neu." Dies spiegelt die von der Universität vertretene Überzeugung wider, dass

Menschen durch eine auf Gott ausgerichtete Bildung die Welt verändern können.

Mein Mann und ich haben die Förderung des Lernens als ein wesentliches Gut stets unterstützt. Es gab Zeiten, in denen wir auf Schwierigkeiten stießen, weil fälschlicherweise angenommen wurde, dass die Vereinigungskirche Ziele hätte, die die akademische Integrität der Schule gefährdeten. Aber unser Ziel war einfach, die bestmögliche Bildungsqualität zu bieten. Häufig luden wir berühmte Wissenschaftler und Experten aus verschiedenen Fachgebieten zu Vorlesungen ein und gaben für eine einzige Stunde hochqualifizierten Trainings für unsere Studierenden manchmal zehntausende Dollar aus. Vater Moon respektierte die Professorinnen und Professoren, obwohl er es nicht gerne sah, wenn sie die persönliche Lehrer-Schüler-Dynamik in ihren Klassen vernachlässigten. Er betonte, dass die Studierenden – und nicht das akademische Kollegium oder die Hochschulverwaltung – die Richtigen seien, um die Leistung einer Professorin oder eines Professors zu bewerten.

Die *Sun Moon University* hat nach und nach eine herausragende Studierendenschaft aufgebaut und ist in Bezug auf die Nationalitäten der Studierenden die vielfältigste aller koreanischen Universitäten. Vor kurzem erhielt sie in einigen Fachgebieten Top-Ratings sowie staatliche Förderung für eine Reihe von Forschungsprojekten. Sie ist eine traditionsorientierte akademische Bildungseinrichtung mit wachsendem Einfluss.

So wie ein Baum mit tiefen Wurzeln gut wächst, entwickeln sich Universitäten am besten, wenn sie auf dem Fundament von soliden Prinzipien und wissenschaftlicher Forschung stehen. Die *Sun Moon University* stellt hohe Anforderungen an ihren Lehrkörper. Die Büros sind oft bis tief in die Nacht erleuchtet, da ein Austausch mit

Universitäten auf der ganzen Welt stattfindet. Es ist nichts Ungewöhnliches, dass Online-Konferenzen bis zum Morgengrauen dauern.

Sun Moon University (Asan, Korea)

Die *Sun Moon University* ist eine weltoffene Einrichtung mit sorgfältig gestalteten und breitgefächerten Lehrplänen. Ihr Auftrag gilt nicht nur Korea, sondern der ganzen Welt. Ihr Ziel ist es, den Menschen eine globale Perspektive zu vermitteln und sie in die Lage zu versetzen, den sich ständig weiterentwickelnden Bedürfnissen von Unternehmen und der Gesellschaft gerecht zu werden. Ich möchte die *Sun Moon University* zu einer weltweit führenden Institution entwickeln, damit ihre jungen Absolventen der Welt selbstbewusst sagen können: „Ich habe einen Abschluss der *Sun Moon University*." Diese jungen Leute werden als globale Führungskräfte tätig sein.

Insbesondere die theologische Fakultät wird ihre Studierenden so ausbilden, dass sie ihrerseits Führungskräfte auf der ganzen Welt heranbilden können. Das Wort Gottes zu studieren ist genauso wichtig wie einen Abschluss an einer guten Universität zu machen, eine gute Anstellung zu finden und die eigene Familie und Gesellschaft zu unterstützen. Wir müssen verstehen, dass es eine ewige Welt im Himmel gibt. Diamanten funkeln, wo immer sie sind. Die neue Generation wird diamantengleich strahlen, wohin sie auch gehen mag.

Nun möchte ich noch über eine ganz besondere Bildungseinrichtung in den USA sprechen: das *Unification Theological Seminary (UTS)*. Es wurde 1975 mit einer interreligiösen Fakultät gegründet, die katholische, protestantische, griechisch-orthodoxe, jüdische, konfuzianische und Vereinigungstheologie lehrte. Unter der Leitung von Dr. David S.C. Kim und Dr. Young Oon Kim diente sein Barrytown-Campus als Basis für die *New Ecumenical Research Association (New ERA),* die interkonfessionelle Konferenzen für Geistliche initiierte und das *Youth Seminar on World Religions* und die *Assembly of the World's Religions* ins Leben rief. Das UTS ist auch heute noch auf seinem Campus in der Mitte Manhattans eine bedeutende Einrichtung.

Der Zweck all dieser Bildungseinrichtungen ist es, einer wachsenden Anzahl talentierter junger Menschen, die Gottes Herz kennen, einen Bildungszugang zu ermöglichen, um so ihr Engagement für die Errichtung einer friedlichen Welt zu unterstützen. Eltern sollten sich leidenschaftlich dafür einsetzen, dass unsere gesegneten Kinder nach dem Willen Gottes rein und unter den besten Voraussetzungen aufwachsen können. Letztlich wünschen und hoffen wir, unsere Kinder nicht nur als Söhne und Töchter unserer eigenen Familie zu erziehen, sondern als stolze Söhne und Töchter Gottes.

Samen der Liebe

Der Film „The Shawshank Redemption" („Die Verurteilten") hat mich tief beeindruckt. Die Hauptfigur ist ein Mann, der zu Unrecht inhaftiert ist, viele Jahre im Gefängnis verbringt und schließlich auf der Suche nach Freiheit entkommt. Vater Moon war sechs Mal zu Unrecht inhaftiert und wegen dieser Ähnlichkeit mit der Hauptfigur bewegte der Film mein Herz. Ganz am Ende des Films schreibt der befreite Gefangene in einem Brief: „Hoffnung ist eine gute Sache, vielleicht das Beste von allem, und das Gute stirbt nie."

Hoffnung, Liebe, Freundschaft und Schönheit sind unveränderlich, ganz gleich, wie viel Zeit vergeht, und ihr Wert ist ewig. Liebe weckt Hoffnung und Mut – selbst in den hoffnungslosesten Umständen. Heute haben viele Menschen ihre moralische Orientierung verloren und wir beklagen die Dominanz des Materialismus. Die einzige Möglichkeit, diesen Schmerz zu heilen, besteht darin, ein Leben in wahrer Liebe zum Wohl anderer zu führen und dabei nicht an sich selbst zu denken.

Wenn ich morgens meine Augen öffne, beginne ich den Tag mit Gebet und Meditation. Sehr sorgfältig überlege ich, was ich für wen tun werde, und dann handle ich danach. Religiöse Lehren wie auch politische und soziale Reformen sind wichtig, aber sie allein reichen nicht aus, um eine Welt des Glücks zu errichten. Wahre Liebe heißt, einem Nachbarn, der vor Kälte zittert, aus tiefem Mitgefühl ein Paar Socken zu geben. Manchmal verlangt sie ein sehr großes Opfer für einen völlig Fremden, den man vielleicht nie wiedersieht. Wahre Liebe gibt und vergisst, dass man gegeben hat.

Heute sind wir eine weltweit anerkannte religiöse Bewegung, aber bis in die 1970er Jahre hatten wir nicht einmal ein ansehnliches Kirchengebäude. Mein Mann und ich verwendeten das gesamte Geld, das die Mitglieder spendeten, für die Gesellschaft und die Welt. Wenn Missionare ins Ausland gingen, hatten sie nur einen Koffer dabei. Sie mussten selbst Arbeit finden und das Geld, das sie verdienten, benutzten sie dafür, ihre eigenen Missionszentren zu betreiben. Sie verwendeten die eingegangenen Spenden für die Errichtung von Schulen und Kliniken sowie für die Finanzierung von Freiwilligendiensten. Wir praktizieren diese Ethik des aufopferungsvollen Dienens seit 60 Jahren.

Der koreanische Begriff „Aewon" bedeutet „Garten der Liebe". Im Jahr 1994 gründeten Vater Moon und ich eine Serviceorganisation, die „Aewon-Bank", um es allen Menschen in Korea zu ermöglichen, Nächstenliebe miteinander zu teilen. Es ist keine Bank im finanztechnischen Sinn. Vielmehr bringt sie Menschen zusammen, die ehrenamtliche Dienste anbieten, von der Ausgabe kostenloser Mahlzeiten über Wohltätigkeitskonzerte bis hin zu internationaler Hilfe.

Um dies weiter auszubauen, gründete ich die *Wonmo Pyeongae Scholarship Foundation*. Nach dem Tod meines Mannes war das meine erste große Unternehmung. Die Kondolenzspenden, die aus der ganzen Welt kamen, sparte ich alle als Startkapital für diesen Zweck. Ich verkaufte auch den Hubschrauber, den wir für unsere Missionsarbeit benutzt hatten, und fügte den Erlös diesen Geldern hinzu. Alles floss in eine Stiftung, aus der wir Stipendien in Höhe von 10 Millionen US-Dollar vergeben konnten, um die Ausbildung talentierter Menschen für zukünftige Aufgaben zu unterstützen. Von diesen Stipendien profitieren exzellente Studierende aus Korea, Japan, Südostasien, Afrika, Europa, Amerika und der ganzen Welt.

Natürlich hörte ich einige Leute darüber schimpfen. „Ich habe gehört, dass Mutter Moon den Hubschrauber verkauft, den sie und Vater Moon zusammen benutzt haben!", sagte der eine und ein anderer erwiderte: „Das ist solch ein historisches Objekt. Sollte er nicht besser in ein Museum?" Obwohl ich das Bedauern über den Verkauf des Hubschraubers respektiere und diese Gefühle voll und ganz verstehe, habe ich diese Entscheidung getroffen. Es geschah zum Wohl unserer zukünftigen Leiterschaft. Es ist wichtig, die Vergangenheit in Ehren zu halten, doch es ist wichtiger, Gottes Wort zu lehren und zukünftige Generationen von gewissenhaften Führungskräften zu fördern.

An der Tatsache, dass Bildung junge Menschen prägt und dass junge Menschen die Zukunft gestalten, wird sich niemals etwas ändern. Um eine strahlende Zukunft zu sichern, ist es absolut notwendig, talentierte, kluge und tugendhafte Jugendliche zu erziehen. Der Begriff *Wonmo* besteht aus den chinesischen Schriftzeichen won (圓) für „rund" und mo (母) für „Mutter". In der Familie ist es die Mutter, die jedes Familienmitglied trotz unterschiedlicher Persönlichkeiten mit Liebe umarmt und die Familie zur Harmonie führt. Pyeongae (平愛) bedeutet, sich um schlechter Gestellte zu kümmern, damit alle auf der gleichen Ebene in einem Kosmos der wahren Liebe leben können. Wir schaffen die Grundlage dafür, dass eine solche Ausbildung über die Generationen hinaus Bestand hat. Wenn Kinder mit einem Kreisel spielen, ist der Anfang oft schwer, doch sobald sich der Kreisel dreht, können sie ihn mit minimalem Aufwand weiterdrehen. Bei einer Stiftung ist es das gleiche. Es ist schwer sie zu etablieren, aber sobald sie einmal besteht, ist es nicht allzu schwierig, sie fortzuführen. Bildung braucht Zeit. Wir müssen uns Tag und Nacht um unsere Jugendlichen kümmern, damit sie zu guten und moralischen Erwachsenen heranwachsen können. Neun Monate im Mutterleib sind notwendig, um ein neues Leben hervorzubringen. Selbst nach einer solchen Vorbereitungszeit kann ein Baby nicht über Nacht laufen. Kinder müssen eine Zeit des Wachstums durchlaufen.

Bei dieser Art von Arbeit vergesse ich mich ganz. Wenn wir uns den Menschen um uns herum mit der Einstellung widmen, dass nichts, was wir für Gottes Ziele geben, vergeudet ist, werden wir wahres Glück finden. Ein wahrhaft gutes Leben zu führen, bedeutet für mich, andere an die erste Stelle zu setzen. Wenn wir nicht auf unser persönliches Glück fixiert sind, wird Gott zu uns kommen.

Die zukünftigen Josuas und Kalebs

Um zukünftige Führungspersönlichkeiten auszubilden, gründete ich 2015 die *Global Top Gun Youth (GTGY)*, die begeisterte junge Menschen aus aller Welt lehrt, wie sie zum Weltfrieden und zur Errettung der Menschheit beitragen können, indem sie für andere leben. Ich richte das Augenmerk der GTGY-Studenten besonders auf die biblischen Figuren Josua und Kaleb, die Moses in der Wüste dienten. Während ihres ganzen Lebens blieben Josua und Kaleb dem Himmel treu und führten schließlich das auserwählte Volk nach Kanaan. Kaleb vereinigte sich völlig mit Josua und widmete sich ganz der Nation und dem Volk. Durch *Global Top Gun Youth* werden herausragende junge Männer und Frauen dazu erzogen, wie Josua und Kaleb zu sein und die Welt in das Gelobte Land zu führen.

Vor fast 1.500 Jahren erzog die Silla-Dynastie in Korea ihre jungen zukünftigen Führer durch ein Trainingsprogramm namens Hwarang-Do, was „blühende Jugend" bedeutet. Diese jungen Männer waren bekannt für ihre Loyalität zum Königreich und für ihre Entschlossenheit, Hindernisse zu überwinden. Hwarang-Do bildete Jugendliche aus der Elite der Gesellschaft in Kampfkunst, Meditation in der Natur und in Methoden zur Lösung von Konflikten zwischen sozialen Klassen aus. Sie waren dafür bekannt, im Krieg niemals aufzugeben und lieber einen ehrenvollen Tod zu wählen, als gefangen genommen zu werden.

Junge Menschen, die in Zukunft Führungspositionen übernehmen sollen, müssen sich darauf konzentrieren, ihr Studium erfolgreich abzuschließen und ein aufrichtiges Glaubensleben zu führen. Ausgestattet mit Weisheit und praktischer Erfahrung, stehen sie auf dem Fundament des treuen Herzens ihrer Eltern für den Himmel und können es sogar übertreffen. Das ist der Grund, weshalb ich zukünftige Leiter für die Errichtung von Gottes Friedensreich Cheon Il Guk unter dem Namen Hyojeong-rang (Jugend mit treuem Herz) ausbilde – denn es ist meine Hoffnung, dass sie die Hwarang der alten Zeit in ihrer Hingabe für den Himmel übertreffen werden.

Im Februar 2017 gründeten wir bei einer Versammlung der *Hyo Jeong International Cultural Foundation* im Bezirk Gapyeong, östlich von Seoul, die Nachfolgeorganisation von YFWP, die *International Association of Youth and Students for Peace (IAYSP)*. Ich bat die etwa tausend Teilnehmerinnen und Teilnehmer, „Spezialkräfte zu sein, die das Reich Gottes, Cheon Il Guk, errichten." Und sie begannen sofort, meine Worte in die Tat umzusetzen.

Im Juni desselben Jahres nahmen 12.000 junge Menschen an der IAYSP-Kundgebung „Jugend für den Frieden" in Bangkok, Thailand, teil, bei der ich sie inständig darum bat, „führende Persön-

11. August 2019: Einweihung des Hyojeong International Cultural Center, HJ Cheonwon, Südkorea

lichkeiten der Kultur des treuen Herzens und das Licht der Welt zu werden."

Im September 2019 versammelten sich dann im Rahmen des Afrika-Gipfels und der Segnungszeremonie in São Tomé und Príncipe 40.000 junge Menschen beim *Festival for Youth and Students*. Der große Platz der Hauptstadt mit seinem Blick auf das wunderschöne Meer war voller junger Leute. An diesem Abend war die *Hyojeong Cultural Foundation* der Gastgeber für die *IAYSP Youth Sounds of Peace*, die durch verschiedene Aufführungen das Thema „Universelle Werte" in Szene setzten. Die Leiter der verschiedenen Ministerien nahmen an der Feier der Neubelebung der Jugend ihrer Nation teil. Es war das bislang größte Jugend- und Studentenfest des Landes.

Mit den folgenden Worten ermutigte ich diese jungen Menschen: „Ihr seid die Hoffnung von São Tomé. Ihr seid wie reines Wasser. Dank euch kann São Tomé das Reich Gottes auf Erden errichten, nach dem sich unsere Himmlischen Eltern sehnen."

Wir bauen die Zukunft des Reiches Gottes, Cheon Il Guk, um Gottes Traum zu erfüllen. Wie Josua und Kaleb, oder ähnlich wie die Schweizer Garde, die mit Würde, Loyalität und selbstlosem Dienst den Vatikan schützt, muss die IAYSP in dieser Zeit mit einem unbeugsamen Geist, der keiner Schwierigkeit nachgibt, dem höchsten himmlischen Zweck dienen. Mitglieder der IAYSP sind loyale Bürger und treue Söhne und Töchter des Reiches Gottes. Sie sind der Stolz der Wahren Eltern und die Beschützer des himmlischen Willens. Ganz gleich, welche Schwierigkeiten in ihrer Zeit auftauchen, diese jungen Menschen werden sich den Herausforderungen stellen und erfolgreich daraus hervorgehen. Sie sind diejenigen, denen die Zukunft gehört.

Wenn sich junge Menschen unabhängig von ihrer Position mit Leib und Seele dem Himmel widmen, können sie treue Söhne und Töchter

Die Wachstumsschmerzen von heute bringen den Sonnenschein von morgen

und Patrioten werden, an die sich unsere Himmlischen Eltern und alle Generationen erinnern werden. Sie werden wissen, dass die Wachstumsschmerzen, die sie für eine kurze Zeit ertragen mussten, ewigen Wert haben.

Mutter des Friedens

8. KAPITEL

DIE FAMILIE IST DIE WICHTIGSTE INSTITUTION DER WELT

Seine Familie zu lieben bedeutet, sein Leben zu geben

„Ich liebe dich." Das sind die süßesten Worte. Es sind auch die ersten Worte, denn durch die Liebe beginnt alles Leben. Menschen können diese Worte verantwortungsvoll oder verantwortungslos sprechen. Gott gab auch den Tieren die Fähigkeit, sich durch „Liebe" zu vermehren. Tiere suchen einen Partner, mit dem sie sich paaren und den Nachwuchs aufziehen können. Aber im Unterschied zum Menschen ist ihr Handeln instinktiv und sie tragen nicht die Verantwortung, moralische Entscheidungen in Bezug auf Liebe zu treffen. Für den Menschen ist Liebe dagegen mit Verantwortung verbunden. Liebe, die mit moralischer Verantwortung praktiziert wird, nennen wir „wahre Liebe".

Ein Ehemann und eine Ehefrau, die an die Heiligkeit der Liebe glauben und ihre Verantwortung entsprechend erfüllen, praktizieren wahre Liebe. Durch ihre Liebe schafft Gott ein Nest des Glücks. Wahre Liebe macht uns zu wahren Ehemännern und Ehefrauen, die nach der Geburt von Söhnen und Töchtern schließlich zu wahren Eltern werden. Das koreanische Sprichwort: „Wenn das eigene Zuhause harmonisch ist, geht alles gut", ist eine Wahrheit von höchstem Wert; es war in der Vergangenheit wahr, es ist heute wahr und es wird auch in Zukunft wahr sein. Wahre Liebe ist der wichtigste Faktor in der Verwirklichung einer glücklichen Familie. Mein Ehemann und ich segnen die Ehen von Paaren aus allen Ethnien, Nationen und Religionen und bieten Bildungsprogramme über wahre Familienwerte an, damit sie Familien der wahren Liebe aufbauen können.

In wahrer Liebe gibt man gern sein Leben für seine Familie. Sein Leben für die Familie zu opfern, ist heroisch und tragisch zugleich. Ich erinnere mich an ein sehr trauriges Ereignis, das sich Anfang 2019 in Belize, Mittelamerika, ereignet hat. Ein japanisches Ehepaar, Takayuki und Junko Yanai, die 1988 an der Segnungszeremonie für 6.500 Ehepaare teilgenommen hatten, arbeiteten seit 1996 als Missionare in Belize. Eines Nachts brach ein bewaffneter Einbrecher in das Haus der Familie ein. Er schoss auf Herrn Yanai, aber in diesem Augenblick sprang der dritte Sohn, der 19-jährige Masaki, vor seinen Vater und gab sein Leben, um ihn zu retten.

Als ich den Bericht über dieses Ereignis erhielt, war ich tief erschüttert, schloss meine Augen und konnte eine Zeitlang nicht sprechen. Natürlich führt keine Familie ein vollkommen ruhiges Leben, aber es ist wirklich herzzerreißend, wenn eine Familie mit einer so schrecklichen Tragödie konfrontiert wird.

Auch ich kenne den Schmerz, ein Familienmitglied zu verlieren und mich von einem Kind verabschieden zu müssen, während ich selbst in dieser Welt weiterlebe. Vier meiner Kinder haben dieses Leben bereits hinter sich gelassen. Ist nicht jeder Vater und jede Mutter entschlossen, das eigene Leben zu geben, um ihr Kind zu retten, wie es umgekehrt auch Masaki für seinen Vater getan hat? Die Liebe zwischen Eltern und Kindern ist der Liebe Gottes am ähnlichsten. Die Liebe innerhalb der Familie ist das Vorbild für die Liebe, die Gott in allen Lebensbereichen verwirklicht sehen möchte.

Es gibt Geschichten wie die von Familie Yanai, in denen plötzlich ein Unglück von außen über die Familie hereinbricht, aber es gibt auch Geschichten, in denen Familien Unglück über sich selbst bringen. Zwietracht zwischen Eheleuten ist einer der Hauptgründe dafür, dass auf unserer Welt kein Friede herrscht. Heute leben etwa 7,7 Milliarden Menschen auf der Erde, aber die Verwirklichung von Frieden hängt in der Tat von zwei Menschen ab – von einem Mann und einer Frau, das heißt von Ehemann und Ehefrau. Menschen gehen verschiedene Arten von Beziehungen ein und sehen sich mit verschiedenen Arten von Problemen konfrontiert, doch die Wurzel all dieser Probleme ist ein und dieselbe – die brüchige Beziehung zwischen Mann und Frau. Frieden wird kommen, wenn zwei Menschen, ein Mann und eine Frau, einander vertrauen und lieben. Wenn Männer und Frauen ihrer gegenseitigen Verantwortung gerecht werden, wird die Welt zu dem glücklichen Ort werden, nach dem wir uns alle sehnen.

Ich will damit sagen, dass das Glück eines jeden Menschen von der Fähigkeit abhängt, Frieden in der eigenen Ehe und Familie zu verwirklichen. Wenn wahre Eltern, wahre Ehepartner und wahre Kinder eine friedliche Familie bilden, kommt das Glück auf ganz natürliche

Weise. Harmonie entsteht, wenn Eltern, Kinder und Enkelkinder im Herzen eins werden. Ganz gleich, welche Schwierigkeiten auftreten, das liebende Herz der Eltern für ihre Söhne und Töchter und das liebende Herz der Großeltern für ihre Enkelkinder sollte sich niemals verändern. Ebenso sollten Enkelkinder ihre Großeltern respektieren und lieben. Das größte Glück entsteht in einer Familie, in der drei Generationen in Liebe zusammenleben.

Treue Kinder bringen für ihre Eltern Opfer, so wie ihre Eltern sich für sie geopfert haben. Bevor man danach strebt, ein loyaler Patriot zu werden, muss man zuerst ein treues Kind gegenüber seinen Eltern sein und die Bereitschaft haben, sich für seine Brüder und Schwestern zu opfern. Ein Mann oder eine Frau wird ein wahrhaft treuer Sohn oder eine wahrhaft treue Tochter, wenn er oder sie verheiratet ist. Söhne und Töchter mit wahrhaft kindlicher Treue sind diejenigen, die ihren Eltern Enkelkinder schenken und so selbst zu wahren Eltern werden.

Die Familie ist die wichtigste Institution der Welt. Die Himmlischen Eltern schufen sie als Umfeld für die Verwirklichung des größten Glücks und der größten Güte. Das Gute existiert, weil es Mutter und Vater gibt, und das Glück existiert, weil es Brüder und Schwestern gibt. Alle Menschen vermissen ihren Heimatort. Wenn wir in einem fremden Land leben, sehnt sich unser Herz nach der Heimat. Wir vermissen unsere Nation, weil sich unser Heimatort dort befindet, und wir vermissen unseren Heimatort, weil unsere Familie dort lebt.

Eine Blume namens Opfer

Es war im Jahr 1961. In unserer Kirche standen Brautpaare in Erwartung ihrer Ehesegnung feierlich nebeneinander, jede Braut mit einem Blumenstrauß in der Hand. Draußen vor dem Tor versammelten sich jedoch aufgebrachte Eltern und durch die Fenster drang der Lärm von lauten Stimmen: „Ich bin absolut gegen diese Hochzeit! Hört sofort damit auf! Wie um alles in der Welt könnt ihr denken, dass dies eine echte Hochzeit ist?" In ihrer Empörung wiegelten sie sich gegenseitig auf. „Dieser Herr Moon nahm mir meine Tochter weg, um sie auf so eine Art zu verheiraten! Niemals werde ich meine Einwilligung dafür geben – lasst sie sofort heraus!" Jemand warf sogar Kohlenasche über das Tor und beschmutzte damit das Hochzeitskleid einer schönen Braut.

Als die Vereinigungsbewegung ihre erste große Hochzeitszeremonie durchführte, lehnten viele Menschen in ganz Korea diese vehement ab. Eltern, die gegen die Hochzeit waren, machten die Umgebung unserer Kirche, in der die Neuvermählten hätten beglückwünscht werden sollen, zu einem Ort des Tumults. Mir fehlen die Worte, um zu beschreiben, wie heftig wir damals angegriffen und verleumdet wurden. Doch wir überwanden den Schmerz und gingen auf unsere Gegner zu. Seit über einem halben Jahrhundert führen wir nunmehr Ehesegnungszeremonien durch und haben dabei hunderttausende von Paaren aus allen Ethnien, Nationen und Religionen auf der ganzen Welt in der Ehe gesegnet. Dies ist ein Zeugnis dafür, dass die Segnungszeremonie eine Manifestation von Gottes Liebe und Wahrheit ist.

Die von den Wahren Eltern durchgeführte Ehesegnungszeremonie ist ein Sakrament, das seine Wurzeln in aufrichtiger Hingabe hat. Es ist eine Zeremonie der wahren Liebe und wahre Liebe beinhaltet Opfer. Ein Dichter sagte einmal: „Liebe ist der Schmerz, mich selbst aufzugeben." Wir können wahre Liebe niemals verwirklichen, ohne uns selbst aufzuopfern. Der Mann ist für die Frau geboren und die Frau für den Mann. Wir sollten uns auf natürliche Weise und mit Freude für unseren geliebten Partner oder die geliebte Partnerin aufopfern. Dies wird nirgendwo so deutlich wie in den interkulturellen Ehen der Vereinigungsbewegung.

„Du hast an einer renommierten Universität studiert und hast einen guten Arbeitsplatz. Denk bitte darüber nach – die Person, die deine Ehepartnerin werden soll, hat eine andere Hautfarbe und ihre Familie lebt auf der anderen Seite der Welt. Willst du das wirklich durchziehen?" Wenn sie mit einer solchen Frage konfrontiert werden, zögern die meisten Menschen. Viele unserer Mitglieder hingegen antworten sofort: „Ja, das will ich. Ich bin dankbar, dass ich es tun kann, denn es ist für eine große und noble Sache."

Die Vereinigungsbewegung lehrt, dass interkulturelle Familien der Schlüssel zum Weltfrieden sind. Zu Lebzeiten meines Mannes baten die meisten der Mitglieder darum, dass wir ihre Ehe arrangieren, um ihr Leben vollständig Gott darbringen zu können. In vielen, wenn nicht sogar in den meisten Fällen, wussten sie, dass dies bedeutete, dass sie ihr Leben jemandem widmen würden, der oder die sehr anders als sie selbst ist, vielleicht nicht ihre Sprache spricht oder ihre Kultur nicht kennt. Sie wollten, dass ihre Ehe auf nichts anderem beruht als auf Gott, den Wahren Eltern und den Prinzipien des Friedens. Unsere Bräute und Bräutigame baten in Dankbarkeit darum, aber nicht selten lehnten ihre Eltern diesen Weg verzweifelt ab. Die größten Schwierigkeiten hatten die Eltern der tausenden von koreanisch-japanischen Paaren.

Ein koreanischer Vater sprach stellvertretend für viele andere Eltern, als er an meinen Mann schrieb: „Wenn ich daran denke, was wir unter der japanischen Kolonialherrschaft erlitten haben, kocht mein Blut noch immer. Unvorstellbar, dass mein Sohn eine Tochter aus der mit uns verfeindeten Nation heiraten wird! Niemals werde ich eine japanische Schwiegertochter in unsere Familie aufnehmen. Niemals!" Viele Eltern der japanischen Bräute empfanden aus ihrer, der japanischen Perspektive, das Gleiche.

Jesus sagte: „Liebt eure Feinde." Die meisten Menschen sehen ein, dass eine friedliche Welt nur entstehen kann, wenn wir unsere Feinde lieben. Dennoch fällt es den meisten von uns nicht leicht, die Worte Jesu in die Tat umzusetzen. Einige Bräute und Bräutigame bissen sich auf die Lippen, als sie an diesen Hochzeitszeremonien teilnahmen. Ihre Vorbereitung auf das Eheleben und die ersten Jahre ihres Zusammenlebens verliefen nicht reibungslos. Aber ihre Entschlossenheit, für einen Zweck zu leben, der über ihre eigenen Interessen hinausgeht und Gott im Mittelpunkt hat, gab ihnen die nötige Kraft, die schreckliche Geschichte ihrer beiden Nationen, die Feinde gewesen waren, zu überwinden. Sie schafften es, diese bitteren Wurzeln aufzulösen, indem sie einander verstehen lernten und den Schmerz des anderen heilten.

Im Herbst 2018 veranstalteten wir eine *Rally of Hope* im Cheongshim Peace World Center, einer Veranstaltungshalle mit 20.000 Plätzen in unserem HJ Cheonwon-Komplex östlich von Seoul. Während einer Zusammenkunft, in der Mitglieder über ihre Erfahrungen berichteten, kam Keiko Kobayashi, eine japanische Ehefrau, die mit ihrem koreanischen Ehemann in der koreanischen Provinz Süd-Jeolla lebt, auf das Podium, um ihre Erfahrungen zu teilen.

Sie erzählte, dass sie 1998, als sie ein bequemes Leben als Beamtin in Japan führte, einen Antrag auf Heiratsvermittlung stellte und dann mit einem koreanischen Mann bekanntgemacht und gesegnet wurde. Sie zog in der Erwartung nach Korea, dass sie dort als Neuvermählte glücklich leben würden. Ihre Hoffnung auf Glück wurde jedoch enttäuscht. Ihr Mann litt an Epilepsie und neigte unter Stress zu Anfällen. Er wurde mehr und mehr lethargisch und gleichgültig gegenüber dem Leben im Allgemeinen. Nichts konnte ihn inspirieren.

Keiko überlegte ernsthaft, die Ehe zu beenden und nach Japan zurückzukehren. Doch zuerst wollte sie innere Ruhe finden. Sie ging deshalb in unser Seminarzentrum in Cheongpyeong, wo sie eine Woche in Gebet und Hingabe verbringen wollte, bevor sie ihre endgültige Entscheidung traf. Sie hatte in diesem Zentrum bereits viele gute Erfahrungen gemacht und an Workshops mit vielen Mitgliedern aus Korea, Japan und der ganzen Welt teilgenommen. Mehrere Tage lang betete sie intensiv zu Gott und versuchte, ihre Sinne und ihr Herz dem Himmel gegenüber zu öffnen. Gott hörte ihr Gebet und sprach zu ihr: „Meine geliebte Tochter! So wie Ich dich als Meine Tochter liebe, so liebe Ich deinen Mann als Meinen Sohn. Kannst du dich nicht an Meiner statt um ihn kümmern, um Meinen armen Sohn, dessen Körper schwach ist und der in Einsamkeit lebt?"

28. Oktober 2018: Rally of Hope für ein Himmlisches Vereintes Korea, Peace World Center, HJ Cheonwon, Südkorea

Als sie dies hörte, versank sie in Tränen der Reue und bat Gott aufrichtig um Vergebung. Sie kehrte nach Hause zurück, öffnete ihr Herz ihrem Mann gegenüber und lernte, ihn zu lieben. Bald darauf schenkte Gott ihnen einen wunderbaren Sohn und in ihrem Mann wurden nach und nach Veränderungen sichtbar. Sein Gesundheitszustand verbesserte sich, er fand Arbeit und die Familie stabilisierte sich. Jetzt leben sie glücklich zusammen und haben fünf Söhne und Töchter. Das ist die Geschichte, die Keiko mit den Anwesenden teilte.

Einige Tage nach dieser Veranstaltung berief ich in Cheongpyeong ein Treffen mit mehr als 4.000 japanischen Ehefrauen koreanischer Ehemänner ein; sie kamen aus allen Teilen Koreas zusammen. Allen, die an diesem Tag Geburtstag hatten, überreichte ich kleine Geschenke. Ich fragte sie, ob sie jemals ein Geburtstagsgeschenk von ihren Ehemännern erhalten hätten. Viele von ihnen antworteten, dass sie überhaupt keine Geburtstage feierten, weil sie zu sehr mit der anstrengenden Aufgabe beschäftigt waren, ihren Lebensunterhalt in ländlichen Gebieten zu verdienen. Doch keine Einzige von ihnen war unzufrieden. Sie bezeugten, dass ihr Leben dem Willen Gottes geweiht ist und dass ihre Verbundenheit mit den Wahren Eltern ihnen Kraft gibt, wenn sie mit Schwierigkeiten konfrontiert sind.

Ich schätze diese Frauen umso mehr, weil sie als Vertreterinnen ihrer Nation bereit waren durchzuhalten und sich aufzuopfern. Sie versammelten sich 2019 in Seoul, um Gwan Sun Ryu, einer jungen, 18-jährigen Frau, die 1920 aus Protest gegen die japanische Besetzung Koreas ihr Leben als Märtyrerin hingab, ihren Respekt zu zollen. Unsere japanischen Schwestern versammelten sich in ihren Kimonos, um für diese junge Märtyrerin für die Unabhängigkeit zu beten und im Namen Japans um Vergebung zu bitten.

Das Glück kommt nicht zu uns, wenn wir alles haben. Es kommt auf geheimnisvolle Weise, wenn wir scheinbar alles verloren haben und trotzdem noch Dankbarkeit empfinden. Wenn eine Frau einen Mann mit einer Behinderung heiratet oder einen Mann mit einem anderen religiösen Hintergrund oder aus einer anderen ethnischen Minderheit, dann kann Gott Wunder wirken. Wahre Liebe überwindet historische Spaltungen, die durch die Sünden der Menschheit verursacht wurden, und lässt Freude und himmlisches Glück ein Zuhause finden. Die Tradition der gesegneten Ehe stellt die wahre Liebe über Erwägungen des Aussehens und des sozialen Status. Ein Mensch, der einen wahren Charakter und ein liebevolles Herz entwickelt, wird ein guter Ehepartner sein. Wenn wir einem solchen Menschen begegnen und ihm oder ihr all unsere Liebe schenken, wird unser Leben in der Tat ein wertvolles Leben sein.

Die Ehesegnungszeremonie der Vereinigungsbewegung ist das heiligste und kostbarste Ereignis in der Geschichte der Menschheit. Warum ist das so? Weil dieser Segen die spirituelle Realität der Himmlischen Eltern übermittelt und es einem Mann und einer Frau ermöglicht, diese Realität als „ein Fleisch" zu verkörpern. Es ist das wahrhaftige Hochzeitsmahl des Lammes, von dem die Bibel spricht. Unsere größeren Segnungszeremonien versammeln zehntausende von Paaren, aber es gab auch einige mit nur drei oder vier, und hin und wieder haben mein Mann und ich auch nur ein einzelnes Paar gesegnet. Tausende gesegnete zentrale Familien haben stellvertretend für uns in Korea und überall auf der Welt ebenfalls solche Segenszeremonien durchgeführt.

Millionen von Paaren haben die Ehesegnung erhalten. Man findet diese gesegneten Familien in jedem Land. Paare mit einem koreanischen Bräutigam und einer japanischen Braut, einem amerikanischen Bräutigam und einer deutschen Braut, einem senegalesischen

Bräutigam und einer philippinischen Braut leben glücklich zusammen. Sie überwinden Unterschiede in Sprache und Lebensstil. Die Grundlage dafür ist ein Versprechen, das die gesegneten Paare als Teil der Segnungszeremonie ablegen, nämlich dass der Ehemann und die Ehefrau wahre Liebe miteinander teilen und in Übereinstimmung mit Gottes Willen leben werden.

Eine Vision von wahrer Weiblichkeit

Im Westen gibt es ein Sprichwort: „Hinter jedem großen Mann steht eine starke Frau." Das trifft zu. Die Frau ist für die Vollendung und Vervollkommnung des Mannes notwendig. Ohne seine Frau kann ein Mann nicht „ganz" sein. Eine Gesellschaft, in der die Frauen die Männer nicht vollenden und vervollkommnen, kann keine friedliche und gerechte Welt hervorbringen.

Frauen müssen sowohl die Mission der Ehefrau als auch die Mission der Mutter erfüllen. Beides ist für die Verwirklichung einer friedlichen und gerechten Welt unerlässlich. Die Mutter bringt Kinder zur Welt und ist berufen, sie während ihrer prägenden Jahre aufzuziehen. Dieses Recht und diese Verantwortung wurden in erster Linie den Frauen übertragen.

Oft höre ich, dass Ehemänner ihre Frauen nicht wertschätzen und dass Kinder ihre Mütter nicht ehren; dies stimmt mich jedes Mal sehr traurig. In jedem Zeitalter haben rechtschaffene Frauen ihre Aufgaben als Ehefrauen und Mütter unter großen Entbehrungen erfüllt. Die Frauen der Vereinigungsbewegung folgen dem Weg von weiblichen Heiligen aller religiösen Traditionen. In Erwiderung auf das Herz der Wahren Eltern dienen sie Gott, indem sie Schweiß und Tränen vergießen. Die Wahren Eltern enthüllen die Wahrheit über den

Sündenfall und befreien die Frauen, damit sie ihre Verantwortung als wahre Töchter, wahre Ehefrauen und wahre Mütter erfüllen können.

September 1995: Mutter Moon mit George und Barbara Bush bei der Feier zum dritten Jahrestag der Gründung der Frauenföderation für Weltfrieden in Tokyo

In diesem Zeitalter ist durch Gottes Vorsehung das möglich geworden, was bisher unmöglich war.

Frauen sind unabhängige Wesen, die den weiblichen Aspekt Gottes repräsentieren und damit die Männer vervollkommnen. Es ist an der Zeit, dass die Frauen sich über den populären Trend erheben, ihren Status verbessern zu wollen, indem sie die Männer imitieren. Dies führt nur dazu, dass die Beziehung zwischen Männern und Frauen von Konkurrenzdenken geprägt ist. In einer solchen Kultur wird die gottgegebene und Gott verkörpernde Einzigartigkeit der Frau ignoriert. Gott hat Männer und Frauen für eine Beziehung geschaffen, in der sie einander ihre göttlichen und einzigartigen Gaben schenken und dieses

Die Familie ist die wichtigste Institution der Welt

Geschenk ganz bewusst und mit Liebe empfangen. Frauen sind nicht bloß Helferinnen der Männer, ebenso wenig wie Männer nur Gehilfen der Frauen sind. Frauen und Männer brauchen den Schutz des jeweils anderen. Durch die wahre Mann-Frau-Beziehung vervollkommnet jeder den anderen und wird eins mit ihm oder ihr. Sie sind ein Teil des jeweils anderen bei der Schaffung eines größeren Ganzen, das sich verkörpert als ein Kind, eine Familie, eine Nation und die Welt.

In der heutigen Zeit müssen die Frauen dem Weg des Himmels folgen, den Wahren Eltern helfen und zentrale Personen werden, die zusammen mit den Männern eine neue Welt hervorbringen, die auf der Kultur des Herzens basiert. Wir müssen uns von unseren gefallenen Eigenschaften befreien und die ursprüngliche Kultur verwirklichen, indem wir die Nation und die Welt des Guten und der Liebe zur Entfaltung bringen, nach der die Menschheit seit langem sucht. Dies beginnt im Zentrum der Welt – in der Familie –, wo jede Frau ihren Ehemann als die Verkörperung wahrer Liebe umarmt und ihre Söhne und Töchter mit dem Herz von wahren Eltern erzieht.

Auf der Grundlage der Vorsehung Gottes haben mein Mann und ich die Frauen dazu aufgerufen, die Führung bei der Schaffung von Familien zu übernehmen, die Gottes ursprünglichen Plan verkörpern – Familien, in denen die Frau für ihren Mann lebt, der Mann für seine Frau, die Eltern für ihre Kinder und die Kinder für ihre Eltern. Eine solche Familie wird von Liebe überfließen und Gottes Segen dauerhaft empfangen. Frauen müssen zu wahren Müttern werden und gleichzeitig wahre Ehefrauen und wahre Töchter sein. Frauen besitzen die magische Kraft, Harmonie zu schaffen und Herzen zu besänftigen. Bräute bauen Brücken. Die Welt der Zukunft kann eine Welt der Versöhnung und des Friedens sein, aber nur wenn sie auf der mütterlichen Liebe und Zuneigung der Frauen beruht. Das ist die wahre Kraft des Weiblichen. Die Zeit ist gekommen, dass die Macht der wahren Weiblichkeit die Welt rettet.

Das neue Zeitalter der Weiblichkeit

Ende Mai 2016 veranstalteten die Vereinten Nationen in Gyeongju, Südkorea, eine Konferenz zum Thema „Education for Global Citizenship: Achieving the Sustainable Development Goals Together" (Bildung für eine globale Bürgerschaft: Die Ziele für nachhaltige Entwicklung gemeinsam erreichen). UN-Generalsekretär Ban Ki Moon und mehr als 4.000 Vertreterinnen und Vertreter von Nichtregierungsorganisationen (NGOs) aus 100 Nationen diskutierten darüber, wie eine bessere Welt geschaffen werden kann. Auf dieser Konferenz wurde die Frauenföderation für Weltfrieden als eine von wenigen NGOs mit beratendem Status für die Teilnahme an den Diskussionen ausgewählt, in Anerkennung ihrer jahrelangen authentischen, weitreichenden Aktivitäten für den Frieden. Von den ersten Schritten der Frauenföderation bis hin zu diesem Auftritt auf globaler Ebene ist die Zeit wie im Fluge vergangen.

Die Anfänge der Frauenföderation gehen zurück auf ein Treffen von rund 7.000 Frauen im September 1991 in Tokio, bei dem auch die Frau des japanischen Premierministers anwesend war. Dort hielt ich eine Rede mit dem Titel: „Die Bewegung der wahren Liebe, die für Asien und die Welt Erlösung bringt."

Im April 1992 versammelten sich dann etwa 150.000 Frauen aus 70 Ländern in Seoul, Südkorea. Diese enorme Anzahl war gekommen, um an der Verkündung des Zeitalters der Frauen teilzunehmen. 4.000 Busse verursachten einen Stau in der Innenstadt, als sie die Menschen zum Olympiastadion brachten. An diesem Tag wurde die Frauenföderation für Weltfrieden geboren. Sie sollte nicht nur eine

Die Familie ist die wichtigste Institution der Welt

18. September 1991: Mutter Moon spricht bei einer Vortragsveranstaltung in Japan, mit ihrem ältesten Sohn Hyo-jin

weitere Frauenorganisation sein, sondern eine Föderation, die das neue Zeitalter widerspiegelt. Meine Rede an diesem Tag zeigte wie ein Kompass die Richtung auf, wie die Menschheit sich von Krieg, Gewalt und Konflikten lösen und die ideale Welt einer Menschheitsfamilie aufbauen kann, die von Männern und Frauen harmonisch in Liebe und Frieden geleitet wird.

In den folgenden Monaten reiste ich um die Welt. Ich freute mich, auf Frauenkonferenzen Führungspersönlichkeiten aus allen Gesellschaftsschichten zu treffen, um sie für eine echte Frauenbewegung zu begeistern, die die Herzen von Frauen und Männern gleichermaßen anspricht.

Bis jetzt haben weder Frauen noch Männer den wahren Wert der Weiblichkeit erkannt. Deshalb begegneten die Männer den Frauen nicht

Mutter Moon studiert ihre Ansprache, während sie von einem Land in ein anderes reist

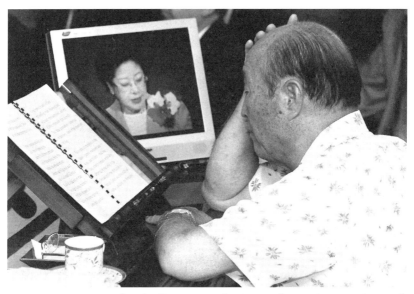

Vater Moon nimmt über das Internet an der Ansprache von Mutter Moon teil

mit authentischer Wertschätzung. Um dieses Verhaltensmuster zu durchbrechen, kämpften Frauen jahrzehntelang für die Stärkung ihrer Rechte und für die Befreiung von den bisherigen Einschränkungen.

In den meisten Fällen nahmen sie jedoch eine anklagende Haltung gegenüber Männern ein und investierten ihre Energie in politische Bewegungen für die Änderung von Gesetzen. Ich startete die Frauenföderation für Weltfrieden jedoch aus einer anderen Perspektive heraus: als eine Bewegung, die Frauen zu ihrem wahren Wert erweckt und ihnen hilft, Männer zu schätzen und sich selbst in Partnerschaft mit den Männern zu entwickeln.

Um ein klarer Spiegel zu sein, der dieses Zeitalter reflektiert, muss jede Frau zunächst selbst klar und rein sein und in sich selbst die notwendige und unerschütterliche Kraft finden, um ihre Ichbezogenheit zu überwinden. Es ist ihre Aufgabe, eine wahre Tochter zu werden, die ihren Eltern mit treuer Hingabe zur Seite steht, und eine wahre Ehefrau, die ihren Mann mit Treue und Hingabe vervollkommnet. Darüber hinaus muss sie eine wahre Mutter werden, die ihre Söhne und Töchter mit liebevollem Engagement erzieht und eine Familie der wahren Liebe mit Gott im Mittelpunkt aufbaut. Solchen Frauen wird Gott die Führungsrolle auf dem Weg zum Weltfrieden anvertrauen.

Die mütterliche Hand lindert Bauchschmerzen

„Mama, mein Bauch tut weh."

Wenn ein Kind über Bauchschmerzen klagt, nimmt die Mutter es auf ihren Schoß und reibt ihm wortlos den Bauch. Selbst wenn ihre Hände knorrig und rau sind, fühlt sich das Kind bereits nach wenigen Augenblicken besser. Dies mag eine einfache Methode sein, aber es ist eine von Liebe motivierte Praxis. Wir alle erinnern uns zumindest schwach an die warmen Berührungen unserer Mutter. Genauso möchte ich die ganze Menschheit als Mutter des Universums und Mutter des Friedens umarmen. Wie wir aus eigener Erfahrung wissen, erkennt eine Mutter den Schrei ihres Kindes genau, und wenn sie ihn hört, ist ihr einziger Gedanke, schnell zu ihrem Kind zu laufen. Das liegt daran, dass sich die Liebe und Aufmerksamkeit einer Mutter allein auf ihre Kinder richtet. Eine Mutter wird ohne zu zögern über heiße Kohlen gehen, um ihr Kind zu retten.

Koreaner beten oft für *Cheongbok*, was bedeutet, auch ohne Besitz und Macht glücklich und zufrieden zu leben. Gesundheit ist das Wichtigste für unser Glück. Wir haben ein Sprichwort: „Wenn du deinen Besitz verlierst, hast du wenig verloren. Wenn du deinen Ruf verlierst, hast du viel verloren. Wenn du aber deine Gesundheit verlierst, hast du alles verloren." Ich nehme diese Worte sehr ernst und habe lange über das Geheimnis guter Gesundheit nachgedacht. Denn sein ganzes Leben zu leben, ohne jemals krank zu werden, ist nicht leicht.

In meinen jungen Jahren begegnete ich vielen Menschen, die an Unterernährung litten oder deren Leben durch Verletzungen oder Krankheiten stark beeinträchtigt war. Als ich im Alter von 16 Jahren in die Krankenpflegeschule St. Joseph eintrat, empfand ich Freude und Stolz, weil ich genau das gefunden hatte, was ich als meine Berufung erkannte. Als ich jedoch die Mission der Mutter des Friedens übernahm, musste ich diese Berufung aufgeben. Auf meinen Reisen um die Welt sah ich viele Kinder, die bei besserer Betreuung hätten gesund werden können. Einige verloren ihr Augenlicht und anderen wurden Gliedmaßen amputiert, weil sie nicht rechtzeitig behandelt werden konnten.

Der Schmerz darüber sitzt wie ein Stachel in meinem Herzen. Ich möchte die Mutter sein, die alle geistig oder physisch Kranken umarmen kann. Wenn ein Zeh verletzt ist, spüren wir den Schmerz am ganzen Körper. Als die Mutter einer Menschheitsfamilie unter Gott

Das HJ Magnolia Internationale Medizinische Zentrum, HJ Cheonwon, Südkorea

fühle ich den Schmerz eines jeden Menschen wie meinen eigenen. Auch weiß ich, was es bedeutet, als Ausländerin medizinisch versorgt werden zu müssen, denn ich bin auch in anderen Ländern krank geworden.

Mit großer Freude und Genugtuung beschlossen daher Vater Moon und ich, den Traum zu verwirklichen, den ich während meiner Zeit in der Krankenpflegeschule hatte. Wir gründeten ein internationales Krankenhaus in Korea, in dem alle Menschen fachkundige geistige und körperliche Betreuung erhalten und die Hand einer Mutter spüren können.

Wenn wir krank werden, sehnen wir uns aus der Tiefe unseres Herzens nach der warmen Berührung unserer Mutter, doch sie ist nicht immer in unserer Nähe. Um sozusagen die Berührung einer Mutter zu ermöglichen, eröffneten wir 2003 das Cheongshim Internationale Medizinische Zentrum, das heute den Namen HJ Magnolia

Internationales Medizinisches Zentrum trägt. Von dort überblickt man den Cheongpyeong-See mit seinem klaren Wasser und die wunderschönen Berge rundherum. Das Medizinische Zentrum ist kein typisches Krankenhaus. Es bietet nicht nur ausgezeichnete Standardbehandlungen an, sondern betrachtet Gesundheit in ganzheitlicher Weise. Gesund zu sein bedeutet nicht nur, einen robusten Körper zu haben, sondern mit Geist und Körper in Harmonie zu leben.

Die östlich-westliche Vereinigungsmedizin basiert daher auf den Prinzipien der Wahrheit und dem Geist der Liebe. Das HJ Magnolia Internationale Medizinische Zentrum ist die erste Einrichtung, die dieses neue Modell entwickelt und umgesetzt hat. Ärzte und Krankenschwestern aus verschiedenen Nationen kümmern sich mit einem mütterlichen Herzen um Patienten inmitten einer wunderschönen natürlichen Umgebung, die ein Geschenk des Himmels ist. Sie beantworten mit ihrer Arbeit eine Frage, die bisher vernachlässigt wurde: „Fördert der Glaube an Gott tatsächlich unsere Gesundheit?" Die Antwort auf diese Frage ist nicht schwer. Die Harmonie von Geist und Körper ist ein wichtiges Mittel zur Heilung und der Glaube ermöglicht es uns, diese Harmonie zu verwirklichen. Das HJ Magnolia Internationale Medizinische Zentrum setzt nicht nur modernste medizinische Techniken ein, es ist auch das erste Allgemeinkrankenhaus, das geistige Heilung in die Prävention und Behandlung von Krankheiten integriert. Dahinter stehen meine Gebete für die körperliche und geistige Erlösung aller Menschen, damit kein einziger von ihnen zum Waisen wird.

Auch wenn wir gesund sind, müssen wir uns um unsere Gesundheit kümmern. Die meiste Zeit neigen wir dazu, diese einfache Tatsache zu ignorieren. In unserem geschäftigen Leben vergessen wir leicht, Sorge für unseren Geist und Körper zu tragen. Gott gab uns den Segen, „fruchtbar zu sein". Das bedeutet, geistig, seelisch und körperlich gesund zu sein. Die Mission des HJ Magnolia Internationalen Medizinischen Zentrums ist es, Menschen diese Freude zu ermöglichen.

Jedes Jahr bietet ein Team des HJ Magnolia Internationalen Medizinischen Zentrums gemeinsam mit Freiwilligen aus verschiedenen Lebensbereichen medizinische Dienste in Südostasien und Afrika an. Dort verzweifeln viele Menschen an der mangelnden medizinischen Versorgung, die manchmal zu Amputationen, Erblindung oder sogar zum Verlust des Lebens führt.

Mein Mann und ich gründeten die HJ Magnolia Internationale Medizinische Stiftung in der Hoffnung, einen Beitrag zur Linderung dieses Leidens zu leisten. Der Zweck der Stiftung ist es, eine Basis zu schaffen, auf der die Menschheit vollständige Gesundheit erlangen kann, und alles dafür Erforderliche zur Verfügung zu stellen, von freiwilligen medizinischen Diensten in verarmten Gebieten bis hin zur Aufklärung über die Ursache von Krankheiten und den Weg zu ganzheitlicher Gesundheit.

Frauen vereinen Religionen im Nahen Osten

Im Rahmen unserer ersten gemeinsamen Weltreise besuchten mein Mann und ich im Jahr 1969 Israel. Am Tag unserer Ankunft war es extrem heiß. Israel ist ein kleines Land, etwa ein Fünftel der Größe Südkoreas. Der Besuch der wichtigsten in der Bibel erwähnten Stätten nahm nicht viel Zeit in Anspruch. Während unserer Reise reflektierten wir darüber, warum diese Region, die uns so friedlich erschien, immer wieder von Streitigkeiten, Konflikten und Terrorismus heimgesucht wird.

Der Nahe Osten schließt das Heilige Land ein, in dem vor 2.000 Jahren Jesus geboren wurde. Es war die Heimat bedeutender Völker, deren blühende Zivilisationen die globale Kultur geprägt haben. Heute wird er jedoch von bitteren religiösen Konflikten geplagt, bei denen Terroranschläge das Leben unschuldiger Menschen fordern.

Im Vertrauen, dass Gott für unsere Sicherheit sorgen würde, begaben sich Vertreterinnen der Frauenföderation für Weltfrieden in das Herz des Nahen Ostens, um durch Versöhnung und Liebe Frieden zu stiften. Schon Ende der 1960er Jahre gingen Missionarinnen und Missionare der Vereinigungsbewegung aus Europa in Länder dieser Region, darunter Syrien, Jemen, Türkei, Jordanien, Iran und Libanon. Einige wurden verhaftet und einige wurden deportiert, aber andere fanden Wege, zu bleiben. Diejenigen, die in islamische Länder reisten, wo anderen Glaubensrichtungen das Missionieren strikt untersagt war, riskierten Inhaftierung, Prügelstrafen oder Schlimmeres durch die Behörden. Unsere Mitglieder aber setzten sich unermüdlich ein und lehrten und dienten, und allmählich begannen die Menschen vor Ort, sie zu verstehen, und öffneten ihnen die Türen zu ihren Herzen.

Mitte der 1980er Jahre brachten diese Mitglieder bedeutende islamische Geistliche zu unseren Konferenzen der *Assembly of the World's Religions* und des *Council for the World's Religions*. Diese Geistlichen wiederum brachten Anfang der 1990er Jahre Muslime aus dem Nahen Osten und Nordafrika – manchmal hunderte auf einmal – zu 40-tägigen Workshops über das *Göttliche Prinzip* in New York. Ab 1992 empfingen islamische Paare, die von der Lehre des *Göttlichen Prinzips* bewegt waren, dankbar den Ehesegen.

Auf dieser Grundlage reiste ich im November 1993 in die Türkei, um über „Wahre Eltern und das Erfüllte-Testament-Zeitalter" zu sprechen.

Es gab Versuche, mich davon abzuhalten, in den Nahen Osten zu reisen, mit der Begründung, es sei extrem gefährlich und die Zuhörer würden den Saal verlassen, wenn ich eine Rede hielt, mit der sie nicht einverstanden waren. Das schreckte mich nicht im Geringsten ab, denn ich hatte schon schlimmere Situationen erlebt. Selbst wenn es nur eine Person gibt, die darauf wartet, mich zu empfangen, ist es meine Mission, als Gottes Mittlerin und eingeborene Tochter bis ans Ende der Welt zu gehen, um dieser Person zu begegnen und für sie das Tor der Erlösung zu öffnen.

So wie ich vorgewarnt worden war, stand die Hälfte der Zuhörer in Istanbul auf und verließ den Saal, weil ich in meiner Rede den Islam und den Propheten nicht erwähnte. Mir wurde klar, dass der Weg, der im Nahen Osten vor uns liegt, kein leichter Weg sein würde. Im Anschluss an dieses Ereignis stand als Nächstes Jerusalem auf dem Programm. Meine Familie und die Leiter unserer Bewegung brachten erneut ihre Besorgnis zum Ausdruck. Sie wiesen darauf hin, dass Jerusalem ein Epizentrum des Krieges sei, und wollten mich überreden, auf eine ruhigere Zeit zu warten.

Trotzdem reiste ich nach Jerusalem, wo ich nach meiner Ankunft auf ein anderes Problem stieß. Der Widerstand seitens jüdischer Leiter resultierte in der plötzlichen Stornierung unseres reservierten Veranstaltungsortes. Wir fanden zwar einen anderen Saal, aber auch dort, so wie schon in Istanbul, verließen viele Menschen während meiner Rede den Saal, weil das, was ich sagte, nicht ihren Überzeugungen entsprach. Wie in Istanbul war ich weder eingeschüchtert noch entmutigt und führte meine Rede zu Ende. Mir war klar, dass Gott wegen des Nahen Ostens tausende von Jahren gelitten hat. Nun konnte ich diesen Schmerz ein wenig nachempfinden. Ich wusste auch, dass selbst diejenigen, die vor dem Ende der Rede gegangen waren, etwas Wertvolles erhalten hatten. Und dieser kleine Same würde in ihren Herzen wachsen.

Als die Welt in das neue Jahrtausend eintrat, hob die *American Clergy Leadership Conference (ACLC)* unseren Dienst für den Frieden im Nahen Osten mit einer ganz besonderen Initiative der Versöhnung zwischen Juden und Christen auf eine neue Ebene. Bei ihrem Aufruf an die Christen, das jüdische Volk zu umarmen, erkannten die ACLC-Mitglieder, dass das Kreuz ein Hindernis für diese Einheit darstellte. Diese amerikanischen Pastoren ersetzten daher das Kreuz als ein Zeichen von Gottes Schmerz durch die Krone der Herrlichkeit als Zeichen des Sieges Jesu durch die Auferstehung. Im Mai 2003 marschierten Pastoren aus den Vereinigten Staaten und Europa sowie aus Israel mit einem Kreuz durch die Straßen Jerusalems. Mit einem Buß- und Vergebungsgebet begruben sie dieses Kreuz auf dem Blutacker, den Judas Iskariot mit den 30 Silberstücken gekauft haben soll, die er für den Verrat an Jesus erhalten hatte. Eine jüdische Frau, die bei dieser Veranstaltung anwesend war, sagte, sie habe das Gefühl, als hätten sich 4.000 Jahre der Trauer ihres Volkes endlich aufgelöst.

Im selben Jahr wurde bei einer Veranstaltung die *Jerusalemer Deklaration* für die Versöhnung der drei abrahamitischen Religionen angenommen. Wir hielten eine Zeremonie im Independence Park von Jerusalem ab, bei der jüdische, christliche, muslimische und drusische Geistliche Jesus zum König von Israel krönten. Unsere Botschaft war klar: Jesus kam als König der Könige zu den Menschen, aber er wurde abgelehnt und gekreuzigt, so dass er das physische Reich Gottes, dessen Nähe er angekündigt hatte, nicht verwirklichen konnte. Der Zweck der Krönungszeremonie war, dass Menschen aller abrahamitischen Religionen Jesus zum wahren König erklärten und damit ihn – und Gott – von großer Trauer befreiten. An diesem Tag und bei ähnlichen Gelegenheiten schufen wir das Umfeld, in dem religiöse Leiter aus der ganzen Welt sowie jüdische und palästinensische Israelis einander unter Tränen umarmen konnten.

Die für den Frieden im Nahen Osten geleistete Arbeit war die Frucht der Anstrengungen vieler Arbeiter in Gottes Weinberg, einschließlich unserer Missionarinnen und Mitglieder der Frauenföderation, insbesondere aus Japan, die von der Vision der Wahren Eltern inspiriert waren. Sie hatten ihre Familien verlassen, um ein Jahrzehnt oder noch länger hingebungsvoll in dieser Region mit ihren Wüsten, Sandstürmen und extremen Naturphänomenen zu arbeiten.

2003: ACLC-Mitglieder auf dem Weg zum Blutacker, Jerusalem

Ein halbes Jahrhundert ist vergangen, seit mein Mann und ich zum ersten Mal den Nahen Osten besuchten. Ich erinnere mich noch lebhaft an die Aufregung, gemischt mit Besorgnis, die ich fühlte, als ich den heißen Wind in meinem Gesicht spürte und meine ersten Schritte in die Wüste machte. Damals, als wir drei Länder des Nahen Ostens besuchten, beteten wir inständig dafür, dass sich die gesamte Region im Herzen vereinigen und Frieden verwirklichen würde.

Für mich ist die Suche nach Frieden vergleichbar mit der Suche nach einer Nadel inmitten eines Sandsturms. Der angestrebte Erfolg wird nur durch das Eingreifen unserer Himmlischen Eltern erreicht werden. Mit absolutem Glauben, absoluter Liebe und absolutem Gehorsam hatten mein Mann und ich uns im Jahr 1960 entschlossen, niemals umzukehren, bis eine Welt des Friedens verwirklicht ist. Es macht mich unendlich traurig, dass noch immer Terrorakte geschehen. Wenn alle Menschen erkennen, welche Bedeutung die eingeborene Tochter hat, dass sie unter ihnen lebt und das Ideal der Weiblichkeit repräsentiert, wird der Kreislauf der Tragödien zu Ende gehen – sowohl im Nahen Osten als auch in der ganzen Welt.

9. KAPITEL

DAS REICH GOTTES IN UNSERER MITTE

Die wichtigste Lehre

Im Laufe unseres Lebens lernen wir die unterschiedlichsten Dinge. Unsere Eltern bringen uns vieles bei, sogar am Esstisch, und unsere Lehrer unterrichten uns in vielen Fächern. Wir studieren die Wissenschaften, die uns die Ordnung und Logik der Dinge erklären. Wir erlernen praktische Fertigkeiten, um damit unseren Lebensunterhalt zu sichern. Die Älteren lehren uns Verhaltensweisen, die wir in der Gesellschaft und am Arbeitsplatz praktizieren sollen. All dies ist wichtig und macht uns klüger und weiser. Wissen und Weisheit sind kostbar und wir sollten nie aufhören, danach zu streben. Was sind jedoch die wichtigsten Lehren von allen?

Die Lehren der Religionen sind von größter Wichtigkeit! Im Koreanischen heißt das Wort für Religion *jong-gyo*. Es setzt sich zusammen aus den chinesischen Schriftzeichen *jong* (宗), was „grundlegend" bedeutet, und *gyo* (教), was „Lehre" bedeutet. Die Lehren der Religionsstifter, darunter Konfuzius, Buddha, Jesus und der Prophet Mohammed, waren zu allen Zeiten treibende Kräfte in der Gestaltung von Zivilisationen und der Sicherung des menschlichen Gewissens. Religion ist notwendig, um die Welt der Sünde zu überwinden und die von Gott und der Menschheit ersehnte ideale Welt zu errichten. Dementsprechend sollte Religion unser lebenslanger Begleiter sein.

Egoismus ist in unserer Welt alltäglich geworden. Wir erfreuen uns eines steigenden Lebensstandards auf der Grundlage der Technologie, aber mit jedem Tag werden wir zunehmend isolierter. Wir übernehmen immer weniger persönliche Verantwortung für unser Land, unsere Gesellschaft und sogar für unsere Familien. Hohe Scheidungsraten belegen, dass Ehemänner und Ehefrauen immer seltener Verantwortung füreinander übernehmen wollen. Eltern kümmern sich nur unzureichend um ihre Kinder, und Söhne und Töchter lassen ihre Eltern im Stich, um selbstsüchtigen Wünschen nachzugehen. Können Sie sich vorstellen, welchen Schmerz Gott empfindet, wenn Er die Menschen, die Er als Seine Kinder geschaffen hat, so leben sieht?

In unserer Welt gibt es viele Religionen. Was sollten sie uns lehren? Religionen müssen zuallererst die Wahrheit über Gott lehren; nicht einfach nur, dass Gott existiert, sondern wie unsere Beziehung zu Gott aussehen soll. Eine wahre Religion lehrt das Wesen Gottes, die Realität der Liebe Gottes und wie man in dieser Liebe lebt.

Ich tue alles in meiner Macht Stehende, um Gottes Wahrheit zu vermitteln. Auf meinen Reisen durch alle Kontinente habe ich überall rechtschaffene, von Gott vorbereitete Menschen getroffen. Ganz gleich, wie schwierig die Umstände sein mögen: Gott sucht überall nach solchen Menschen. In der Bibel lesen wir, dass Sodom und Gomorra Städte der Sittenlosigkeit und Unmoral waren. Gott sagte, dass Er sie

Das Reich Gottes in unserer Mitte

nicht zerstören würde, wenn in ihnen 50 gerechte Menschen gefunden werden könnten. Abraham handelte die Zahl der Gerechten auf 10 herunter. Am Ende konnte er aber nicht einmal einen Gerechten finden und „Feuer und Schwefel vom Himmel herab" verzehrten diese Städte. Deshalb sage ich unseren Mitgliedern, dass sie überall nach rechtschaffenen, vom Himmel vorbereiteten Menschen suchen sollen. Bei meinen Besuchen auf der ganzen Welt begegne ich rechtschaffenen, von Gott vorbereiteten Menschen, die auf mich warten.

Im November 2018 besuchte ich Südafrika, ein aufgrund seiner Geschichte von Rassenkonflikten tief zerrissenes Land. Zuvor war es für mich nicht leicht gewesen, in das Land einzureisen, aber dieses Mal empfing mich die Nation mit offenen Armen. Ich war Gastgeberin des Afrika-Gipfels und einer Ehesegnungszeremonie. Mehr als 1.000 Vertreterinnen und Vertreter aus rund 60 Nationen nahmen in Kapstadt am Gipfel teil und verabschiedeten meinen Vorschlag für eine Friedensregelung und die Verbesserung des Lebensstandards. Anlass des Gipfeltreffens war, das Vermächtnis von Nelson Mandela anlässlich seines hundertsten Geburtstags zu ehren. Die Anwesenden bejubelten die Rede von Nelson Mandelas ältestem Enkel, Zwelivelile „Mandla" Mandela, einem Mitglied des südafrikanischen Parlaments, in der er betonte: „Genau wie mein Großvater ist Dr. Hak Ja Han Moon eine Ikone des Friedens in dieser Zeit. Afrika sollte die von Präsident Mandela hinterlassene Arbeit gemeinsam mit Frau Dr. Hak Ja Han Moon weiterführen, die uns durch das Projekt ‚Himmlisches Afrika' eine neue Hoffnung und Vision gegeben hat."

An diesem Tag empfingen mehr als 3.000 Paare aus etwa 20 Nationen die Ehesegnung. Jesus sagte: „Die Letzten werden die Ersten sein." Südafrika, Simbabwe und Senegal sowie Nepal und viele andere Länder haben eine leidvolle Geschichte von Armut und politischen Turbulenzen durchlebt, doch jetzt erstrahlen sie durch ihren Glauben an die eingeborene Tochter. Die Menschheit sucht nach der Liebe, die von Wahren Eltern kommt. Wir sehnen uns danach, wahre Söhne und Töchter zu sein, die wahre Liebe, wahres Leben und eine wahre Abstammungslinie erben. Ich öffne die Tore für alle, damit sie wahres Glück und ewiges Leben erlangen.

1929 würdigte der große indische Dichter Rabindranath Tagore Korea in dem Gedicht „Lampe des Ostens". Zur damaligen Zeit war Korea vor der Welt verborgen und litt unter der japanischen Kolonialherrschaft. Und doch prophezeite Tagore: „Im goldenen Zeitalter Asiens war Korea einer seiner Lampenträger und dieses Licht wartet darauf, zur Erleuchtung des Ostens aufs Neue zum Strahlen gebracht zu werden." Das Licht, von dem er sprach, ist ein neuer Ausdruck der Wahrheit. Tagore prophezeite, dass das Licht in Korea erscheinen und die Welt erleuchten würde. Ich reise jetzt um die Welt, um das *Göttliche Prinzip*, den neuen Ausdruck der Wahrheit, zu lehren. Die Erde ist gepflügt; jetzt müssen wir noch die Samen säen und sie tiefe Wurzeln schlagen lassen. Das ist die Aufgabe, um deren Erfüllung wir uns alle bemühen müssen.

Die Rettung eines Gefängniswärters

Mein Ehemann pflegte zu sagen, dass ich ein selbstloser Mensch sei. Mehr als einmal wies er darauf hin, dass ich meine Kleidung an andere verschenke, bis mein Schrank leer wäre. Es stimmt, dass ich ungern an Besitz festhalte. Ich möchte alles, was ich habe, an diejenigen verschenken, die sich Tag und Nacht unermüdlich für die Vorsehung Gottes einsetzen. So wie ich es in der Cheongpa-dong-Kirche und in unserem Wohnsitz in Hannam-dong in Seoul getan habe, öffne ich hier in Cheongpyeong unseren Schrank und verschenke Kleidung und Schuhe an Missionare und Gäste, die zu Besuch kommen. So fanden Hemden und Hosen sowie Gürtel und Krawatten meines Mannes zusammen mit meiner Kleidung und meinen Accessoires neue Besitzer. Wenn ich die hart arbeitenden Mitglieder sehe, fühle ich mich erst dann wohl, wenn ich ihnen etwas geschenkt habe, selbst wenn es nur eine Kleinigkeit ist.

18. November 1995: Besuch einer Sozialstation in Accra, Ghana

Bei meinen Reisen nach Afrika oder Südamerika habe ich manchmal Waisenhäuser und verarmte Gebiete aufgesucht. In den 1980er Jahren gründeten wir die *International Relief Friendship Foundation (IRFF)*, um auch im internationalen Rahmen solche Impulse umsetzen zu können. Neben weiteren gemeinnützigen Hilfsorganisationen hat die Frauenföderation das Projekt *1%-Love-Share* ins Leben gerufen, bei dem die Spender 1% ihres Einkommens für die Allerärmsten, zum Beispiel in Nordkorea, spenden. Außerdem errichtete ich die *Wonmo Pyeongae Scholarship Foundation*, um Stipendien an motivierte Hochschulstudenten mit hohen Idealen zu vergeben. Wann immer ich Menschen in Not sehe, kann ich nicht einfach weitergehen. Das ist die Natur der wahren Liebe, die ihren Ursprung im tiefsten Herzen des Himmels hat.

„Was kommt zuerst, das Leben oder die Liebe?" Auf diese Frage antworten die meisten Menschen, dass das Leben an erster Stelle steht. Rein äußerlich betrachtet, definieren wir unsere Geburt als unseren Ausgangspunkt, aber die Liebe kam bereits vor unserer Geburt. Unser Körper und unser Gemüt kamen von unseren Eltern. Ohne die Liebe unseres Vaters und unserer Mutter wären wir nicht auf dieser Welt. Wir sollten niemals die Liebe aufgeben, selbst wenn wir dafür unser Leben aufgeben müssten. Wir wurden aus Liebe geboren, also sollten wir den Weg der Liebe gehen und für die Liebe sterben.

Ich spreche von ewiger und bedingungsloser Liebe – von wahrer Liebe –, nicht von vorübergehender, an Bedingungen geknüpfte Liebe. Um wahres Glück zu finden, müssen wir wahre Liebe praktizieren. Wahre Liebe bedeutet, zum Wohl anderer zu leben, anderen zu dienen, nicht sich bedienen zu lassen. Wahre Liebe bedeutet auch, endlos zu verzeihen. Jesus lehrte uns, „siebzigmal siebenmal" zu vergeben. Selbst als er ans Kreuz genagelt wurde, flehte Jesus Gott an: „Vater, vergib ihnen, denn sie wissen nicht, was sie tun."

Mein Mann rettete 1945 das Leben eines japanischen Gefängniswärters, der ihn während der japanischen Kolonialherrschaft auf der Polizeistation in der koreanischen Provinz Gyeonggi schwer gefoltert hatte. Nach der Befreiung Koreas tauchte er unter, aber einige Koreaner fanden ihn und wollten ihn töten. Dieser Polizist, Kumada Hara, stand kurz vor seiner Hinrichtung, als mein Mann davon erfuhr. Er riskierte es, Herrn Hara zu befreien und ihn auf ein kleines Boot zu bringen, das mitten in der Nacht außer Landes fuhr.

Die Fähigkeit, einem Feind zu vergeben und sogar sein Leben zu retten, kommt nicht von selbst und nicht von heute auf morgen. Sie erfordert, dass wir die Ressentiments und die Wut in unseren Herzen überwinden und das Antlitz Gottes im Angesicht unseres Feindes sehen. Vater Moon konnte dies tun, weil er Herrn Hara nicht als seinen Feind betrachtete. Selbst während er gefoltert wurde, betete er für ihn und vergab ihm. Das ist nur möglich, wenn man ein selbstloses Leben führt.

Das Böse handelt aus selbstsüchtigem Profitstreben, während das Gute darin besteht, anderen zu dienen und dann die Erinnerung daran loszulassen. Wenn wir geben und vergessen, blüht wahre Liebe auf. Die Liebe geht uns nicht aus, wenn wir sie verschenken, ganz im Gegenteil: Wahre Liebe ist eine Quelle, die in immer größerer Fülle fließt. Wenn man wahrhaft liebt, hat man auch dann, wenn man etwas Kostbares gibt, das Gefühl, nicht genug gegeben zu haben. Mit wahrer Liebe zu leben, macht nicht stolz; im Gegenteil, man bedauert, dass man nicht in der Lage ist, etwas noch Besseres zu geben.

Wahre Liebe bewegt sich auf einer kreisförmigen Bahn. Wo sie beginnt oder endet, weiß niemand. Liebe, die Grenzen hat, ist keine wahre Liebe. Wahre Liebe ist immer neu und doch unveränderlich. Die Umstände und die Umgebung ändern sich, aber die wahre Liebe bleibt. Sie wird nicht alt oder fad; sie ist immer frisch – im Frühling, im Sommer, im Herbst und im Winter, in unserer Jugend, im Erwachsenenalter und im fortgeschrittenen Alter.

Wahre Liebe ist die Kraft, die einen Mann und eine Frau auf ewig vereint. Wenn sie einander vollkommen lieben, lebt seine Liebste in ihm und ihr Liebster in ihr. Wahre Liebe ist das Einzige, wonach Menschen wirklich suchen. Sie verwandelt jede Traurigkeit und jeden Schmerz in Freude. In der gefallenen Welt werden wir programmiert zu denken, was wir weggeben, sei verloren. Doch in wahrer Liebe gilt: Je mehr wir geben, desto mehr empfangen wir. Wenn sich unsere Einstellung vom Wunsch, Liebe zu empfangen, zum Wunsch, Liebe zu geben, ändert, dann ist die Welt des Friedens ganz nahe.

Zum Licht der Welt werden durch ein treues Herz für den Himmel

Von Zeit zu Zeit besuche ich den Berg Balwang in Pyeongchang, Gang-wondo. Am Fuße dieses fast 1.500 Meter hohen Berges liegt das bekannte Yongpyeong-Resort, ein Erholungsort, den unsere Mitglieder entwickelt haben. Es ist einer der Orte, an dem das beliebte koreanische Drama *Wintersonate* verfilmt wurde. Auf dem Gipfel dieses Berges findet man einen ungewöhnlichen Baum. Ich gab ihm den Namen „Mutter-und-Kind-Baum".

Es handelt sich eigentlich um zwei Bäume von verschiedenen Arten, die zu einem Baum zusammengewachsen sind. Ein hunderte Jahre alter chinesischer Kirschapfelbaum ist die Mutter und ein Vogelbeerbaum, der in ihm herangewachsen ist, ist das Kind. Auf diese Weise hat sich der „Mutter-und-Kind-Baum" entwickelt; sie sind voneinander abhängig und gedeihen zusammen.

Vielleicht war es so: Als der Kirschapfelbaum alt und hohl wurde, ließ ein Vogel den Samen eines Vogelbeerbaumes hineinfallen und ein neuer Baum wuchs daraus hervor. Der Kirschapfelbaum nahm den Vogelbeerbaum auf und nährte ihn, als wäre er sein Kind. Mit der Zeit schlug der Vogelbeerbaum tiefe Wurzeln, bis er schließlich den

Kirschapfelbaum stützen konnte, so, als ob er sich um seine Mutter kümmern würde. Am gleichen Platz blühen nun beide Bäume und tragen ihre Früchte.

Es sind zwar nur Bäume, aber sie können als ein Beispiel für kindliche Liebe dienen. Sie zeigen uns etwas von dem, was ich *hyojeong* nenne, die edle Liebe, die Fürsorge und das tiefe Herz von Eltern und Kind.

Die meisten Koreaner schütteln verwundert den Kopf, wenn sie zum ersten Mal den Begriff *hyojeong* hören. Er mag vertraut klingen, aber er ist nicht leicht zu definieren. Sie fragen sich: Bezieht er sich auf ein Gefühl im Herzen oder auf die tatsächliche Lebenspraxis? Das koreanische Wort *hyo* bedeutet auch, effektiv sein. Deshalb denken einige, dies sei gemeint.

Der von mir geprägte Begriff *hyojeong* beinhaltet, dass man sein ganzes Herz investiert, und deshalb ist „effektiv sein" nicht ganz falsch. Allerdings hat der Begriff *hyojeong*, so wie ich ihn verwende, eine sehr viel tiefere und umfassendere Bedeutung. *Hyo* ist ein Begriff, der einst im Fernen Osten weit verbreitet war. Auf Deutsch könnten wir ihn als „kindliche Pflicht" bezeichnen. Das Wort „Pflicht" reicht jedoch nicht aus. *Hyo* bedeutet eine Pflicht, die durch Liebe motiviert ist, eine Pflicht, die nicht obligatorisch, sondern freiwillig ist und die dem eigenen Leben seine tiefste Bedeutung verleiht. Dazu gehört natürlich auch, seine Eltern aufrichtig zu ehren und sie wirklich zu lieben. *Hyo* ist eine schöne koreanische Tradition und ist auch die Grundlage des Lebens. Es ist traurig zu sehen, dass das Konzept des *hyo* langsam in der Gesellschaft verschwindet.

Wenn ich das Wort *hyojeong* höre, denke ich an meinen ältesten Sohn Hyo-jin und meinen zweiten Sohn Heung-jin, die besondere Plätze in meinem Herzen einnehmen. Beide sind bereits in die Geistige Welt hinübergegangen; Heung-jin ging zuerst. Obwohl er noch ein Teenager war, stand er mutig an vorderster Front, um seinen Vater zu beschützen. Heung-jin erklärte immer: „Ich werde Vater beschützen."

Ende 1983, auf dem Höhepunkt des Kalten Krieges, sprachen mein Mann und ich auf großen Kundgebungen zum Sieg über den Kommunismus in Südkorea. Wir wussten, dass kommunistische Sympathisanten entschlossen waren, uns zu stoppen. Die letzte Kundgebung fand in Gwangju statt, dem Zentrum der linken Bewegung in Südkorea. Als mein Mann gerade auf die Bühne gehen wollte, um seine Rede zu halten, bemerkte ich, dass seine Krawattennadel verschwunden war. „Was ist mit ihr passiert?", dachte ich und war verwundert. „Wohin ist sie verschwunden?"

Wenige Augenblicke später, während mein Mann auf der Bühne stand und seine Rede hielt, hatte Heung-jin auf der anderen Seite des Pazifischen Ozeans in der Nähe von New York einen Autounfall. Er fuhr auf einer zweispurigen Straße, als ein entgegenkommender Sattelschlepper wegen Glatteis auf seine Fahrspur rutschte. Heung-jin wich nach rechts aus, konnte aber einen Frontalzusammenstoß nicht verhindern. Er lenkte den Wagen so, dass ihn der direkte Aufprall auf der Fahrerseite traf, was seinem Freund auf dem Beifahrersitz das Leben rettete.

Später erfuhren wir, dass an diesem Tag Agenten in Korea versucht hatten, meinen Mann zu töten. Sie waren in den Zuschauerbereich in Gwangju eingedrungen und versuchten, die Bühne zu erreichen. Sie schafften es aber nicht durch die dicht gedrängte Menge und konnten daher ihren Plan nicht ausführen. Satan hatte es auf Vater Moon abgesehen. Doch als dieser böse Plan durchkreuzt wurde, nahm Satan stattdessen den Sohn als Opfer. Indem er sich an Stelle seines Vaters opferte, hielt Heung-jin das Versprechen, das er gegeben hatte: „Ich werde Vater beschützen."

Als Heung-jin geboren wurde, öffnete er drei Tage lang nicht die Augen, weshalb ich mir große Sorgen um ihn machte. Am Ende seines kurzen Lebens starb er als ein Sohn, der seinen Eltern die größte kindliche Hingabe erwies. Diese tiefe kindliche Hingabe ist in die Herzen unserer Mitglieder eingraviert.

Unser ältester Sohn Hyo-jin liebte die Musik. Es ist nicht übertrieben zu sagen, dass der Einfluss Hyo-jins ein Hauptgrund dafür ist, dass sich viele junge Menschen in der Vereinigungsbewegung heute der Musik widmen. Als der ältere Bruder, der er war, sagte er immer: „Ich bin der treue Sohn." Sein Herz schien oft traurig zu sein, wenn er mich ansah, denn ich hatte kein so einfaches Leben wie die Mütter einiger seiner Freunde. Er tröstete mich immer, indem er mit lauter Stimme sagte: „Mama! Wenn ich groß bin, werde ich alles für dich tun!"

Nachdem wir Anfang der 1970er Jahre mit unserer Familie nach Amerika gezogen waren, sahen wir, dass viele Amerikaner Asiaten nicht respektierten. Mein Mann und ich ignorierten damals diese Haltung, aber sie schmerzte Hyo-jin tief im Herzen. Es gab sowohl Menschen, die uns auslachten, als auch solche, die mit uns sympathisierten. Hyo-jin sah das alles. Er wusste, dass Kommunisten seinen Vater bedrohten, und obwohl er damals erst 12 Jahre alt war, sagte er entschlossen: „Ich werde diese Leute bekämpfen, um meinen Vater zu beschützen."

Nach und nach wurde ihm klar, dass viel Zeit erforderlich ist, bis Nationen eine neue Lehre akzeptieren. Deshalb überlegte er immer wieder: „Gibt es nicht eine Möglichkeit, alle auf einmal zu versammeln und allen gemeinsam die Botschaft zu übermitteln?" Eines Tages schlug er sich energisch auf seine Knie und rief: „Das ist die Lösung!" Er hatte seine Antwort gefunden: Rockmusik. Er beschloss, die Herzen der jungen Menschen durch Musik zu bewegen und sie auf diese Weise zur Lehre des *Göttlichen Prinzips* zu führen.

Neben der Leitung unserer Campus-Aktivitäten gegen den Kommunismus schuf Hyo-jin eine Jugendmusikkultur in unserer Bewegung, die auch über ein professionelles Aufnahmestudio im New Yorker Manhattan Center verfügte. Einmal machte er Gott ein Versprechen, innerhalb von drei Jahren 10.000 Lieder zu komponieren und aufzunehmen. Niemand kann mit einer Band 10 Lieder an einem Tag schreiben und aufnehmen, aber er tat es in den drei Jahren jeden Tag. Hyo-jin vergaß sich selbst und konzentrierte sich Tag und Nacht auf das Komponieren von Liedern. Er war überzeugt, dass dies das Herz der kindlichen Treue ausdrückte, die seine Eltern glücklich machte, und dass es seine Mission sei, dies für die Welt zu tun. Von seinen vielen Liedern lieben die Menschen *Let It Blow* mit dem folgenden Text am meisten: „Ich muss die Person finden, die ich nach dem Willen Gottes sein soll. Mein Herz pocht wie das Geräusch eines Zuges, der um deinetwillen fährt."

Immer mehr Menschen wurden von Hyo-jins Liedern berührt und die Zahl der Mitglieder wuchs. Hyo-jin vertiefte sich Tag und Nacht in das Schreiben von Liedern, leitete seine Musiker an, machte Aufnahmen, hatte Aufführungen und sprach jeden Sonntag um 6.00 Uhr morgens im Belvedere-Seminarzentrum zu den Mitgliedern. 2007 gab er ein Konzert im Olympiastadion von Seoul und unternahm anschließend eine Konzerttournee in Japan. Dies waren seine letzten Auftritte. Im Jahr 2008 verstarb er plötzlich aufgrund einer schweren Erschöpfung, die sich durch seine Auftritte und das endlose Schreiben von Liedern immer mehr verstärkt hatte.

Hyo-jins Musik war explosiv; durch sie drückte er seine leidenschaftliche kindliche Hingabe – sein *hyojeong!* – für seine Mutter und seinen Vater aus. Um Hyo-jin zu ehren und seinen Geist zu erben, veranstalten wir jeden Herbst in Verbindung mit der Kosmischen Seonghwa-Feier zum Gedenken an Vater Moon ein *Hyojeong*-Fest. Unsere Mitglieder sind immer dankbar für sein Herz, das Menschen durch Musik und Medien zu Gott führt.

Ein treuer Sohn überlegt, was er für seine Eltern tun kann, und setzt es mutig um. Ein treues Kind hat den Geist des Dienens und ist überall willkommen. Ein solches Kind erfüllt immer Gottes Hoffnungen. Darum ist der Geist des *hyojeong* großartig; er sucht danach, anderen und nicht sich selbst zu dienen.

Am vierten Jahrestag von Vater Moons Heimgang, im August 2016, wandelte ich nach drei Jahren der Trauer den Charakter des Gedenkens von einer traurigen Versammlung in ein Fest um, das neue Hoffnung vermittelt und den Frieden feiert, und pflanzte den Samen von *hyojeong* in der Welt. Ich gab der Feier das Motto: „Durch ein treues Herz dem Himmel gegenüber zu einem Licht in der Welt werden." Unser Cheongpyeong-Komplex wurde zu einem Garten der Freude, über den sich das strahlende Licht der Liebe ergoss.

Zum einen wandelten wir auf den Spuren der Wahren Eltern, zum anderen erfreuten wir uns an vielfältigen kulturellen Darbietungen. An einem Tag veranstalteten wir unter dem Motto „Essen ist Liebe" ein „Fest des Teilens der Lieblingsgerichte der Wahren Eltern". Wir füllten einen riesigen Kessel mit dem Durchmesser eines großen Esszimmertisches mit Reis und anderen köstlichen Zutaten, benutzten Spatel so groß wie Ruder, um alles zu vermischen, und bereiteten Bibimbap zu, um die 20.000 Menschen im Peace World Center zu verköstigen. Es war wie ein Festmahl, das alle Völker der Welt als eine Familie um einen Tisch versammelte.

Diese Gedenkveranstaltung umfasste auch noch andere Programme: Vorträge, Seminare, Treffen von leitenden Persönlichkeiten, die Befreiung und Segnung von Vorfahren und vieles mehr, sowohl in Korea als auch in anderen Ländern. Das alles dauerte über einen Monat lang. Auf diese Weise errichtete unsere globale Familie gemeinsam eine spirituelle Grundlage für unseren zukünftigen Weg.

Ich erinnere mich ganz genau an das Versprechen, das ich am Tag des Ablebens meines Mannes gegeben habe: „Ich werde unsere Kirche in dem Geist und der Wahrheit wiederbeleben, die wir in den frühen Tagen hatten." Dieses Versprechen habe ich gehalten. Die kindliche Treue unserer Söhne Hyo-jin und Heung-jin lebt in meinem Herzen weiter, zusammen mit dem Geist meines geliebten Mannes. Wenn wir allen Menschen die kindliche Ergebenheit vermitteln und alle zum Wohl der anderen leben und füreinander sorgen, wird dies das Himmelreich sein.

Kindliche Hingabe ist sowohl eine herausragende praktische Tugend als auch eine ewige Säule des Lebens. Wir müssen sie praktizieren, solange unsere Eltern am Leben sind. Nachdem sie gegangen sind, wird es zu spät sein, ganz gleich, wie viel wir für sie opfern möchten. Wir müssen verstehen, wie kostbar dieser Moment ist, und stolz darauf sein.

Tischgespräche – Essen ist Liebe

Ein Bild flimmert schwach in meiner Erinnerung, wie der Schein von Sonnenlicht, das vom Tau auf dem Gras reflektiert wird. Direkt nach unserer Heiligen Hochzeit saß ich meinem Ehemann am Tisch gegenüber. Er blickte mich an und ich spürte das überwältigende Herz Gottes. Es schien, als würde gleich ein Wasserfall von Tränen aus seinen Augen hervorbrechen.

Diese Erfahrung, dass wir beide zusammen an einem kleinen Tisch saßen, um zu essen, und vor Gott den Weg des *hyojeong* beschritten, wiederholte sich viele Male auf unserem Weg als Wahre Eltern. Wir saßen einander am Tisch gegenüber und sprachen über alles ganz offen miteinander – während der drei Jahre, in denen wir nur gekochte Gerste aßen, oder während unserer Vortragsreisen, als wir kaum zur Ruhe kamen, weil wir zwei oder mehr Länder an einem Tag besuchten. Wir waren für alles dankbar und alles war für uns eine Quelle des Glücks.

Für mich ist das jährliche Fest des Teilens der Lieblingsgerichte der Wahren Eltern so, als würde ich allen gesegneten Familien am Tisch gegenübersitzen. Die gesegneten Familien sind wahre Kinder der himmlischen Abstammungslinie, denen mein Mann und ich durch unsere tränenreiche Umarmung neues Leben gegeben haben. Sie sind vom Himmel berufen; deshalb nenne ich sie auserwählte gesegnete Familien. Der Wahre Vater und ich werden diesen auserwählten gesegneten Familien für immer am Tisch gegenübersitzen. Niemals werden wir die Tränen und die Anstrengungen unserer zahllosen Kinder und ihre einsamen Kämpfe für den Willen Gottes vergessen. Mein einziges Bedauern während des Festes des Teilens der Lieblingsgerichte der Wahren Eltern ist, dass ich nicht jedem meiner geliebten Kinder auf der ganzen Welt persönlich eine köstliche Mahlzeit servieren und ihnen gegenüber am Tisch sitzen kann.

Dieses Gefühl hatte ich auch, als ich im Dezember 2019 in Johannesburg dem Propheten Samuel Radebe am Tisch gegenübersaß. Unsere erste persönliche Begegnung war im Juli 2017 beim *Peace Starts with Me Festival* in New York gewesen. Nun war ich nach Südafrika gekommen, um eine Segnungszeremonie für 200.000 Menschen durchzuführen. Bei strömendem Regen war unser Flugzeug gelandet. Als ich dann die Flughafen-Lounge betrat, wartete dort zu meiner großen Freude Prophet Radebe, der für mich wie ein Sohn ist. Sobald er mich sah, sagte er: „Mutter! Ich habe mir so sehr gewünscht, dich zu sehen. Willkommen in deinem Zuhause in Südafrika!" In traditioneller südafrikanischer Kleidung begrüßte er mich mit einer Verbeugung, die sein Herz voller Respekt und Demut zum Ausdruck brachte, und überreichte mir einen liebevoll vorbereiteten Strauß roter Blumen.

Eine große Gruppe von Jugendlichen seiner *Revelation Church of God* begleitete ihn. Sie empfingen mich enthusiastisch direkt in der Flughafen-Lounge und sangen ein wunderbares Lied für mich: „Die Wahre Mutter kam heute, um Südafrika und ganz Afrika zu segnen." Als ich sagte: „Heute regnet es, und ich habe gehört, dass Regen in Afrika als ein großer Segen gilt", wurden diese Worte mit lautem Jubel bestätigt.

Beim Mittagessen saß mir Prophet Radebe am Tisch gegenüber. Normalerweise hätte er an diesem für ihn spirituell sehr wichtigen Tag, dem 5. Dezember, nicht zu Mittag gegessen. Er erzählte mir, dass er an diesem Tag jedes Jahr einen besonderen Berg besteigt und dort eine Andacht hält. Am 5. Dezember 2013 war Nelson Mandela, eine der angesehensten Persönlichkeiten in der Republik Südafrika und in der ganzen Welt, verstorben. Prophet Radebe hatte das Datum des Ablebens des Präsidenten öffentlich vorhergesagt. Viele waren erstaunt, als seine Prophezeiung in Erfüllung ging. Außerdem bezeugte an jenem Tag ein vom Heiligen Geist erfüllter Junge in einer himmlischen Sprache, dass Prophet Radebe der Leiter ist, der Südafrika befreien wird. Dann hustete er den Zahn eines Löwen aus und präsentierte ihn dem Propheten. Diese Geschichte ist in ganz Südafrika legendär. Deshalb steigt Prophet Radebe jedes Jahr an diesem Tag auf den Berg, um für die ihm gegebene himmlische Mission zu danken und seine Entschlossenheit zu erneuern, sie zu erfüllen.

Er empfand, dass dies ein glückverheißender Tag für die Ankunft der Wahren Mutter sei, und war trotz seines Gebetsversprechens vom Berg heruntergekommen, um mich willkommen zu heißen. Essen ist Liebe, und um meine Wertschätzung zu zeigen, servierte ich ihm eine Schüssel mit warmen koreanischen Nudeln. Wir saßen einander gegenüber und ich brachte damit die Liebe zwischen einer Mutter und ihrem Sohn zum Ausdruck, die der Himmel zusammengeführt hatte. Nach dem Mittagessen ging er zurück auf den Berg, um seine Andacht mit großer Entschlossenheit fortzusetzen. Er war bereit, sein Leben für den Erfolg unserer Veranstaltung am 7. Dezember zu geben.

Im August 2019 war Prophet Radebe zur Feier des 7. Jahrestags des Heimgangs des Wahren Vaters nach Korea gekommen und hatte auf dem Gipfel des Balwang-Berges eine Andacht gehalten. Unser Generalsekretär Dr. Yun Young-ho, der durch mich wie ein Bruder für ihn geworden war, hatte ihm damals gezeigt, wie man Essstäbchen benutzt. Nun kam er mit den Essstäbchen bereits gut zurecht und benutzte sie zum Essen der Nudeln. Seine Wertschätzung für die koreanische Kultur war ein weiterer Ausdruck seiner Liebe und seines Respekts für seine Wahre Mutter.

Der Weg des gemeinsamen Wohlstands

Tief in einem Wald gibt es einen schmalen Pfad, kaum breit genug für eine Person. Um diesen Pfad anzulegen, hat jemand viel Schweiß vergossen und sich beim Abschneiden der Äste die Hände zerkratzt. Dank dieser Person können jedoch alle, die später kommen, den Pfad bequem entlanggehen. Wir müssen für die harte Arbeit dieses Pioniers zutiefst dankbar sein und uns bemühen, den Weg breiter und ebener zu machen.

Sich den Weg zu den Herzen der Menschen zu bahnen, ist schwieriger als einen Weg durch den Wald anzulegen. Anders als Bäume, die der Axt weichen, haben Menschen ihren eigenen Willen. Und wenn etwas gegen ihren Willen geschieht, verschließen sie schnell ihre Herzen. Ich vergieße Schweiß und Tränen und versuche, Herzen zu öffnen und Menschen als eine Familie zu verbinden. Ich habe einen Weg beschritten, den noch keine Frau zuvor gegangen ist, und habe die Völker der Welt unter schwierigsten Umständen umarmt. Im Stillen praktizierte ich wahre Liebe für die Erlösung der Menschen und für den Weltfrieden in Situationen, vor denen andere davongelaufen wären. Ich habe Feinden vergeben und sie umarmt, so dass sie zu Tränen gerührt waren.

Wir erleben jetzt den Frühling der Vorsehung. Der Frühling ist für Bauern die arbeitsreichste Zeit. Sie müssen ihr Möglichstes tun, um eine reiche Ernte im Herbst sicherzustellen. In diesem providentiellen Frühling müssen wir die ursprüngliche Welt errichten, die Gott von Anfang an verwirklichen wollte. Wir können die Ehesegnung empfangen und sie mit unserer Familie und unserem Stamm teilen. Dann können wir als wahre Messiasse gemeinsam daran arbeiten, unsere Nation zu erneuern. Dies ist die Weisung des Himmels.

Das Reich Gottes in unserer Mitte

Wie schwierig unsere Arbeit auch sein mag, wir müssen die Vorsehung erfüllen und die Wahrheit offenbaren. Wenn wir unserer Verantwortung gerecht werden und Gott folgen, so wie die Sonnenblumen der Sonne folgen, werden wir mit Sicherheit den Traum der Himmlischen Eltern und die Hoffnung der Menschheit verwirklichen. Die Frage ist, ob wir das erreichen können, solange ich auf der Erde bin. Wenn wir es schaffen, werden wir stolz und aufrecht vor unseren Nachkommen und allen künftigen Generationen stehen. Eine solche Chance hat es noch nie gegeben. Ganz gleich, wie jung oder alt Sie sind, Sie leben in der gleichen Ära wie die eingeborene Tochter. Dies ist Ihr goldenes Zeitalter. Nehmen Sie es dankbar an und verpassen Sie diese Gelegenheit nicht.

Wir können nicht zulassen, dass die Welt über das Kommen der Wahren Eltern und über den Segen und die Gnade Gottes in Unwissenheit bleibt. Wir müssen die Menschen dazu anleiten, in Resonanz mit dem Himmel zu leben. Diejenigen, die im Reich Gottes auf Erden leben, können das Reich Gottes in der Geistigen Welt betreten. Wir haben alle ein Ziel und einen Weg, den Weg, auf dem wir Gottes stolze Söhne und Töchter werden können. Wir müssen unser Leben so führen, dass Gott uns umarmen und sagen kann: „Gut gemacht, meine Tochter! Gut gemacht, mein Sohn!" Wir müssen in unseren Herzen erkennen, dass dies das goldene Zeitalter ist.

Die zentrale Lebensphilosophie der Wahren Eltern lautet: „Lebe zum Wohl der anderen." Wohin ich auch gehe, übe ich mich darin, für andere zu leben. Ich versuche, die Menschen mehr zu lieben, als ihre eigenen Eltern oder Geschwister es tun. Menschen neigen dazu, die besten Dinge für sich selbst zu behalten und Dinge von geringerem Wert an andere weiterzugeben, selbst in der Beziehung zu ihren eigenen Eltern. Wer nur nach persönlichem Gewinn strebt, wird von Ketten der Selbstsucht und Gier festgehalten. Wer aber stets andere an die erste Stelle setzt und für ihr Wohl lebt, ist auf dem Weg zu ewiger Freiheit und ewigem Segen.

Eine Welt, in der jeder seine besten Dinge anderen gibt, ist eine Welt der Freude. Das ist meine Lebensphilosophie. Menschen, die nur für sich selbst leben, werden bald gegen eine Mauer stoßen. Leben Sie Ihr Leben in Liebe und Großzügigkeit!

Viele Menschen nehmen an, dass Vater und Mutter Moon wohlhabend sind. Die Wahrheit ist, dass wir nie ein Haus, ein Auto oder andere Besitztümer hatten. Ich kenne niemanden, der so sparsam war wie mein Mann. Wie hätten wir gut essen und bequem schlafen können, wenn wir wussten, dass Missionare im In- und Ausland die Nacht durcharbeiteten? Unser Wunsch ist es, dass Spenden von Kirchenmitgliedern für die Armen verwendet werden, für den Bau von Schulen und für andere Projekte.

Unsere Mitglieder gründeten Unternehmen auf der ganzen Welt – Fischereibetriebe, Werkzeugmaschinenfabriken, pharmazeutische Unternehmen, Zeitungen, Hotels und vieles mehr. Allein in Afrika errichteten unsere Mitglieder Schulen im Senegal, in Mosambik und Sambia, eine Schule für Behinderte in Lagos, Nigeria, ein Waisenhaus in Natitingou, im Norden von Benin, Kliniken in Cotonou, Benin, und in Nigeria Cross River State, eine Wurstfabrik in Lusaka, Sambia, eine Franchise-Firma für Hamburger in der Elfenbeinküste, eine Landwirtschaftsschule und ein Unternehmen der Lebensmittelverarbeitung in der Demokratischen Republik Kongo sowie eine Farm in Lusaka, Sambia. Wir strebten nicht danach, Gewinn zu machen; die Investitionen unserer Bewegung sollten den jeweiligen Ländern zugutekommen, Arbeitsplätze schaffen und die Gesellschaft fördern. Wir ertrugen Hunger im Wissen, dass es Menschen gab, die hungriger waren. Wir sollten nicht in der Schuld des Himmels stehen. Menschen, die den Weg der Vorsehung gehen, sollten nicht materielle Dinge begehren. Dies ist gegen das himmlische Gesetz und bringt ihren Eltern Kummer.

Das Leben ist wie ein Marathonlauf, von dem man nicht weiß, wann er enden wird. Ein wirklich erfolgreiches Leben wird nicht von Geld, Position oder Macht, sondern von wahrer Liebe angetrieben. Wahre Liebe wird durch eine Mutter verkörpert, die ihr Baby stillt, auch wenn sie selbst hungrig ist. Das ist die größte Liebe. Liebe ist der Grund, warum wir hier sind, die Art und Weise, wie wir leben sollen, und das Ziel, auf das wir zugehen. Ganz gleich, auf welche Schwierigkeiten wir treffen, die Lösung ist immer, absoluten Glauben, absolute Liebe und absoluten Gehorsam Gott gegenüber zu praktizieren.

Wenn wir über Gottes Herz nachdenken, werden wir erkennen, dass die Nöte und Leiden, die wir vielleicht durchmachen, nichts sind im Vergleich zu dem Leid Gottes. Ihm gegenüber können wir nur Reue empfinden. Wir haben uns nicht selbst auf die Welt gebracht. Unser Leben ist ein Geschenk Gottes. Er möchte, dass wir unser Leben schön und wertvoll gestalten. Wenn wir tief im Herzen davon überzeugt sind, dass wir für unsere Kinder, unsere Familie, unseren Ehepartner und auch für die ganze Menschheit und die Welt da sind, werden wir das Glück finden.

Was diese Dinge angeht, ist das Herz unser bester Ratgeber. Wenn Sie in Schwierigkeiten stecken oder verwirrt sind, fragen Sie Ihr Herz. Die Himmlischen Eltern, die uns lieben, wohnen tief in unserem Herzen. Wir alle besitzen die Gabe, Gottes Stimme in uns zu hören. Wir müssen die Fähigkeit entwickeln, wahrhaft die Stimme des Himmlischen Vaters und der Himmlischen Mutter in unserem Herzen zu hören. Das Herz ist unser ewiger Hüter. Ein von Herzen kommendes Gebet ist der einzige Zugang zu Gott. Durch ein solch wahrhaftiges Gebet werden wir die Gnade Gottes und der Wahren Eltern selbst an den dunkelsten und schwierigsten Orten empfangen. Die helfende Hand dieser Gnade führt uns auf den freien und glücklichen Weg zum Reich Gottes.

Der Weg der Neugeburt und Auferstehung

Vermissen Sie das Meer? Überkommt Sie nicht manchmal der Drang, an den Strand zu laufen und in den blauen Ozean zu springen? Das Meer symbolisiert die Mutter, den Mythos der Mutterschaft, und das tiefe Meer gleicht dem Mutterschoß. Das ist der Ort, an dem wir sein möchten.

Wenn Menschen vor den Niagarafällen in Nordamerika oder den Iguazú-Fällen in Südamerika stehen, können sie ihr Staunen und ihre Ehrfurcht nicht verbergen. Manche werden sprachlos, überwältigt von dem majestätischen Anblick. Wo liegt der Ursprung dieser großartigen Wasserfälle? Sie entstanden durch den Zusammenfluss vieler kleiner und großer Wasserläufe. Nach dem Gesetz der Natur fließen kleine Bäche in größere. Bäche und Flüsse entspringen an verschiedenen Orten, haben aber alle das gleiche Ziel, den großen Ozean.

Ein Strom, der sich weigert zu fließen, wird einfach austrocknen. Mit Religionen verhält es sich ähnlich. Eine Religion, die nur starr an ihrer eigenen Doktrin festhält und sich vor den Gemeinsamkeiten mit anderen verschließt, verliert an geistiger Kraft und stirbt schließlich ab. Heute brauchen wir eine religiöse Lehre, die Gottes ursprüngliche Natur erklärt.

Als Gott uns schuf, war es Sein grundlegendes Ziel, eine Eltern-Kind-Beziehung der Liebe mit uns zu verwirklichen. Wir sind die Kinder von Eltern, und letztlich sind wir Kinder unserer Himmlischen Eltern. Aber die ursprüngliche Sünde hat uns von Gott getrennt. Wir müssen darüber beten und studieren, was geschehen ist. Erst nach 2.000 (biblischen) Jahren erschien Abraham als die Person, die zum Urvater der drei großen Weltreligionen wurde. Und weitere 2.000 Jahre hat Gott das auserwählte Volk Israel geführt und gelehrt. Erst auf dieser Grundlage von 4.000 Jahren sandte Er Seinen ersten Sohn, Jesus, von dem Er sagen konnte: „Dies ist Mein eingeborener Sohn." Doch trotz all dieser Vorbereitungen konnten die Familie Jesu und das Volk Israel ihrer Verantwortung nicht gerecht werden, diesen Sohn zu empfangen und anzunehmen. Nicht nur seine Familie, sondern auch seine Jünger kehrten ihm den Rücken; niemand war bereit, sein Leben für ihn zu geben. Nur ein Dieb am Kreuz zu seiner Rechten gab im Angesicht des Todes Zeugnis für Jesus. Niemand auf dieser Erde hat dieses Drama der Geschichte Jesu bisher vollständig verstanden – auch nicht die gläubigen Christen.

Jesus ist der Mittler, den Gott uns als Wahre Eltern gesandt hat, um uns Neugeburt und Auferstehung zu schenken und uns auf dem Weg zur wahren Kindschaft Gottes zu führen. In der 2.000-jährigen Geschichte nach der Kreuzigung Jesu erfuhr die Menschheit viel Leid, weil diejenigen, zu denen Jesus gesandt wurde, ihn nicht annahmen. Wer hat am meisten darunter gelitten? Es ist Gott, unsere Himmlischen Eltern, der alles, was wir durchmachen, tausendmal intensiver als wir selbst empfindet. Wenn Kinder leiden, leiden die Eltern noch mehr.

Jesus versprach, dass bei seinem zweiten Kommen die Hochzeit des Lammes stattfinden würde. Die Ehe bringt zwei Menschen, einen Mann und eine Frau, zu einer Einheit zusammen. Die Zeit dafür ist nun gekommen. Der christliche Kulturkreis, der auf den eingeborenen Sohn wartet, muss auch die eingeborene Tochter empfangen. Wie Jesus in einem Gleichnis lehrte, vergab Gott seinen Weinberg an neue

Pächter. Diese neuen Pächter sollen dem Besitzer zur Erntezeit die Früchte liefern. Die Christen sind die neuen Pächter, zu denen Gott die eingeborene Tochter gesandt hat.

Historisch gesehen waren die Koreaner ein landwirtschaftlich geprägtes Volk, das den Himmel verehrte und den Frieden liebte. Sie stammen von dem Volk der Dong-yi ab, das in den vorchristlichen Jahrtausenden im nordöstlichen China zuhause war. Im Jahre 1603 brachte ein koreanischer Diplomat katholische theologische Schriften aus China auf die koreanische Halbinsel. Später mussten Koreaner, die den katholischen Glauben annahmen, schwere Verfolgung erdulden. Ende des 19. Jahrhunderts akzeptierten der König und die Königin von Korea das Christentum und dieses blühte in der Folge in ihrem Reich auf. Im Jahr 1920 wurde mein Ehemann, der eingeborene Sohn, geboren, und 1943 wurde ich, die eingeborene Tochter, geboren.

Gottes Vorsehung ist erstaunlich. 1945 wurde Korea von der japanischen Herrschaft befreit, aber danach sofort in Nord und Süd geteilt. Damals lebte ich in Nordkorea, das kommunistisch wurde. Der Himmel wusste, dass ich unter dem kommunistischen Regime nicht in Sicherheit aufwachsen konnte, und so schützte er mich, indem er meine Mutter und Großmutter veranlasste, mit mir nach Südkorea zu fliehen.

Als 1950 der Koreakrieg ausbrach, war Südkorea in keinster Weise darauf vorbereitet, sich gegen den Angriff Nordkoreas zu verteidigen. Aber der Himmel beschützte mich ein weiteres Mal. Es gleicht einem Wunder, dass 16 UN-Mitgliedsstaaten dem Süden zu Hilfe eilten. Denn wenn die Sowjetunion als Mitglied des UN-Sicherheitsrates ihr Veto gegen die Resolution eingelegt hätte, hätten sich die 16 Nationen nicht am Krieg beteiligen können. Jedoch war bei der entscheidenden Sitzung des UN-Sicherheitsrates der Vertreter der Sowjetunion infolge einer Fügung des Schicksals abwesend. Damit war die Entsendung der UN-Truppen nach Korea sichergestellt.

1960 salbte Gott meinen Mann und mich als die Wahren Eltern. Seither hat unsere Arbeit gesegnete Familien aus allen Ethnien, Nationen und Religionen hervorgebracht. Mehr noch: Religiöse Führungspersönlichkeiten aus aller Welt haben sich mit den Wahren Eltern vereint und Segnungszeremonien in ihren eigenen Gemeinden durchgeführt. Darunter sind christliche Megachurches in den USA, aber auch kleinere buddhistische, muslimische und freikirchliche Gemeinden in Europa. Anfang 2018, auf dem Afrika-Gipfel im Senegal, einem muslimischen Land, habe ich vor Staatsoberhäuptern, Stammesführern und religiösen Leitern verschiedener Glaubensrichtungen meinen Wunsch für ein himmlisches Afrika kundgetan, ein Wunsch, der unter den Teilnehmern breite Unterstützung fand.

Wir nähern uns nun der letzten Aufgabe, die nicht aufgeschoben werden kann. Ich muss das Zeitalter von Cheon Il Guk eröffnen. Cheon Il Guk ist ein koreanischer Begriff und bedeutet „Friedensreich Gottes, in dem zwei durch Liebe eins werden." Es ist ein neues Zeitalter und wir müssen neue Kleider anziehen. Als Bürger von Cheon Il Guk brauchen wir die Kleidung der kindlichen Treue in unserer Familie, des Patriotismus in unserer Nation, der Heiligen in der Welt und die Kleidung der göttlichen Söhne und Töchter im Himmel und auf Erden.

Ich bin auf der Erde, um die historische Wahrheit auszusprechen. Dabei zögere ich nicht und halte auch nichts zurück. Auf dem Lateinamerika-Gipfel, der im August 2018 in Brasilien stattfand, verglich ich das heutige Christentum mit einem unbefruchteten Ei, das kein Leben hervorbringen wird. Ich erklärte dies vor einer großen Zahl von Vertretern verschiedener Konfessionen und Religionen, darunter einem katholischen Kardinal. Ich sagte klar und deutlich, dass die heutigen Religionen nur dann Leben hervorbringen können, wenn sie die

Wahren Eltern akzeptieren, die Ehesegnung empfangen und sie mit anderen teilen. Die Wahren Eltern zu empfangen, ist der fundamentale Zweck einer jeden Religion. Um meine Mission als eingeborene Tochter, wahre Mutter und Mutter des Universums zu erfüllen, muss ich den fast acht Milliarden Menschen auf der Erde die Neugeburt als wahre Kinder Gottes schenken.

In der Bibel lesen wir: „Wer ein Wort gegen den Menschensohn sagt, dem wird vergeben werden; wer aber etwas gegen den Heiligen Geist sagt, dem wird nicht vergeben, weder in dieser noch in der zukünftigen Welt." So wie ein Kind aus dem Samen des Vaters im Schoß der Mutter geboren wird, werden wir aus dem Samen Gottes in der Mutter des Universums geboren. Menschen, die ihre Mutter verleugnen, werden weder hier noch in der nächsten Welt gedeihen. Ich bin die Wahre Mutter, die neues Leben bringt. Mein Herz ist immer offen und ich vergebe nicht nur siebenmal, sondern siebzigmal siebenmal.

Der wahre Kompass für das Leben

Im Jahr 1960, wenige Tage nach unserer Heiligen Hochzeitszeremonie, hatte ich einen Traum. Entlang einer steilen Klippe lief ich einen dunklen, schroffen Pfad hinunter. Mit einem Bündel auf dem Kopf, trug ich Kinder auf dem Rücken und hielt andere Kinder an der Hand. Ich hätte von der Klippe in einen bodenlosen Abgrund stürzen können, aber ich fand das Licht und machte mich auf den Weg zu einer breiten, ebenen Straße.

Mein Weg bestand darin, jedes Tal zu füllen und jeden Berg und Hügel zu ebnen. Vom Tag unserer Heiligen Hochzeit an reisten mein Mann und ich um die Welt, damit alle Menschen Gottes Erlösung sehen können. Wir besuchten so viele Länder und waren dabei so

Das Reich Gottes in unserer Mitte

schnell unterwegs, dass ich manchmal kaum Zeit fand, meine Schuhe auszuziehen. Während wir den Weg der Wahren Eltern gingen, wankten wir nicht. Wir wurden verfolgt, viele Male und oft unerträglich. Nicht nur politische Regime, sondern auch religiöse Menschen diffamierten uns. Aber wir schauten weder nach links noch nach rechts und hielten durch und teilten mit den Menschen gleichzeitig Gottes Wort und Gottes Segen. Auf diesem Weg wächst Tag für Tag in allen Nationen die Zahl der Menschen, die in mir die Wahre Mutter erkennen und mir folgen.

Jesus sagte, dass Gott sein Vater ist. In Johannes 3,16 wird Jesus als der „eingeborene Sohn" bezeichnet. Der eingeborene Sohn ist die Frucht der tiefsten Liebe unserer Himmlischen Eltern. Der wiederkehrende Herr ist der Bräutigam und er kam, um die eingeborene Tochter als seine Braut zu empfangen. Die beiden müssen sich treffen und heiraten. Das ist das Hochzeitsmahl des Lammes, das im letzten Buch der Bibel prophezeit wird. Dann müssen die beiden eine Familie gründen. Die Hoffnung der Himmlischen Eltern war immer auf dieses Eine gerichtet: dass Sein eingeborener Sohn und Seine eingeborene Tochter eine wahre Familie errichten.

Um als wahre Menschen in dieser Welt zu leben und uns am ewigen Leben in der nächsten Welt zu erfreuen, müssen wir die Wahren Eltern treffen. Wir müssen ihnen begegnen, auch wenn wir uns in Todesgefahr befinden. Selbst wenn wir die ganze Geschichte und unsere eigenen Nachkommen verloren haben, werden wir, wenn wir die Wahren Eltern treffen, die Vergangenheit und die Zukunft zurückgewinnen. Wir werden die wahre Familie der Wahren Eltern sein. Die Wahren Eltern verkörpern das ewige Wort. Das größte Geschenk

Gottes ist die Neugeburt durch Sein Wort. Wir können selbst wahre Eltern werden, vervollkommnet durch Liebe.

Jesus sagte: „Ich bin der Weg, die Wahrheit und das Leben." Mein Mann fügte noch ein Wort hinzu: Liebe. Ohne Liebe können wir nichts tun. Wir müssen dem biblischen Text das Wort Liebe hinzufügen und es verinnerlichen: „Ich bin der Weg, die Wahrheit, das Leben und die Liebe. Niemand kommt zum Vater außer durch mich."

Jeder von uns braucht diese Liebe. Jeder Einzelne der fast acht Milliarden Menschen auf der Welt muss den Wahren Eltern auf der Erde begegnen. Das ist der Zweck der Ehesegnung. Die Tatsache, dass Wahre Eltern mit uns sind, ist eine furchterregende und dennoch freudige Wahrheit. Glück ist, wenn Menschen, die ihre Eltern verloren haben, diese wiederfinden. Es gibt keine größere Freude.

Als die Wahre Mutter und eingeborene Tochter und Mutter des Universums habe ich alle Werke der Vorsehung vollendet und ein neues Zeitalter eröffnet. Nun müssen wir diese Wahrheit in unsere Herzen eingravieren und nach dem Willen des Himmels handeln. Geführt von der Mutter des Friedens, der eingeborenen Tochter, werden wir das Siegel der Wahren Eltern empfangen und Harmonie auf dem Weg des Lebens erreichen.

10. KAPITEL

DIE HERAUSFORDERUNG, EINE HIMMLISCHE WELT ZU VERWIRKLICHEN

Parlamentarier der Welt vereinen sich

Nepal hat keine Meeresküste, dafür aber die höchsten Berge der Erde. Viele Bergsteiger und wohlhabende Touristen besuchen Nepal, weil sich acht der zehn höchsten Berggipfel der Welt auf seinem Territorium befinden und die Grenze Nepals über den allerhöchsten Gipfel, den Mount Everest, verläuft. Doch Nepal liegt abgeschieden zwischen China und Indien und die Entwicklung seiner weitgehend landwirtschaftlich geprägten Wirtschaft hält nicht mit der seiner Nachbarn Schritt.

Als ich im November 2018 auf dem Flughafen von Katmandu ankam, schliefen zwei Hunde friedlich auf dem Boden des Wartesaals und niemand scheuchte sie hinaus. Autos und Motorräder kamen plötzlich zum Stehen, weil sich weiter vorne eine Kuh auf der Straße entlang bewegte. Erst als sie die Straße verließ, kam der Verkehr wieder in Bewegung. Das ist Nepal.

Dennoch haben sich seit der Begegnung Nepals mit unserer Bewegung große Veränderungen vollzogen. Hier fand 2016 – einem für die Friedensbemühungen unserer Bewegung unvergesslichen Jahr – ein außergewöhnliches Ereignis statt. Hunderte von Führungspersönlichkeiten aus den Bereichen Politik, Wirtschaft, Religion und Bildung aus ganz Asien trafen sich im Juli in Katmandu. Diese angesehenen Männer und Frauen kamen, um die *International Association of Parliamentarians for Peace (IAPP)*, ein Projekt der *Universal Peace Federation*, in der Region zu etablieren.

Lassen Sie mich die IAPP kurz vorstellen. Weltfrieden kann weder durch menschliche Anstrengungen allein noch durch die Bemühungen einiger weniger erreicht werden. Viele Menschen, vom einfachen Bürger bis hin zu hochrangigen Regierungsmitgliedern, müssen Klassentrennungen überwinden und dabei aktiv die Initiative ergreifen.

Jede Nation in der Welt, ob klein oder groß, hat einen Kongress, ein Parlament oder eine Nationalversammlung. Diese repräsentieren das Volk ihrer jeweiligen Nation. Im Laufe der Jahre habe ich bei meinen Besuchen in Ländern auf der ganzen Welt die Parlamentarier, die ich treffen konnte, immer wieder aufgefordert, sich des Werts der Mission bewusst zu sein, die ihnen von ihrer Nation und ihrem Volk übertragen wurde. Ich sagte, wenn die gewählten Volksvertreterinnen und -vertreter ihr Wissen bündelten und sich gemeinsam auf Konfliktlösungen konzentrierten, würde ganz natürlich und schnell Frieden entstehen. Wenn ich zu ihnen über meine Idee eines weltweiten Bündnisses von Abgeordneten sprach, die sich der Suche nach friedlichen Lösungen widmen, stimmten sie mir zu.

Die Vision der Himmlischen Eltern ist der Ausgangspunkt, um die Parlamentarier der Welt als eine Gemeinschaft zusammenzuführen. Indem sie sich mit der Mutter des Friedens verbinden, können sie jenseits von Nation, Ethnie und Kultur zusammenarbeiten, um die Übel zu bekämpfen, die das Leben der Menschen schwer belasten.

Als ich über diese Vision sprach, versuchten die Menschen in meinem Umfeld, mich über politische Richtungskämpfe aufzuklären. Sie sagten: „Werden die Leiter verschiedener Parteien bereit sein, zusammenzukommen und zusammenzuarbeiten? Es ist keine leichte Aufgabe, einflussreiche Menschen und Friedensstifter zusammenzubringen. Alle nationalen Regierungen schlagen sich mit Konflikten und Streitigkeiten herum, die durch Differenzen zwischen gegnerischen Parteien verursacht werden." Davon ließ ich mich jedoch nicht umstimmen, denn ich zweifelte nicht im Geringsten daran, dass die heutigen Parlamentarier dazu bereit sind. Und ich hatte den festen Glauben, dass Gott jeden von ihnen dahin führen würde, mir zuzuhören.

Die Gründung der *International Association of Parliamentarians for Peace (IAPP)* fand im Februar 2016 in der Nationalversammlung der Republik Korea (Südkorea) statt. Das Thema der Konferenz lautete: „Die Bewältigung der kritischen Herausforderungen unserer Zeit: die Rolle von Regierungen, Zivilgesellschaften und glaubensbasierten Organisationen." Dies war die erste einer Reihe solcher Veranstaltungen, die danach auf jedem Kontinent stattfanden und zu denen ich nun einige Worte sagen möchte.

An der Gründung der IAPP für den asiatisch-pazifischen Raum in Nepal nahmen 166 Parlamentarier und weitere 350 Beobachter aus

29 Nationen sowie viele nepalesische Bürgerinnen und Bürger teil. Staatspräsidentin Bidhya Devi Bhandari übermittelte persönlich ihre tiefe Dankbarkeit. Die Konferenz war von Anfang an ein großer Erfolg und viele Menschen brachten anschließend ihre Wertschätzung für die IAPP als eine dringend benötigte Organisation zum Ausdruck.

Im Anschluss an die Nepal-Konferenz gründeten wir im August 2016 die IAPP in Westafrika. Mehr als 600 Menschen aus 24 Nationen versammelten sich im Gebäude der Nationalversammlung von Burkina Faso und hatten lebhaften Austausch. Wenige Wochen später initiierten wir die europäische IAPP in London mit über 300 Teilnehmerinnen und Teilnehmern aus 40 Nationen. Als Gründerin der IAPP ermutigte ich sie mit den Worten: „Um dauerhaften Frieden in der Welt zu schaffen, müssen die politischen Verantwortungsträger aller Nationen einen moralischen Charakter besitzen und ethischen Werten und der Stimme ihres Gewissens folgen. Die Welt wird sich verändern, wenn die Parlamentarier der Welt zusammenkommen und um des Friedens willen zusammenarbeiten."

Im Oktober riefen wir dann in Costa Rica die IAPP für Zentralamerika und in Paraguay die IAPP für Südamerika ins Leben. Anfang November folgte in Sambia die Gründung der IAPP für Süd- und Ostafrika. In den nördlichen Breiten war bereits der Herbst gekommen, aber in Teilen Afrikas mussten die Teilnehmerinnen und Teilnehmer die brütende Hitze ertragen. Dennoch konzentrierten wir uns auf unsere Friedensvorstellungen und beschlossen, Wege zu finden, um unsere leidvolle Geschichte zu bereinigen und zusammenzuarbeiten.

Zum Jahresabschluss wurden IAPP-Veranstaltungen in Japan und in den Vereinigten Staaten vorbereitet. Die Bedenken der Organisatoren in Japan, ob genügend Teilnehmerinnen und Teilnehmer kommen würden, wurden zerstreut, als über 200 japanische Führungspersönlichkeiten und ihre Bündnispartner, darunter 63 amtierende Parlamentarier, erschienen. Ungeachtet ihrer verschiedenen politischen Überzeugungen und ihrer kulturellen Unterschiede versammelten sie sich mit der Entschlossenheit, eine Welt des Friedens zu verwirklichen. In meiner Ansprache vor den japanischen Abgeordneten und Leitern der Gesellschaft brachte ich meine Sehnsucht nach Frieden zum Ausdruck und schlug einen Weg vor, wie dieser erreicht werden könnte. Diese Worte fanden allgemeine Zustimmung.

Unsere letzte Veranstaltung des Jahres 2016 fand in Washington DC statt. Die Wahl des Veranstaltungsortes für diese IAPP-Konferenz, die den Höhepunkt aller bisherigen Veranstaltungen darstellte, war sehr wichtig. Schließlich boten Mitglieder des US-Senats den Kennedy Caucus Room an, einen der prestigeträchtigsten und historisch bedeutsamsten Räume des Senats. Unsere Unterstützer im Senat sagten: „Für die Gründungszeremonie kommen viele Räume in Frage. Angesichts der Bedeutung, die dieses Treffen für uns hat, werden wir jedoch den Kennedy Caucus Room für die Konferenz vorbereiten."

Im Kennedy Caucus Room hatte John F. Kennedy 1960 seine Präsidentschaftskandidatur erklärt. Der Senat stimmte 2009 dafür, den Raum zu Ehren der drei Kennedy-Brüder zu benennen. In diesem Saal fanden zahlreiche Treffen zu Themen von großer Bedeutung für die Vereinigten Staaten und die Weltgeschichte statt. Er war ein passender Ort für die Gründung der *International Association of Parliamentarians for Peace (IAPP)* in Nordamerika.

Am 30. November 2016 füllten mehr als 300 US-amerikanische und ausländische Parlamentarier aus 56 Nationen den Veranstaltungssaal, während draußen ein Winterregen nieselte. Viele der Teilnehmerinnen und Teilnehmer hatten sich bereits bei früheren Veranstaltungen kennen gelernt und freuten sich, ihre Kolleginnen und Kollegen aus

30. November 2016: Gründung der International Association of Parliamentarians for Peace (IAPP) in Nordamerika, Kennedy Caucus Room, Russell Senate Office Building, Washington DC

anderen Ländern wiederzusehen. Die Stimmung in diesem herrlichen Veranstaltungssaal war von großer Zuversicht und Hoffnung geprägt, als die Menschen aus kleinen und großen Nationen ihre Freude über die Teilnahme an einer globalen Friedensveranstaltung zum Ausdruck brachten. Die Worte von Herrn Gilbert Bangana, der den Präsidenten der Nationalversammlung von Benin vertrat, berührten die Herzen der Menschen: „Als ich jung war, lernte ich die Friedensprinzipien von Vater und Mutter Moon kennen, und bis zum heutigen Tag praktiziere ich ihre Friedensphilosophie."

Viele Menschen waren dankbar für meinen Vorschlag, der einen neuen Weg zum Frieden aufzeigt. Der republikanische US-Senator und damalige Senatspräsident *pro tempore* Orrin Hatch, ein langjähriger Freund, der sich für diese Gründungsfeier eingesetzt hatte, trat im Anschluss an meine Ansprache ans Podium und brachte seine

30. November 2016: Mutter Moon mit US Senator Orrin Hatch im Kapitol der Vereinigten Staaten

Anerkennung für unsere kontinuierlichen Friedensaktivitäten zum Ausdruck. Senator Hatch, Mitglied des Senats der Vereinigten Staaten von 1977 bis 2019, hat unsere Arbeit stets aktiv begleitet. Als Vertreter der Demokratischen Partei versprach Senator Edward Markey seine besondere Unterstützung für unsere Beiträge zur Erhaltung der Umwelt.

Mit der Veranstaltung in Washington DC war nun die IAPP weltweit etabliert. Über ein Jahr lang war ich dafür um den Globus gereist und hatte alle sechs Kontinente besucht; mehr als 20.000 Menschen, darunter 2.500 amtierende Parlamentarier aus 190 Nationen, hatten daran teilgenommen und so dieser Initiative zu einem großartigen Start verholfen.

Für viele Parlamentarier waren die regionalen Gründungsfeiern der IAPP die erste Gelegenheit, sich zum Thema Frieden an einem Ort zu versammeln. Hier legten diese Frauen und Männer ihre Unterschiede in Bezug auf Nationalität, Ethnie und religiöse Überzeugung sowie das Gefühl, aus verfeindeten Nationen zu stammen, beiseite. Stattdessen konzentrierten sie sich in diesen Tagen gemeinsam auf die wesentliche Frage: „Was können wir jetzt für den Frieden tun?"

Der strahlende Kontinent

Afrika ist reich an roten und gelben Farbtönen. Manche Gebiete sind mit fruchtbarer roter Erde bedeckt, andere mit ockerfarbenem Sand. Ich habe gehört, dass Afrika in verschiedenen Sprachen „Mutter" oder „Sonnenlicht" bedeutet.

Leider haben viele Menschen in Afrika immer noch Schwierigkeiten, sich mit dem Lebensnotwendigsten zu versorgen. Europäische Kolonisatoren beuteten Afrikas Reichtümer aus, investierten aber nicht effektiv in seine Entwicklung. Es gab sogar Gottgläubige, die ihre Mitmenschen als seelenlos betrachteten, sie in Ketten legten und versklavten. Zu wenige zeigten Mitgefühl oder halfen ihnen, den Weg zu einem besseren Leben zu finden. Und noch seltener hörten sie Worte von der Liebe Christi und der Hoffnung auf Erlösung.

Das Gefühl tiefer Trauer, das ich in den 1970er Jahren empfand, als ich zum ersten Mal afrikanischen Boden betrat, ist noch heute in meinem Herzen. Im Laufe der Jahre schickten mein Mann und ich junge Mitglieder nach Afrika. Anstatt in den Aufbau unserer eigenen Kirchen zu investieren, arbeiteten sie daran, die örtliche Bevölkerung zu unterstützen, indem sie Schulen errichteten, Kliniken eröffneten und Fabriken bauten. Ihre beherzten Bemühungen waren bescheidene Beiträge zur Verbesserung des Lebens der Menschen. Dennoch beantwortete ihr selbstloser Einsatz nicht die Fragen, die viele Afrikanerinnen und Afrikaner stellten:

"Warum müssen wir in solchem Elend leben?"
"Wann kommen die Wahren Eltern uns besuchen?"
"Lieben die Wahren Eltern uns wirklich?"
"Was denken die Wahren Eltern über Afrika?"

Als diese von Herzen kommenden Worte über die Ozeane hinweg meine Ohren erreichten, fühlte ich mich gerufen, nach Afrika zu reisen. Doch trotz aller Bemühungen war es schwierig, all jene zu treffen, die ich sehen und sprechen wollte, und auf die unzähligen komplexen Situationen einzugehen, unter denen die Nationen oder Stämme leiden. Die Komplexität Afrikas zeigt sich in der Vielfalt der Glaubensrichtungen, Ethnien und Sprachen auf dem gesamten Kontinent – im französischsprachigen Afrika, englischsprachigen Afrika, islamischen Afrika, katholischen Afrika und noch vielen anderen Bereichen, die die Geschichte der Konflikte zwischen den Stämmen überlagern. Ich bete: „Wie kann ich zur Heilung der Wunden dieses Kontinents beitragen und helfen, Harmonie und Eintracht in die Herzen zu bringen?"

Im Laufe der Jahrzehnte schufen wir die Voraussetzungen dafür, Leiter des öffentlichen und privaten Sektors mehrerer Nationen zusammenzubringen, einschließlich traditioneller Häuptlinge und religiöser Leiter, um über Interdependenz, gemeinsamen Wohlstand und universelle Werte zu diskutieren.

Das Kap der Guten Hoffnung und das Hyojeong der Berufenen

An der Südspitze des afrikanischen Kontinents liegt das Kap der Guten Hoffnung. Mein Ehemann und ich wählten dieses Kap als Ausgangspunkt für die von uns vorgeschlagene Internationale Friedensautobahn. Als Mutter des Friedens ist es meine Pflicht, den Menschen in Afrika Hoffnung zu geben und ihre Tränen abzuwischen. Bei der Heiligen Hochzeit der Wahren Eltern im Jahr 1960 versprach ich Gott: „Ich werde Deinen Willen zu meinen Lebzeiten erfüllen", und dieses Versprechen habe ich keinen Augenblick lang vergessen. Mit einem Herzen kindlicher Hingabe gegenüber dem Himmel habe ich Gottes Wort ohne Unterlass von Ost nach West und von Süd nach Nord verbreitet. Nachdem mein Mann im Jahr 2012 in die ewige Geistige Welt gegangen war, nahm ich von ihm mit diesen Worten Abschied: „Bitte lass alle irdische Arbeit hinter dir und gehe friedlich durch die himmlischen Tore, um unsere Himmlischen Eltern zu trösten."

Von diesem Zeitpunkt an ging ich über meine Grenzen hinaus und reiste um die ganze Welt, um diese Versprechen zu erfüllen. Nach dem Heimgang meines Ehemannes lag es nun an mir, Gottes Sehnsucht und Ideal zu erfüllen. Die folgenden sieben Jahre waren ein anstrengender und tränenreicher Weg.

Es ist nicht einfach, einen himmlischen Stamm, eine himmlische Nation und eine himmlische Welt mit Gott als Mittelpunkt zu errichten. In fester Entschlossenheit, bis 2020 sieben Länder wiederherzustellen, habe ich unzählige Stunden in Gebet und Andacht verbracht. Mein verstorbener Mann lebte nach dem Motto: „Aufrichtige Hingabe bewegt den Himmel", und wir haben die Resultate dieser Lebensweise immer wieder erlebt. Viele wurden vom Himmel inspiriert, darunter auch Dr. Yun Young-ho, der damalige Generalsekretär des Internationalen Headquarters der Familienföderation für Weltfrieden und Vereinigung. Im Juli 2017 empfing er eine Offenbarung, in der Vater Moon ihm drei goldene Schlüssel übergab.

Zu dieser Zeit bereitete Dr. Yun gleichzeitig mehrere Veranstaltungen vor, darunter die europäische *Peace Starts with Me Rally* im April 2018 in Wien und den Lateinamerika-Gipfel im August 2018 in São Paulo. Nachdem ich seinen Bericht über den Traum gehört hatte, lud ich drei „Goldene Schlüssel", nämlich drei religiöse Leiter, zur Teilnahme am bevorstehenden *Peace Starts with Me Festival* am 15. Juli 2017 im Madison Square Garden in New York ein. Die drei waren Scheich Mansour Diouf aus dem Senegal, Prophet Samuel Radebe aus Südafrika und Erzbischof Johannes Ndanga aus Simbabwe. Während des Festivals knüpften wir enge Beziehungen, die den Grundstein für das legten, was dann kommen sollte.

Im Januar 2018 reiste ich zum ersten Afrika-Gipfel in den Senegal. Der Gipfel fand deshalb im Senegal statt, weil Gott dort diesen rechtschaffenen Mann, Scheich Mansour Diouf, einen angesehenen muslimischen Führer, vorbereitet hatte. Durch seine Bemühungen hießen mich zahlreiche weitere Führungspersönlichkeiten, einige mit Millionen von Anhängern, herzlich willkommen. Beeindruckt von unseren Idealen und Initiativen engagierte sich Scheich Diouf persönlich bei den Vorbereitungen des Gipfeltreffens. Obwohl er damit seinen Ruf riskierte, ermutigte er Präsident Macky Sall, Mitausrichter des Afrika-Gipfels zu sein. „Die Wahre Mutter kommt, um Segen nach Afrika zu bringen", sagte er zu Präsident Sall. „Dieses Gipfeltreffen wird ein historisches sein, und Ihre Unterstützung ist von grundlegender Bedeutung."

Während die Koreaner zu Hause mit eisigen Winden und viel Schnee zu kämpfen hatten, war Westafrika mit einer warmen Brise und der äquatorialen Sonne gesegnet. Als ich in Dakar aus dem Flugzeug stieg, empfingen mich die Söhne und Töchter Afrikas mit großer Begeisterung und hielten unter Freudentränen meine Hände.

Dennoch blieb eine Sache ungewiss. Selbst zum Zeitpunkt meiner Ankunft im Senegal hatte ich noch keine Bestätigung für die Teilnahme von Präsident Sall am Gipfeltreffen erhalten. Am Vorabend des Afrika-Gipfels bot Präsident Sall dankenswerterweise ein privates Treffen an. Nachdem er mich herzlich empfangen hatte, sprach ich über die Geschichte der Vorsehung Gottes, die Vorsehung des Himmels in Afrika, meine Identität als eingeborene Tochter und meinen Wunsch, die Nation und den Kontinent zu segnen. Präsident Sall hörte mich an und sagte dann: „Ich werde am morgigen Gipfel teilnehmen." Er stellte den besten Veranstaltungsort im Senegal für den Afrika-Gipfel, das Centre International de Conferences Abdou Diouf (CICAD) in Dakar, zur Verfügung. Zusätzlich zu seiner großzügigen Unterstützung bot Präsident Macky Sall auch das Präsidentenfahrzeug sowie Mitglieder seines Sicherheitsteams an, um mich zu beschützen, wohin ich auch ging.

Unvergesslich ist für mich der 18. Januar 2018, der Tag der Eröffnung des ersten Afrika-Gipfels. Das Thema und unsere Hoffnungen waren ehrgeizig: die Errichtung eines Himmlischen Afrikas durch Interdependenz, gemeinsamen Wohlstand und universelle Werte. Präsident Macky Sall sowie mehrere ehemalige Staatschefs und Premierminister, amtierende Kabinettsminister, Parlamentarier, religiöse Leiter und führende Persönlichkeiten aus allen Bereichen der Gesellschaft nahmen daran teil. 1.200 Vertreterinnen und Vertreter aus 55 Nationen des Kontinents, von Algerien im Norden bis Südafrika im Süden, versammelten sich zu dem bis dahin größten Gipfeltreffen der *Universal Peace Federation*.

Im Anschluss an meine Grundsatzrede wurden einige der innovativen Projekte unserer NGOs vorgestellt, die in Afrika arbeiten, darunter die Sae-ma-eul-Bewegung (Neues-Dorf-Bewegung), die Internationale Friedensautobahn sowie der Sunhak-Friedenspreis. Außerdem wurden afrikanische Abteilungen der *International Association of*

Parliamentarians for Peace (IAPP), der *International Association for Peace and Development (IAPD)* und der *International Association of Traditional Rulers (Chiefs) for Peace and Prosperity* gegründet.

Nach meinem Treffen mit Präsident Sall sagte man mir, dass der Präsident von der Aufrichtigkeit berührt war, mit der ich Afrika segnen und der Menschheit Heil bringen möchte, und davon, dass es mir dabei nicht um Ehre, Macht oder Profit gehe. Ich kann diese Schilderung nicht verifizieren, aber sie stimmt überein mit meiner Erfahrung von Präsident Salls vorbildlichem Führungsstil und seiner noblen Haltung. Seine Regierung organisierte dieses Gipfeltreffen zusammen mit uns und es wurde landesweit live im Fernsehen übertragen. Nationale und internationale Medien berichteten darüber. Bei meiner Grundsatzrede sprach ich frei, ohne vorbereiteten Text, über die Vorsehung des Himmels und den afrikanischen Kontinent und schloss mit der Proklamation eines Himmlischen Afrika, eines vom Himmel gesegneten Kontinents der Hoffnung. Ich lud alle Anwesenden ein, sich dieser Initiative anzuschließen, und Präsident Sall drückte danach seinen Wunsch zur Zusammenarbeit aus.

Am Abend gab es eine besondere Vorstellung der *Little Angels of Korea* zur Feier des Erfolgs des Afrika-Gipfels. Das Publikum war von ihren Liedern und Tänzen fasziniert und applaudierte begeistert während der Darbietungen des Trommeltanzes, des Fächertanzes, des Hochzeitstanzes und des koreanischen Volkslieds Arirang. Als die *Little Angels* zum Abschluss die senegalesische Nationalhymne und den Hit des senegalesischen Superstars Ismaël Lô, „Dibi Dibi Rek", in der Sprache des Landes sangen, waren die Menschen zu Tränen gerührt. Alle empfanden Hoffnung und Freude und teilten das Gefühl, Brüder und Schwestern zu sein.

Am nächsten Tag nahm ich die Fähre zur Insel Gorée, die vor der Küste von Dakar liegt, um ein Gebet für die Befreiung Afrikas von den historischen Schmerzen und Leiden zu sprechen, die durch die Geißel der Sklaverei verursacht wurden.

Gottes Umarmung trocknet alle Tränen

Vor 2018 hatte ich noch nie von Gorée gehört, das tausende von Kilometern von Korea entfernt liegt. Doch als der Afrika-Gipfel 2018 näherrückte, entwickelte ich eine tiefe Beziehung zu dieser Insel und ihrer Geschichte.

Die bohnenförmige Insel Gorée ist heute eine Touristenattraktion, die Besucher aus der ganzen Welt anzieht. Auf der Fähre, die vom Hafen von Dakar aus über das azurblaue Meer fuhr, waren viele Touristen aus verschiedenen Ländern, die sich, fasziniert von der Landschaft und ihrer Atmosphäre, staunend miteinander unterhielten und fotografierten. Doch ich empfand in meinem Herzen zunehmend einen intensiven Schmerz. Ich fühlte bereits, dass die bitteren Tränen der Trauer, die abertausende von Gefangenen auf dem Weg durch diese Insel vergossen hatten, die Weltmeere füllen könnten. Der schöne Ort, dem wir uns näherten, muss eine Insel voll Kummer und Leid gewesen sein.

Dakar liegt auf einem Kontinentalvorsprung an der Westküste Afrikas. Es ist der nächstgelegene Transitpunkt von Westafrika nach Nordamerika und Europa. Diese geographische Lage kann heute für gute Zwecke genutzt werden, aber fast 500 Jahre lang war hier ein Dreh- und Angelpunkt des transatlantischen Sklavenhandels, eine der grausamsten und unmenschlichsten Episoden der Geschichte.

Als europäische Missionare im Namen Christi nach Afrika kamen, waren die meisten von ihnen rechtschaffen. Es gab aber auch Europäer, die dem Geist Christi nicht treu blieben und den finanziellen

Interessen ihrer jeweiligen Nation Vorrang vor den Lehren Jesu einräumten. Während die europäischen Kolonisatoren, die seit dem 15. Jahrhundert in Scharen nach Afrika gekommen waren, mit ihren einheimischen Kollaborateuren die von Gott gegebenen natürlichen Ressourcen Afrikas ausbeuteten, investierten sie wenig in die Bildung der Menschen. Stattdessen entmenschlichten und versklavten sie einen großen Teil der afrikanischen Bevölkerung. Männer, Frauen und Kinder wurden in Ketten gelegt, gewaltsam auf die Insel Gorée gebracht und in die Sklaverei nach Amerika und Europa verfrachtet.

Während ihres Aufenthaltes auf der Insel Gorée wurden die Gefangenen so angekettet, dass das Gehen für sie nahezu unmöglich war. Man ließ sie hungern, bis man sie kurz vor dem Verkauf auf Auktionen mit Bohnen zwangsernährte, damit sie an Gewicht zunahmen. Wenn sie an Bord eines Sklavenschiffs ernsthaft erkrankten, wurden sie einfach über Bord ins Meer geworfen. Die einst friedliche Insel Gorée war ein Sklavenlager erfüllt von Schreien, Tränen und Leid.

Der Sklavenhandel dauerte hunderte von Jahren. Es wird geschätzt, dass mehr als 20 Millionen Afrikaner in die Sklaverei verkauft wurden, von denen viele durch das Sklavenhaus auf der Insel Gorée gingen. Niemand weiß, wie viele unschuldige Menschen während der Reisen auf See ums Leben kamen. Mir als der Wahren Mutter bricht es das Herz, zu wissen, dass solche Gräueltaten von vielen begangen wurden, die im Namen Jesu Christi beteten. Deshalb wollte ich die Insel Gorée besuchen und die historische Qual und den Kummer und den Schmerz all der Afrikaner, die unter der Geißel der Sklaverei gelitten haben, lösen.

Die Scharen von Menschen, die Fotos von den historischen Stätten machen, vergessen leicht die Spuren dieser tragischen Vergangenheit.

Mutter des Friedens

Gorée ist eine kleine Insel, deren Küste im Osten oder Westen zu Fuß in 20 Minuten leicht erreichbar ist. Während meines Rundgangs konnte ich beobachten, dass die Besucher von den vielen Gebäuden im europäischen Stil beeindruckt waren. Ein Tourist sagte: „Ein Spaziergang durch diese Kopfsteinpflasterstraßen erinnert mich an ein europäisches Wohnviertel." Ein anderer meinte: „Diese europäischen Häuser sind so schön und voller Charakter."

Was heute ein Touristenort ist, war einst das Zentrum des westafrikanischen Sklavenhandels. Ich sah die schönen Häuser, die für die europäischen Sklavenhändler gebaut worden waren, und der Kontrast zu dem kaum 30 Meter dahinter gelegenen Sklavenlager hätte nicht größer sein können. Das Sklavenhaus ist ein zweistöckiges Gebäude. Im oberen Stock wohnten Sklavenhändler, während unten die unschuldigen Afrikaner untergebracht waren, die aus weiten Teilen des Kontinents dorthin verschleppt worden waren und darauf warteten, an Bord von Sklavenschiffen gebracht zu werden. Die meisten Besucher und Würdenträger besichtigen den oberen Stock, aber ich verbrachte meine Zeit unten in den Sklavenzellen.

In dem Sklavenhaus, das aus Steinen gebaut war, gab es beengte, düstere Arrestzellen. Die Zellen waren wie Höhlen – dunkel und feucht, ohne natürliches Sonnenlicht und mit so niedrigen Decken, dass man nicht aufrecht stehen konnte. Am Ende eines engen Korridors mit Zellen auf beiden Seiten befand sich die berüchtigte *Tür ohne Wiederkehr*. Die Männer, Frauen und Kinder, die durch diese Tür auf Sklavenschiffe gingen, die nach Amerika segelten, wurden von ihren Familien nie wieder gesehen.

Ich hielt mich am Rahmen der *Tür ohne Wiederkehr* fest und vergoss zusammen mit dem Bürgermeister von Gorée und allen in unserer Gruppe Tränen, während ich für die Befreiung Afrikas von dem durch die Sklaverei verursachten Schmerz und Groll betete. Als ich an dieser Tür stand, konnte ich die Schreie und die Wehklagen unzähliger Afrikaner hören, die gegen ihren Willen verschleppt wurden.

Meine Trauer wurde noch größer, als ich sah, wie manche Touristen gedankenlos lachten und scherzten, während sie an den Sklavenzellen vorbeigingen. Aber ich beobachtete auch Familien, die beim Anblick dieser Mahnmale menschlicher Grausamkeit die Stirn runzelten und traurig seufzten. Eine Mutter lehnte sich über eine rote Backsteintreppe und sprach ein tränenreiches Gebet. Sie hatte offenbar die Hoffnung, dass ihr Gebet dazu beitragen würde, Jahrhunderte der Grausamkeit und des Elends zu heilen.

Die Befreiung der bereits Verstorbenen unterscheidet sich vom Trösten derer, die noch auf Erden leben. Beides ist möglich durch das

19. Januar 2018: Die Tür ohne Wiederkehr auf der Insel Gorée, Senegal

ernsthafte Gebet der eingeborenen Tochter Gottes, die den Auftrag hat, die Menschheit zu retten. Vor den stillen, trauernden Mauern des Sklavenhauses zerbrach ich für immer die elenden Ketten der Unterdrückung Afrikas.

Das Leid der Menschen Afrikas sollte wahrgenommen und ihre Notlage erkannt werden. Die lange, schmerzliche Geschichte der Menschheit, die von Ausbeutung und Freiheitsberaubung geprägt war, muss beendet werden. Das war meine Motivation, als ich tausende von Kilometern reiste, um auf die Insel Gorée, diesen immer noch bedauernswerten und traurigen Ort in Afrika, zu kommen. Nachdem ich die Sklavenzellen und die *Tür ohne Wiederkehr* gesehen hatte, stieg ich nicht die Treppe zum oberen Stock hinauf, wo die Sklavenhändler gewohnt hatten. Stattdessen machte ich mich auf den Weg zum Innenhof. Dort betete ich gemeinsam mit dem Bürgermeister der Insel Gorée Augustin Senghor und seiner Frau sowie vielen örtlichen Beamten für die Befreiung aller Afrikaner, die als Opfer der Sklaverei gestorben waren.

Ein kurzer Gang brachte uns danach zu einem kleinen Platz. Entlang einer der gelb gestrichenen Wände befanden sich mehrere kleine Gedenktafeln zu Ehren bedeutender Persönlichkeiten, die die Insel besucht hatten, darunter Nelson Mandela, Barack Obama, Mutter Teresa und Johannes Paul II. Als eine Gedenktafel mit meinem Namen enthüllt und die Inschrift verlesen wurde, sagte Bürgermeister Senghor: „Dies verkörpert nicht in vollem Ausmaß, wie dankbar wir sind und wie verpflichtet wir uns Ihnen gegenüber fühlen, aber es wird eine bleibende Erinnerung an das kostbare Herz sein, das Sie hierher gebracht haben." Viele in der Menge drückten ihren Dank dafür aus, dass ich Afrika von der Last von 500 Jahren des Leids befreite. Es war ein von Herzen kommendes Zeichen der Wertschätzung der Menschen des Senegal und, wie ich spürte, des ganzen Kontinents.

Nach der Enthüllung der Gedenktafel sangen die *Little Angels* wunderschöne senegalesische Lieder, die sie stundenlang gelernt und geprobt hatten, und rührten alle zu Tränen. Als wir uns auf den Weg zum Pier machten, um abzureisen, sagte ich dem Bürgermeister, dass ich ein Geschenk hinterlassen möchte, von dem die ganze Insel profitieren würde. Am Pier hörten wir das Geräusch eines sich nähernden Motorbootes. Es war ein Ambulanzboot, das wir der Insel Gorée für den Transport von Personen und Notfallpatienten schenkten. Es erhielt den Namen Victoria und spiegelte unsere gemeinsame Hoffnung wider, dass nach dem Verlust unzähliger Menschenleben im Laufe der vergangenen Jahrhunderte heute keine weiteren wegen des Fehlens eines Ambulanzbootes verlorengehen sollen.

In Afrika ist die Situation vieler Menschen weiterhin trostlos. Trotz im Überfluss vorhandener natürlicher Ressourcen und wunderbarer landschaftlicher Schönheit grassiert die Armut. Und dennoch sind die Afrikaner freundlich, mitfühlend und fleißig. Gott hat die Völker Afrikas dazu berufen, als strahlende, unveränderliche Geschöpfe des Himmels zu leuchten. Die Menschen Afrikas lassen mich das Herz unseres Schöpfers, unserer Himmlischen Eltern, spüren.

Im Juni 2019 besuchte ich Johannesburg in Südafrika, um ein weiteres Afrika-Gipfeltreffen und das Hyojeong-Familiensegnungsfest für 60.000 Menschen abzuhalten. Das Team des Propheten Samuel Radebe und mein Team arbeiteten gemeinsam für diese Segnungsfeier. Mehr als 500 Würdenträger – Regierungsbeamte, Parlamentsabgeordnete und religiöse Leiter aus ganz Afrika, darunter 12 amtierende und ehemalige Präsidenten und Premierminister – nahmen teil, um die Initiative für Wahre Familien zu unterstützen. Im Segensgebet drückte ich die Hoffnung aus, dass der afrikanische Kontinent zusammen mit

Mutter des Friedens

7. Juni 2019: Die Wahre Mutter mit dem früheren nigerianischen Präsidenten Goodluck Jonathan und Dr. Thomas Walsh (UPF) während des Afrika-Gipfeltreffens in Johannesburg

8. Juni 2019: Überreichung der Flagge der Familienföderation an Prophet Samuel Radebe von Südafrika

den 60.000 Anwesenden ein Himmlisches Afrika bilden und ein Licht für die Welt werden möge.

Prophet Radebe ist der Gründer der *Revelation Church of God* und von *Inkululeko Yesizwe*, beides große religiöse Organisationen mit Millionen von Anhängern in vielen afrikanischen Ländern. Er stammt aus einer langen Reihe von Propheten, die auf dem ganzen Kontinent bekannt sind. Während der Segnungszeremonie legte er Zeugnis für mich ab: „Südafrika und ganz Afrika heißen Dr. Hak Ja Han Moon willkommen, die als Wahre Mutter und eingeborene Tochter Gottes ihr Leben der Sache des Friedens gewidmet hat." Eine festliche Stimmung erfasste die Nation, da der südafrikanische öffentliche Fernsehsender SABC die Segnungsfeier übertrug.

Lassen Sie mich Ihnen einige Hintergrundinformationen zu dieser Segnungsfeier geben. Als ich im November 2018 in Kapstadt war, hielt sich Prophet Radebe in Mosambik auf, um eine neue Kirche zu gründen. Nachdem Dr. Yun Young-ho mit ihm gesprochen und meinen innigen Wunsch geäußert hatte, ihn zu treffen, charterte er sofort ein Flugzeug und flog nach Kapstadt, wo er gerade rechtzeitig zur Segnungsfeier eintraf. Als wir uns im Green Room trafen, sprach ich aus tiefstem Herzen zu ihm über Gottes Schöpfungsideal und Gottes Vorsehung der Erlösung für die Menschheit, einschließlich des Sündenfalls, der Vorsehung der Wahren Eltern und der eingeborenen Tochter. Ich fühlte, dass meine Worte ihn bewegten. Er nannte mich „Wahre Mutter" und bezeugte während seiner Ansprache, dass ich die vom Himmel vorbereitete eingeborene Tochter sei; er sagte dies, obwohl einige unserer theologischen Vorstellungen unterschiedlich sind.

Nach der Segnungsfeier erläuterte ihm Dr. Yun meine Vision: „Die Wahre Mutter möchte im nächsten Jahr eine Segnungszeremonie mit 100.000 Paaren veranstalten." Prophet Radebe antwortete freudig: „Lasst es uns tun!" Ich spürte, dass er verstand, warum ich nach Afrika gekommen war: um die Segnung zu geben. Er war sehr entschlossen, mit uns zusammenzuarbeiten und der Blume der wahren Liebe auf dem Kontinent zum Blühen zu verhelfen. Akribisch bereitete er die Segnungszeremonie im Orlando-Stadion im Juni 2019 vor. Von der Begrüßung am Flughafen bis hin zu meiner Hotelunterkunft kümmerte er sich persönlich um alles und nutzte sein gesamtes Fundament, um alles vorzubereiten und mich willkommen zu heißen.

Am 7. Juni 2019, am Vorabend der Segnungsfeier, besuchte ich das historische Township von Soweto. Soweto ist in der ganzen Welt als der Ort der ersten Anti-Apartheid-Aufstände im Jahr 1976 bekannt. Als Heimat weltbekannter Persönlichkeiten wie Nelson Mandela und Erzbischof Desmond Tutu spielte seine Bevölkerung eine wichtige Rolle in der Bürgerrechtsbewegung Südafrikas.

Von 1948 bis in die 1990er Jahre wurde in Südafrika die institutionalisierte Rassentrennung, bekannt als Apartheid, durchgesetzt. Die weiße Minderheitsbevölkerung dominierte die politischen, wirtschaftlichen und sozialen Institutionen des Landes und diskriminierte aktiv andere Ethnien. Die weiße Regierung vertrieb schwarze Menschen von ihrem Land, zwang sie, die Sprache Afrikaans zu lernen, und verlangte von ihnen Sondergenehmigungen für Reisen außerhalb der ausgewiesenen Gebiete. Sie durften nicht in denselben Restaurants essen oder dieselben Busse wie die Weißen nehmen. Ehen zwischen Angehörigen verschiedener Ethnien waren illegal und Schwarze durften kein Land in den für Weiße reservierten Gebieten besitzen.

1976 protestierten Oberschüler in Südafrika gegen die erzwungene Einführung von Afrikaans als Amtssprache im Soweto-Aufstand und in vielen anderen Protesten, die darauf folgten. Tausende von Menschen wurden während dieser Aufstände, die sich zu einer großen Bewegung gegen die Apartheid ausweiteten, getötet oder verletzt. Erzbischof Desmond Tutu und andere prangerten das Gesetz zum Erlernen von Afrikaans an, da es Kinder dazu zwang, die „Sprache der Unterdrücker" zu lernen. Die Opfer, die junge Schülerinnen und Schüler während der Proteste brachten, waren wahrhaft herzzerreißend. Die Polizei eröffnete das Feuer auf sie und Hector Pieterson, ein 12-jähriger Schüler, wurde getötet. Das Foto von Hector, das von Mbuyisa Makhubo und seiner Schwester Antoinette weinend getragen wurde, erschütterte die Welt und führte zum Umbruch in Südafrika.

Bei meinem Besuch in Soweto erwies ich an der Hector-Pieterson-Gedenkstätte den Opfern der Apartheid und der Rassendiskriminierung meinen Respekt und sprach für sie ein Gebet. Ich betete für die Befreiung der Menschen mit schwarzer Hautfarbe von der schmerzlichen Geschichte der Rassendiskriminierung, für die Befreiung der Schülerinnen und Schüler, die getötet und ihrer Hoffnungen und Träume beraubt worden waren, und um Gottes Segen für Südafrika und den afrikanischen Kontinent. Besonders bewegt hat mich, dass Antoinette zusammen mit 400 Jugendlichen aus dem ganzen Land auf Einladung des Propheten Radebe mit mir zum Hector-Pieterson-Memorial kam. Die Jugendlichen tanzten und sangen wunderschöne Lieder der Hoffnung. Ich empfand, dass diese jungen Menschen meine Kinder sind.

Die Ereignisse vom Juni 2019 gaben den Anstoß dazu, dass Prophet Radebe im Dezember desselben Jahres eine Segnungszeremonie für 100.000 Paare in Südafrika vorbereitete.

Erzbischof Johannes Ndanga aus Simbabwe ist Vorsitzender des *Apostolic Christian Council of Zimbabwe (ACCZ)*, des größten Christlichen Rates des Landes mit tausenden von angeschlossenen Kirchen und

Millionen von Mitgliedern. Dr. Yun erkannte Erzbischof Ndanga als den dritten rechtschaffenen Mann, auf den Vater Moon in seinem Traum hingewiesen hatte.

Erzbischof Ndangas Beziehung zu unserer Bewegung begann, als er nach Kenia kam, um bei einer interreligiösen Segnungszeremonie Glückwünsche zu übermitteln. Während er sprach, öffnete sich der Himmel und er hörte die Worte: „Übermittle nicht nur deine Glückwünsche, sondern empfange auch die Segnung!" Erzbischof Ndanga folgte freudig diesen Worten und nahm 2017 am *Peace Starts With Me Festival* im Madison Square Garden in New York teil. Er erklärte: „Ich erkannte die Wahre Mutter als die eingeborene Tochter durch eine Offenbarung des Himmels. Ich bin dankbar, die Segnung empfangen zu haben, und ich verkünde jetzt das Evangelium der Wahren Eltern, wohin ich auch gehe. Ich hoffe, dass ihr Ideal vom Weltfrieden verwirklicht werden wird."

Am Vorabend des *Madison Square Garden Festivals* lud ich die drei religiösen Führer – „Die drei goldenen Schlüssel" – ein, mit mir in unserem Wohn- und Konferenzzentrum in East Garden zu Abend zu essen. Dort sagte Erzbischof Ndanga: „Du bist die Wahre Mutter, auf die die Menschheit ungeduldig gewartet und nach der sie sich gesehnt hat." Am darauf folgenden Tag legte er vor anderen religiösen Leitern Zeugnis über seine Begegnung mit mir ab und sagte: „Die Wahre Mutter ist unsere Wahre Mutter. Ich bin ihr gesegneter Sohn." Inspiriert von seinen Erfahrungen in den USA kehrte er nach Simbabwe zurück und organisierte zusammen mit Leitern der Familienföderation für mehr als 300 Bischöfe des ACCZ einen speziellen Workshop über das *Göttliche Prinzip* und die Segnung. Mit Unterstützung der Regierung Simbabwes lehrte dann jeder dieser Bischöfe 210 Paare und segnete sie. Auf diese Weise erhielten mehr als 60.000 Paare die Segnung!

Am 11. November 2017 übermittelte Erzbischof Ndanga im Sangam World Cup Stadion in Seoul seine Glückwünsche bei der *Rally of Hope* zur Unterstützung der friedlichen Wiedervereinigung der koreanischen Halbinsel. Als er sich auf seine Heimreise vorbereitete, erhielt er Nachrichten über politische Unruhen und einen Regierungswechsel in Simbabwe. Die politischen Turbulenzen waren schwerwiegend; es gab Ausschreitungen auf den Straßen und Unruhen im ganzen Land. Erzbischof Ndanga war sehr besorgt über die Situation. Als er in Harare ankam, sah er, wie mehrere Geistliche festgenommen und abgeführt wurden. Doch in seinem Fall schien es so, als würde ihn niemand erkennen. Rasch verließ er den Flughafen und kam unbeschadet zuhause an. Inmitten des Aufruhrs im Land war sein Leben sicherlich in Gefahr, da er ein prominenter christlicher Leiter ist. Doch er glaubt fest daran, dass ich ihn vor Schaden bewahrt habe, und er bezeugt: „Es war das Wunder der Wahren Mutter."

2018 ernannte ich Erzbischof Ndanga zum Sondergesandten von Cheon Il Guk für Simbabwe. Mit großer Entschlossenheit antwortete er: „Ich werde ein pflichtbewusster Sohn sein, der in ganz Simbabwe und Afrika für die Wahre Mutter als der eingeborenen Tochter Gottes Zeugnis ablegen wird." Alle Menschen sind Gottes Kinder. Gott diskriminiert nicht aufgrund der Hautfarbe. Die Wahren Eltern haben Afrika als Himmlisches Afrika gesegnet und für seine Befreiung von vergangenem Leid gebetet. Jetzt wird eine neue Geschichte geschrieben, eine Geschichte, in der afrikanische Familien durch die Segnung als wahre Familien neugeboren werden. Dies leitet den Wandel ein, der Afrika zu einem leuchtenden Kontinent der Hoffnung für die ganze Menschheit machen wird.

Die Mutternation

Jedes Mal, wenn wir eine größere Veranstaltung in unserem Cheongpyeong-Komplex in Korea abhalten, nehmen tausende japanische Mitglieder daran teil. Ich bin immer besorgt, denn es bedarf einer großen logistischen Planung und Organisation, um an diesem Ort, unserer geistigen Heimat, viele tausende Menschen willkommen zu heißen und zu beherbergen. Aber die Mitglieder aus Japan empfinden große Freude, wenn sie ihre geistige Heimat Korea besuchen können. Sie schätzen das Gebet an heiligen Stätten wie Bomnaetgol in Busan, wo Vater Moon seine erste Kirche aus Lehm und ausrangierten Lebensmittelkartons der Armee baute. Ebenso schätzen sie die Headquarter-Kirche in Cheongpa-dong. Für viele ist der Besuch eine einmalige Gelegenheit und eine Ehre.

Der Anblick tausender gläubiger japanischer Mitglieder, die nach Korea kommen, lässt eine große spirituelle Welle erahnen, die, wie ich glaube, positive Veränderungen in Asien bringen wird. Asien gilt aus vielen Gründen als der Kontinent der Zukunft, und einer der Gründe ist, dass dort der Aufschwung und das Wachstum der Vereinigungsbewegung am dynamischsten sind. Japan war das zweite Land, in dem sich die Vereinigungsbewegung entwickelte. Die Missionsarbeit begann auf dramatische Weise, als der Missionar Choi Bong-chun im Juli 1958 von Busan per Schiff nach Japan reiste. Seine Missionsarbeit war ein endloser Marathon von Schwierigkeiten. Ohne gültiges Visum wurde er bei seiner Einreise ins Land verhaftet, inhaftiert und dann in ein Krankenhaus eingeliefert. Nachdem er schließlich seine Freiheit wiedererlangt hatte, schaffte Herr Choi einen Durchbruch, als er am 2. Oktober 1959 um 19.15 Uhr auf einem verfallenen Dachboden in Tokio den ersten öffentlichen Gottesdienst der japanischen Vereinigungskirche leitete. In den 60 Jahren, die seither vergangen sind, hat sich die Vereinigungsbewegung in ganz Japan verbreitet.

Trotzdem war ihr Weg sehr beschwerlich. Lange wurde ihr vorgeworfen, dass sie eine Sekte sei, und als Reaktion auf unsere *Victory over Communism (VOC)*-Aktivitäten kam es zu heftigen Attacken seitens japanischer Kommunisten. Als mehrere prominente Persönlichkeiten an unserer Ehesegnungszeremonie teilnahmen, fühlten sich manche Leute in Japan durch das Wachstum unserer Bewegung bedroht und bekämpften uns heftig in den Medien. Jahrzehntelang konnte mein Mann nicht nach Japan einreisen. Einige unserer geliebten Mitglieder verloren sogar ihr Leben. Die japanischen Behörden ließen schwere Angriffe auf die Religionsfreiheit zu, indem sie nichts unternahmen, wenn Kriminelle unsere Mitglieder entführten und sie, wenn möglich, so lange gefangen hielten, bis sie ihrem Glauben abschworen. Manche Mitglieder wurden wegen ihres Glaubens sogar in psychiatrische Anstalten eingewiesen. Trotz solcher Bedrängnisse ist die Vereinigungsbewegung stetig gewachsen. Allmählich hat sich die Erkenntnis durchgesetzt, dass die früheren Verfolgungen und Entführungen unrechtmäßig waren. Unsere Bewegung ist zu einem strahlenden Licht für die japanische Gesellschaft geworden und hat tausende Missionarinnen und Missionare in die ganze Welt ausgesandt, wo sie sich mit ganzem Herzen für die Verbreitung des *Göttlichen Prinzips* einsetzen und in den Dienst der örtlichen Gemeinschaften stellen.

Bis in die 1990er Jahre mieden sich die beiden Gruppen der in Japan lebenden koreanischen Einwanderer wegen ihrer ideologischen Differenzen. Sie bildeten zwei Organisationen: *Mindan*, die prodemokratische *Korean Residence Union in Japan*, und *Chongryon*, die pro-Pjöngjang eingestellte *General Association of Korean Residents in*

Japan. Die Tatsache, dass Bürger, die demselben „koreanischen Volk" angehören, sich voneinander trennten wie Wasser und Öl, war eine große Schande. Als wir *Victory over Communism (VOC)*-Aktivitäten durchführten, knüpften wir auch Verbindungen zu *Chongryon* und luden deren Mitglieder zu einem Besuch in Südkorea ein. Anfangs begegneten sie uns mit Misstrauen, aber als sie die Aufrichtigkeit unseres Angebotes erkannten, schlossen sie sich den Touren an. Viele von ihnen distanzierten sich später vom Kommunismus.

Im Sommer 2018 veranstalteten wir in der Saitama Super Arena in Tokio die *Rally of Hope and Resolve to Advance God´s Providence in Heavenly Japan*, um das 60-jährige Bestehen der japanischen Vereinigungsbewegung zu feiern. In meiner Ansprache rief ich Japan und Korea auf, um der Zukunft willen Hand in Hand voranzugehen. Ich ermahnte die beiden Nationen, sich im Herzen zu vereinen, den koreanisch-japanischen Unterwassertunnel zu vollenden und die beiden Nationen und die Welt durch die Internationale Friedensautobahn zu verbinden.

Seit den 1960er Jahren besuche ich Japan wann immer möglich, um Mitglieder zu treffen, persönliche Erfahrungen auszutauschen und die Mitglieder zu stärken. Ich habe auf vielen Versammlungen in verschiedenen Städten, darunter Tokio und Nagoya, und auf Hokkaido öffentlich gesprochen und Gottes Wort mit den Anwesenden geteilt.

Nagano, das 1998 Gastgeber der Olympischen Winterspiele war, ist eine japanische Stadt, die mich auf besondere Weise berührt hat. Die Vereinigungskirche von Nagano war ursprünglich eine kleine Gruppe mit ein paar dutzend Mitgliedern. Durch meine stetige Ermutigung wuchs die Kirche beständig. Neben dem schönen, einladenden Kirchengebäude befindet sich ein kleines Ausbildungszentrum, das „Hwarang" genannt wird. Die örtlichen Mitglieder gaben ihm diesen Namen zu Ehren des edlen Geistes, der die junge Führungselite der Silla-Dynastie

Koreas leitete. Die Bemühungen der Mitglieder bewegten mich zu einem Besuch, bei dem ich sie ermutigte, Gottes Willen an diesem Ort zur Entfaltung zu bringen. Ich pflanzte einen Apfelbaum in ihrem Hinterhof und als ich einige Jahre später die Kirche wieder besuchte, war der Baum prächtig gewachsen und trug köstliche Äpfel. So wie der Apfelbaum haben sich auch die Worte, die ich in Japan säte, vermehrt und tragen nun viele herrliche Früchte.

Ich segnete Japan, damit es sich als „Himmlisches Japan" erheben möge, ein Japan, in dem Gesellschaft und Kultur neugeboren werden. Zehntausende japanische Männer und Frauen haben im Schoß Gottes durch die Wahren Eltern neues Leben gefunden. Jedes Jahr überqueren viele von ihnen die Koreastraße, um das Heimatland ihres Glaubens zu besuchen. Diese gegenseitige Annäherung der Mitglieder macht unseren HJ Cheonwon-Komplex zu einer Brücke der Harmonie zwischen zwei ehemals verfeindeten Nationen.

Besonders bei Naturkatastrophen und in anderen schwierigen Zeiten schlägt mein Herz für Japan. Während des großen Erdbebens von Tohoku, der Kumamoto-Erdbeben und der Überschwemmungen in der Präfektur Okayama kamen zahlreiche Menschen ums Leben und der Schaden war immens. Diesen Betroffenen gehörte unser Mitgefühl und unsere Unterstützung.

Im Rahmen von Gottes globaler Vorsehung segneten die Wahren Eltern Japan als die Mutternation. Eine Mutter gibt ihren Kindern bedingungslos alles. So wie eine Mutter auf ihren Schlaf verzichtet, um sich um ihre Kinder zu kümmern, ist auch Japan bereit, mit dem Herzen einer Mutter zum Wohl der Welt Opfer zu bringen.

Liebe und Dienst in Südamerika

„Wir sind wahrscheinlich schlimmer dran als Afrika", klagten in Südamerika viele der Einheimischen, mit denen ich sprach. „Obwohl wir über viele Ressourcen und so genannte demokratische Institutionen verfügen, leben wir in Armut."

Der südamerikanische Kontinent hat, ähnlich wie Afrika, eine Geschichte des Leids, der Ausbeutung und der Armut. Er war über 300 Jahre lang von mächtigen europäischen Ländern besetzt, die seine Völker unterjochten und sich sein Gold, Silber und andere Ressourcen aneigneten. Darüber hinaus brachten die Europäer fremdartige Krankheiten mit, die die einheimische Bevölkerung dezimierten, da sie keine Immunität gegen diese Krankheitserreger besaß.

Im frühen 19. Jahrhundert kämpften die südamerikanischen Länder für ihre Unabhängigkeit und erlangten sie schließlich auch. Viele von ihnen versuchten, Demokratien zu errichten. Doch allzu oft waren die Regierungen korrupt. In der Folge entstanden kommunistische und faschistische Bewegungen, die die Ressentiments der Menschen nutzten, um brutale Diktaturen zu etablieren.

All dies bedeutete, dass Millionen unter unmenschlichen Grausamkeiten litten und ihr Leben verloren. Wann immer ich in Südamerika aus einem Flugzeug stieg, war das Erste, was ich tat, ein Gebet zu sprechen, um die Menschen in der ewigen Geistigen Welt von ihrem Leid zu befreien und sie zu trösten.

Ich habe gesehen, dass die Menschen in Südamerika trotz ihrer enormen Schwierigkeiten ein anständiges und ehrliches Leben führen und hart arbeiten, um auch nur kleine Verbesserungen zu erzielen. Auch haben sie einen starken Glauben an Gott. Ein beträchtlicher Teil des Kontinents hat großes Potenzial, da natürliche Ressourcen im Überfluss vorhanden sind und das Klima gemäßigt ist. Und überdies ist

Südamerika ein Geschenk Gottes, weil es große Gebiete unberührter Natur besitzt. Jeder, der dorthin reist, wird eine tiefe Verbundenheit zu dem weiten Land, der überwältigenden Schönheit der Natur und den freundlichen und sympathischen Menschen empfinden.

In Südamerika verbrachten mein Mann und ich viel Zeit in Gebet und Andacht, was wir *jeongseong* nennen. Die Besuche meines Mannes in fünf lateinamerikanischen Ländern im Jahr 1965 waren die ersten Schritte der Vereinigungskirche auf diesem Kontinent. In den darauf folgenden Jahrzehnten errichteten unsere Missionare in ganz Mittel- und Südamerika Grundlagen, bauten Kirchen, legten Zeugnis ab und gewannen neue Mitglieder. Sie setzten sich für gesunde Ehen und Familien ein und verbanden diese Nationen mit den weltweiten Bemühungen um Frieden und Versöhnung. Die meisten Südamerikaner sind katholisch, aber es gibt auch immer mehr protestantische Kirchen. Wie andere Völker der Welt sind die Menschen Lateinamerikas offen, neue Wege in ihrer Beziehung zu Gott zu erkunden, und so verbreiten wir die Lehren des *Göttlichen Prinzips* mit ganzem Herzen.

Zum wichtigsten Projekt, in das wir in Südamerika investierten, wurde ein Bildungsprojekt, das wir CAUSA nannten. Vater Moon und ich gründeten CAUSA in den 1980er Jahren, weil marxistische Revolutionäre in Mittel- und Südamerika an Einfluss gewannen. Eine Zeitlang sah es so aus, als drohte der gesamte Kontinent kommunistisch zu werden. Für uns war klar: Wenn Mexiko kommunistisch wird, müssen die Vereinigten Staaten ihre Truppen aus der ganzen Welt zurückrufen, um ihre Südgrenze zu schützen. Dieser Rückzug der US-Truppen hätte die Ausbreitung des unheilvollen Einflusses des Kommunismus in vielen Ländern, einschließlich Südkorea und Japan, ermöglicht.

Die CAUSA-Vorträge vermittelten tausenden Führungskräften und jungen Menschen in Lateinamerika und anderswo in der Welt eine klare Kritik am Kommunismus und einen Gegenvorschlag. Aufgrund dieser Vortragsreihen wiesen zahlreiche ehemalige und regierende Staatschefs die Ideologie des Kommunismus und seine verführerischen Aufrufe zur Revolution zurück.

1993 unternahmen mein Mann und ich Vortragsreisen zum Thema „Wahre Eltern und das Erfüllte-Testament-Zeitalter" in sechs und 1995 zum Thema „Wahre Familie und ich" in 17 Ländern Lateinamerikas. Während dieser Reisen trafen wir die Präsidenten von acht Nationen. Sie alle dankten uns dafür, dass wir den Vormarsch des Kommunismus in ihren Ländern aufgehalten hatten. Auf diesem Fundament initiierten wir Wirtschaftsprojekte, um Paraguay, Uruguay, Brasilien und Argentinien miteinander zu verbinden. Das Ziel war, Südamerika als eine Familie von Nationen zusammenzuführen.

Die ursprüngliche Schönheit von Mutter Natur

Unser Motorboot, das im Grunde ein Ruderboot mit Motor war, tuckerte geräuschvoll über den tiefen, blauen Río Paraguay. Auf halber Strecke stand plötzlich ein Passagier auf und das Boot begann wild hin- und herzuschaukeln. Die anderen Passagiere schrien aus Angst, dass das Boot kentern würde. Gerade als sich alle wieder beruhigt hatten, rief jemand: „He! Was ist denn das?" Vor unseren Augen sprang ein bizarr aussehender Fisch hoch aus dem Wasser und landete auf dem Deck. Er hatte die Größe eines Lachses, zuckte in der heißen Sonne herum und knirschte mit seinen dutzenden messerscharfen Zähnen. Die verängstigten Passagiere bewegten sich von ihm weg und schützten ihre Beine, während der Bootsführer den Fisch ruhig mit einem langen Stock hochhob und zurück in den Fluss warf.

„Er sah furchterregend aus, wie heißt er?", fragte ihn jemand.

„Es ist ein Dourado", sagte er, „dourado ist Portugiesisch für ‚golden'."

Der Dourado ist eine von unzähligen Fischarten, die in den Gewässern von Mato Grosso do Sul, einem der Bundesstaaten Brasiliens im mittleren Westen, heimisch sind. Der Río Paraguay, der die Grenze zwischen diesem Teil Brasiliens und Paraguay bildet, ist nicht nur reich an solchen Fischen, sondern auch an vielen anderen Arten von Lebewesen. In den äquatornahen Regionen Südamerikas ist das Wetter entweder frühlingshaft warm oder sommerlich heiß. Ständig blühen Blumen, und Obst zum Pflücken ist reichlich vorhanden. Es ist ein angenehmes Land, wo der Mensch in Harmonie mit der Tier- und Pflanzenwelt leben kann.

Wenn das Paradies auf Erden dadurch definiert ist, dass viele verschiedene Lebewesen in einem üppigen, grünen Garten zusammenleben, dann gehört Mato Grosso do Sul zu diesem Paradies. Auf seinem ausgedehnten Gebiet gibt es noch unberührte Wälder und Feuchtgebiete.

Die Region eignet sich für die Bewirtschaftung von Bauernhöfen oder Obstgärten. Riesige Bäume bieten vielen Arten von Vögeln, Insekten und Tieren Schutz und Nahrung. Die Flüsse sind sauber und manche sogar recht klar. Es gibt mehr als 20 Wasserfälle, darunter die berühmten Iguazú-Wasserfälle im benachbarten Bundesstaat Paraná, die an der Grenze zwischen Brasilien und Argentinien heruntertosen.

Obwohl es die heißeste Jahreszeit in Südamerika war, luden wir im Dezember 1994 unsere leitenden Missionare aus der ganzen Welt zu einem Angel-Workshop am Río Paraguay ein. Während die Sonne an diesen Tagen brannte, wateten die Einheimischen zur Abkühlung in den Fluss, lagen im Wasser und sahen uns neugierig beim Fischen zu.

So schön das Pantanal auch ist, man muss immer vorsichtig sein. Wir fuhren mit einem Boot flussaufwärts, legten an und erkundeten die Landschaft. Manchmal schafften wir es kaum durch das Gewirr von Lianen, die von riesigen Bäumen herabhingen, und mussten sogar auf dem Bauch kriechen. Oft kehrten wir erst um Mitternacht zum Boot zurück. Um den Rückweg in der Dunkelheit zu finden, waren wir auf ein durch den Wald gespanntes Stahlseil angewiesen.

Wenn wir dann vor der Morgendämmerung aufstanden, um weiterzufahren, hatten wir es wieder mit glühender Hitze und Moskitoschwärmen zu tun. Es war ein anstrengender Tagesablauf. Am schwierigsten war für mich die Morgenroutine. Auf dem schmalen Boot stellte ich umständlich einen Sichtschutz auf, damit ich mich mit dem Flusswasser waschen konnte. In meinem Herzen aber begrüßte ich solche primitiven und natürlichen Bedingungen.

In der Nähe der Stadt Jardim in Mato Grosso do Sul errichteten wir ein internationales Seminarzentrum und nannten es „Hauptquartier für die Erziehung idealer Familien für den Weltfrieden". Ebenso gründeten wir die *New Hope Farm* als eine Grundlage zum Aufbau der Nation Gottes. Die Einwohner der Stadt erzählten uns, dass nach einer alten Prophezeiung Jardim der Ort sei, wo der Herr wiederkommen würde.

Das erste Mal gingen Vater Moon und ich Ende 1994 nach Jardim. Als wir dort unser erstes Leiterseminar abhielten, war das Ausbildungszentrum ein heruntergekommenes Lagerhaus, in dem es nicht einmal Toiletten oder eine Küche gab. Ich kann nicht annähernd beschreiben, wie unbequem es war, aber es eignete sich perfekt für die erfahrungsbasierte Ausbildung, die wir unseren Leitern bieten wollten. Es war ein Workshop des Herzens, in dem die Teilnehmerinnen und Teilnehmer in der heißen Luft heftig schwitzten, während sie am frühen Morgen

Die Herausforderung, eine Himmlische Welt zu verwirklichen

Gottes Wort lasen und tagsüber inmitten der nicht verschmutzten, sauberen, ursprünglichen Schöpfung fischten.

Im Laufe der Jahre bauten wir den Standort Jardim zu einem schönen Familien-Freizeit-Zentrum aus. Auch investierten wir in den Ausbau der nahegelegenen *New Hope Farm*. Missionare der Vereinigungsbewegung und Mitglieder aus verschiedenen Ländern übersiedelten dorthin mit der Vision, den Garten Eden wiederherzustellen, den Gott am Anfang geschaffen hatte. Wir bauten für unsere Gemeinschaft in Jardim auch eine Schule. Die Familien aus der ganzen Welt sollten Gottes Liebe erfahren können, während sie in der wunderschönen Natur lebten. Wir spendeten Krankenwagen für eine Reihe von Kleinstädten, betrieben Landwirtschaft, züchteten Rinder und verbesserten die Lebensgrundlage der Menschen vor Ort. In den späten 1990er Jahren verbrachten tausende unserer Mitglieder aus aller Welt 40 Tage mit Studium, Gebet und Erholung im Seminarzentrum, umgeben von der weitgehend unberührten Natur.

Das Pantanal, an das Jardim angrenzt, ist das größte Binnenland-Feuchtgebiet der Erde und steht als UNESCO-Welterbe unter Naturschutz. Es liegt auf beiden Seiten des Río Paraguay und ist ein Paradies auf Erden. Alles, was Gott in diesem Gebiet schuf, hat das Erscheinungsbild der ursprünglichen Schöpfung. Ich bin tief beeindruckt von dem Gedanken, dass der Garten Eden so ausgesehen haben muss, mit den Fischen und all den Tieren und Pflanzen, die genauso leben, wie sie immer gelebt haben. Es gibt Wasserschweine, Krokodile, Wildschweine und Vögel wie die Nandus, die alle in freier Wildbahn leben. Im Fluss findet man Surubi, Pacu und natürlich die Piranhas, die sogar für Menschen gefährlich sein können. Viele Arten, die als gefährdet gelten, leben hier, darunter Jaguare, Pumas, Pampashirsche, Mähnen-

Mutter des Friedens

wölfe, Fischotter, Gürteltiere und Ameisenbären. Außerdem wachsen hier ganz spezielle Bäume und Kakteen. Das Pantanal ist ein einzigartiges Gebiet, um ein musterhaftes Dorf zu errichten.

Eine solch außergewöhnliche natürliche Umwelt wie diese birgt manche Gefahren, könnte aber gleichzeitig eine zukünftige Schlüsselregion für die Lösung der Nahrungsmittelknappheit sein. Um die Lebensgrundlage der einheimischen Bevölkerung zu verbessern, entwickelten wir Landwirtschaft und Fischzucht. Eine unserer Ideen war es, Fischmehl herzustellen, mit dem die Ernährung der Menschen in ärmeren Gebieten verbessert werden könnte. Es wurden Pläne entwickelt, wie auch die Rinderzucht diesem Zweck dienen könnte. Zum Schutz der Naturlandschaft pflanzten wir entlang des Río Paraguay eine große Anzahl von Bäumen.

Das zweite Gebiet, in das wir investierten, heißt Chaco. Dieses abgelegene Gebiet ist Teil der Region Gran Chaco, die Teile Boliviens, Paraguays und Argentiniens umfasst. Im Jahr 1999 ermutigten wir unsere Mitglieder, dort eine Siedlung unter dem Namen Puerto-Leda-Projekt zu entwickeln. Wenn man bei Puerto Leda den Río Paraguay von Paraguay nach Brasilien überquert, ist man mit einem Allradfahrzeug in wenigen Stunden in Jardim.

Puerto Leda war einer der am wenigsten entwickelten Orte in der Chaco-Region. Als wir dorthin kamen, fehlte es an allen grundlegenden Einrichtungen. Das nahegelegene Dorf hatte keine Schule und kein Krankenhaus und es musste dringend eine wirtschaftliche Grundlage zur Grundversorgung mit Nahrungsmitteln geschaffen werden. Unsere japanischen Brüder krempelten die Ärmel hoch und arbeiteten so hart sie konnten. In wenigen Jahren verwandelten sie die Gegend in ein vorbildliches Dorf, in dem Mensch und Natur harmonieren, einen Ort, an dem jeder gerne leben würde. Es entstand eine ökolo-

Die Herausforderung, eine Himmlische Welt zu verwirklichen

gische Mustersiedlung mit einer Wasserreinigungsanlage und einer Fischzucht. Sogar einen Swimmingpool bauten sie.

Mitglieder in der ganzen Welt, insbesondere in Japan, folgten unserem Spendenaufruf zur Unterstützung des Leda-Projekts. Nichts kann sich an nur einem Tag ändern; doch die Mitglieder vor Ort wurden durch die Hoffnung getröstet, die sie in den Augen der Kinder sahen, und durch Veränderungen, die in den Herzen der Jugendlichen stattfanden. Die neue Generation von Puerto Leda begann Hoffnung zu schöpfen: „Auch wir können ein gutes Leben haben."

Der Präsident von Paraguay stattete dem Ort persönlich einen Besuch ab und sprach seine Anerkennung für unsere Projekte aus. Wir hatten diesen den Vorrang vor der Errichtung von Kirchen gegeben, doch mit der wachsenden Zahl von Menschen, die auf den unermüdlichen Einsatz unserer Mitglieder reagierten, wuchs auch unsere Glaubensgemeinschaft.

Viele Male hatte ich über den Schmerz der Menschen geweint, die unter diesem weiten Himmel Lateinamerikas ein beschwerliches Leben führten. Mein Herz litt mit den Kindern, die sich danach sehnten, schreiben zu lernen, aber keine Gelegenheit dazu hatten. Wenn unsere dortigen Missionare in den 1970er Jahren davon berichteten, wie schwierig es war, den Menschen, die Tag für Tag ums Überleben kämpften, Gottes Wahrheit zu bringen, konnte ich nur zuhören und ihnen still die Hand auf die Schulter legen. Gemeinsam beteten wir: „Wir werden eines Tages dorthin zurückkehren und ein glückliches Land aufbauen. Himmlischer Vater, bitte vergiss diese Menschen nicht." In den 1990er Jahren war es dann soweit. Gott öffnete die Tür, und das, wofür wir gebetet hatten, begann Realität zu werden.

Wir sind uns der Notwendigkeit bewusst, die voranschreitende Zerstörung des Ökosystems aufzuhalten. Im Namen des wirtschaftlichen Fortschritts droht bekanntlich sogar der Verlust des Amazonas-Regenwalds. Überfischung und das profitorientierte Töten wertvoller Tiere sind ebenfalls ein ernstes Problem. Gleichzeitig hungern mehr als 800 Millionen Menschen auf der Welt. Einige südamerikanische Länder verfügen über große Rinderbestände und Weizen, können aber trotzdem Mangelernährung nicht verhindern. In unseren Bildungs- und Mustersiedlungsprojekten in Lateinamerika wird auch die örtliche Pflanzen- und Tierwelt erforscht, um herauszufinden, wie man diese Ressourcen am besten nutzen und gleichzeitig die Natur schützen kann.

Die Flügel des Monarchfalters haben nur wenige Zentimeter Spannweite, und doch legen diese Schmetterlinge auf ihren Herbstwanderungen bis zu 3.600 Kilometer zwischen Kanada und Mexiko zurück. Niemand hat ihnen das beigebracht; es liegt in ihrer Natur. Mensch und Natur stehen in einer untrennbaren Beziehung zueinander. Nur wenn wir in der Natur leben, in sie investieren und sie studieren, können wir Gottes Schöpfungsakt und Seine mystische Wahrheit durch sie erkennen, denn die Natur repräsentiert ihren Schöpfer. Wenn wir die unendliche Freude und Liebe spüren, die Gott fühlte, als Er die Erde für uns schuf, können wir jeden Tag mit Liebe und Dankbarkeit im Herzen leben. Diese Erfahrung kann man in Lateinamerika machen. Durch familienorientierte Liebe und als eine Familie unter Gott können wir dort unser ursprüngliches Heimatland, Gottes Geschenk der Natur, entdecken.

São Tomé und Príncipe, das Modell für die nationale Wiederherstellung

Nach dem ersten Afrika-Gipfel, der im Januar 2018 im Senegal stattgefunden hatte, bekundeten mehrere afrikanische Länder ihr Interesse, ein Gipfeltreffen und eine Segnungszeremonie auszurichten. Insbesondere die Regierung von São Tomé und Príncipe äußerte den starken Wunsch, Gastgeber für verschiedene Initiativen im ganzen Land zu sein, darunter ein Gipfeltreffen, eine Segnungsfeier und ein *Youth and Students for Peace Festival*. Fast vier Jahrzehnte Missionsarbeit, die Aktivitäten des vorangegangenen Jahres und die Teilnahme am Weltgipfel im Februar 2019 in Korea waren die Grundlagen dafür.

Im Frühjahr 2019 sandte ich meinen Repräsentanten nach São Tomé. Nachdem er mit Präsident Evaristo Carvalho, Premierminister Jorge Bom Jesus und dem Präsidenten der Nationalversammlung Delfim Neves zusammengetroffen war, wurde eine Absichtserklärung zwischen der UPF und der Regierung von São Tomé unterzeichnet. Aufgrund ihrer Bereitschaft, bei mehreren Schlüsselinitiativen mit uns zusammenzuarbeiten, war ich entschlossen, das Land zu segnen und dort den Grundstein für eine Himmlische Nation zu legen. Ich kündigte an, den Afrika-Gipfel im September 2019 und das Hyojeong-Familiensegnungsfest in São Tomé und Príncipe abzuhalten.

São Tomé und Príncipe ist ein wunderschöner äquatorialer Inselstaat im Golf von Guinea vor der Küste Zentralafrikas, der 1975 seine Unabhängigkeit von Portugal erlangte. Nachdem wir mehr als 40 Stunden gereist waren, einschließlich zweier Zwischenstopps, bereitete uns die Regierung von São Tomé einen außerordentlichen Empfang. Kabinettsminister hießen uns am Flughafen herzlich willkommen und am nächsten Tag empfing mich Präsident Evaristo Carvalho im Präsidentenpalast zu einem privaten Treffen. Nach unserer herzlichen

Begegnung begleitete mich die Ehrengarde des Präsidenten zum Gebäude der Nationalversammlung, um das Gipfeltreffen zu eröffnen.

4. September 2019: Vor dem Präsidentenpalast von São Tomé und Príncipe

Mehr als 800 Führungspersönlichkeiten aus São Tomé und ganz Afrika waren anwesend. Die Nationalversammlung hatte großzügigerweise ihre Räumlichkeiten für das Gipfeltreffen und die Segnungszeremonie zur Verfügung gestellt. Um 9.00 Uhr morgens waren der Hauptsaal und die umliegenden Zusatzräume bereits voll besetzt. Neben Präsident Carvalho, Premierminister Jorge Bom Jesus und dem Präsidenten der Nationalversammlung Delfim Neves waren hunderte von Parlamentariern, dutzende von Regierungsmitgliedern, hunderte von religiösen Leitern und Führungspersönlichkeiten der Zivilgesellschaft sowie mehrere ehemalige Staatschefs anwesend.

Die Herausforderung, eine Himmlische Welt zu verwirklichen

Der Gipfel, die Segnungszeremonie und das *Youth and Students for Peace Festival* wurden live im nationalen Fernsehen übertragen und das Feedback der Zuschauer war überwältigend positiv.

Zum Auftakt des Gipfeltreffens hielten einige amtierende und ehemalige Staatsoberhäupter inspirierende Ansprachen. Danach stellte mich Goodluck Jonathan, der frühere Präsident Nigerias und heutige Vorsitzende des *International Summit Council for Peace (ISCP)* in Afrika, dem Publikum vor. In meiner Ansprache schlug ich vor, dass São Tomé und Príncipe bei der Verwirklichung des Modells einer Himmlischen Nation mit mir zusammenarbeiten möge. Ich segnete das Land als „Himmlisches São Tomé", eine von Gott gesegnete Nation, worauf das Publikum begeistert applaudierte.

Im Anschluss bedankte sich Präsident Carvalho und brachte seine tiefe Wertschätzung für die verschiedenen Initiativen zum Ausdruck, die in seiner Nation gestartet wurden, sowie für die Vision, die ich in meiner Ansprache dargelegt hatte. Er äußerte den starken Wunsch, eine noch engere Beziehung zu uns zu knüpfen und unsere Arbeit langfristig fortzusetzen. Mit besonderer Freude hörte er den Begriff „Himmlisches São Tomé" und nannte mich „Mutter Moon".

An diesem Abend lud Präsident Carvalho die anwesenden Staatsoberhäupter zu einem Staatsbankett in ein wunderschönes Restaurant am Meer ein, das für staatliche Veranstaltungen reserviert ist. Zuvorkommend geleitete er mich durch das üppige Buffet und empfahl mir köstliche lokale Speisen. Ich war bewegt von dem ernsthaften Wunsch der Regierung von São Tomé, ihre Nation aufrichtig und prinzipiengemäß zu entwickeln.

Am folgenden Tag versammelten sich die Regierungsvertreter, unter ihnen der Präsident, der Premierminister und der Präsident der Nationalversammlung sowie die ehemaligen Staatsoberhäupter, zum Segnungsfest. Es war ein wunderschöner Anblick. Insgesamt waren es

600 Paare, neben den Regierungschefs auch Vertreter von Religionsgemeinschaften und Verantwortungsträger der Zivilgesellschaft aus ganz São Tomé und dem benachbarten Príncipe.

Mehr als 10.000 Paare hatten bereits an einer vorbereitenden Segnungszeremonie teilgenommen und Repräsentanten davon waren für diese Zeremonie ausgewählt worden. Mich berührten insbesondere Berichte von Paaren, die kurz vor der Scheidung gestanden, aber ihre Differenzen überwunden hatten und nun versprachen, durch die Segnung ideale Familien zu werden. Es war ein großartiges Familienfest. Schon um 8.00 Uhr morgens war der Veranstaltungsort voller begeisterter Menschen, obwohl die Segnung erst für 17.00 Uhr angesetzt war. Einige Paare waren sogar bereits vor Tagesanbruch gekommen. Die festliche Stimmung in der Nationalversammlung stieg von Stunde zu Stunde; und während der Beginn der Segnung näher rückte, spürte man überall die Vorfreude und den Enthusiasmus der Paare.

15 amtierende und ehemalige Staatsoberhäupter aus ganz Afrika saßen auf dem Podium. Ich besprengte 60 Paare, die Regierung, Religion und Zivilgesellschaft repräsentierten, mit Heiligem Wasser. Die Teilnahme der drei Bereiche der Regierung des Landes und der Bevölkerung bedeutete, dass dies in der Tat eine nationale Segnungszeremonie war, ein schönes und feierliches Fest. In meinem Segensgebet brachte ich zum Ausdruck, dass São Tomé und Príncipe als erste Nation die Qualifikation erworben hatte, ein Vorbild für nationale Wiederherstellung zu sein.

Ein besonders bewegender Teil des Segnungsprogramms war das Reinheitsversprechen von Vertreterinnen und Vertretern der Jugend von São Tomé.

Während der Vorbereitungen für diese Ereignisse veröffentlichte ein katholischer Priester vor Ort einen Brief, in dem er die Vereinigungskirche, die Segnungszeremonie und die *Universal Peace Federation* heftig kritisierte. Dennoch erwiesen sich die Beziehungen, die wir mit der Regierung und dem Volk von São Tomé geknüpft hatten, als stark genug, um theologische Differenzen zu überbrücken. Die Regierung blieb standhaft in ihrem Engagement und die Bevölkerung nahm voller Freude an den vielen Programmen teil, die durchgeführt wurden.

Am Tag nach der Segnung veranstaltete die IAYSP das, wie einige sagten, größte Jugendfest, das je in dieser Nation stattgefunden hat.

Vor meiner Abreise verabschiedete mich der Präsident von São Tomé und Príncipe mit sehr freundlichen Worten: „São Tomé ist Ihre Heimat und Ihr Land, also kommen Sie bitte wieder, wann immer Sie können."

Energie und Optimismus in Europa

Die kleine europäische Nation Albanien liegt mir besonders am Herzen. Während der Ära des Kalten Krieges gehörte Albanien zu den ärmsten Ländern der Welt, aber in den letzten 20 Jahren hat das albanische Volk große Fortschritte in der Entwicklung seines Landes gemacht. Seine Energie und sein Optimismus erinnern mich an mein eigenes Volk.

Im Jahr 2005 begrüßte Präsident Alfred Moisiu meinen Mann und mich im Rahmen eines Staatsempfangs, als wir auf unserer Weltreise zur Gründung der *Universal Peace Federation (UPF)* sein Land besuchten. Er war der erste amtierende Staatschef, der uns auf diese Weise empfing. Ich erinnere mich, dass ich zu Präsident Moisiu sagte: „Wenn Sie uns 2.000 junge Menschen zur Ausbildung anvertrauen, können wir Ihnen helfen, Ihre Nation zu verändern."

Diese Bitte erfüllte sich im Oktober 2019 während des Friedensgipfels für Südosteuropa, als 3.000 dynamische junge Leute zu der

Youth and Students for Peace Rally in Tirana zusammenkamen. Nach der Rally folgte der Start des Projekts *Balkan Peace Road*.

Am Vormittag dieses Tages hatten mich der ehemalige Präsident Moisiu, jetzt ein rüstiger 90-Jähriger, und die Staatsministerin Elisa Spiropali im Namen der Regierung willkommen geheißen und eingeladen, auf dem Gipfeltreffen zum albanischen Volk zu sprechen. Auf der Bühne saßen neben uns der Präsident des Kosovo, Hashim Thaçi, und der Präsident Nordmazedoniens, Stevo Pendarovski. Die Veranstaltung wurde live im nationalen Fernsehen übertragen.

Ich sprach dem albanische Volk Mut zu und sagte: „Sie brauchen nicht enttäuscht zu sein, weil Sie der Europäischen Union nicht beitreten konnten. Viele halten Albanien für die „Letzten", aber in der Bibel heißt es, die Letzten werden die Ersten sein. Albanien wird an erster Stelle sein und kann Europa den Weg zeigen. ... Gott wird mit Ihnen

26. Oktober 2019: Südosteuropäischer Friedensgipfel 2019, Kongresspalast, Tirana, Albanien

sein, wohin Sie auch gehen. Wenn Albanien den Schmerz der Vergangenheit überwindet, an dem es noch festhält, und als Himmlisches Albanien neugeboren wird, das Gott ehrt, wird es für Europa kein Problem mehr sein, eins zu werden."

Am folgenden Tag führte ich eine Segnungszeremonie durch, an der 1.200 Paare stellvertretend für die 12.000 Paare, die 2018 und 2019 in ganz Albanien gesegnet worden waren, teilnahmen. Albanien ist eine gemäßigte muslimische Nation und kann sich glücklich schätzen, Heimat verschiedener religiöser Traditionen zu sein, die in Harmonie miteinander leben. Vater Edmond Brahimaj, Oberhaupt des Bektashi-Weltordens, sowie Imame und Priester kamen einträchtig zusammen auf die Bühne und sprachen ebenfalls Segensgebete.

In ihrer Glückwunschrede sagte Monika Kryemadhi, die Frau des albanischen Präsidenten Ilir Meta, es sei die schönste Veranstaltung gewesen, die je im Kongresspalast stattgefunden habe. An diesem Tag erklärte ich, dass die Nation in der Tat das „Himmlische Albanien" geworden war. Ich erwarte, dass Albanien eine große Nation wird, indem es zum Wohl anderer Nationen lebt.

Mutter des Friedens

11. KAPITEL

DIE WIEDERHERSTELLUNG KANAANS IM HIMMEL UND AUF DER ERDE

*Das Land des Todes ist das Land des Lebens,
und das Land des Lebens ist das himmlische Land*

Ich ging über meine Grenzen hinaus, um das Versprechen zu erfüllen, das ich den Himmlischen Eltern, dem Wahren Vater und unserer weltweiten Mitgliederschaft gegeben hatte, nämlich bis zu unseren Veranstaltungen zum Gründungstag im Februar 2020 sieben himmlische Nationen wiederherzustellen. Die Arbeit von sieben Jahren seit dem Übergang des Wahren Vaters in die Geistige Welt näherte sich nun ihrem Höhepunkt. Diesem Ziel widmete ich von Mitte November 2019 bis zum Jahresende einen 40-Tage-Kurs zur Wiederherstellung Kanaans im Himmel und auf der Erde.

In verschiedenen Teilen der Welt gibt es Menschen, die mich Mutter des Friedens, Mutter der Menschheit oder sogar universelle Mutter nennen. Daher ist meine Entschlossenheit, zum Wohl unserer Himmlischen Eltern, der Vorsehung des Himmels und der ganzen Menschheit da zu sein, trotz enormer Herausforderungen unerschütterlich. Sie wurzelt in dem Versprechen, das ich gab, als ich mein Haupt vor dem heiligen Körper des entschlafenen Wahren Vaters verneigte: „Ich werde Cheon Il Guk auf Erden errichten."

———

Der 40-Tage-Kurs begann in Kambodscha. Der persönlichen Einladung von Premierminister Hun Sen folgend, flog ich am 19. November 2019 nach Phnom Penh zum Asien-Pazifik-Gipfeltreffen. Dies war die erste Veranstaltung, die von der kambodschanischen Regierung gemeinsam mit einer Nichtregierungsorganisation durchgeführt wurde. Sie fand in dem als Friedenspalast bekannten Amtssitz des Premierministers statt. Vor Eröffnung des Gipfels gab der Premierminister einen Empfang für die aus der ganzen Welt angereisten Führungspersönlichkeiten.

Dort betonte er die Wichtigkeit des Asien-Pazifik-Gipfels und die Notwendigkeit von Harmonie und Zusammenarbeit zwischen den asiatischen Nationen und sprach über seine Bemühungen für die Entwicklung Kambodschas. Danach erläuterte ich den zentralen Aspekt dieses Ereignisses: „Der Zweck dieses Gipfeltreffens besteht darin, zu vermitteln, dass Gott der Schöpfer – von dem wir durch den Sündenfall getrennt wurden – Himmlische Eltern der Menschheit ist. Unsere Zukunft ist hoffnungsvoll, da wir das Asien-Pazifik-Gipfeltreffen unter der Führung Gottes abhalten."

Die Teilnehmerinnen und Teilnehmer brachten ihre Zustimmung für die Ziele des Gipfeltreffens zum Ausdruck und begrüßten die bahnbrechende Initiative der kambodschanischen Regierung und ihre

Zusammenarbeit mit der UPF. Premierminister Hun Sen befürwortete meine Initiative einer Asien-Pazifik-Union als einen Weg der Zusammenarbeit, der zu Frieden in Asien führen werde. Nach diesem Empfang schritten wir gemeinsam in die große Halle des Friedenspalastes, wo der Asien-Pazifik-Gipfel begann.

Über 800 Repräsentanten aus 46 Nationen, darunter drei amtierende und neun ehemalige Staatsoberhäupter, waren anwesend. Ich sprach zu ihnen über unsere Aufgabe, die Verwirklichung der Vorsehung des Himmels zu unterstützen, und über die kommende Ära der pazifischen Zivilisation, die die endgültige Realisierung der Vorsehung des Himmels bringen wird. Ich erklärte, dass die pazifische Zivilisation eine Zivilisation der wahren Liebe sein wird, gekennzeichnet durch die Liebe zu Gott als den Himmlischen Eltern. Premierminister Hun Sen drückte nochmals seine Unterstützung für die Vision eines regionalen Friedens aus, verankert in der von mir vorgeschlagenen Asien-Pazifik-Union.

19. November 2019: Eröffnungsplenum des Asien-Pazifik-Gipfels, Friedenspalast in Phnom Penh, Kambodscha

Jesus sagte, die Ersten werden die Letzten und die Letzten werden die Ersten sein. So mögen viele Delegierte empfunden haben, als sie, obwohl weit entfernt von Jesu Heimatland, die Phnom Penh-Erklärung unterzeichneten und so ihre aktive Unterstützung für die Vision einer Asien-Pazifik-Union ausdrückten. Für die Vorsehung Gottes war es ein bedeutsamer Schritt; es schien, als hätten sich tausend Jahre in diesem einen Tag verdichtet. Ich fühlte, dass die Himmlischen Eltern und der Wahre Vater mit dem Ergebnis des Gipfeltreffens sehr zufrieden waren.

Am nächsten Tag veranstalteten wir das Jugend- und Familienfestival für nationalen Aufbau und Frieden im renommierten Koh Pich Theater. Unter den mehr als 4.000 Teilnehmerinnen und Teilnehmern waren mehrere Staatsoberhäupter, der stellvertretende Premierminister Bin Chhin, der Staatssekretär des Innenministeriums Yim Nolla und zahlreiche Regierungsmitglieder. Als ich die Segnungszeremonie, den Höhepunkt des Jugend- und Familienfestivals, leitete, segnete ich die Nation als „Himmlisches Kambodscha", als eine Nation, in der unsere Himmlischen Eltern wohnen können.

In Vorbereitung auf dieses historische Ereignis hatte ich intensiv und aus ganzem Herzen für das Wohl Kambodschas gebetet. Zwischen 1975 und 1979 wurde dort aufgrund einer irrigen Ideologie das Blut vieler Unschuldiger vergossen. Unter dem damaligen kommunistischen Regime verhungerten etwa zwei Millionen Menschen oder wurden abgeschlachtet. Heute, rund 40 Jahre später, sandten die Himmlischen Eltern die eingeborene Tochter und Mutter des Friedens nach Kambodscha, um dieses Land als eine himmlische Nation zu segnen.

Die Vorsehung des Himmels hat mehrere Dimensionen. Aus menschlicher Sicht mag mein Besuch in Kambodscha nur ein Besuch in einer Nation gewesen sein, um eine Veranstaltung durchzuführen.

Die Vorsehung des Himmels ist jedoch nicht eindimensional. Ich musste sowohl die Seelen der Opfer befreien, die zu Unrecht getötet worden waren, als auch die Seelen der jungen Menschen, die von der Regierung gezwungen worden waren, Morde zu begehen und ihre Mitmenschen mit entsetzlicher Grausamkeit zu behandeln.

Während meines Segensgebetes tröstete ich zuerst Gott, die Himmlischen Eltern, dessen Herz wegen der Massaker in Kambodscha tiefste Qualen empfand. Dann befreite ich die Seelen derer, die an den Gräueltaten gestorben waren. Durch die Segnungszeremonie segnete ich die Vergangenheit, die Gegenwart und die Zukunft Kambodschas, so dass sich seine jungen Menschen von heute auf eine hoffnungsvolle Zukunft vorbereiten können.

Neue Hoffnung für China

Seit jeher wird das Meer in vielen Kulturen und Traditionen als Mutter betrachtet. Die chinesischen Schriftzeichen für den Pazifischen Ozean bedeuten „großer Ozean des Friedens" und im Englischen bedeutet „pacific" „friedlich im Charakter oder in der Absicht". Die pazifische Zivilisation kann eine großartige Mutter des Friedens werden, indem sie die Ära einer Zivilisation eröffnet, die von kindlicher Treue gegenüber dem Himmel (*hyojeong*) sowie von wahrer Liebe und einem Leben zum Wohl anderer geprägt ist. Das kann geschehen, wenn sie die aufopferungsvolle und selbstlose Herzenshaltung einer Mutter übernimmt und die Praktiken der Verführung, Eroberung und Ausbeutung ablegt, die ein Erbe des Sündenfalls sind.

Die pazifische Zivilisation entsteht während der letzten Phase der Vorsehung, in deren Mittelpunkt die Wahre Mutter der Menschheit, die eingeborene Tochter, steht. Durch sie muss in dieser Zeit der in der Geschichte bisher verborgene weibliche Aspekt Gottes, der Himmlischen Mutter, offenbart werden. Gott kann nicht länger nur als der Himmlische Vater betrachtet werden; Gott ist Himmlische Eltern, die harmonische, vollkommene Einheit von Himmlischem Vater und Himmlischer Mutter. Die pazifische Zivilisation wird durch das Ideal einer Menschheitsfamilie definiert, die auf ganz natürliche Weise entsteht, wenn wir die Himmlischen Eltern als unsere vertikalen Eltern der Menschheit verehren und lieben.

2017 proklamierte ich diese auf wahrer Liebe beruhende Kultur des Herzens bei zwölf *Rallies of Hope* unter anderem in Korea, Japan, den USA und Thailand vor hunderttausenden Menschen. Während des gesamten Jahres 2018 verkündete ich kontinuierlich die pazifische Zivilisation und die Kultur des Herzens, angefangen mit dem Afrika-Gipfel im Senegal bis zum Asien-Pazifik-Gipfel in Nepal als Abschluss. Um aber das Zeitalter der pazifischen Zivilisation fest zu etablieren, ist die Beteiligung der Region Großchina mit einer Bevölkerung von 1,7 Milliarden Menschen unerlässlich.

Im Laufe der Jahrzehnte war die Vereinigungsbewegung in China mit vielen Schwierigkeiten konfrontiert. Daher begannen wir im Jahr 2017 mit den Vorbereitungen für die Gründung der *Chinese People´s Federation for World Peace*, indem wir Auslandschinesen und andere ethnische Chinesen zusammenbrachten. Mit Auslandschinesen sind diejenigen mit chinesischer Abstammung gemeint, die das Festland verlassen haben und ins Ausland gegangen sind, aber gleichzeitig ihre kulturellen Wurzeln und ihre Verbindung zum Festland aufrechterhalten haben. Mit den anderen ethnischen Chinesen sind chinesische Auswanderer gemeint, die ihre sprachlichen und kulturellen Bindungen an China verloren haben. Wenn wir „*Chinese People´s Federation*" sagen, beziehen wir uns auf beide Gruppen.

Die Wiederherstellung Kanaans im Himmel und auf der Erde

Im Jahr 2019 ging es darum, die *Chinese People's Federation for World Peace (CPFWP)* und die Asien-Pazifik-Union zu gründen. Nur danach kann das Zeitalter der pazifischen Zivilisation fest etabliert werden. In diesem historischen Zusammenhang war die Weltversammlung der *Chinese People's Federation for World Peace* von großer Bedeutung. Sie fand am 22. und 23. November 2019 in Taiwan statt, nachdem wir die *Chinese People's Federation for World Peace* in acht Ländern, darunter Kanada, Malaysia, Thailand und Indonesien gegründet hatten.

Es war ein wirklich historischer Tag. An der Eröffnungsfeier nahmen mehr als 300 chinesische Führungspersönlichkeiten teil. Die Präsidentin des taiwanesischen Kontroll-Yuan (Rechnungshof), Chang Po-ya, die als Hauptrednerin die Bühne betrat, stellte mich sehr liebenswürdig vor mit den Worten: „Die Wahre Mutter ist eine bewundernswerte Frau, die ihr Leben dem Wohl anderer gewidmet hat. Wir haben die seltene und unschätzbare Gelegenheit, sie persönlich kennen zu lernen."

Nach der Weltversammlung führten wir im Nangang-Ausstellungszentrum das Hyojeong-Familiensegnungsfest der Wahren Liebe durch. Der Veranstaltungsort war voll besetzt mit 7.000 Paaren aus ganz Taiwan, die alle den großen Wunsch hatten, an diesem inspirierenden Festival teilzunehmen und die Ehesegnung zu empfangen. Der ehemalige Vizepräsident Lu Hsiu-lien, der in Taiwan weithin respektiert wird, stellte mich mit den Worten vor: „Dank der auf den Himmel ausgerichteten Aktivitäten von Rev. Dr. Sun Myung Moon und Dr. Hak Ja Han Moon sind wir jetzt eine Familie geworden, die über die Grenzen von Ethnien, Nationalitäten und Kulturen hinausgeht. Es ist eine Ehre für mich, an diesem wunderbaren Ereignis teilnehmen zu dürfen."

Zwei junge taiwanesische Geschwister berichteten über ihre erstaunlichen Erfahrungen bei den Vorbereitungen für die Veranstaltung.

Das kleine neunjährige Mädchen namens Jia-jen hatte jeden Tag nach der Schule 20 Minuten lang Flugblätter verteilt, um Menschen zu dem Festival einzuladen. Sie erzählte, dass sie nicht untätig bleiben konnte, während die Wahre Mutter durch die ganze Welt reiste, um die Vision 2020 zu verwirklichen. Eines Tages geschah etwas ganz Besonderes: Die 60-jährige Besitzerin eines Restaurants, die oft diese Straße entlangging, war bewegt von der Hingabe des Kindes, das Tag für Tag zur selben Zeit und am selben Ort Flugblätter austeilte. Sie blieb stehen, um mit Jia-jen zu sprechen. Das kleine Mädchen öffnete sein Herz gegenüber der viel älteren Dame, die daraufhin am Festival teilnahm.

Um nicht hinter seiner Schwester zurückzustehen, arbeitete ihr älterer Bruder Ding-jun ebenfalls hart für die bevorstehende Segnung. Jeden Tag setzte er sich mit ganzem Herzen ein, machte das Festival bekannt und suchte nach Menschen, die an der Segnung teilnehmen wollten. Weil er damit so viel Zeit verbrachte, vernachlässigte er sein Studium und erhielt schlechte Noten in der Schule. Seine besorgten Eltern kamen zu ihm und fragten: „Sollte für dich nicht das Lernen Vorrang haben?"

„Ich werde nach dem Besuch der Wahren Mutter in Taiwan lernen", antwortete er und konzentrierte sich noch mehr auf seine Missionstätigkeit. Auf diese Weise brachte er 27 Paare zur Segnung, darunter einen Dorfvorsteher und dessen Frau. In Taiwan repräsentieren Dorfvorsteher 5.000 bis 10.000 Einwohner. Der junge Mann konnte dieses erstaunliche Resultat dem Himmel widmen. Seine Erfolge und die seiner jüngeren Schwester sind bewegende Beispiele der wunderbaren Tradition von kindlicher Treue.

Cheon Il Guk hat in der Tat eine hoffnungsvolle Zukunft. Die kindliche Treue der zweiten und dritten Generation gegenüber der Wahren Mutter ähnelt den Sonnenblumen, die sich nach der Sonne ausrichten und ihrer Bahn folgen. Diese kindliche Hingabe ist ein beglückendes

Geschenk. Ich wurde gefragt: „Wahre Mutter, wie fühlen Sie sich heute am Ende der *Rally of Hope* in Taiwan?"

„Mein Herz ist von Stolz erfüllt", antwortete ich. „Es war wirklich wunderbar."

Besonders bewegt hat mich unsere taiwanesische Jugend, die eine Hyojeong-Kulturaufführung vorbereitet hatte. Ich wünschte ihnen Gottes reichen Segen und wusste, dass der Tag schnell näherrückt, an dem die Region Großchina die Himmlischen Eltern und die Wahren Eltern lieben und unterstützen wird.

―――

Durch die Ehesegnung kann die Region Großchina Harmonie auf der Grundlage universeller Familienwerte schaffen. Die Segnungszeremonie für etwa 14.400 Menschen kann als Ausgangspunkt für die Verwirklichung einer vereinten Welt durch harmonische Familien betrachtet werden. Von nun an werden alle Zivilisationen Früchte tragen wie die pazifische Region. Das ist der Kurs des Himmels. Die pazifische Zivilisation soll keine egozentrische Zivilisation sein, die auf Eroberung und Plünderung beruht. Unsere Aufgabe ist es, eine pazifische Zivilisation zu entwickeln und fest in der Kultur der kindlichen Hingabe (*hyojeong*) an den Himmel zu verwurzeln, die sich durch wahre Liebe auszeichnet, das heißt durch ein Herz, das gibt und wieder gibt, vergisst, dass es gegeben hat, und sich wünscht, noch mehr geben zu können.

Auf diese Weise wird die pazifische Zivilisation Harmonie und Einheit zwischen allen in der Geschichte entstandenen Zivilisationen herbeiführen: kontinentale und ozeanische, östliche und westliche, sich entwickelnde und entwickelte Zivilisationen. Ausgerichtet auf Korea, das Heimatland von Gottes Vorsehung, wird sich die pazifische Zivilisation entfalten.

Die Mutter des Friedens in der muslimischen Welt

Als ich am 27. November 2019 auf dem Flughafen in Niamey, Niger, landete, empfingen mich Regierungsvertreter mit den höchsten protokollarischen Ehren. Man hatte uns gesagt, dass der Präsident und die Bürger sich sehr auf mein Kommen freuten, und dies traf absolut zu. Der herzliche Empfang, den mir Premierminister Brigi Rafini, sein Stabschef, die Minister des Kabinetts und andere hochrangige Vertreter dieser muslimischen Nation in Westafrika zuteilwerden ließen, bereitete mir wirklich große Freude.

Dieses Treffen hatten wir lange erwartet. Der Premierminister hatte ursprünglich geplant, mit zehn Kabinettsministern am Weltgipfel 2019 im Februar in Seoul teilzunehmen. Dringende Staatsgeschäfte verhinderten jedoch die Reise. Stattdessen sandte er eine Delegation von Ministerialbeamten, die tief berührt zurückkehrten. Sie berichteten ausführlich über den Weltgipfel 2019 und unsere Aktivitäten. Daraufhin erklärte sich der Premierminister bereit, am Afrika-Gipfel teilzunehmen, der für September 2019 in São Tomé und Príncipe geplant war.

Doch auch dieses Mal konnte er wegen Sicherheitsproblemen aufgrund von Terroranschlägen im Norden Nigers nicht am Gipfel teilnehmen. Daraufhin schickte er einen Sondergesandten, den Minister für Planung, mit einer persönlich unterzeichneten Botschaft, in der er seinen tiefen Wunsch zum Ausdruck brachte, einen Afrika-Gipfel und eine Segnungszeremonie unter der Leitung der Wahren Mutter auszurichten.

So trafen wir nach anfänglichen Rückschlägen endlich zusammen, was das Treffen noch spezieller und erfreulicher machte. Am Flughafen begleiteten mich der Premierminister und der Außenminister, während eine Ehrengarde salutierte und eine traditionelle Tanzgruppe uns willkommen hieß. Besonders beeindruckt war ich von der Ehrengarde: „Die Söhne Nigers sind so stattlich, schneidig und patriotisch", dachte ich. Als Wahre Mutter hätte ich diese jungen Männer aus Niger am liebsten als meine Söhne adoptiert.

Am Abend lud mich Präsident Mahamadou Issoufou zu seinem präsidialen Begrüßungsbankett für die Gipfelteilnehmer ein. 300 amtierende und ehemalige Staatsoberhäupter, Parlamentssprecher, Minister und andere VIPs nahmen daran teil. Präsident Issoufou nannte mich „Mutter des Friedens" und brachte seinen Respekt und seine aufrichtige Bewunderung für Südkorea zum Ausdruck.

Fast zwei Jahre zuvor, am 18. Januar 2018, hatte ich beim ersten Afrika-Gipfel auf kontinentaler Ebene in Dakar, Senegal, das „Himmlische Afrika" ausgerufen. Auf der Grundlage dieser Proklamation hatten im Juni die *Universal Peace Federation* und andere Organisationen damit begonnen, afrikanischen Regierungen das „Projekt Himmlisches Afrika" vorzustellen, und sie zur Teilnahme eingeladen. Dabei handelt es sich um ein Paket von zehn Projekten mit dem Ziel, Frieden und Entwicklung zu fördern, wozu auch die Segnungsbewegung zur Errichtung wahrer Familien zählt. Manchmal dauerte es zehn Tage, bevor unsere Delegierten einen Staatschef treffen konnten. Und da es nicht ungewöhnlich war, dass Termine auch wieder verschoben wurden, verzichtete unsere Delegation nicht selten auf die Mahlzeiten, um für die geplanten Begegnungen jederzeit abrufbereit zu bleiben.

Dank dieses Einsatzes, der viel Zeit und Energie kostete, unterzeichneten zehn Nationen offizielle Absichtserklärungen und Vereinbarungen zur Teilnahme an dem Projekt „Himmlisches Afrika". Niger zählte selbstverständlich dazu. Das Ideal einer vereinten Menschheitsfamilie ist der Traum der Himmlischen Eltern und der Wunsch der

Menschheit. Der Präsident Nigers ist ein weiser Politiker, dem die Verwirklichung dieses Traums am Herzen liegt. Dank seiner aktiven Unterstützung und seines Engagements fanden der kontinentale Afrika-Gipfel 2019 und das Familienerneuerungsfestival statt. Diese Veranstaltungen waren Pionierleistungen auf Wegen, die wir bisher noch nicht beschritten hatten. Sie waren eine große Herausforderung und ein wahrhaft heiliges Unterfangen, das mit der außergewöhnlichen Unterstützung der Regierung, der Nation und des Kontinents durchgeführt wurde. Während des Gipfeltreffens verkündete ich vor einigen der wichtigsten Akteure, die diesen Kontinent bewegen, die Wahrheit, die unsere Himmlischen Eltern 6.000 Jahre lang nicht hatten mitteilen können: nämlich, dass der Segen der Himmlischen Eltern kommt, wenn die Menschen mit der eingeborenen Tochter vereint sind.

Im Anschluss an das Eröffnungsplenum des Gipfeltreffens unterzeichneten Präsident Issoufou und ich im Beisein der 2.000 versammelten hochrangigen Persönlichkeiten die Niamey-Resolution. Amtierende

29. November 2019: Familienerneuerungs- und Segnungsfest in Niamey, Niger

und ehemalige Staatsoberhäupter sowie offizielle Repräsentanten aus 54 Nationen kamen auf die Bühne. Präsident Issoufou betonte die Bedeutung des Gipfels für die Förderung der Entwicklung Afrikas, seine Bewunderung für das Wachstum Koreas nach dem Koreakrieg und seine Dankbarkeit dafür, dass er Mitveranstalter des Kontinental-Gipfels sein und persönlich daran teilnehmen konnte. Anschließend dankte ich dem Himmel für den großen Erfolg dieses Gipfeltreffens.

―――

Ich weiß um die Hingabe des Propheten Mohammed bei der Errichtung der reichen religiösen Tradition des Islam und betrachte viele herausragende muslimische Leiter, die ich getroffen habe, als meine eigenen Söhne. Durch diese Veranstaltung lernten mich die Staatsoberhäupter und Leiter aus der islamischen Welt auf einer völlig neuen Ebene als Wahre Mutter und Mutter des Friedens kennen. Der Gipfel war ein wunderbares Ereignis, einzigartig in der Geschichte der Vereinigungsbewegung.

Am folgenden Tag fand das historische Familienerneuerungs- und Segnungsfest in Niger statt. Da dies die erste Segnungszeremonie war, die ich in einer muslimischen Nation leitete, betete ich ernsthafter als je zuvor.

Am Morgen der Segnung fragte mich der Präsident, ob ich in meiner neuen Heimat Niger gut geschlafen hätte. Fröhlich antwortete ich, dass ich, dank des warmherzigen Empfangs, sehr gut geschlafen hatte. Nachdem wir uns kurz über den Gipfel des Vortages unterhalten hatten, geleitete mich die Präsidenteneskorte zum Ort der Segnung.

Das diplomatische Protokoll wird manchmal als „ein Krieg ohne Waffen" bezeichnet. Im Gegensatz dazu nenne ich das Protokoll von Cheon Il Guk „Himmlisches Protokoll". Ursprünglich sollte der Premierminister als Repräsentant der Regierung während der Segnung eine Glückwunschbotschaft übermitteln. Daher sah das Protokoll für diesen Tag vor, dass ich den Segnungsort gemeinsam mit dem Premierminister betreten sollte. Der Präsident der Nationalversammlung fand jedoch, dass er den Segnungsort als Vertreter des Volkes zusammen mit dem Premierminister an meiner Seite betreten sollte. Angesichts dieser unerwarteten Bitte war der Premierminister irritiert. Ich beschloss eine Änderung des Protokolls, so dass sowohl der Premierminister, als Repräsentant der Regierung, als auch der Präsident der Nationalversammlung, als Repräsentant des Volkes, auf jeweils einer meiner Seiten stehen und gemeinsam mit mir den Segnungsort betreten konnten. Dies war ein besonderer Moment, denn ich spürte, wie nahe wir uns im Herzen gekommen waren.

Am Segnungsort waren viele Paare versammelt, die bereits mit der Bedeutung der Segnung vertraut waren und ihr erwartungsvoll entgegenblickten. Wunderschön gekleidet in weißen traditionellen Gewändern, nahmen sie mit Würde und Anmut an der Zeremonie teil. Die muslimischen Führer hatten frühere Bedenken ausgeräumt und nahmen die heilige Segnung feierlich an, ebenso wie die Gipfelteilnehmer aus ganz Afrika.

Die Segnung begann mit der Heiligen-Wasser-Zeremonie. Aus Respekt vor dem religiösen Empfinden der Muslime hielt ich beide Hände in die Schüssel mit heiligem Wasser und berührte dann sanft die Handrücken der aufeinandergelegten Hände jedes repräsentativen Paares, anstatt das Paar mit Wasser zu besprenkeln. Das Publikum war bewegt und während der ganzen Zeremonie waren Jubel und Applaus zu hören. Die Ehesegnung ist universell, sie ist für Menschen aller Ethnien, Religionen und Nationalitäten gedacht. Das Spenden dieses Segens in Niger durch ein Zeremoniell, das mit der einheimischen Kultur harmoniert, lässt uns erahnen, wie eine Menschheitsfamilie unter den Himmlischen Eltern verwirklicht werden kann. Ich erinnerte mich daran, dass mein Mann 1991, als ihm mitgeteilt wurde, dass Muslime sich mit dem Titel „Reverend" nicht wohl fühlen, sofort antwortete: „Kein Problem; nennt mich Vater Moon."

Niger besteht zu 80 Prozent aus Wüste. In solch einer rauen Umgebung bereitete der Himmel den Segen für diese Nation vor, indem er rechtschaffene Leiter hervorbrachte. Einer dieser rechtschaffenen Menschen, die am härtesten dafür arbeiteten, den Gipfel zu ermöglichen, war Kassoum Maiga, ein Mitglied des Parlaments von Niger. Er ist ein treuer Sohn unter treuen Söhnen und gestand, dass er vor Freude weinte, als er mich aus dem Flugzeug steigen sah, weil sein innigster Wunsch endlich in Erfüllung ging. Er war der Erste, der mir Blumen überreichte, um den Erfolg dieser ersten Segnungszeremonie auf nationaler Ebene in einer muslimischen afrikanischen Nation zu feiern. Nach der Segnungszeremonie kamen Dankesbotschaften und Glückwünsche aus aller Welt: „Die Wahre Mutter, die Mutter des Friedens, hat den Islam umarmt."

Das Familienerneuerungs- und Segnungsfest in Niger war ein wunderbares, dramatisches Ereignis. Am Ende der Veranstaltung unterzeichnete Dr. Yun, Generalsekretär unseres Cheon Jeong Gung-Hauptsitzes, als Cheon Il Guk-Repräsentant mit Vertretern der Kommission der Afrikanischen Union, der Wirtschaftsgemeinschaft der westafrikanischen Staaten (ECOWAS) und der G5-Sahelzone eine Absichtserklärung (MoU, memorandum of understanding) über die Entwicklung des Projekts Himmlisches Afrika.

Durch diese Ereignisse wurden der afrikanische Kontinent und die ganze Welt tiefgreifend verändert; dieser Gipfel wird in Erinnerung bleiben. Trotz herausfordernder Umstände investierten sich alle Beteiligten aus ganzem Herzen und in Einigkeit. Das schuf die Voraussetzung dafür, dass der Himmel diese Ereignisse unterstützte.

Am Ende des Tages dachte ich darüber nach, dass ich jetzt fast 80 Jahre alt bin und das physische Leben auf der Erde begrenzt ist. Da ich jedoch die eingeborene Tochter und die Mutter des Universums bin, werde ich überall hingehen, wo man nach mir ruft. Himmlische Eltern, noch einmal möchte ich Dir meinen tiefsten Dank aussprechen!

Sintflutartiger Regen, Tränen der Freude

In Afrika gilt Regen als Segen.
Der Regen während der heutigen Segnungszeremonie
symbolisierte die Freudentränen des Himmels.

Sintflutartige Regenfälle sind in Südafrika durchaus üblich. Allerdings rechnete niemand damit, dass der Regen mit meinem gesamten Aufenthalt in Johannesburg im Dezember 2019 zusammenfallen würde. Es regnete immer wieder stundenlang - über viele Tage hinweg. Bereits vor meiner Ankunft war mir der Gedanke gekommen, dass die afrikanische Segnungszeremonie auf kontinentaler Ebene ungewöhnlich herausfordernd sein würde. Dies sollte sich in mehrfacher Weise bewahrheiten.

Wir hatten seit Jahren geplant, ein Gipfeltreffen und eine Segnungszeremonie auf kontinentaler Ebene in Südafrika auszurichten. Leider hatte die örtliche Familienföderation kein ausreichendes Fundament, um eine solche Veranstaltung gemeinsam mit der südafrikanischen Regierung durchzuführen. Im November 2018 knüpften wir dann als

Mitveranstalter der Feier zum 100. Geburtstag von Nelson Mandela in Mvezo engere Beziehungen zum südafrikanischen Volk und zur Regierung. Unterstützt durch die beständigen Initiativen von Prophet Radebe und anderen religiösen Leitern waren wir nun in der Lage und bereit, ein Gipfeltreffen und eine Segnung auf kontinentaler Ebene abzuhalten.

Unsere gesegneten Familien und die Missionare bereiteten mehr als 100.000 Paare auf die persönliche Teilnahme vor und wir rechneten damit, dass Millionen Menschen aus Afrika und der ganzen Welt via Internet teilnehmen würden. Die Vorbereitungskampagne war erfolgreich und die Resonanz überwältigend positiv. Die meisten Teilnehmerinnen und Teilnehmer kamen aus Johannesburg, wo sich das FNB-Stadion befindet, aber es gab auch Menschen, die tagelange Anreisen auf sich nahmen. Sie stammten aus 54 Ländern, wobei die größten Gruppen aus Mosambik, Sambia und Simbabwe kamen. Das staatliche südafrikanische Fernsehen und der Rundfunk sowie Medien in ganz Afrika bereiteten Live-Übertragungen vor.

Doch Prophet Radebe und die Gastgeber waren nervös, als sie den Himmel beobachteten. Es hatte acht Tage lang geregnet und es gab ein Problem mit Überschwemmungen. Am Tag der Segnung regnete es fast ununterbrochen. Manchmal klarte es auf, aber dann prasselte wieder heftiger Regen herunter. Die Straßen rund um das FNB-Stadion standen unter Wasser. Einige Gebiete waren überflutet. Die meisten Leute in der Regierung rieten uns, den Termin zu verlegen, weil sie nicht glaubten, dass jemand kommen könnte. Busunternehmer stellten fest, dass rund 30 Prozent der gecharterten Busse ihre vereinbarten Abholorte nicht erreichen konnten, und sagten deshalb ab.

Am Tag vor der Segnung hatte mir Prophet Radebe gesagt, dass weder Wind noch Regen die Menschen von der Teilnahme abhalten würden. Als dann aber die Busabsagen genauso wie der Regen auf uns niederprasselten, schalteten er und sein Team in den „Notfallmodus" und beschafften irgendwie 500 weitere Busse. Sie arbeiteten so hart, um den großen Wunsch der Menschen zu erfüllen, an der Segnung teilzunehmen. Am Tag der großen Feier bildeten sich lange Schlangen von geduldig Wartenden. Schon ab 5.00 Uhr morgens betraten die ersten Paare das Stadion. Sie begaben sich auf die zweite Ebene, die ihnen Schutz vor dem Regen bot.

Trotz dieser widrigen Umstände erfüllte eine festliche Stimmung den Veranstaltungsort. Die Menschen tanzten und sangen voller Dankbarkeit für die historische Segnung, die sie – wie sie wussten – von Gottes eingeborener Tochter erhalten würden. Die Atmosphäre war festlich und die Begeisterung hielt an, als auf Wunsch von Prophet Radebe diejenigen, die auf der zweiten Ebene waren, herunterkamen und sich zur ersten Ebene und auf das Spielfeld begaben. Trotz Regenmänteln und Regenschirmen waren die meisten bis auf die Haut durchnässt. Dennoch konnte nichts ihre Stimmung dämpfen. Oft erhoben sie sich von ihren Plätzen, um zu tanzen, zu singen oder zu applaudieren. Das Engagement von Prophet Radebe und den Mitgliedern der *Revelation Church of God* war bemerkenswert.

Bei meiner Ankunft im Stadion konnte ich die Paare in ihren Smokings und Brautkleidern sehen, die auf die Segnung warteten. Als sie mich erblickten, entstand ein donnerndes Getöse und laute Rufe von „Mutter Moon! Mutter Moon!" waren zu hören, begleitet von starkem Beifall. Ich hatte das Gefühl, dass aus den Wolken Schauer der Freude und des Segens niederprasselten.

Es wurde noch dramatischer: Als ich den Warteraum verlassen und den Aufzug betreten wollte, fiel der Strom aus. Es war unglaublich, denn obwohl die Musik aufhörte, sangen und jubelten die Menschen weiter! Ich verzichtete auf den Aufzug und ging zu Fuß hinunter, entschlossen, das Segnungsfest nicht wegen den großen und kleinen Herausforderungen scheitern zu lassen. In der Nähe des Eingangstunnels wartete Prophet Radebe mit einem breiten, strahlenden Lächeln auf seinem Gesicht. Auch ich freute mich sehr, ihn zu sehen und sagte: „Geben wir heute unser Bestes!"

Er lud mich ein, in einem offenen Auto ins Stadion zu fahren. Wir hatten geplant, das Stadionfeld zu umrunden und dabei alle zu grüßen, bevor ich mich auf den Weg zur Bühne machte. Aufgrund des Regens änderten wir den Plan und schlossen das Dach des Fahrzeugs. Dennoch brach die Menschenmenge in einen ohrenbetäubenden Jubel aus, als wir aus dem Tunnel, der zum Spielfeld führt, herauskamen. Alle erhoben sich, winkten und riefen „Mutter Moon!", während sich das Fahrzeug langsam einen Weg durch die Ehrengarde bahnte.

Doch nachdem wir ein paar Meter auf das Spielfeld gefahren waren, geschah etwas Wunderbares: Der starke Regen hörte plötzlich auf. Die Menge strömte auf die nicht überdachten Tribünen, um einen besseren Blick auf uns werfen zu können, und jetzt sahen wir, dass das Stadion voll war. Ich empfand tiefe Dankbarkeit für unsere wunderbaren Himmlischen Eltern, die hinter den Kulissen wirkten. Wir öffneten das Dach des Autos und winkten und grüßten die begeisterte Menge. Der Jubel und die Zurufe des Publikums waren unglaublich. Es war wirklich ein erstaunlicher Anblick. Prophet Radebe schaute mich an und sagte stolz: „Mutter! Das ganze Stadion ist voll."

Danach trat ich auf die Bühne, um die Segnungszeremonie durchzuführen. Zum ersten Mal in der Geschichte der Menschheit veranstalteten wir eine Segnungszeremonie auf kontinentaler Ebene, und Afrika war der erste Kontinent, dem diese Ehre zuteilwurde. 162 Paare aus 54 Ländern, davon 54 neu vermählte Paare, 54 bereits verheiratete

Mutter des Friedens

Paare und 54 Paare von religiösen Leitern, Regierungsangehörigen oder Stammesführern, betraten die Bühne. Dort saßen mehr als 100 Repräsentanten, darunter fünf amtierende Staatsoberhäupter und offizielle Regierungsdelegierte. Unter den Segnungsteilnehmern und den VIPs befanden sich 6 ehemalige Staatsoberhäupter, 12 Parlamentssprecher, 140 Abgeordnete, 219 Stammesführer, 127 religiöse Leiter und mehr als 80 Medienvertreter aus 30 Ländern.

Der König der Zulus, des größten Stammes Südafrikas, nahm ebenfalls teil. Die Zulus sind berühmt dafür, sich den Eroberungsversuchen europäischer Mächte widersetzt zu haben. Sie spielen heute bei der Gestaltung der Identität und Tradition des modernen Südafrika eine Schlüsselrolle. Das große Spektrum angesehener und bekannter Paare auf der Bühne verstärkte die Bedeutung dieser Segnungszeremonie.

Die Heilige-Wasser-Zeremonie leitete ich mit der Herzenseinstellung, einen neugeborenen Kontinent zu segnen, das „Himmlische Afrika", einen Kontinent der Hoffnung und der Segnungen. Prophet Radebe kam auf die Bühne, um die Heilige-Wasser-Schale in Empfang

7. Dezember 2019: Ehesegnungszeremonie für 100.000 Paare, Johannesburg, Südafrika

zu nehmen und mir zu assistieren. Ohne Rücksicht auf seine Position und das Protokoll half er mir bereitwillig. Ich hatte das starke Gefühl, dass er tatsächlich ein treuer Sohn war, dessen einziger Wunsch darin bestand, seiner Mutter zu helfen.

Anschließend folgten die Verkündigung der Segnung und das Segnungsgebet. An diesem gesegneten Tag schüttete ich mein Herz für Afrika aus: „Die Hoffnung unzähliger Propheten, Könige und traditioneller Herrscher auf diesem Kontinent besteht darin, den Tag des dauerhaften Friedens einzuleiten, indem sie Gott, den Himmlischen Eltern, dienen. Ich bete von ganzem Herzen, dass dieser Kontinent vom Himmel gesegnet wird."

Während meines Gebets fing es wieder an zu regnen. Wir alle hatten das Gefühl, dass dies keine Tränen der Trauer waren, sondern Gottes Tränen der Freude. Prophet Radebe sagte später: „Der Regen, der während der Segnung wie ein Wasserfall auf Südafrika herniederging, symbolisierte die Freudentränen des Himmels. Der Regen wusch Gottes Schmerz über das Elend Afrikas fort." Sein Zeugnis bei der Begrüßungsansprache zuvor hatte mich ebenfalls bewegt: „Heute ist ein besonderer Tag des Segens für den afrikanischen Kontinent. Wir alle heißen die Wahre Mutter, die eingeborene Tochter Gottes, von Herzen willkommen. Sie bringt alle Ethnien und Völker der Welt zusammen. Ich glaube, dass sich heute für Südafrika und ganz Afrika eine neue Zukunft eröffnet. Sie ist in der Tat unsere Wahre Mutter."

Die Segnungsfeier auf kontinentaler Ebene war ein großartiger, historischer Triumph, der die Tore für 2020 öffnete! Als niemand sonst an nationale Wiederherstellung glaubte, bereiteten wir die Bühne für die himmlische Nation und den himmlischen Kontinent vor. Wir leisteten Pionierarbeit auf diesem unbekannten Weg und errangen auf kontinentaler Ebene einen großen Sieg für den Himmel. Es war wirklich ein wundervoller Tag.

Die Himmlische Vereinte Welt in Ozeanien

Ich hatte den Wunsch, dass mehrere Generationen meiner Familie im Musterkurs der nationalen Wiederherstellung 2019 die Führung übernehmen würden, um an diesem Erfolg teilzuhaben und mit mir zusammen das Geschenk von sieben wiederhergestellten Nationen für die Himmlischen Eltern und den Wahren Vater vorzubereiten. Deshalb lud ich meine Familienmitglieder ein, zwei *Rallies of Hope* als Sondergesandte zu leiten, die die himmlische Welt und die irdische Welt repräsentierten. Die Familien von Hyo-jin und Yeon-ah Moon und von Heung-jin und Hoon-sook Moon waren für die Veranstaltung in Palau verantwortlich und Sun-jin Moon und In-sup Park für die Veranstaltung in der Dominikanischen Republik.

Palau liegt im westlichen Pazifik. Es besteht aus 340 wunderschönen Inseln, die an Gottes ursprüngliche Schöpfung erinnern. Mein Mann und ich besuchten Palau 2005 zum ersten Mal, um eine regionale Vertretung der *Universal Peace Federation* zu gründen. Im Jahr 2006 kehrte ich mit einigen meiner Kinder dorthin zurück und hielt bei einem großen Treffen die Hauptansprache.

Als wir 2019 zum ersten Mal ein Gipfeltreffen von First Ladies vorbereiteten, entschieden wir, dass Palau die ideale Gastgebernation wäre. Palau stellt die Mutter in den Mittelpunkt der Familie, der Gesellschaft und der traditionellen Kultur. Die Präsidenten und First Ladies von Palau unterstützen unsere Bewegung seit 1992 aktiv. Ich war besonders berührt, als Palaus First Lady 2012 nach Korea kam, um meinem Mann bei seinem Heimgang die letzte Ehre zu erweisen.

Aus Sicht der Vorsehung ist es angemessen, dass Frauen die Führungsrolle im Aufbau der pazifischen Zivilisation übernehmen. Daher war es höchst bedeutsam, dass das Asien-Pazifik-Gipfeltreffen der First Ladies und die Segnungszeremonie, die den Beginn der Himmlischen Vereinten Welt kennzeichnen, in der matriarchalischen Gesellschaft Palaus in Ozeanien veranstaltet wurden. Allerdings ist unsere Mitgliederzahl in Palau noch gering, und so war es eine große Herausforderung, das Gipfeltreffen und die Segnungszeremonie dort auszurichten. Umso mehr bin ich den Mitgliedern und ehrenamtlichen Helfern vor Ort dankbar, die dies ermöglicht haben.

Am 9. Dezember 2019, dem Vorabend der Hauptveranstaltung, luden wir zu einem Begrüßungsbankett für mehr als 300 hochrangige Gäste aus 36 Nationen ein, darunter Präsident Thomas Remengesau Jr. und First Lady Debbie Remengesau von Palau, acht aktuelle und ehemalige First Ladies, der Sprecher der gesetzgebenden Versammlung von Tuvalu und seine Frau sowie Abgeordnete aus Bhutan und Sri Lanka. Das Bankett fand unter einem kristallklaren Nachthimmel voller Sterne statt. In seinem Grußwort sagte der Präsident: „Obwohl ich der Präsident dieses Landes bin, bin ich heute als Gast gekommen, eingeladen von meiner Frau, der First Lady, die die Gastgeberin des diesjährigen Gipfeltreffens ist." Es war ein festliches und freundschaftliches Treffen, bei dem sich alle wie zuhause fühlten. Gleichzeitig war es ein Bankett der Sehnsucht, da viele Teilnehmerinnen und Teilnehmer, wie auch der Präsident und seine Frau, liebenswürdig zum Ausdruck brachten, wie sehr sie sich danach gesehnt hatten, die Wahre Mutter persönlich zu treffen.

Am folgenden Tag, dem 10. Dezember, begann die Eröffnungsfeier des Asien-Pazifik-Gipfeltreffens der First Ladies 2019 im Ngarachamayong Cultural Center mit einer Ansprache der First Lady. Dann verlas meine Sondergesandte und Schwiegertochter Hoon-sook

Moon, Präsidentin der Internationalen Frauenföderation für Weltfrieden, meine Botschaft. Durch sie übermittelte ich meine Liebe nicht nur für Palau, sondern für ganz Ozeanien, den Ausgangspunkt der pazifischen Zivilisation. Vater Moon hatte das Kommen der „Ära der pazifischen Randgebiete" verkündet und die providentielle Bedeutung der asiatisch-pazifischen Region betont. 1992 schrieb er in chinesischen Schriftzeichen die Kalligraphie: „Die vereinigte Welt wird in Ozeanien beginnen", und brachte Gott Gebete und geistige Bedingungen für die Wiederherstellung Ozeaniens dar.

Der 40-tägige kosmische Kanaan-Kurs für die Errichtung von Cheon Il Guk schuf die Grundlage für eine „Asien-Pazifik-Union". Im November erhielt ich Unterstützung auf nationaler Ebene bei der *Rally of Hope* in Kambodscha und der *Rally of Hope* in Taiwan, die mit chinesischen Gemeinden auf der ganzen Welt in Verbindung stand. Beim Afrika-Gipfel in Niger erhielt ich die Unterstützung Afrikas auf kontinentaler Ebene. Die *Rally of Hope* und die Segnungszeremonie in Palau waren der krönende Abschluss der Asien-Pazifik-Union.

Die First Ladies, die am Asien-Pazifik-Gipfeltreffen in Palau teilnahmen, beschlossen, die grundlegenden Probleme der Welt mit einem mütterlichen Herzen anzugehen. Sie nannten es den „Tag der Befreiung der Frauen", der von der Wahren Mutter der Menschheit ins Leben gerufen wurde. Es war auch aus einem weiteren Grund ein wahrer Frauentag – im Gegensatz zu den anderen Gipfeltreffen waren es hier Frauen, die für die Vorbereitungen verantwortlich waren, und Männer unterstützten sie.

Am nächsten Tag, dem 11. Dezember, fand die von der Regierung gesponserte Segnungszeremonie statt. Historische Ereignisse stoßen immer auf Hindernisse, und dieses war keine Ausnahme. Kurz vor

Mitternacht am Tag vor der Zeremonie teilte das Sekretariat des Präsidenten mit, dass sich unser Zeitplan mit einer Sitzung über den Staatshaushalt überschneide, so dass der Präsident nicht teilnehmen könne. Das traf uns wie ein Blitz aus heiterem Himmel. Die Stimmung hellte sich jedoch wieder auf, als die First Lady von Palau und die anderen First Ladies am nächsten Morgen den Saal betraten und der Moderator freudig verkündete, dass sich auch der Präsident auf dem Weg zur Bühne befand.

Das Gipfeltreffen der First Ladies und die Segnung in Palau waren ein Meilenstein in Gottes Vorsehung und machten Ozeanien zum Ausgangspunkt der pazifischen Zivilisation, die sich um das mütterliche Herz des uneingeschränkten Gebens entfaltet. Der Pazifische Ozean ist ein Symbol des Friedens und der Weiblichkeit, insbesondere der Mutterschaft. Der Erfolg war nicht nur den Regierenden und den Menschen dieses wunderschönen Inselstaates zu verdanken, sondern auch meinen beiden Schwiegertöchtern und den Mitgliedern der asiatisch-pazifischen Familienföderation, die sich vereinten und von ganzem Herzen für himmlische Unterstützung beteten.

Wir sind eine Familie und eine Heilige Gemeinschaft der Himmlischen Eltern. Mit der Überzeugung „Stehen bleiben bedeutet Scheitern; Durchhalten heißt erfolgreich sein" gehe ich unerschrocken weiter, ganz gleich, welche Schwierigkeiten auftreten. Meine Berufung ist es, eine Mutter der Liebe und des Mitgefühls zu sein, die über Fehler hinwegsehen und allen Situationen mit einem mütterlichen Herzen begegnen kann, das so weit ist wie der Ozean. Deshalb bleibe ich auch heute noch nachts wach und verspüre den Wunsch, alle schlafenden Kinder der Welt mit Decken zuzudecken.

Das Himmlische Lateinamerika trägt Blüten der Hoffnung

In den Gesprächen mit meinem Ehemann ging es oft um Lateinamerika. „Es ist ein Ort, den wir nie vergessen können", sagte er, und ich antwortete: „Hier haben wir einen großen Teil unserer goldenen Jahre verbracht." Es schmerzt mich jetzt, daran zu denken, denn es bleibt noch so viel zu tun. Verglichen mit anderen Teilen der Welt unternahmen mein Mann und ich unsere hingebungsvollsten Anstrengungen in Lateinamerika. Von Kopf bis Fuß mit Staub bedeckt, beteten wir und legten Bedingungen in der sengenden Sonne, um die Felder der Hoffnung zu pflügen. Noch heute kann ich mich, wenn ich meine Augen schließe, lebhaft an die Szenen der Vorsehung erinnern, die sich in Lateinamerika ereigneten. Dieses Land ist durchtränkt von unserem Schweiß und unseren Tränen. Obwohl es heute manchmal wie eine Wildnis voller Verzweiflung zu sein scheint, kultivieren wir wieder Blüten der Hoffnung.

Im Jahr 2005 besuchten Vater Moon und ich São Paulo, um die brasilianische Niederlassung der *Universal Peace Federation* zu gründen. Diese Stadt diente in der Folge oft als Ort für regionale Friedensratssitzungen. Ich wählte São Paulo als Gastgeber des Lateinamerika-Gipfels und der *Rally of Hope* im August 2018. Diese Veranstaltungen entfachten den Geist der nationalen Wiederherstellung in ganz Lateinamerika. Darauf aufbauend war die Dominikanische Republik in der Karibik vom 14. bis 15. Dezember 2019 Gastgeber der *Rally of Hope*.

Wir führten die Eröffnungsveranstaltung und das Gipfeltreffen für Lateinamerika und die Karibik im Hodelpa Gran Almirante Hotel und im Regierungsgebäude in Santiago durch. Mehr als 500 Personen aus 43 Nationen, darunter Brasilien, Mexiko, Argentinien, Kolumbien und Guatemala, nahmen teil. Präsident Jimmy Morales aus Guatemala und fünf ehemalige Staatsoberhäupter aus Trinidad und Tobago,

Nicaragua, Ecuador, Bolivien und Haiti waren anwesend. Aus der Dominikanischen Republik entsandte Präsident Danilo Medina die Gouverneurin von Santiago, Ana Maria Dominguez, als seine offizielle Vertreterin. Zu den weiteren Gästen zählten 10 amtierende und ehemalige Parlamentssprecher, 30 Abgeordnete und dutzende Persönlichkeiten aus den Bereichen Interreligiöse Arbeit, Zivilgesellschaft, Wirtschaft und Medien.

Die frühere First Lady von Nicaragua, Maria Flores, würdigte unsere Ideale in ihren einleitenden Worten. Als meine Vertreterin verlas danach meine Tochter, Dr. Sun-jin Moon, Vizepräsidentin der Internationalen Frauenföderation für Weltfrieden, meine Rede. „Letztendlich kann wahrer und dauerhafter Frieden nur erreicht werden, wenn wir Gott, unsere Himmlischen Eltern, kennen und verstehen lernen", sagte sie. „Nur wenn wir uns mit dem Willen Gottes und Seiner Vorsehung verbinden, können wir darauf hoffen, dauerhafte Lösungen zu schaffen."

Anschließend überreichte sie Auszeichnungen an Repräsentanten aus 15 Ländern und nahm in meinem Namen eine Urkunde entgegen, in der ich als „Mutter des Friedens" zur Ehrenbürgerin der Dominikanischen Republik ernannt wurde.

Das Gipfeltreffen endete mit der Gründung des lateinamerikanischen Zweigs des *International Summit Council for Peace*. Der Präsident der *Universal Peace Federation International*, Dr. Thomas Walsh, erklärte den Zweck des Rates. Er soll als Forum dienen, in dem amtierende und frühere Staats- und Regierungschefs ihren einzigartigen Sachverstand bei der Bewältigung der schwerwiegenden Herausforderungen für die Verwirklichung des Friedens in unserer Zeit bündeln können. Vier ehemalige Staatsoberhäupter, Anthony Carmona von Trinidad und Tobago, Rosalía Arteaga von Ecuador, Jocelerme Privert von Haiti und Jaime Paz Zamora von Bolivien, brachten in ihren

Reden ihre Unterstützung nachhaltig zum Ausdruck. Der frühere US-Abgeordnete Dan Burton, Co-Vorsitzender der *International Association of Parliamentarians for Peace (IAPP)*, schlug diese Initiative offiziell vor und die anwesenden Staatsoberhäupter bestätigten sie mit ihrer Unterschrift.

Die Teilnehmerinnen und Teilnehmer schlossen sich anschließend den 12.000 Menschen an, die zum Familien-Friedensfest in die Gran Arena Del Cibao gekommen waren, und dessen Höhepunkt die Segnung von 6.000 Paaren war. Präsident Morales eröffnete die Zeremonie und meine Tochter Sun-Jin Moon und mein Schwiegersohn In-sup Park führten die Segnung durch. Die Polizei der Dominikanischen Republik war Co-Sponsor dieses Familien-Friedensfestes und die Familien und Freunde von etwa 4.000 Stadt- und 600 Nationalpolizisten kamen, um durch ihre Teilnahme an der Segnung das Ideal einer „Menschheitsfamilie unter unseren Himmlischen Eltern" zu unterstützen. Sun-jin und In-sup vergaben Preise an 10 Repräsentanten dieser verdienten Bürger.

Dank des Einsatzes und der Beharrlichkeit von Leitern und Mitgliedern aus ganz Lateinamerika war die *Rally of Hope* in der Dominikanischen Republik ein Erfolg, mit dem sie die Blume der Hoffnung im Himmlischen Lateinamerika zum Blühen brachten. Ich bin zuversichtlich, dass diese Blume den Segen bis weit in die Zukunft hinein vervielfachen wird.

Der Weg zu einer Himmlischen Vereinten Welt

An diesem Punkt wird mir eines klar: Selbst wenn der gesamte Himmel aus Papier und alle Meere aus Tinte bestünden, würden sie nicht ausreichen, um diesen tränenreichen Kurs niederzuschreiben. Wir

Die Wiederherstellung Kanaans im Himmel und auf der Erde

alle überwanden physische Grenzen und machten weiter, auch wenn wir das Gefühl hatten, jeden Moment zusammenzubrechen. Es war ein siegreicher Kurs, durch den unsere Hoffnungen und Wünsche in Erfüllung gingen. Endlich beginnt in der Geschichte der Vorsehung die Ära der Himmlischen Nation und des Himmlischen Kontinents.

Jede Nation und jeder Kontinent hat einen eigenen, einzigartigen Weg der Wiederherstellung. Die ersten sieben Nationen vollendeten ihren Weg während des Sieben-Jahres-Kurses nach dem Heiligen Heimgang des Wahren Vaters im Jahr 2012. Gott schuf diese sieben Nationen als Himmlische Nationen neu.

Auf der Grundlage des substantiellen Sieges von sieben Himmlischen Nationen und einem Himmlischen Kontinent sind wir an dem historischen Tag angelangt, an dem wir entschlossen aufbrechen können, um das endgültige Ziel unserer Reise zu erreichen, nämlich eine Himmlische Vereinte Welt.

Die Vereinigten Staaten sind eine christliche Nation mit dem offiziellen Motto: „In God we trust." Lassen Sie mich ihren Weg zu einer Himmlischen Nation erklären. Die Wege des Christentums und der Vereinigten Staaten sind miteinander verflochten. Nachdem das Christentum im Jahr 313 nach Christus vom Römischen Reich anerkannt wurde, breitete es sich von der italienischen Halbinsel über den europäischen Kontinent bis auf die Britischen Inseln aus, wo es mächtig wurde. Aber im Laufe des zweiten Jahrtausends verlor England die Fähigkeit, die Lehre Jesu: „Du sollst deinen Nächsten lieben wie dich selbst", zu praktizieren. Es setzte den Monarchen als Herrscher über die Kirche ein und schuf ein staatliches Monopol für Religion. Im 17. Jahrhundert gewann England an Macht, unterdrückte jedoch viele aufrichtige Nachfolger Jesu. Gottes Vorsehung konnte sich dort nicht länger entwickeln und zog mit den Puritanern, die dem tückischen Ozean auf der Suche nach Religionsfreiheit trotzten, nach Westen. Die Vereinigten Staaten, wie wir sie heute kennen, stehen auf der Grundlage dieser aufopferungsvollen Christen.

Mein Mann und ich lebten mehrere Jahrzehnte in den Vereinigten Staaten. Aufgrund seiner tiefen christlichen Wurzeln und des starken Gottesglaubens seiner Einwohner hat das Land eine providentielle Bedeutung für den Himmel. Trotzdem sahen wir uns dort vielen schweren und herzzerreißenden Prüfungen ausgesetzt. Wie ich bereits darlegte, inhaftierte die US-Regierung Vater Moon im Juli 1984. Wie in Nord- und in Südkorea Jahrzehnte zuvor geschah dies durch ein Zusammenwirken von Kommunisten und ignoranten Christen, die ein gemeinsames Ziel darin fanden, gegen das Wirken Gottes durch die Wahren Eltern vorzugehen. Glücklicherweise sprachen sich viele unvoreingenommene Christen und politische Führer, sowohl von links als auch von rechts, gegen die Inhaftierung von Vater Moon aus. Einige Geistliche veranstalteten Protestmärsche und errichteten provisorische Gefängniszellen hinter dem Weißen Haus. Tausende christliche Führer nahmen an der *Common Suffering Fellowship* teil, einem einwöchigen Seminar über Religionsfreiheit in Washington DC, und schlossen sich der *Minority Alliance International* und der *Coalition for Religious Freedom* an. Mutige Leute in der amerikanischen Regierung, in den Medien und unter den Geistlichen verurteilten die Inhaftierung von Vater Moon als einen eklatanten Angriff auf die Religionsfreiheit. 1987 schlossen sich diese Bürger im *American Constitutional Committee* und dessen Nachfolger, der *American Freedom Coalition*, zusammen.

In den drei Jahren nach der Entlassung von Vater Moon aus dem Gefängnis in Danbury sponserten wir 7.000 Geistlichen die Reisen nach Korea und Japan zur „Advanced Interdenominational Conference for

Clergy". Tausende amerikanische Pastoren beten am *Rock of Tears* (Fels der Tränen) in Busan, so wie es Vater Moon vor Jahrzehnten vorausgesagt hatte. 1996 hießen wir 5.000 amerikanische Pastoren zu Seminaren über wahre Familienwerte willkommen und begannen mit der Segnungsbewegung für Geistliche. Im November 1997 beteten Geistliche verschiedenster Glaubensrichtungen im Rahmen der Segnung von 40 Millionen Paaren im RFK-Stadion in Washington DC. Auf dieser Basis gründeten wir im Jahr 2000 an der Grenze zwischen Nord- und Südkorea die *American Clergy Leadership Conference (ACLC)*. Im darauf folgenden Jahr organisierte die ACLC die Vortragstournee „We Will Stand" durch 50 Staaten der USA, bei der mein Mann und ich in vielen Kirchen die Wahrheit über Jesus und die Wahren Eltern verkündeten. Die ACLC war die treibende Kraft hinter der *Middle East Peace Initiative*, die 2003 das Kreuz der Ressentiments zwischen Juden, Christen und Muslimen begrub und Jesus zum wahren König in Jerusalem krönte.

Auf der Grundlage dieser und weiterer Aktivitäten im folgenden Jahrzehnt verkündete ich bei einem großen ACLC-Treffen in Las Vegas im Jahr 2015 zum ersten Mal: „Ich bin als die eingeborene Tochter für Gott und die Menschheit gekommen. Lasst uns gemeinsam den Willen Gottes verwirklichen." Die Geistlichen nahmen dieses Wort mit Beifall an. „Warum haben wir diese Wahrheit nicht schon früher erkannt?", fragten sich einige. „Warum ist uns dieser offenkundige Sachverhalt nie in den Sinn gekommen?" Ich forderte diese tausend Geistlichen heraus: „Das 21. Jahrhundert ist die Ära der Wahren Eltern. Wer sind die Auserwählten dieses Zeitalters? Die Antwort lautet: Sie sind es! Sie sind das auserwählte Volk im 21. Jahrhundert, ausgerichtet auf die Wahren Eltern."

*April 2019: Mutter Moon mit Bischof Noel Jones
in der City of Refuge Church in Los Angeles*

Die Familienföderation und die ACLC stellten sich dieser Herausforderung im Juli 2017 im New Yorker Madison Square Garden, im November 2018 im Nassau Coliseum auf Long Island und im April und Juni 2019 in Los Angeles und Las Vegas und sponserten große Segnungsfeiern und *Peace Starts With Me Rallies of Hope* für die *Entwicklung einer Himmlischen Vereinten Welt*. Inspiriert nicht nur von der ACLC, sondern auch von der Jugend der Los Angeles CARP, bezeugte Bischof Noel Jones von der *City of Refuge Church* in Los Angeles, ein ehemaliger Mentor von US-Präsident Barack Obama, dass ich die Mutter des Friedens sei.

"Dr. Hak Ja Han Moon wurde speziell von Gott gesandt, um die Menschheit zu vereinen", verkündete er vor 5.000 Zuhörern, als er alle Paare einlud, die Ehesegnung zu empfangen. Am Ende der Veranstaltung hisste die *City of Refuge Church* die Flagge der Familienföderation.

Sechs Monate später, am 31. Oktober 2019, nahmen im Lotte Hotel in Seoul, Korea, rund 700 Geistliche, darunter 40 aus den USA und 400 aus Korea, an der Gründungsfeier der *Korean Clergy Leadership Conference (KCLC)* teil. Am 28. Dezember 2019, auf dem Höhepunkt meines 40-tägigen „Kosmischen-Kanaan-Kurses für die dauerhafte Etablierung von Cheon Il Guk", kamen schließlich Geistliche aus aller Welt, um die *World Clergy Leadership Conference (WCLC)* zu gründen. Im Prudential Center in Newark, New Jersey, versammelten sich 25.000 Menschen zur *Peace Starts with Me Rally* zusammen mit 400 amerikanischen und mehr als 600 christlichen Geistlichen aus 70 Ländern, darunter 160 Pastoren aus Südkorea und prominente Geistliche aus Japan, Lateinamerika, Asien und Afrika. Aus Europa kamen Geistliche des Weltkirchenrats, des zentralen Organs der ökumenischen Bewegung der Christenheit. Insgesamt 1.000 christliche Leiter vereinigten sich unter dem Banner einer Himmlischen Vereinten Welt, ausgerichtet auf unsere Himmlischen Eltern.

Ich bin dem Himmel zutiefst dankbar für die *World Clergy Leadership Conference*. Das Christentum zu vereinen, ist Teil meines Entschlusses, das Werk des Wahren Vaters zu seinem endgültigen Abschluss zu bringen, und diese Konferenz war ein wichtiger Meilenstein in dieser Vorsehung. Bei der Veranstaltung sprach Rev. Paula White, eine geistliche Beraterin von US-Präsident Donald Trump, über die Richtung, die die Vereinigten Staaten im Einklang mit unseren Himmlischen Eltern einschlagen sollten. Dann sprachen sechs christliche Geistliche, die die Regionen der Welt repräsentierten.

Unter ihnen waren Erzbischof George Augustus Stallings (USA), der Co-Vorsitzende der KCLC Rev. Kim Soo-man (Südkorea) und Prophet Samuel Radebe (Südafrika).

28. Dezember 2019: World Clergy Leadership Conference (WCLC), Rally of Hope, Newark, New Jersey

„Allein in diesem Jahr haben wir zwei Segnungen in Südafrika veranstaltet", berichtete Prophet Radebe. „Im Juni sprach die Wahre Mutter am Vortag der nationalen Segnungszeremonie, an der 60.000 Menschen teilnahmen, ein Gebet, um die jungen Leute zu befreien, die im Kampf gegen Unterdrückung und Ungerechtigkeit ihr Leben gegeben haben. Später veranstalteten wir am 7. Dezember im FNB-Stadion in Johannesburg eine Segnungsfeier für 200.000 Menschen auf kontinentaler Ebene und proklamierten das Himmlische Afrika. Afrika ist jetzt ein auf Gott ausgerichtetes Afrika."

Bischof Noel Jones erklärte: „Die Wahre Mutter hat nicht nur den amerikanischen Geistlichen, sondern uns allen eine besondere Vision geschenkt. Wer kann eine so tiefe Vision verwirklichen?"

Die Wiederherstellung Kanaans im Himmel und auf der Erde

Auf dieser Grundlage überbrachte ich meine Botschaft: „Die Christen hätten sich nicht nur auf die Wiederkunft Christi konzentrieren sollen, sondern auch auf seine Braut, die eingeborene Tochter. Der Himmel erwählte das koreanische Volk in dieser historischen Zeit und ermöglichte nicht nur die Geburt von Vater Moon im Jahr 1920, sondern auch die Geburt von Mutter Moon, der eingeborenen Tochter, im Jahr 1943. Wir müssen wissen, dass die Segnung, die heute von der eingeborenen Tochter, der Wahren Mutter, durchgeführt wurde, der lang ersehnte Traum der Menschheit und der Wunsch unserer Himmlischen Eltern ist." Als ich diese Worte aussprach, stiegen mir die Tränen in die Augen, was die Herzen aller Anwesenden berührte.

Bei dieser Veranstaltung überwanden viele Geistliche ihre vorgefassten Meinungen über unsere Bewegung. Ich glaube, dass der Himmel die Worte dieses einen Pastors als Repräsentant des gesamten Christentums akzeptieren kann: „Durch diese Veranstaltung habe ich verstanden, dass die Gerüchte über die Vereinigungskirche weit von der Wahrheit entfernt sind. Ich habe meine Augen und Ohren vor der Wahrheit dieser Gruppe verschlossen, nachdem ich gehört hatte, dass sie ein ‚Kult' oder ‚ketzerisch' sei. Aber als ich mir den Einführungsvortrag über die Familienföderation anhörte, erhielt ich die machtvolle Eingebung, dass Rev. Sun Myung Moon und Dr. Hak Ja Han Moon ohne die Führung des Himmels ein solch erstaunliches Werk nie hätten durchführen können." Andere sagten Ähnliches:

„Jetzt haben sich meine religiösen Ansichten geändert. Ich fühle mich wie ein neugeborener Christ."

„Warum war ich gegen sie? Ich bedaure, dass ich sie zurückgewiesen habe, ohne wirklich zu wissen, wer sie sind."

„Ich bin tief berührt. Ich weiß nun, dass die Vereinigungsbewegung das Werk Gottes tut, und von nun an werde ich ihre Aktivitäten von Herzen unterstützen."

„Sehr bewegt haben mich die Erkenntnis, dass Dr. Hak Ja Han Moon die eingeborene Tochter ist, und ihr Versprechen, den reinen Garten Eden gemäß den Prinzipien der wahren Familie zu errichten."

Mein Ehemann, Vater Moon, und ich lieben Amerika von ganzem Herzen und wir leben für seine Heilung. Diese Liebe hat es uns ermöglicht, für die Himmlischen Eltern und zum Wohl der Menschheit jahrelang Kritik und Verfolgung zu ertragen – einschließlich der völlig ungerechtfertigten Inhaftierung von Vater Moon.

Nach dem heiligen Heimgang des Wahren Vaters im Jahr 2012 übernahm ich eine große Verantwortung. Gott führte mich durch schwierige Umstände und schmerzhafte Prüfungen. Ich habe jetzt den Sieben-Jahres-Kurs abgeschlossen, dessen Ziel es war, sieben Nationen in Gottes Umarmung zurückzubringen. Mit dem abschließenden 40-Tage-Kurs am Ende des Jahres 2019 betraten wir Neuland im Himmel und auf der Erde. Mein Ziel war es, Gottes Reich von Cheon Il Guk im weltweiten Kanaan zu errichten. Dieser Weg der Geschichte der Wiederherstellung wurde im Februar 2020 beim Vision 2020-Weltgipfel in Korea abgeschlossen. Dieser Gipfel war das Leuchtfeuer der Hoffnung, das am Vorabend eines globalen Umbruchs entzündet wurde.

Die Geburt der Himmlischen Welt

Über Jahrzehnte hinweg habe ich ein ganz bestimmtes Foto in meinem Herzen bewahrt. Schließe ich meine Augen, kann ich es deutlich sehen. Es zeigt eine Frau mit einem kleinen Mädchen auf dem Rücken, die die koreanische Flagge hält. Es wurde auf dem Markt von Anju, meiner

Die Wiederherstellung Kanaans im Himmel und auf der Erde

Heimatstadt, aufgenommen. Das Gesicht der Frau ist voller Verzweiflung und es sieht so aus, als wolle sie wegen ihrer schwierigen Lage jemanden am Arm packen und um Hilfe flehen.

Das Bild zeigt meine Großmutter mütterlicherseits, Jo Won-mo, wie sie ihre Tochter – meine Mutter Hong Soon-ae – auf dem Rücken trägt, während sie am ersten Märztag des Jahres 1919 an der Demonstration der Unabhängigkeitsbewegung teilnimmt. Mein Onkel mütterlicherseits erzählte mir immer Geschichten, wenn wir uns das Foto ansahen. Leider brachten wir es nicht mit, als wir aus dem Norden flüchteten. Es befindet sich wahrscheinlich noch irgendwo in meiner Heimatstadt.

Und es gibt noch ein sehr ähnliches Foto von Großmutter Jo, auf dem sie die koreanische Flagge schwenkt. Es wurde aber am 15. August 1945 aufgenommen, und auf diesem Foto trägt sie mich auf dem Rücken. Dieses Mal ist ihr Gesicht voller Freude und sie sieht aus, als möchte sie jeden umarmen, dem sie begegnet. Ihre unterschiedlichen Gesichtsausdrücke auf diesen beiden Fotos zeigen den Kontrast zwischen der Trauer über den Verlust der eigenen Nation und der Freude, sie wieder zurückgewonnen zu haben. Unsere Trauer darüber, Gottes Welt verloren zu haben, wird sich bald in Freude verwandeln, wenn wir sie zurückgewinnen.

Von ganz klein auf lehrte mich Großmutter Jo: „Gott ist dein Vater." Ihre Worte formten den Kern meines Glaubens. Sie brachten mich auf den Weg, den ich zu gehen hatte. Mein Ehemann, Vater Sun Myung Moon, und ich lebten unser ganzes Leben für die Befreiung von Gottes Heimatland. Wir haben nichts zu verbergen und nichts, wofür wir uns schämen müssten. Ich habe nie zurückgeblickt und weder nach links noch nach rechts geschaut. Ich habe nur den Weg vor mir gesehen. Nie ließ ich mich von meinen Umständen beeinflussen. Ob Tag oder

Mutter des Friedens

Nacht, es gab niemals einen Augenblick, in dem ich die Himmlischen Eltern nicht bei mir hatte. Im Kreml sagten wir zu den Regierenden, dass sie die Lenin-Statuen entfernen und Gott annehmen sollten. In der Residenz des Präsidenten in Nordkorea vertraten wir offen unsere Ansichten. Auf dieser Grundlage öffneten Präsident Michail Gorbatschow und der Vorsitzende Kim Il Sung ihre Herzen. Was die Befreiung von Gottes Heimatland betrifft, schwankten wir nie. Wann immer Krisen auftraten, führten uns die Himmlischen Eltern mit Feuer- und mit Wolkensäulen.

Als ich 2012 vor dem heiligen Körper des entschlafenen Wahren Vaters stand, versprach ich unter Tränen: „Bis zum Ende meiner Tage werde ich absolut die Errichtung von Cheon Il Guk auf dieser Erde herbeiführen!" Wann immer sich die Gelegenheit dazu ergibt, wiederhole ich diese Worte. Nach dem Heimgang des Wahren Vaters machte ich mich wie ein weiblicher Don Quijote auf den Weg, unsere Lehren zu

15. September 2012: Heilige Seonghwa Zeremonie für Vater Moon, der am 3. September im Alter von 93 Jahren heimging. Rund 250.000 Menschen aus der ganzen Welt kamen, um ihm die letzte Ehre zu erweisen

22. Februar 2013: Mutter Moon verkündet das Kommen des Reiches Gottes von Cheon Il Guk im Peace World Center, HJ Cheonwon, Südkorea

verbreiten und die Welt in die Arme zu schließen. Ich habe jeden Tag im Bewusstsein meines Versprechens gegenüber Vater Moon gelebt.

Südkorea hat dem Wahren Vater bei seiner Seonghwa-Zeremonie nicht die letzte Ehre erwiesen. Deshalb verpflichtete ich mich öffentlich – als ein Geschenk an den Wahren Vater –, bis 2020 sieben Nationen wiederherzustellen und das neue Cheon Il Guk zu eröffnen. Damit ist die Chance der Vorsehung, der providentielle Augenblick, nach Korea zurückgekehrt. Der Aufruf der pazifischen *Hyojeong*-Kultur, zu geben und immer wieder aufs Neue zu geben, muss Wurzeln schlagen und sichtbare Früchte in dieser Nation tragen. Diese Tür wird nicht für immer offen bleiben.

Am Silvesterabend des Jahres 2018 versammelten sich Mitglieder aus ganz Korea im Cheongshim Peace World Center, um für „den Beginn der Ära eines vereinten Himmlischen Korea" zu beten. Vom Abend bis in die frühen Morgenstunden des neuen Jahres 2019 flehten wir unter Tränen zu Gott, die koreanische Nation wiederherzustellen und das Heimatland unserer Himmlischen Eltern zu befreien.

In diesem Winter und Frühling sprach ich auf fünf *Rallies of Hope* in Südkorea. In Seoul nahmen 100.000 Menschen daran teil. Wir warben für die Vereinigung von Nord- und Südkorea unter dem Thema: „Himmlisches Glück erben, nationale Einheit schaffen." Wir veranstalteten auch eine Kundgebung zu Ehren der Soldaten der Vereinten Nationen, die Korea während des Koreakriegs zu Hilfe kamen. In der Provinz Chungcheong stand unsere Kundgebung unter dem Motto: „Der 100. Jahrestag der Bewegung des 1. März und die Bewegung für Frieden zwischen Korea und Japan." In der Provinz Gyeongsang veranstalteten wir eine „Kundgebung für Stadt- und Gemeindevorsteher", und in der Region Honam lautete das Thema: „Neues Leben, ausgerichtet auf die Wahre Mutter, und die Errichtung der Ära der pazifischen Zivilisation."

Im Bezirk Gangjin gab es Dörfer, die seit vielen Jahren nicht mehr das Schreien von neugeborenen Babys gehört hatten. So ist es in vielen ländlichen Regionen Koreas, weil die jungen Frauen in die Städte gezogen sind. Wir veranstalteten die „Gangjin Bezirkskundgebung der Hoffnung auf Geburten von Kindern und wahre Familien" und führten die Segnungszeremonie in drei Dörfern durch. Der gesamte Bezirk Gangjin war von einer festlichen Atmosphäre erfüllt. Ich schickte einem etwas älteren Ehepaar, das während einer der Segnungszeremonien eines der repräsentativen Paare gewesen war, heilige Gewänder, die ich selbst als ein Geschenk geschätzt und aufbewahrt hatte. Später erhielt ich von ihnen einen Dankesbrief. Sie hatten die Roben getragen und sie hatten Nachwuchs bekommen – Zwillinge! Erstaunlicherweise brachten drei Paare, die an diesen Segnungszeremonien teilgenommen hatten, Zwillinge zur Welt. Übrigens: Sogar die Kuh eines Bauern schien vom Geiste bewegt und hatte Zwillingskälbchen.

Der Gouverneur der Region schickte ein Video von sich, in dem er sich verneigt, um seinen Dank auszudrücken. Er sagte, Korea befinde sich an einer demographischen Klippe – es habe zu wenige Eheschließungen und Geburten gegeben und jetzt reduziere sich die Anzahl der Bevölkerung und der Arbeitskräfte. Die Segnungszeremonie der Familienföderation sei der Weg des wahren Patriotismus, denn nur sie könne die Nation retten.

Manchmal frage ich mich: „Wie kann die Welt für unsere Himmlischen Eltern gerettet werden?" Korea steht nicht allein an dieser demographischen Klippe. Japan, China, Europa, Russland – die Geburtenrate ist in vielen Ländern rückläufig. Die einzige Lösung besteht darin, durch Ehesegnungen im Einklang mit den Himmlischen Eltern Freude zu bringen. Die Segnung wird Frieden schaffen in uns selbst, in unseren Familien und Gemeinden, in der Nation und der Welt, im Himmel und auf der Erde – in der Heiligen Gemeinschaft der Himmlischen Eltern.

Vor hundert Jahren schwenkte meine Großmutter mütterlicherseits zur Befreiung ihres Heimatlandes die koreanische Flagge, die sie an ihrer Brust versteckt hatte. Für die Befreiung des Heimatlandes unserer globalen Familie müssen wir jetzt die Flagge der Himmlischen Eltern hissen, die wir an unserer Brust versteckt haben. Genau wie sie müssen wir leidenschaftlich für Gottes Reich von Cheon Il Guk leben.

Der Anbruch einer neuen Geschichte wird mehr und mehr sichtbar. Durch das Erscheinen der eingeborenen Tochter in der Vorsehung der Wiederherstellung hat die Menschheit neue Hoffnung. Wir vollenden die Vorsehung des Himmels und errichten unser globales Dorf mit der Botschaft der Mutter des Friedens. Die Vision 2020 brachte uns auf den Gipfel des Berges. Nun wollen wir von ganzem Herzen die aufgehende Sonne begrüßen. Lasst uns gemeinsam vorangehen in die strahlende, neue, hoffnungsvolle Ära der Errichtung des Reiches Gottes, Cheon Il Guk.

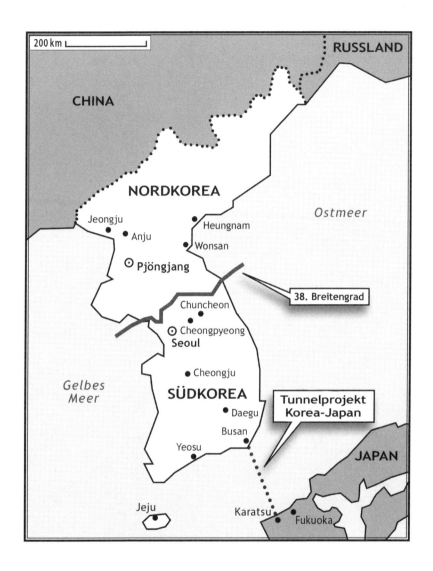

Mein Leben für den Weltfrieden

Sun Myung Moon

Autobiographie

Kando-Verlag 2011
3. verbesserte Auflage
Paperback, 395 Seiten
ISBN: 978-3-922947-44-8
EUR 16,-
Auch als E-Book erhältlich

„Dr. Moon hat sich auf der globalen Ebene als großer Friedensstifter etabliert. Er ist jemand, der es versteht, Einheit herbeizuführen."

Alexander Haig, ehem. NATO-Oberbefehlshaber

Religionsgründer, Unternehmer, Philanthrop und Friedensstifter - Rev. Moon ist ein Jahrhundertphänomen, das in kein gängiges Schema passt. Ein Brückenbauer zwischen Welten und Kulturen, ist sein Lebensmotiv die Liebe zu Gott, Mensch und Natur.

Der Bestseller aus Korea (erschienen 2009) enthüllt bisher unbekannte Details aus Moons Kindheit, von Koreakrieg und kommunistischem Arbeitslager bis hin zu den Treffen mit Michail Gorbatschow und Kim Il-sung.

Das Göttliche Prinzip

Das Buch der Lehre von Sun Myung Moon

Neue Übersetzung der koreanischen Originalausgabe "Wolli Kang-ron" und der englischen "Exposition of the Divine Principle"

Kando Verlag 2003
467 Seiten, gebunden
ISBN 3-922947-30-1
EUR 19,-

Eine Welt der wahren Liebe errichten

„Das Göttliche Prinzip"-
Eine Einführung

Kando-Verlag 2011
ISBN Nr.: 978-3-922947-46-2
52 Seiten, Softcover
EUR 5,-

6-teilige illustrierte Einführung in Das Göttliche Prinzip

Teil 1: Das Prinzip der Schöpfung
Teil 2: Unser Leben in zwei Welten
Teil 3: Warum gibt es das Böse?
Teil 4: Warum wir den Messias brauchen
Teil 5: Die Tragödie Jesu Christi
Teil 6: Der Wendepunkt der Geschichte

Broschüren, geheftet, je 16 Seiten, EUR 8,-

Vater und Mutter des Friedens

Sun Myung Moon & Hak Ja Han Moon

Ein Überblick über ihr Engagement für nachhaltigen Frieden

AUSSTELLUNGSBROSCHÜRE anlässlich des 100. Geburtstags von Sun Myung Moon

Kando-Verlag 2020
40 Seiten, Broschüre
ISBN: 978-3-922947-64-6
Einzelpreis EUR 4,50

Ehe, Familie & ewiges Leben

Bausteine für eine Kultur der Liebe

Sun Myung Moon und Hak Ja Han Moon

Auszüge aus ihren öffentlichen Reden von 1990—2007

Kando-Verlag 2010
3. verbesserte Auflage 2018
216 Seiten, Taschenbuch
ISBN 978-3-922947-42-4
EUR 12,-